Grau ist bunter als oben und unten

David Usadel

Roman plus = Unterhaltung und Spannung
plus Informationsgehalt eines Sachbuches
plus Tipps und Übungen eines Ratgeber-/Sachbuches
plus bibliotherapeutische Entwicklungsimpulse

Mit seinem Debut-Roman ›Die Ordnung der Schmetterlinge‹ begründete der Autor dieses Genre, welches von der Leserschaft mit Begeisterung angenommen wurde und dessen er sich auch im vorliegenden Buch bedient.

Die Studentin Coco ist erneut mit dem Rettungswagen unterwegs in die Notaufnahme eines Pariser Krankenhauses, um dort abermals von den Ärzten zu erfahren, dass es sich bei ihren Beschwerden ›nur‹ um Panikattacken handelt. Nach zwei enttäuschenden Therapieanläufen landet sie schließlich bei dem junggebliebenen Psychotherapeuten Jacques, dessen Arbeitsweise sich fundamental von der der vorherigen Therapeutinnen unterscheidet. Er arbeitet nach dem Prinzip der modernen, körper- und bindungsorientierten Psychotherapie und bestätigt den Verdacht von Cocos Ziehmutter Zahra, dass sich hinter Cocos Beschwerden ein Entwicklungs-/Bindungstrauma als eigentliche Ursache verbirgt. Nach und nach erfährt sie aus verschiedenen Quellen, was es mit dieser ihr bis dahin unbekannten Traumaform auf sich hat, worin deren Heilung besteht und wie ihre Hochsensibilität damit zusammenhängt. Die Ereignisse überschlagen sich und Coco wendet sich ihrer Vergangenheit zu, wo sie ungeahnten Geheimnissen auf die Spur kommt...

GRAU IST BUNTER ALS OBEN UND UNTEN

www.dr-usadel.de

Dr. med. David Usadel ist Facharzt für Allgemeinmedizin. Nach entsprechender Weiterbildung ließ er sich als Psychotherapeut nieder. Schwerpunkt seiner Tätigkeit wurde rasch die Arbeit mit hochsensiblen und traumatisierten Menschen. Ursprünglich in klassischer Verhaltenstherapie ausgebildet, arbeitet er inzwischen nach den Methoden der körper- und bindungsorientierten Traumatherapie. 2019 erschien sein erstes Buch **Die Ordnung der Schmetterlinge** zum Thema Hochsensibilität, welches sich anhaltender Beliebtheit erfreut. Auf vielfachen Wunsch hin folgt hiermit die Fortsetzung seines Debutromans, welche unabhängig von diesem gelesen werden kann. Abermals legt der Autor großen Wert auf eine kurzweilige, spannende und bildhafte Vermittlung psychologischer Inhalte, ohne medizinische oder psychologische Kenntnisse vorauszusetzen. Neben dem Anspruch einer umfassenden Informationsvermittlung bietet er dem Leser im Sinne der Bibliotherapie bereits während des Lesens auf emotional-bildhafter Ebene neue Perspektiven und Impulse an, die ein Verlassen bisheriger, dysfunktionaler Muster erleichtern.

Deutschsprachige Erstausgabe Juli 2024

Korrektorat der zweiten Auflage: Eske Brören
Covermotiv: Mike Brand-Glüsing
Verlag: BoD · Books on Demand GmbH, Überseering 33, 22297 Hamburg, bod@bod.de
Druck: Libri Plureos GmbH, Friedensallee 273, 22763 Hamburg
ISBN: 978-3-7597-8729-3
2. Auflage, vollständig überarbeitet

1

Coco betrachtete die Zahlen und den Kurvenverlauf auf dem Monitor: Blutdruck, Herzfrequenz, Sauerstoffsättigung. Das gleichmäßige Piepen vermischte sich mit dem Funkverkehr, den der Fahrer im Hintergrund mitlaufen ließ. Wie oft hatte sie vorbeifahrenden Krankenwagen hinterhergeschaut, die sich mit Blaulicht und viel Lärm ihren Weg durch den Verkehr des stets geschäftigen Paris bahnten! Manchmal hatte sie sich ausgemalt, welch dramatische Szenen sich in diesen Fahrzeugen abspielen mochten, deren Fenster meist nur unscharfe Silhouetten durch das Milchglas erahnen ließen. Nun lag sie selbst in einem solchen Wagen – zum zweiten Mal innerhalb weniger Wochen. Der Sanitäter, der auf einem Klappsitz neben ihr saß, wirkte gelangweilt und beschäftigte sich mit seinem Smartphone. Zweimal hatte Coco versucht, sich aufzurichten. Ihr schmerzte der Rücken von der harten Liege und sie fror. Beide Male wurde sie vom Sanitäter wortlos zurück auf die Liege gedrückt. Sie hatte einen Kloß im Hals und fühlte sich vollkommen fehl am Platz. War es falsch gewesen, den Rettungswagen zu rufen? Die beiden Männer schienen ihre Lage absolut nicht ernst zu nehmen! Warum hatten sie sie dann überhaupt mitgenommen? Wurde eine Rückfahrt ohne Patient vielleicht schlechter vergütet? Wie gerne hätte sie sich jetzt in ihrem Bett verkrochen. Ob man sie aussteigen lassen würde? Ihr fehlte es an Kraft für Diskussionen...

Die laute Stimme des Sanitäters ließ sie zusammenzucken – sie musste weit weg gewesen sein. »Endstation!« Er klappte das Seitengitter der Liege herunter und nahm Coco ohne Ankündigung die Papierdecke weg, mit der sie notdürftig zugedeckt war. Durch die offene Tür erkannte sie den Hintereingang der Notaufnahme wieder. Unter den genervt wirkenden Blicken des Sanitäters gelang es ihr schließlich, ihre müden Beine zu sortieren und sich aufzurichten. Sie hatte kurz das Gefühl, das Gleichgewicht zu verlieren, alles wirkte merkwürdig gedämpft. Der Sanitäter zündete sich eine Zigarette an und machte keinerlei Anstalten, ihr aus dem Wagen zu helfen, als eine erschöpft wirkende Krankenschwester sich zu ihm gesellte.

»Was bringt ihr uns denn da schon wieder?« Sie warf Coco einen flüchtigen Blick zu, dann wandte sie sich in genervt wirkendem Ton erneut an ihn: »Konntet ihr nicht noch eine halbe Stunde durch die Gegend fahren bis zu unserem Schichtwechsel? Sie hätte es gewiss überlebt...«

Er nahm einen tiefen Zug seiner Zigarette und verdrehte die Augen. »Ja, es gab Zeiten, da haben wir noch *echte* Patienten transportiert! Jetzt machen wir ständig solche Wellness-Fahrten hier.« Coco entfaltete die Papierdecke, die er zuvor zerknüllt hatte, um sich darin einzuwickeln und bemühte sich, die Kommentare der beiden zu überhören, damit sie nicht sofort in Tränen ausbrach. Sie wollte nur noch weg hier! Die Krankenschwester war unterdessen zu ihr ins Fahrzeug geklettert und musterte sie.

»So, junge Frau, dann wollen wir mal!« Sie reichte Coco mit einem gestellt wirkenden Lächeln die Hand und half ihr aus dem Wagen. Coco kannte das in die Jahre gekommene Krankenhaus von ihrem letzten Besuch, als man sie eine Nacht lang auf einer Überwachungsstation dabehalten hatte, um sie zu ihrer Verwunderung bereits am nächsten Tag wieder zu entlassen. Diesmal bot man ihr keinen Rollstuhl an. Die Krankenschwester ging, ohne sich nach Coco umzusehen, voraus und wartete schließlich an der Schiebetür. Als sie das Gebäude betraten, stieg Coco der charakteristische Krankenhausgeruch in die Nase und all die Szenen des letzten Aufenthaltes waren ihr schlagartig wieder gegenwärtig. Was machte sie hier eigentlich? In ihrer Phantasie hatte sie sich ausgemalt, wie fürsorgliche, hilfsbereite Menschen sich um sie kümmerten, sie trösteten und für sie da waren...

Coco wurde angewiesen, auf einem der zahlreichen ungepolsterten Stühle zu warten. Sie schaute der Krankenschwester nach, die über den langen, kahlen Gang in einem Zimmer verschwand. Die Neonröhren an der Decke verbreiteten ein unangenehm grelles Licht. Coco überlegte, ob man nach ihr suchen würde, wenn sie jetzt einfach verschwand. Sie fror weiterhin und fühlte sich einsam...

Man hatte Coco schließlich in ein Behandlungszimmer gebeten, wo sie vom diensthabenden Internisten befragt und untersucht wurde, der ihr Blut abnahm und ein EKG anordnete, woraufhin er zu einem Patienten im Nachbarraum gerufen wurde. Nach einer gefühlten Ewigkeit öffnete sich die Tür und der Arzt setzte sich an den Computer. Ohne Coco eines Blickes zu würdigen, scrollte er eine Weile herum, während er Geräusche machte, als versuche er mit der Zunge, Essensreste aus den Zahnzwischenräumen zu entfernen. Schließlich sagte er:

»Wie ich bereits eingangs erwähnte, vermute ich, dass es sich erneut um eine Panikattacke handelt. Alle Ergebnisse sind vollkommen unauffällig!« Coco schämte sich. Hatte sie also wieder viel Lärm um nichts gemacht? Sie wollte sich entschuldigen, brachte aber keinen Ton heraus. Der Arzt war im Begriff, das Zimmer zu verlassen, da fügte er, um ein Lächeln bemüht, hinzu: »Ich kann nur wiederholen, was mein Kollege Ihnen, der Akte zufolge, schon vor ein paar Wochen geraten hat: Suchen Sie sich einen Psychologen!« Ohne Cocos Reaktion abzuwarten, verließ er das Zimmer.

Und jetzt? Wäre dieser Ort nicht so abschreckend, sie hätte sich am liebsten auf die Liege fallen lassen, auf der sie saß, um einfach nur zu schlafen! Sich einen Psychologen suchen... Das hatte sie ja getan! Es kostete sie Tage, sich von dem Besuch dort zu erholen – dieses Gefühl, nicht richtig zu sein... Und die unzähligen Zettel, die sie als Vorbereitung auf die zweite Sitzung ausfüllen musste. Sie hatte sich so elend gefühlt danach! Der zweite Termin war noch schlimmer gewesen, fast wie ein Verhör. Bei diesen beiden Sitzungen war es dann geblieben.

Gut, sollte sie irgendwo einen Termin bekommen, sie würde einen weiteren Anlauf wagen – obgleich sie überzeugt war, dass ihr Problem nicht ausschließlich psychischer Natur sein konnte!

2

Der Taxifahrer brummte etwas vor sich hin, als Coco erklärte, sie müsse kurz hoch in die Wohnung, um Geld zu holen. Sie wollte gerade die Autotür zuschlagen, da rief er in scharfem Ton: »Handy!«. Sie verstand nicht. Er stieg aus und machte Anstalten, ihr hinterher zu laufen. »Einfach abhauen? Für wie blöd hältst du mich eigentlich!« Coco war wie versteinert. »Dann Ausweis!« Er fasste sie grob am Arm. »Sich durch die halbe Stadt kutschieren lassen und dann nicht zahlen wollen, das sieht dir ähnlich!« Coco fand ihre Sprache langsam wieder:

»Ich habe nichts bei mir.« Er drückte fester zu.

»Handy oder Ausweis. Ansonsten Polizei!« Da war wieder dieser Kloß im Hals...

»Ich habe doch gesagt, ich hole Ihnen Ihr Geld.« Er ließ sie los, um ihr zu folgen. Coco zitterten die Knie, sie fühlte sich vollkommen leer. Wie ferngesteuert bahnte sie sich den Weg zwischen Mülltonnen und Fahrrädern zur Haustür und klingelte – nichts passierte. Der Taxifahrer stand direkt hinter ihr. Im Nacken spürte sie seinen Atem, der wie ein benutzter Aschenbecher roch. Ihr wurde übel. Sie fühlte sich so klein und hilflos. Ihr Herz raste, das Pulsieren in den Ohren wurde immer lauter... Schweißausbruch. Alles wie ein paar Stunden zuvor, als sie den Rettungswagen gerufen hatte – auch dieses Engegefühl im Brustkorb.

»Ist der nicht ein bisschen zu alt für dich?« Coco starrte unverwandt auf die Sprechanlage. »Coco, sprichst wohl nicht mehr mit mir? Das war ein Scherz!« Jetzt erst bemerkte Coco ihre Mitbewohnerin Jeanette neben sich, die offenbar gerade nach Hause kam. »Und was ist das für ein komischer Müllsack, den du da anhast?«

»Geld... Hast du Geld?«

»Geld? Ja sicher, wieviel?«

Der Taxifahrer fuhr nervös dazwischen: »Wenn ich diese ganze Warterei berechnen würde, dann müsste ich jetzt schon das Doppelte verlangen!«, übertrieb er. »46,80 Euro schuldet mir deine feine Freundin!«

»Coco, seit wann fährst du denn mit dem Taxi, hast du im Lotto gewonnen?« Sie reichte dem Taxifahrer fünfzig Euro, der die Differenz als Trinkgeld verstand und fluchend zu seinem Wagen ging, welcher mit laufendem Motor in zweiter Reihe stand und einen kleinen Stau verursacht hatte. Ein paar Fenster wurden geöffnet – das neugierige Publikum schien auf einen unterhaltsamen Konflikt zu hoffen, der dem tristen Leben in der Plattenbausiedlung etwas Abwechslung bot.

Coco erklomm wie mechanisch Stufe für Stufe, bis sie im zweiten Stockwerk angekommen waren. Jeanette war vorausgegangen und redete, wie so oft, ohne Punkt und Komma. Es schien sie nicht im Geringsten zu interessieren, ob Coco ihr zuhörte. Sie schwärmte von irgendeinem Jungen, der ihr in der Métro seine Handynummer gegeben hatte. Cocos Hunger war verflogen. Auch das Frösteln. Sie spürte gar nichts mehr. Sie wollte jetzt nur noch allein sein. Kaum hatte Jeanette die Wohnungstür aufgeschlossen, da ertönte Toms kräftige Stimme:

»Da sind ja meine Lieblingsmitbewohnerinnen!« Er saß auf der Couch in der Küche, das Smartphone in der Hand. Kritisch musterte er Coco, dann brach er in fast hysterisch wirkendes Gelächter aus: »Ich kann nicht mehr!« Mit Tränen in den Augen rang er nach Luft. »Coco, mit dem Auftritt bist du der Mittelpunkt jeder Kostümparty!«

Coco ignorierte ihn und hatte begonnen, sich aus der Wegwerfdecke des Krankenwagens auszuwickeln und stand nun in Pyjama und Hausschuhen da. Jeanette war damit beschäftigt, ihre Einkäufe im Kühlschrank zu verstauen, während sie weiter über den Jungen und seine faszinierenden Grübchen philosophierte. Coco war gerade im Begriff, in ihrem Zimmer zu verschwinden, welches an die Küche grenzte, da rief Jeanette:

»Coco?« Sie ging auf Coco zu und legte ihr den Arm auf die Schulter. »Ist alles okay?« Coco ertrug die Berührung nicht, hielt sie aber aus.

»Später…« Zu mehr reichte es nicht. Sie drehte sich um und schloss die Tür zu ihrem Zimmer hinter sich, während sie Jeanette ein verächtliches »Pffff…« ausstoßen hörte und sich ausmalte, wie sie und Tom kopfschüttelnd die Augen verdrehten. Sie sank vollkommen erschöpft auf ihr Bett. Im Grunde waren die beiden nicht bösartig, es fehlte ihnen nur hier und da ein wenig an Fingerspitzengefühl – oder war sie wieder einmal zu sensibel?

Als Coco aufwachte, bemerkte sie das tränenfeuchte Kissen. Der Hunger war zurückgekehrt, ihr Magen schmerzte. Sie schaute sich erfolglos im Zimmer nach etwas Essbarem um. Es wäre ihr ein Graus, jetzt in die Küche zu gehen und Smalltalk halten zu müssen. Sie zog sich um und verließ die Wohnung, ohne ihre Mitbewohner eines Blickes zu würdigen, was sonst nicht ihre Art war – doch mehr ließ ihre Energie jetzt nicht zu.

Sie musste lange an dem Tischchen in der Bäckerei gesessen haben. Später erinnerte sie sich nicht mehr, womit sie die Zeit dort verbracht hatte.

»Wenn Sie nicht beim Wischen des Fußbodens helfen wollen, dann würde ich Sie jetzt gerne für heute rauswerfen!«, versuchte der Verkäufer einen Scherz. Coco bezahlte und ging wortlos in den Abend hinaus.

3

An der Empfangstheke brannte eine Schreibtischlampe. Daneben fiel Coco erneut die ausgeblichene Kunststoffblume auf. Die Luft roch abgestanden, aus dem Sprechzimmer vernahm sie durch die geschlossene Tür Frauenstimmen. Sie hängte ihre Jacke an den Garderobenständer und nahm im Wartezimmer auf der durchgesessenen Couch Platz. Ob die Therapeutin heute freundlicher sein würde? Vielleicht hatte sie bei dem ersten Termin einfach einen schlechten Tag gehabt! Die Uhr an der Wand verriet, dass die Therapie auch diesmal nicht pünktlich beginnen würde. Coco versuchte, die Augen zu schließen und auf ihren Atem zu achten. Doch ihre Gedanken schweiften immer wieder ab – diese innere Unruhe war kaum zu ertragen! Am liebsten wäre sie an die frische Luft gegangen, um sich zu bewegen. Ihr Blick fiel auf das kleine Bücherregal an der Wand. Neben verschiedenen Zeitschriften und einem alten Schulatlas entdeckte sie ein Buch mit der Aufschrift ›Aufgeben lohnt sich nicht!‹. Sie nahm es in die Hand und betrachtete den kitschigen Einband. Dann blätterte sie, wenig konzentriert, darin herum. Auf stark bearbeitet wirkenden Fotos von Landschaften und Naturszenen waren mitunter sehr abgedroschen wirkende Sprüche abgedruckt: ›Erzwinge nichts. Was fließt, lass fließen. Was zu Bruch geht, lass zu Bruch gehen.‹ Oder: ›Dein Atem ist der Anker für das Jetzt.‹ Klingt toll, dachte Coco. Aber wie das wahre Leben zeigt, sind diese Weisheiten wohl nichts für Amateure wie mich! Der Atem als Anker... Sie blätterte weiter. ›Zu viel nachzudenken ist wie Schaukeln. Man ist beschäftigt, ohne auch nur einen Meter weiterzukommen.‹ Ja, da war etwas dran! ›Erlaube dir mal eine Pause von deinen Gedanken. Du wirst dich wundern, wie wenig du verpasst!‹ Leichter gesagt als getan... Auch passend zum Thema: ›Wenn schon denken, warum dann nicht gleich positiv!‹ Ob die Leute, die sich solche Sprüche ausdachten, deren praktische Anwendbarkeit selbst überprüften? In dem Buch klang das alles so einfach! ›Lass dir die Freude am Leben nicht von deiner Angst nehmen!‹ Sehr witzig... Womit die Frage nach der Überprüfung auf Verbraucherfreundlichkeit geklärt wäre... Auf dem Flur wurde es unruhig und Coco hörte, wie die Therapeutin sich von einer Frau verabschiedete. Sie rechnete damit, jeden Moment aufgerufen zu werden. Ihr Herz klopfte schneller, ihre Hände fühlten sich feucht an. Nichts geschah, die Therapeutin schien wieder verschwunden zu sein. Coco hörte eine Toilettenspülung... Schließlich war es so weit.

Die Frau stand in der Mitte des langen Ganges und lächelte Coco zu: »Bitte, machen Sie es sich schon bequem! Ich habe noch ein kurzes Telefonat zu führen und bin gleich bei Ihnen!« Sie wies Coco ein Zimmer zu – ein anderes als bei ihrem ersten Termin.

Coco setzte sich auf einen der drei Stühle – auch hier schlechte Luft, doch sie wagte nicht, das Fenster zu öffnen. An der Wand wieder ein Spruch dieser Sorte: ›Triff jetzt die Entscheidung, dein Leben einfach, freudig und leicht zu gestalten!‹ Ja, ihr Kopf hatte diese Entscheidung längst getroffen, deshalb war sie ja hier! Aber Wollen und Können lagen gerade sehr weit auseinander…

Die Therapeutin kam herein und nahm schräg gegenüber von Coco Platz. Sie schaute auf einen Schreibblock, der auf ihrem Schoß lag. Coco war nervös, sie fasste sich jedoch ein Herz und fragte: »Wie geht es Ihnen?«

Die Augen der Frau weiteten sich. »Mir?« Es entstand eine viel zu lange Pause, Coco wurde schlagartig heiß. »Also normalerweise stelle *ich* hier solche Fragen!« Coco wäre am liebsten im Boden versunken. »Wie es *mir* geht, tut hier nichts zur Sache!« Dann schien sie sich um einen freundlicheren Ton zu bemühen – vermutlich hatte sie selbst bemerkt, dass ihre Reaktion etwas harsch ausgefallen war – und ergänzte: »Wissen Sie, es geht hier vor allem um *Sie*. Das ist *Ihre* kostbare Zeit! Mein Befinden sollte hier keinen Platz haben.« Coco fühlte sich wie ein kleines, dummes Schulmädchen. »Es gibt den Grundsatz in der Psychotherapie, als Therapeut für den Patienten wie eine neutrale Fläche zu sein, auf die er alles projizieren kann, was seiner Entwicklung dient – Wünsche, Gefühle, Bedürfnisse und dergleichen. Deshalb ist es besser, wenn wir uns auf Sie konzentrieren und mein Privatleben hier ausblenden.« Sie trank einen Schluck aus einer überdimensioniert wirkenden Tasse, die sie auf dem Tischchen abstellte, welches zwischen ihnen stand. Coco hielt ihr einen Stapel Fotokopien entgegen. Wie in der anderen Praxis, so hatte sie auch für diese Therapeutin einiges ausfüllen müssen.

»Ah, Sie haben Ihre Hausaufgaben erledigt!« Die Zettel verschwanden in einer Mappe, die sie unter dem Schreibblock hervorzog. »Dazu kommen wir ein andermal.« Coco war schwindelig, sie wagte jedoch immer noch nicht, für frische Luft zu sorgen. »Sind Sie noch da?« Die Frau hatte sich etwas nach vorne gebeugt, den Kopf leicht zur Seite geneigt und sah Coco mit fragendem Blick an. »Ich denke, Sie sollten sich etwas konzentrieren, schließlich wollen wir den Termin doch optimal nutzen!« Sie verzog den Mund zu einem wenig glaubwürdigen Lächeln. Optimal nutzen… Coco verkniff sich ihren Kommentar. Um die Zeit optimal zu nutzen, könnte man zum Beispiel pünktlich anfangen und Telefonate und Toilettenbesuche *zwischen* den Terminen erledigen! »Wie ich bei unserem ersten Termin bereits angekündigt habe, möchte ich mit Ihnen heute eine Übung machen, die wir als wichtigen Baustein für die weitere Therapie benötigen. Es handelt sich um den sogenannten ›inneren sicheren Ort‹.« Coco hatte bereits davon gehört. »Wir wollen den Ort nicht künstlich konstruieren, sondern nutzen die Vorteile der Hypnotherapie. Sie brauchen nicht viel zu machen – entspannen Sie sich einfach und lassen Sie die Bilder entstehen!« Sich einfach entspannen… Das klang geradezu absurd unter den gegebenen Umständen – zumal Coco die Frau kaum kannte! Bei Hypnotherapie musste sie an diese Hypnose-Shows im Fernsehen denken: an Leute, die wie fremdbestimmt irgendwelche Sachen auf der Bühne ausführten und sich hinterher angeblich an nichts erinnern konnten. Diese Vorstellung machte ihr Angst! Sie wagte jedoch nicht, ihre Bedenken zu äußern und versuchte, sich nichts anmerken zu lassen.

»Nehmen Sie eine bequeme Haltung ein«, setzte die Therapeutin an. Coco fühlte sich unwohl. Trotz der vorherigen Blamage wagte sie ihre Frage schließlich doch:

»Verliere ich dann die Kontrolle und bin Ihnen ausgeliefert, bis Sie die Übung beenden?«

Die Therapeutin lachte: »Das hat nichts mit solchen Zaubershows zu tun, falls Sie an Derartiges denken! Hier geht es darum, Sie in einen entspannten Zustand zu versetzen, der das wertende und sortierende Tagesbewusstsein ein Stück weit in den Hintergrund treten lässt und Raum gibt für die Bilder des Unterbewusstseins. Dieser Zustand entspricht in etwa der Phase kurz vor dem Einschlafen, wenn die ersten Traumbilder auftauchen und die Muskulatur sich durch die charakteristischen Zuckungen bemerkbar macht. Also nochmal! Nehmen Sie nun eine bequeme Haltung ein. Wenn möglich, schließen Sie die Augen… Spüren Sie den Kontakt mit der Sitzfläche, dem Boden, der Rückenlehne…« Coco rutschte etwas herum. Wie sie sich auf diesem Stuhl entspannen sollte, war ihr ein Rätsel, aber sie wollte sich bemühen. »Lassen Sie das Gefühl zu, sich fallen zu lassen. Der Atem geht ruhig und regelmäßig… Mit jedem Ausatmen kommen Sie näher zu sich… Die Geräusche aus der Umgebung treten in den Hintergrund… Jeder Muskel des Körpers darf sich jetzt entspannen, lockern und lösen…« Coco hielt der Frau zuliebe die Augen geschlossen und versuchte, gedanklich nicht allzu sehr abzuschweifen. Die gedämpfte Stimme und die langsame Sprechweise der Therapeutin wirkten gekünstelt. Sie leitete eine Art Körperreise an und forderte Coco auf, ihr Bewusstsein in die einzelnen Körperregionen zu lenken. »Und während Ihr Körper nun ganz entspannt dasitzt, lassen Sie störende Gedanken einfach vorbeiziehen, wie Wolken am Himmel… Und Sie schauen einmal, welches Bild sich zeigt, wenn Sie an einen schönen, sicheren Ort denken, den Sie mit Geborgenheit und einem Wohlgefühl verbinden…« Sie wartete einen Augenblick, dann fuhr sie fort: »Achten Sie dabei besonders auf die Grenzen dieses Ortes. Diese sollten Ihnen Sicherheit und Schutz vermitteln, ohne einengend zu wirken…« Coco spürte, wie sich ihr Nacken verspannte und sie korrigierte ihre Haltung ein wenig, in der Hoffnung, die Therapeutin nicht zu enttäuschen, da es ihr offenbar nicht gelang, sich angemessen zu entspannen. »Und nun beschreiben Sie bitte, was Sie sehen.«

Coco stockte der Atem. Auch das noch… »Also?«, hakte die Therapeutin nach. Coco räusperte sich. Es war ihr unangenehm, mit geschlossenen Augen einer Fremden ihre inneren Bilder zu schildern. Aber sie wollte, dass sich etwas besserte, also musste sie sich darauf einlassen!

»Da ist ein riesiger Park. Darin befindet sich ein großes, altes Haus. Es sieht aus wie ein Schloss. Das Anwesen ist umgeben von hohen Bruchsteinmauern, an denen Moos und allerlei Pflanzen emporranken…« Coco lauschte einen Moment lang, die Therapeutin schien mitzuschreiben.

»Was weiter?«

»An dem Ort leben viele Tiere. Es gibt uralte Bäume, wunderschöne Blumen. Es ist ruhig. Man hört hier und da einen Vogel singen oder eine Hummel vorbeifliegen. Vom Lärm der Stadt bekommt man kaum etwas mit.«

»Weiter?«

»Es ist eine heile Welt. Die Natur, der Duft, das wunderschöne Haus… Es gibt dort eine alte Frau. Sie bewohnt und bewirtschaftet diesen Ort. Sie ist sehr liebevoll. In ihrer Nähe hat man schlagartig das Gefühl, dass einem nichts Schlimmes passieren kann. Es ist, als liefe die Zeit dort langsamer. Diese Frau scheint einem direkt auf den Grund der Seele zu…«

»Stopp!«, unterbrach die Therapeutin. »Das ist der ›innere Helfer‹, von dem Sie nun sprechen. Dazu kommen wir bei Gelegenheit noch. Sie können jetzt die Augen öffnen und wieder ganz hier ankommen, die Zeit ist vorbei.« Coco ließ sich nicht zweimal bitten. Ihr war, als habe sie den Raum und den Körper keine Sekunde lang verlassen. Vielleicht hatte sie sich nicht genug angestrengt? Die Therapeutin wirkte jedoch zufrieden. Eigentlich hätten sie noch gut zehn Minuten Zeit. Nun war Coco jedoch heilfroh, dass die Therapeutin es damit nicht so genau nahm... »Nächste Woche kann ich Ihnen am Donnerstag um 17:00 Uhr einen Termin anbieten, passt das?« Coco spürte wieder diese Enge im Brustkorb. Sie brachte es nicht über die Lippen, was ihr spontan in den Sinn kam: nicht mehr wiederzukommen! Und sie fragte sich, ob sie vielleicht einfach nur Angst hatte, mit ihrer Vergangenheit und verdrängten, schmerzhaften Themen in Kontakt zu kommen, das heißt ›Widerstand‹ gegen die Therapie zu haben, wie die Therapeutin es beim ersten Termin nannte. Vielleicht sollte sie das jetzt wirklich einfach durchziehen, schließlich hatte die Frau Jeanette auch geholfen! Dass *ein* Therapeut nichts taugt, okay. Aber zwei in Folge, das dürfte dann eher an ihr selbst liegen! Sollte sie nicht eigentlich froh und dankbar sein, überhaupt so schnell einen Therapieplatz bekommen zu haben, wo die Wartezeiten normalerweise Monate bis Jahre betrugen? Sie konnte es sich nicht leisten, wählerisch zu sein!

»Ähm,...« Sie spürte einen regelrechten Widerwillen, einen weiteren Termin zuzusagen. »Ich muss zuhause in meinen Kalender schauen und melde mich bei Ihnen«, rettete sie sich vorerst aus der Situation.

»Gut, melden Sie sich bitte bis spätestens 19:00 Uhr, ansonsten wird der Termin anderweitig vergeben.« Coco schwirrte der Kopf. Sie wollte einfach nur weg! Die Therapeutin war im Begriff, die Tür zu öffnen, da hielt sie inne und sagte: »Sie haben wirklich eine blühende Phantasie! Dieser Ort...« Coco verstand nicht. »Phantasie scheint definitiv eine Ressource von Ihnen zu sein, darauf können wir aufbauen!« Phantasie? Hätte sie sich den Ort etwa ausdenken sollen? Das hätte die Frau schon dazusagen müssen! Coco wollte sie korrigieren, verzichtete aber darauf. »Au revoir!«, hörte sie die Therapeutin ihr nachrufen.

Ohne sich umzusehen, verließ Coco die Praxis und trat auf die Straße. Wer hätte gedacht, dass sie die Abgase des abendlichen Berufsverkehrs einmal als ›frische Luft‹ empfinden würde! Auf dem Weg zur Métro fiel ihr der Kopfschmerz auf, der sich während der Therapiesitzung, vom Nacken her aufsteigend, breitgemacht hatte. Sie war erschöpft.

Zuhause angekommen, machte Coco sich etwas zu essen. In der Hoffnung, ihre Mitbewohner würden noch eine Weile wegbleiben, wagte sie es, sich an den

Küchentisch zu setzen. Es dauerte nicht lange, da hörte sie einen Schlüssel im Schloss der Wohnungstür. Kichern – das konnte nur Jeanette sein! Und da kam sie auch schon, einen jungen Mann im Schlepptau. Bevor Jeanette Coco mit einem übermäßig lauten ›Salut‹ begrüßte, schob sie die ›Beute‹ in ihr Zimmer und schloss die Tür, um sich in der Küche an einer Weinflasche zu schaffen zu machen, die sie sehr ungeschickt öffnete.

»Coco, wo sind die Weingläser geblieben?«

»Keine Ahnung, hab die noch nie gebraucht.« Jeanette war zu ihr an den Tisch gekommen.

»Der ist sooo heiß!«, flüsterte sie halblaut. Sie hatte sich mit zwei gewöhnlichen Trinkgläsern abgefunden und wollte gerade in ihrem Zimmer verschwinden, da hielt sie plötzlich inne: »Warst du nicht heute bei der Therapeutin? Wie war's? Sie ist großartig, oder?« Ach, die Therapeutin! Coco warf einen Blick auf die Uhr über der Spüle. Es war bereits nach 19:00 Uhr. Insgeheim war sie erleichtert, die Frist verpasst zu haben. Ihr war jetzt absolut nicht nach Reden zumute, doch um Jeanette los zu werden, überwand sie sich:

»Also,…« Es tat ihr leid, Jeanette zu enttäuschen, die stolz war, ihr so kurzfristig einen Termin verschafft zu haben und die bei ihrer letzten Liebeskummer-Geschichte offenbar die nötige Hilfe bei der Frau bekommen hatte. »Ich glaube, ich bin einfach ein hoffnungsloser Fall und nehme nur anderen Leuten den Therapieplatz weg.« Coco war es, als hörte Jeanette ihr nur noch aus Höflichkeit zu.

»Ach was, das wird schon!«, würgte diese das Gespräch ab und verschwand. Coco fühlte sich leer, der Appetit war ihr vergangen. Sie ging in ihr Zimmer und legte sich aufs Bett. Gott sei Dank ist bald Wochenende, nur noch morgen überstehen! Mit Unbehagen dachte sie an die Vorlesungen und Seminare, die sie nicht im Geringsten interessierten. Aber sie hatte keine Lust, eine ihrer Kommilitoninnen zu bitten, sie in den Anwesenheitslisten mit einzutragen. Sie wollte bei niemandem in der Schuld stehen und würde hingehen…

Den Rest des Abends verbrachte Coco mit Tagebuchschreiben. Es tat gut, etwas Ordnung in ihr Gedanken- und Gefühlschaos zu bringen. Sie ging früh schlafen. Das heißt, sie versuchte es – Jeanette und ihr namenloser Held nahmen keinerlei Rücksicht und ließen die Hausbewohner an ihren Aktivitäten akustisch ungeniert teilhaben.

4

Die Vorlesung war genauso langweilig wie erwartet und in den Stuhlreihen des Hörsaals herrschte gähnende Leere. Der Dozent schien an dem Thema ebenso wenig interessiert zu sein wie die Zuhörer. Nach einer Kaffeepause quälte Coco sich mit einer Handvoll Kommilitonen in ein Statistikseminar im anderen Gebäude. Sie kämpfte gegen die immer mächtigere Müdigkeit an und ertappte sich mehrmals dabei, wie ihre Gedanken sich verselbständigten und sie an weit entfernte Orte trugen. Die Freitagsvorlesungen waren meistens schlecht besucht, viele Studenten fuhren übers Wochenende zu den Eltern oder läuteten dieses bereits am Donnerstagabend feuchtfröhlich ein und schliefen am Freitag ihren Kater aus, um für den nächsten Abend wieder erholt zu sein. Bei gewissen Fächern hatte es sich eingebürgert, kurz vor den Prüfungen die Altklausuren durchzugehen, da die Dozenten meist wenig Kreativität im Erstellen neuer Fragen bewiesen und man sich so zumindest mit einer passablen Note durchmogeln konnte.

Coco verstaute ihren Block im Rucksack und verließ den Seminarraum. Hier und da wurde sie im Vorbeigehen gegrüßt, doch ihr war nicht nach sozialer Interaktion zumute. In der Métro ließ sie die Woche Revue passieren: Abgesehen von der Orchidee, die am Mittwoch die erste Blüte geöffnet hatte, fiel ihr wenig Schönes ein. Sie überließ einer älteren Frau ihren Sitzplatz und stand im dichten Gedränge für den Rest der Fahrt an einer der Haltestangen – wie sie diese unvermeidbare körperliche Nähe hasste! Schon mehrmals hatte sie in der Métro eine Panikattacke gehabt. Anfangs wusste sie allerdings noch nicht, dass man diesen Zustand so nannte. Die Enge, das Gefühl, nicht weg zu können, die Gerüche, all das war dann einfach zu viel. Vor allem, wenn jemand nach Bier roch, war sie wie gelähmt und außerstande, klar zu denken. Es war in solchen Momenten, als verlasse sie ihren Körper und beobachte die Situation von außen. Sie hatte angenommen, mit der Therapeutin über diese Dinge sprechen zu können, aber die hatte bisher offensichtlich anderes mit ihr vorgehabt.

Coco atmete die frische Abendluft ein und bemerkte, wie sie immer schneller ging, je näher sie dem Anwesen kam. Die Allee lag friedlich da, die alten Bäume strahlten zeitlose Gelassenheit aus. Eine Dame mit extravagantem Hut, wie man ihn heutzutage selten sah, und einem tadellos frisierten weißen Pudel kam ihr entgegen. Während Coco die Fassade betrachtete, musste sie daran zurückdenken, wie sie als Mädchen ein paar Monate nach ihrer Ankunft an diesem Ort das Wortspiel durchschaut hatte, welches Zahra aus der alten Aufschrift *Boulangerie* über dem Eingang der ehemaligen Bäckerei kreiert hatte, indem sie die letzten beiden Buchstaben, ihrem Nachnamen entsprechend, durchgestrichen und ihren Vornamen darüber geschrieben hatte. Dass ›Zahra‹ auf Arabisch Blume bedeutet und der neuen Verwendung des kleinen Ladengeschäftes damit nur allzu gerecht wurde, wussten vermutlich nur die Wenigsten. Coco betrachtete die Holzkisten vor dem Schaufenster, die mit Obst aus Zahras Garten gefüllt waren, welches sie auf diese Weise verschenkte. Zu Cocos Verwunderung war es nur selten vorgekommen, dass Menschen diese Großzügigkeit missbraucht und etwas über den eigenen Bedarf hinausgehend mitgenommen hatten.

Coco drückte die Klinke herunter – die Tür war ausnahmsweise verschlossen. Sie kramte in ihrem Rucksack nach dem Schlüssel und betrat den Raum mit dem leicht beschlagenen Schaufenster. Es duftete herrlich nach Blumen! Ungebrochen war Cocos Bewunderung für Zahras außergewöhnliches Gespür beim Arrangement der Blumensträuße, die in Vasen verschiedener Größe überall herumstanden und darauf warteten, dass jemand Gefallen an ihnen fand. Auch gutbetuchte Menschen aus dem Viertel hatten diesen Ort über die Jahre für sich entdeckt und zogen Zahras Blumen den Blumen aus den ›richtigen‹ Geschäften vor. Und das offensichtlich nicht, da sie hier alles kostenlos mitnehmen konnten, denn ihre Spenden fielen oft so großzügig aus, dass sie dafür andernorts auch zwei oder mehr Sträuße bekommen hätten. Die Menschen spürten vermutlich, was auch Coco jedes Mal wahrnahm, wenn sie hierher kam: die friedliche Atmosphäre dieser kleinen, heilen Welt. Man hielt sich einfach gerne hier auf, der Ort hatte etwas Tröstliches! Und das galt bereits für diesen Teil des Anwesens, der nur eine Art Vorposten darstellte. Außer Zahra, Luc und Coco wusste heute kaum noch jemand, was sich hinter der schweren Tür des Mehlspeichers der noch vollständig eingerichteten Backstube hinter dem Verkaufsraum verbarg. Coco steckte den langen Schlüssel in die für den Unwissenden nicht als Schlüsselloch erkennbare Öffnung und drehte diesen, der geheimen Abfolge entsprechend. Die schwere Tür öffnete sich mit einem leisen Quietschen. Sie schloss diese von innen ab und ging über den dämmrigen Flur in Richtung Küche, wo ihr ebenfalls ein wundervoller Duft in die Nase stieg.

Zahra rührte mit einem langen Holzlöffel in einem großen Topf, während das Feuer im Herd munter knisterte. Die Welt war für Coco schlagartig in Ordnung! Vergessen all die traurigen und schmerzlichen Momente, all die Frustration und Einsamkeit. Zahra wischte sich eine Strähne aus dem Gesicht und breitete ihre Arme aus, um Coco zu begrüßen.

»Da bist du ja, meine Große!« Coco drückte sie fest an sich und genoss die Umarmung.

»Ich hab dich vermisst! Doofe Uni... Ich wünschte, ich könnte wieder bei dir wohnen!«

Zahras tiefbraune Augen funkelten. »Du weißt doch, die schwierigsten Wege...«

»...führen oft zu den schönsten Zielen«, ergänzte Coco lächelnd. »Ja, ja. Und durch Sturm bekommen Bäume tiefere Wurzeln, ich weiß. Aber manchmal hätte ich es halt gerne bequemer!«

»Oft sehen wir eben erst im Nachhinein, dass es genau so und nicht anders kommen musste! Du weißt doch, Zufall bedeutet: Es fällt uns zu, was fällig ist. Aber jetzt lass uns keine Lebensweisheiten zitieren, du bist doch sicherlich sehr erschöpft nach dieser langen Woche und hast Hunger!«

»Und ob!«

»Ich habe draußen den Tisch für uns gedeckt, in fünf Minuten können wir essen!« Coco verschwand in ihrem Zimmer, um sich etwas Bequemeres anzuziehen. Nachdem sie sich im Bad frisch gemacht hatte, ging sie auf die Terrasse, wo sie den Tisch mit ihrer Lieblingstischdecke und einem großen Strauß orangefarbener Rosen bestaunte. Alles war farblich aufeinander abgestimmt – was für eine Liebe für die scheinbaren Kleinigkeiten Zahra immer wieder bewies! Coco ging Zahra entgegen, die mit einem Tablett aus der Küche kam.

»Warte doch, ich helfe dir!«

»Du kannst das zweite Tablett mitnehmen, es steht auf dem Küchentisch.«

Coco fühlte sich plötzlich so wunderbar leicht! Sie hatten Platz genommen und begannen zu essen. Neben einer Kürbissuppe gab es eine köstlich pikante Quiche und Salat. Als sie fertig waren, saßen sie eine Weile schweigend da und schauten in den Garten. Wie Coco das liebte, dieses Schweigen mit Zahra! Sie kannte sonst kaum jemanden, mit dem es ihr nicht nach kurzer Zeit unangenehm wurde, still dazusitzen. Immer kam dann diese Spannung auf. Und das

Gefühl, den anderen unterhalten zu müssen. Irgendwie fühlte es sich dann immer so an, als sei sie mit ihrer Aufmerksamkeit mehr bei ihm als bei sich selbst – als würde sie sich in dem Anderen verlieren. Anschließend war sie meistens sehr erschöpft, obwohl ja äußerlich gesehen nichts Anstrengendes geschehen war. Zahra zündete zwei Windlichter an und setzte sich wieder.

»Übrigens, ich hab's aufgegeben mit den Therapeuten. Ich bin einfach keine gute Patientin!« Zahra schaute Coco liebevoll an und sagte lächelnd:

»Ja, es gibt Menschen, die suchen am liebsten bei sich selbst den Fehler!«

»Hier!« Coco hob die Hand, wie früher in der Schule. Sie mussten lachen. Dann ergänzte Zahra in ernsterem Ton:

»Es gibt aber auch die, die die Schuld grundsätzlich bei den anderen sehen und sich als Opfer darstellen. Das ist vermutlich auch nicht viel besser.« Oh ja, Coco hatte sofort Beispiele vor Augen. Zahra wechselte das Thema: »Weißt du übrigens, woran du einen Menschen erkennst, der dir guttut? Darüber dachte ich vorhin nach.«

»Er ist hilfsbereit? Er sagt nette Sachen? Man hat gemeinsame Interessen?«

»Ja, das vielleicht auch.« Zahra schien kurz zu überlegen und fuhr schließlich fort: »Du erkennst ihn meiner Erfahrung nach weder daran, was er sagt, noch daran, was er vorgibt zu sein. Untrüglich erkennst du ihn daran, welche Atmosphäre seine Gegenwart erzeugt! Verbringe Zeit mit einem Menschen und spüre, ob du dich anschließend leergesaugt oder energiegeladen fühlst – so einfach ist das!« Coco ließ die Worte sacken. Ja, Zahra war das lebende Beispiel für einen solchen Menschen! Sie hatte Coco nie von sich aus von ihren ›Heldentaten‹ und Leistungen erzählt; nie verglich sie sich mit anderen. Zugleich kannte Coco keinen Menschen, der so edel war. Edel in ihrem Umgang mit anderen, edel darin, wie sie über andere sprach, aber auch edel in ihrer Erscheinung, die selbst in ihrem hohen Alter etwas Würdevolles, dabei aber zugleich humorvoll Leichtes hatte. Und was die in ihrer Gegenwart wahrnehmbare Atmosphäre betraf – genau diese war wohl der Grund dafür, dass Zahra auf ihre Mitmenschen eine solche Anziehungskraft ausübte. »Quäle dich nicht!«, lachte Zahra. Coco fühlte sich ertappt und musste ebenfalls lachen. Ihre Gähn-Serie schien nicht mehr abzureißen. »Ich kümmere mich um den Tisch, geh ruhig schlafen, wir haben noch das ganze Wochenende vor uns.« Nein, es kam nicht in Frage, Zahra nach all der Arbeit, die sie mit dem Abendessen gehabt hatte, nun allein aufräumen zu lassen! Als hätte Zahra ihre Gedanken gelesen, fügte sie hinzu:

»Ich dulde keinen Widerspruch, das ist ein Befehl!«

»Zahra, du wirst damit leben müssen, dass ich den Weg ins Haus nicht mit leeren Händen zurücklege…« Sie machten sich daran, alles auf die Tabletts zu stellen. Wieder in der Küche, umarmte Coco Zahra. »Ich bin so froh, hier zu sein!«

»Schön, dass du dich hier immer noch so wohl fühlst und uns nicht vergessen hast!« Uns? Salomé! Sie musste ihnen über die Terrasse in die Küche gefolgt sein.

»Salomé, meine alte Räuberin! Wo hast du dich herumgetrieben?« Coco hockte sich auf den Boden und ließ die Katze auf ihren Arm springen. Sie drückte ihr Gesicht in ihr weiches, getigertes Fell und sog ihren einzigartigen Geruch ein. »Kommst du mit in mein Zimmer? Ich hab dir was mitgebracht!«

5

Ping!

Coco blinzelte – die Sonne schien durch die hohen Fenster in ihr Zimmer, ein wohliges Gefühl durchströmte sie – sie war bei Zahra! Von wegen ›blühende Phantasie‹… Das Licht hatte etwas Goldenes.

Ping!

Sie hatte offenbar vergessen, ihr Handy auszuschalten. Das war eigentlich ihr Ritual, bevor sie das Anwesen betrat. Es fühlte sich gut an, den Alltag draußen vor den hohen Mauern zu lassen und sich diesen Ort wie eine Oase, getrennt vom Rest der Welt, zu bewahren. Coco sah sich nach ihrem Rucksack um, der neben dem Bett am Nachttisch lehnte, da bemerkte sie Salomé, die die Nacht zusammengerollt an ihren Füßen verbracht hatte und müde aufschaute. Coco fand ihr Handy.

Spruch des Tages:
Wirklich große Menschen haben es nicht nötig, andere Menschen klein zu machen!

Coco hatte kürzlich eine App heruntergeladen, die jeden Tag einen Spruch à la Therapeutinnenwartezimmerbuch parat hielt. Manches war sehr kitschig, aber irgendwie hatte es auch seinen Reiz, wenn das Leben einmal einfach und überschaubar wirkte. Ein bisschen wie in diesen Filmen: Jeder weiß, es ist nur ein Film und die Handlung würde in der Realität so kaum stattfinden. Aber die Hoffnung, es könnte einmal eine Ausnahme geben und genauso geschehen, hatte etwas Tröstliches! Das andere ›Ping‹ war eine Nachricht von Luc:

›Coco, mein Sonnenschein! (Ich sehe dich gerade vor mir, wie du augenverdrehend den Kopf schüttelst und dieses unnachahmliche, schelmische Lächeln dein Gesicht schmückt…) Sorry, das ist hier gängig mit diesen Kosenamen und Schmeicheleien, ich übe mich in Integration! Der Kongress beginnt nächste Woche, wir sind sehr beschäftigt mit den Vorbereitungen. Die Australier sind sehr herzlich und offen zu mir und haben mich freundlich aufgenommen. Ich vermisse euch schon jetzt, dabei sind noch keine zwei Wochen vergangen! Pass gut auf dich auf und grüß Zahra von mir, wenn du sie siehst. Luc. PS: Berichte mal bei Gelegenheit, wie du mit der Versorgung der Bienen zurechtkommst.‹

Die Bienen! Ja, ihnen würde Coco gleich einen Besuch abstatten. Sie sah, dass Luc gerade online war und machte ein Selfie von sich und Salomé, das sie ihm schickte.

›Tolle Traumlandfrisur!‹, neckte er sie.

›Hast wohl nichts zu tun? Von wegen Kongress vorbereiten!‹, konterte sie...

›Nun gönn mir doch zumindest nachts ein paar Stunden Pause, wenn wir dieses Wochenende schon durcharbeiten müssen!‹

Ach ja, die Zeitverschiebung! ›Okay, ausnahmsweise, bye‹

›Salut‹

Salomé hatte sich auf Cocos Beine gelegt und schnurrte, während Coco am Kopfende saß und zufrieden in den Garten schaute. Vögel und Insekten waren unterwegs und hauchten der märchenhaft wirkenden Szene Leben ein. Coco dachte daran, wie sie eines Nachts in diesem Bett aufgewacht war und keine Ahnung gehabt hatte, wo sie sich befand oder wie sie hier hingelangt war. Damals nahm sie an, ihr Wunsch sei endlich erhört worden und sie sei im Himmel, wo sie insgeheim gehofft hatte, ihre Mutter zu treffen. Stattdessen war sie Zahra begegnet... Und Luc, Zahras Ziehsohn, der Coco als Arzt während ihrer schweren Lungenentzündung zur Seite gestanden hatte. Bis zu ihrem achtzehnten Lebensjahr war er dann ihr Vormund geworden, nachdem die Misshandlungen durch Cocos Vater aufgeflogen waren und das Jugendamt nach Jahren des Wegsehens schließlich aktiv werden musste. Coco erlebte Luc aber eher als den großen Bruder, den sie nie hatte. Wie Zahra, war auch ihm sein Alter in Anbetracht seines junggebliebenen Wesens absolut nicht anzumerken.

Als Coco in die Küche kam, saß Zahra am Küchentisch und schälte Kartoffeln. Neben ihr war für Coco gedeckt.

»Guten Morgen, meine Liebe!«, begrüßte sie sie. Coco gab ihr einen Kuss auf die Wange und setzte sich. Neben dem Teller lag ein Papier. Es war einer dieser schmalen Zettel zum Abreißen, die man an Pinnwänden oder Straßenlaternen hier und da sah, wobei auf diesem nicht nur, wie üblich, eine Telefonnummer abgedruckt stand. Coco betrachtete ihn und schaute Zahra fragend an. »Darauf bin ich vor ein paar Tagen in der Stadt gestoßen und musste dabei an dich denken.« Coco verstand nicht. Was hatte sie mit ›Entwicklungs-/Bindungstrauma‹ zu tun? Und was sollte das überhaupt sein?

»Möchtest du nicht erst einmal etwas essen? Dort auf dem Herd steht dein geliebter ›Babybrei‹.« Sie lachte, als sie das Wort aussprach... Coco hatte dem Brei einst diesen Namen gegeben.

»Und der Kaffee steht in der Kanne vor dir.« Coco bediente sich und schaute Zahra bei der Arbeit zu.

»Grüße von Luc!« Zahra sah auf und strahlte.

»Geht es ihm gut?«

»Ja, er vermisst uns. Und ist viel beschäftigt...«

Coco lächelte und fügte hinzu: »Naja, wenigstens hat er noch Zeit für seine Luc-Späße!« Zahra nickte vielsagend. Sie war fertig mit dem Schälen und stand auf, während sie auf eine Schüssel mit Küchenabfällen deutete und Coco bat:

»Falls du vorhaben solltest, den Hühnern einen Besuch abzustatten, bringe ihnen das doch bitte, mit besten Grüßen aus der Küche!« Coco mochte es wie am ersten Tag, Zahras Lachfältchen zu beobachten, die sich kräuselten und dann langsam wieder verstrichen.

»Mach ich! Und zu den Bienen gehe ich auch, Luc ist schon ganz nervös!«, übertrieb sie. Zahra hatte die Bienen nie halten wollen, da sie der Meinung war, die Wildbienen hätten schon genug Schwierigkeiten, Nahrung zu finden, da müsse man nicht noch künstlich für Konkurrenz sorgen. Aber sie duldete sie Luc zuliebe seit vielen Jahren. Coco teilte diese Leidenschaft mit ihm und war immer gerne bereit, für ihn einzuspringen, wenn er einmal unterwegs war, was in den letzten Jahren häufiger vorkam.

Coco hielt das abgerissene Zettelchen in die Höhe.

»Also, was hat es damit auf sich?«

»Nach den Andeutungen, die du im Anschluss an die ersten Therapie-Termine gemacht hast, ahnte ich, dass das nichts werden würde. Und da kam dieser Aushang wie gerufen.«

»Aber was habe ich mit Trauma zu tun?« Zahra ließ den Topf sinken und schaute einen Moment lang aus dem Fenster, dann hob sie an:

»Ich weiß nicht, ob dieses Angebot im Speziellen etwas taugt, aber grundsätzlich denke ich, dass dir nur jemand gerecht werden kann, der über das Standard-Repertoire der meisten Psychotherapeuten hinaus auch etwas von Entwicklungs-/Bindungstrauma versteht.«

»Aber...« Coco fiel auf, dass sie Zahra ins Wort gefallen war und sie hielt sich wieder zurück.

»Es war nur eine Frage der Zeit, bis du mit deinem inzwischen umfangreichen Wissen zum Thema Hochsensibilität an Grenzen stößt. So wichtig es war, all das zu verstehen und dich schließlich so annehmen zu können, wie du bist, es ist höchstwahrscheinlich nur ein Teil der Wahrheit!« Coco war überrascht. Was sie über die Jahre, überwiegend durch Zahra und Luc, über Hochsensibilität gelernt hatte, hatte ihr sehr geholfen, ihr Anderssein nach und nach zu akzeptieren und mehr Verständnis für sich und andere ›Schmetterlinge‹, wie sie sie liebevoll nannten, aufzubringen. »Du warst noch ein Kind! Es war wichtig, dass du zunächst einmal Freundschaft mit dir selbst schließt und dich nicht weiterhin bei jeder Gelegenheit in Frage stellst oder mit anderen vergleichst! Und wie wir sehen, bist du weit gekommen!« Coco fühlte sich geschmeichelt… Aber wirklich weit gekommen wäre sie, wenn sie das Psychologiestudium eines Tages erfolgreich abschließen würde! »Es könnte jetzt an der Zeit sein, über das Bisherige hinaus ein Verständnis dafür zu entwickeln, was es außerdem noch mit dem Phänomen der überdurchschnittlichen Sensibilität auf sich haben kann und was du ganz konkret tun kannst, um deinen Alltag wieder mit mehr Leichtigkeit zu meistern«, erklärte Zahra weiter. Coco hatte nicht geahnt, dass sich hinter diesem Thema noch etwas für sie grundlegend Neues verbergen könnte! »Ich habe ein paar Bücher über Entwicklungs-/Bindungstrauma gelesen, die Luc mir mitgebracht hat. Sie liegen in der Bibliothek, du kannst sie dir gerne nehmen! Eine Expertin bin ich jedoch nicht, da gibt es mit Sicherheit bessere Anlaufstellen.«

»Aber Trauma? Das ist doch was mit schrecklichen Erfahrungen wie Krieg, Naturkatastrophen, Unfällen und sowas!«, wandte Coco ein.

»Ja, das dachte ich auch! Was du meinst, das ist genau genommen ein ›Schocktrauma‹. Also ein einzelnes, klar umschriebenes Ereignis, in dem der Betroffene Ohnmacht und Ausgeliefertsein verspürt. Es gibt aber noch eine andere Form von Trauma, die zwar derzeit noch weniger bekannt, die deshalb jedoch nicht weniger relevant ist! Diese Form des Traumas könnte man sogar fast schon als epidemisch bezeichnen.« Epidemisch… Coco dachte an eine Vorlesung aus dem ersten Semester. Dort waren in einer Klausur derlei Begriffe abgefragt worden. Das Studium hatte zur Abwechslung neben all dem unnötigen Stoff einmal etwas Alltagstaugliches! Epidemisch, also seuchenartig, sehr weit verbreitet… »Interessant ist, dass Schocktrauma und Entwicklungs-/Bindungstrauma sehr häufig in Kombination anzutreffen sind in einer Biografie! Warum das so ist, dafür müsste man weiter ausholen«, erklärte Zahra weiter.

»Ja, und was ist das jetzt also, dieses unbekanntere Trauma?« Coco hatte sich die Begriffe noch nicht richtig eingeprägt. Auch im Studium war davon bisher nicht die Rede gewesen.

»Wolltest du nicht zu den Tieren gehen? Das Thema läuft ja nicht weg!«

»Stimmt! Aber jetzt hast du schon davon angefangen. Vielleicht eine ganz kurze Fassung?« Coco zeigte ihr gewinnendstes Lächeln, obgleich sie wusste, dass das vollkommen unnötig war. Wenn Zahra ihr jemals etwas versagt hatte, dann war es ausschließlich zu Cocos Wohl geschehen. Und diese Male konnte sie über all die Jahre an einer Hand abzählen!

»Also gut. Wollen wir uns auf die Terrasse setzen, ich schäle derweil die Äpfel, die ich heute früh aufgesammelt habe«, schlug Zahra vor.

»Abgemacht!« Coco war einerseits neugierig auf dieses unerwartet aufgekommene Thema, andererseits verursachte es ein unschönes Gefühl, womöglich selbst von einem Trauma betroffen zu sein. Trauma hatte sie bisher als etwas eingeordnet, das in aller Regel ganz viel negativen Einfluss auf das weitere Leben mit sich brachte… Eines zeigte sich jedoch deutlich: Seit ihrem Umzug in die WG ging es ihr immer schlechter. Die Ängste und Panikattacken in den letzten Wochen waren der Gipfel dieser Entwicklung gewesen. Was sie bisher über sich und ihr Anderssein zu wissen und verstanden zu haben glaubte, genügte offensichtlich nicht, um unter den derzeitigen Umständen ein einigermaßen unbeschwertes Leben zu führen. Es war also naheliegend, dass es da tatsächlich noch etwas gab, das sie bisher nicht berücksichtigt hatte.

»Darf ich dir helfen mit den Äpfeln?«

»Gerne!«

6

Salomé lag in der Sonne neben der Vogeltränke. Erstaunlicherweise störten sich die Vögel, die dort tranken oder ihr Morgenbad nahmen, nicht an ihr – man kannte sich offensichtlich...

»Ich versuche es einmal, so gut ich kann!«, hob Zahra an: »Wenn ein Kind im Mutterleib ausgetragen und dann geboren wird, ist es darauf angewiesen, ganz viel Liebe, Geborgenheit, Sicherheit und Vertrauen zu erleben. Kurzum, es muss sich rundum willkommen fühlen! Die Eltern sind idealerweise zugewandt, verlässlich und einschätzbar. Nun kommt es leider häufig vor, dass die Bezugspersonen, aus welchen Gründen auch immer, nicht im nötigen Umfang bieten, was das Kind für seine gesunde Entwicklung braucht – sei es, dass sie sich wenig Zeit nehmen, oder dass sie als Kind selbst nicht erlebt haben, wie es ist, in dieser so wichtigen Lebensphase rundum gut versorgt zu sein. In den seltensten Fällen sind Eltern schlichtweg bösartig oder vernachlässigen ihr Kind aus Vorsatz.« Darüber hatte Coco neulich erst nachgedacht... »Grundsätzlich ist es zunächst einmal hilfreich, in einem konkreten Fall die Situation während der Schwangerschaft und der Geburt sowie die ersten Lebensjahre nüchtern zu betrachten, um zu verstehen, weshalb ein Mensch sich als Erwachsener in bestimmten Bereichen mitunter so schwer tut. Es ist jedoch nicht nötig, dabei bis in die letzten Tiefen der Vergangenheit einzutauchen. Denn der Körper offenbart sowieso alles, was geschehen ist, auch ohne jedes Detail zu kennen.«

»Ja, und ich habe gehört, es sei wichtig, einem Täter zu verzeihen, um das Geschehene endgültig zur Ruhe kommen zu lassen.« Zahra schälte geschickt einen Apfel nach dem anderen, als sie erklärte:

»Vielleicht hilft es, sich klar zu machen, dass das Gegenteil von Verzeihen nicht bedeuten muss, fortwährend Groll gegen jemanden zu hegen oder ihn zu hassen. Wütend oder traurig darüber zu sein, dass es damals nicht besser gelaufen ist, muss nicht ausschließen, dass man versteht, dass die Eltern es zu dem Zeitpunkt nicht besser wussten oder konnten. Die Verantwortung für die Tat liegt beim Täter. Aber an uns liegt es, was wir daraus machen und ob wir es zulassen, dass das Geschehene unser Leben in demselben Maße auch weiterhin beeinflusst!« So hatte Coco das noch nicht betrachtet. Sie erinnerte sich an einen Spruch, über den sie einmal gestolpert war: *Vergib ihnen. Für dich. Nicht für sie!*

Sie schwiegen, während sie weiter schälten und Coco ihren Gedanken nachhing...

»Wie kann ich mir so eine traumatisierende Kindheit denn konkret vorstellen?«, wollte sie schließlich wissen. Zahra dachte kurz nach und hob an:

»Nehmen wir einmal an, in einem Elternhaus herrscht eine gewisse Gefühlskälte und es gibt wenig körperliche oder emotionale Nähe, das Kind empfindet wenig Halt, fühlt sich wenig gesehen und wenig gefühlt. Vielleicht erfährt es sogar subtile oder direkte Ablehnung, Demütigung oder Grenzverletzungen, welcher Art auch immer. Es befindet sich also in einer Atmosphäre der Angst und Hilflosigkeit, aus der es keine Fluchtmöglichkeiten hat und wehren kann es sich auch nicht. So bleibt ihm nur eine Möglichkeit: das Abspalten der leidvollen Erfahrungen. Da jede Erfahrung eine körperliche Entsprechung hat, muss es auch eine gewisse Distanz zu seinem eigenen Körper herstellen. Das heißt, dieses Kind kommt gar nicht richtig auf der Erde, in seinem Körper, in seinem Leben an!« Es machte Coco traurig, sich eine solche Situation vorzustellen. Sie fragte sich, wieso solche Leute dann überhaupt Kinder bekamen. Für jeden etwas größeren Hund brauchte man unterdessen eine Art ›Sachkundenachweis‹ oder wie sich das nannte. »Das Tückische dabei ist«, fuhr Zahra fort, »dass diese Dinge weitgehend in der vorsprachlichen Zeit stattfinden, das heißt in einer Lebensphase, in der die Erinnerungen lediglich implizit abgespeichert werden. Das bedeutet, dass die Erinnerung nicht bewusst zugänglich ist, also nicht jederzeit willentlich abgerufen werden kann.« Dann erklärte Zahra weiter: »Das Kind wird nach und nach älter und entwickelt seine eigenen Strategien, um diese letztendlich lebensbedrohliche Situation zu überleben. Und genau diese Strategien, die ihm einst das Leben gerettet haben, sind es, unter denen es später so leidet! Denn eigentlich haben sie eines Tages ausgedient, aber der nötige Realitätsabgleich wurde nicht vorgenommen. So werden negative Gefühle von Menschen, die in einem gestörten familiären Umfeld aufgewachsen sind, dann zum Beispiel als ›sicher‹ erlebt und Frieden als ›unangenehm‹ – ganz einfach deshalb, weil positive Gefühle ihrem Nervensystem nicht vertraut sind!«

»Das heißt, in den ersten Jahren werden keine Gedächtnisinhalte angelegt?«, wollte Coco wissen. »Das ist doch ideal in einem solchen Fall!« Zahra hatte ihren Berg Äpfel bereits abgearbeitet und übernahm einen Teil von Cocos Portion.

»Oh doch, ganz im Gegenteil! Der Körper speichert sämtliche Erfahrungen peinlichst genau ab. Er ist, wenn du so willst, der Hüter unserer ganz persönlichen Lebensgeschichte!«

»Es ist also ein Irrtum, zu glauben, woran ich mich nicht erinnern kann oder was ich verdrängt habe, hätte keinen Einfluss mehr auf mein heutiges Leben?«

»Ganz genau! Unser Nervensystem spricht über Emotionen und Gefühle zu uns, manchmal auch über Schmerzen, jedoch nicht über Worte. Davon kann so mancher Erwachsene mit chronischen Krankheiten ein Lied singen! Es heißt doch auch: *Eine Erkrankung bleibt so lange, bis sie alles gesagt hat!*« Den Spruch kannte Coco noch nicht, er gefiel ihr! »Und übrigens«, fuhr Zahra fort: »In keiner Lebensphase wird die Identität mehr gebildet als in den ersten fünf Lebensjahren. Sie später zu korrigieren, ist ein sehr mühsames Unterfangen. Es ist nämlich so, dass das Kind sich zunächst als Einheit mit der Mutter wahrnimmt und fühlt, was die Mutter fühlt. Da es nicht zwischen Ich und Du unterscheiden kann, bezieht es alles auf sich selbst! So kann es sich nicht als ein Wesen in einer unglücklichen Lage, quasi von außen, betrachten. Und daraus wird dann im ungünstigsten Fall ein Glaubenssatz für das weitere Leben abgeleitet, wie zum Beispiel: Ich bin schlecht! Oder: Ich bin nicht gut genug!«

Coco hatte im Vorlesungsverzeichnis gesehen, dass ihr Entwicklungspsychologie noch bevorstand, jedoch nicht geahnt, dass dieser Bereich so interessant sein würde! »Kannst du konkrete Beispiele für traumatisierende Umstände nennen? Ach, und möchtest du auch etwas trinken?«, wechselte sie das Thema, noch ehe Zahra antworten konnte.

»Gerne! Auf dem Küchentisch steht eine Karaffe mit Quellwasser.«

7

Coco kam mit einem Tablett zurück und schenkte beiden ein. »Zum Wohl, auf ein zauberhaftes Wochenende!«, zwinkerte sie Zahra zu und hob ihr Glas. *Zauberhaft* war zum Running Gag geworden zwischen ihnen, ein echter Coco-Zahra-Insider, nachdem Coco mit der Zeit festgestellt hatte, dass alles, was Zahra umgab, auf unerklärliche Weise etwas Zauberhaftes annahm...

»Also, nun zu deiner Frage, wenn du noch kannst.«

»Wenn ich noch kann? Ich bitte dich! *Du* müsstest mal einer Statistik-Vorlesung folgen, ohne dabei einzuschlafen!« Zahra lachte.

»Na gut: Bei den Ereignissen, die zu einer solchen Traumatisierung führen, handelt es sich diesen Büchern zufolge oft um solche, die aus Sicht eines Erwachsenen als weitgehend harmlos eingestuft würden. Es beginnt bereits in der Schwangerschaft, dass die Eltern sich zum Beispiel viel streiten oder dass das Kind eigentlich nicht gewünscht ist. Dann später, bei der Geburt, kann es zu zahlreichen, vom Kind als lebensbedrohlich empfundenen Situationen kommen. Es wird auch leider bis heute unterschätzt, wie wichtig die erste Stunde nach der Geburt für das Vertrauen und das Bindungsverhalten des gesamten weiteren Lebens ist! Aber das ist ein anderes Thema...« Coco war überrascht. Gab es nicht unzählige Menschen mit genau solchen Erfahrungen während Schwangerschaft oder Geburt? Dann müsste doch fast jeder einen Schaden genommen haben! Zahra fuhr fort: »Schließlich folgt die Phase, in der es zu den meisten Versäumnissen kommt: die Säuglings- und Kleinkindzeit. Hier sollte sich das Kind mit aller Selbstverständlichkeit als der Nabel der Welt fühlen dürfen! Es gibt so viele Möglichkeiten, was in dieser Phase falsch gemacht oder versäumt werden kann! Etwa die Unart, ein Kind schreien zu lassen, bis es erschöpft aufgibt. Operationen beziehungsweise Krankenhausaufenthalte oder eine Trennung der Eltern sind ebenfalls häufige Ursachen für frühe Traumata, diese lassen sich jedoch bekanntlich nicht immer vermeiden.«

»Unart?«, hakte Coco nach. »Demzufolge, was ich bisher glaube verstanden zu haben, müsste man dieses Schreienlassen als Verbrechen bezeichnen, oder?«

»Ja, so gesehen hast du Recht! Und du siehst, es müssen nicht einmal zweifellos schreckliche Dinge wie körperliche Gewalt oder sexueller Missbrauch stattfinden, um nachhaltigen Schaden anzurichten.« Eine merkwürdige Traurigkeit hatte Coco überkommen. Ihr war nicht klar gewesen, welche Abgründe sich hinter diesem Thema auftun würden. Sie hörte Zahra weiter zu: »Zusammenfassend lässt sich also sagen, dass eine Aneinanderreihung aus Erwachsenensicht harmlos erscheinender Ereignisse zu Ohnmachtsgefühlen oder gar Todesängsten beim Kind führen kann. Diese prägen das Identitäts- und Selbstwertgefühl nachhaltig und führen unter Umständen zu Dissoziationen, das heißt Abspaltungen. So hat der Erwachsene dann mitunter kaum noch Zugang zu seinem Körper und zu seinen Gefühlen und weiß dementsprechend nicht, was er braucht oder will. Das zeigt sich zum Beispiel später in Angst vor körperlicher und emotionaler Nähe, Angst vor echter Bindung aufgrund der Unfähigkeit, Grenzen zu spüren und zu setzen; es zeigt sich auch in Schwierigkeiten zu vertrauen, in Burnout-Situationen aufgrund mangelnder Selbstfürsorge und vielem mehr.« Zum Thema Selbstfürsorge war Coco ein Spruch eingefallen, den sie irgendwo aufgeschnappt hatte: *Du bist der wichtigste Mensch in deinem Leben, also nimm dir gefälligst Zeit für dich!* Und sie musste an einen Satz von Luc denken: *Wenn wir nicht lernen, nein zu sagen, wird unser Körper das für uns übernehmen – durch Krankheit!* »Coco, wollen wir es hierbei jetzt erst einmal belassen?«

»Nein, ich kann noch, es ist wirklich interessant!«

»Na dann...« Zahra zögerte und warf Coco einen zweifelnden Blick zu, ehe sie anhob: »Das Nervensystem eines Menschen, der in einer dauerhaft angespannten oder bedrohlichen Situation lebt, scannt notgedrungen permanent die Umgebung nach weiteren Gefahren ab und sortiert die einströmenden Informationen immer weniger zuverlässig nach ihrer Relevanz. Im Normalfall bleibt ein Großteil der Informationen unbewusst! Die Großhirnrinde ist maßgeblich daran beteiligt, die Aufmerksamkeit gezielt zu lenken – eine Aktivität, die allerdings ziemlich energieaufwendig ist. Der auf Sparsamkeit und Effizienz ausgerichtete Organismus kann es sich in Situationen, die möglicherweise in Kampf oder Flucht münden, nicht leisten, den Weg über diesen langsameren, mehr Energie verbrauchenden Teil des Gehirns zu nehmen, um zu einer Entscheidung zu gelangen. Daher verfügt das Nervensystem über eine Art Notfallschaltung, die die Großhirnrinde umgeht und in Sekundenbruchteilen eine Auswertung der Situation mit entsprechenden Konsequenzen vornimmt. Von der Struktur, die hierfür maßgeblich von Bedeutung ist, hast du vielleicht schon gehört, man nennt sie Amygdala, was wörtlich übersetzt ›Mandelkern‹ bedeutet, da sie in Größe und Form an einen solchen erinnert, wenn ich es richtig in Erinnerung habe. Sie spielt eine Rolle bei der Regulation von Angst und Emotionen und letztendlich, gemeinsam mit anderen Strukturen, bei der Gedächtnisfunktion.«

»Aber das ist doch großartig, dass wir diese Notfallschaltung haben!«, wandte Coco ein.

»Ja, absolut! Sonst wäre die Menschheit vermutlich bereits ausgestorben. Unangenehm wird es allerdings, wenn Verhaltensmuster, die einst lebensrettend waren, auch in Situationen ablaufen, in denen sie eigentlich ausgedient haben. In Situationen, wo wir nicht mehr das kleine, hilflose Kind sind.«

»Wie zum Beispiel?«

»Zum Beispiel, wenn ein Geruch uns buchstäblich erstarren oder die Flucht ergreifen lässt und eine Lawine überwältigender Emotionen auslöst.«

»Das heißt, ein Mechanismus, der uns einst das Leben gerettet hat und den sich das Nervensystem vorsichtshalber für die Zukunft gemerkt hat, macht uns dann den Alltag schwer?«, fasste Coco zusammen.

»Richtig. Mitunter wissen wir nicht einmal, was genau der Auslösereiz war, denn es ist nicht erforderlich, dass wir diesen bewusst wahrnehmen. Würden wir ihn bewusst wahrnehmen, so hätten wir zumindest eine Rest-Chance, eine Pause zwischen Reiz und Reaktion zu schaffen, in der wir mit unserem heutigen Erwachsenen-Ich eingreifen könnten. Wir können Abläufe leider erst dann wirklich verändern, wenn sie uns bewusst geworden sind!« Coco musste an die Situationen in der Métro denken, wenn jemand nach Bier roch. Aber Zahra hatte Recht, sie sollte sich eigentlich erst einmal erholen…

»Okay, danke für die Vorlesung! Und du bist keine Expertin? Von wegen...« Alle Äpfel waren geschält und Zahra füllte eine der Schüsseln mit den Apfelschalen. Coco schwirrte der Kopf...

»Ein weiterer Gruß aus der Küche an die Hühner!« Die Hühner! Coco hatte sie ganz vergessen.

»Ich gehe gleich zu ihnen! Die Armen.«

»Naja, ganz so arm sind sie nun auch wieder nicht, ich habe sie heute früh schon rausgelassen und bin sicher, sie werden es dir nicht übelnehmen. Sie haben bestimmt schon den einen oder anderen Wurm gefunden!«

Als hätte sie zugehört, tauchte Salomé plötzlich auf und folgte Coco auf die andere Seite des Hauses zu den Tieren.

8

Coco verbrachte den restlichen Vormittag draußen. Nachdem sie die Tiere begrüßt und nach den Bienen gesehen hatte, setzte sie sich auf die Steinstufe, die Luc ihr damals nach ihrer Genesung als Bank in ihren eigenen kleinen Garten gebracht hatte, den sie bis heute liebevoll pflegte. Seit Beginn des Studiums und dem damit verbundenen Umzug ans andere Ende der Stadt kümmerte sich Zahra mit Cocos Einverständnis hier und da ein bisschen darum. Besonders stolz war Coco auf die Kletterrosen, die an dem Bogen, der den Eingang zu ihrem kleinen Privatparadies bildete, emporrankten. Es handelte sich um mehrere Pflanzen, deren Blüten sich farblich wunderbar ergänzten. Und sie verströmten einen Duft, an den Coco oft dachte, wenn sie zum Beispiel wieder einmal in einer überfüllten Métro saß und mit der Reizüberflutung zu kämpfen hatte.

Sie saß nun einfach da und ließ ihren Gedanken freien Lauf. Das war ihr früher nicht schwergefallen – bis zu ihrem Umzug in die WG. Seitdem ertappte sie sich dabei, dass sie sich ständig Aufgaben und Ablenkung suchte und kaum noch zur Ruhe kam. Sie fragte sich oft, wie dieser Umzug einen solchen Einfluss auf ihr gesamtes Befinden haben konnte! Mit dem Einzug bei Zahra hatte sie damals begonnen, zunehmend Lebensfreude und Leichtigkeit zu spüren – ein langsamer Prozess, der ihr erst rückblickend richtig bewusst geworden war. Das erste Semester hatte kaum angefangen, da bemerkte sie wiederholt eine gedrückte Stimmung, Lustlosigkeit und Erschöpfung. Und dann ging es mit den Panikattacken los. Und mit dem Zählen von allem Möglichen, was ihr im Alltag begegnete. Sie hatte das vollkommen vergessen gehabt! Als Kind, noch beim Vater, hatte sie das auch gemacht. Heute wusste sie, dass man dieses Verhalten als Zwang bezeichnet, wenn es dermaßen unkontrollierbar ist. In ihrem Fall handelte es sich schon längst nicht mehr um eine ›Angewohnheit‹ oder eine Möglichkeit des ›Zeitvertreibs‹. Nun, im zweiten Semester, hatte sie das Gefühl, um Jahre zurückgeworfen zu sein, was die Unbeschwertheit betraf. Vieles war zäh und anstrengend geworden, sie konnte sich kaum noch richtig freuen und grübelte viel.

Coco genoss die Sonnenstrahlen, die ihr Gesicht wärmten, und lauschte den Vögeln, als sie plötzlich Zahras Stimme neben sich hörte:

»Hast du auch Hunger?« Zahra schien bemerkt zu haben, dass Coco nachdenklich war. Sie legte ihre Hand auf Cocos Schulter und schwieg. Coco hatte das Gefühl, dass sich in diesem Moment etwas löste. Ihre Schultern wirkten leichter. Ihr entfuhr ein tiefer Seufzer. Es war, als fiele mit diesem langen Ausatmen eine Last von ihr ab – das geschah wie von selbst.

»Dieses unwillkürliche lange Ausatmen gerade, hast du es bemerkt? Man bezeichnet es auch als reflektorischen Atemzug.« Zahra stand unverändert neben ihr, die Hand weiterhin auf Cocos Schulter ruhend. »Das ist der Moment, wenn das vegetative Nervensystem vom sympathischen Zustand, also vom Angespanntsein, in den parasympathischen Zustand, also in Richtung Entspannung und Beruhigung, wechselt.« Sie schauten einer Meise zu, die sich an einer Hagebutte zu schaffen machte. »Hast du eine Idee, weshalb dieses Ausatmen gerade in diesem Moment passierte?« Coco verstand nicht, worauf Zahras Frage abzielte. »Das hat etwas mit Co-Regulation zu tun. Wenn ein Kind geboren wird, ist das Nervensystem noch nicht voll ausgereift. Ein bestimmter Anteil des parasympathischen Nervensystems zum Beispiel, welcher zuständig ist für soziale Interaktion, reift nach der Geburt weiter aus. Voraussetzung dafür ist, dass das Nervensystem der Bezugsperson, zumeist der Mutter, sich auf das Nervensystem des Kindes einschwingt und das Kind bei Bedarf beruhigt, also coreguliert, bis das Nervensystem des Kindes diese Fähigkeit selbst entwickelt hat und sich alleine regulieren kann. Das nennt man dann Selbstregulation.« Co-Regulation, Selbstregulation... Auch davon hatte Coco noch nichts gehört. »Das Tragische ist, dass viele Kinder diesbezüglich viel zu kurz kommen. Später wissen sie dann nicht, wie sie sich entspannen, ausruhen oder angemessen auf eine Situation reagieren können, die Stress in ihnen auslöst! Häufig hat bereits die Mutter selbst diese Fähigkeit nicht richtig entwickelt. Die gute Nachricht ist aber, Co-Regulation funktioniert auch noch beim Erwachsenen, wie du eben erleben konntest!« Zahra warf Coco einen aufmunternden Blick zu.

»Und was hast du gemacht, dass dieser reflektorische Atemzug bei mir ausgelöst wurde?«

»Ich habe deinem Körper, deinem Nervensystem, durch eine leichte Berührung und durch meine Anwesenheit das Signal gegeben, dass du nicht allein bist. Das funktioniert zwischen uns natürlich besonders gut, da dein Nervensystem mich inzwischen bestens kennt und als harmlos einstuft.« Die Meise hatte unterdessen Gesellschaft von weiteren Meisen bekommen, die sich gegenseitig durch den Busch zu jagen schienen, als spielten sie Fangen. »Also, wie sieht es aus mit Mittagessen?«, wiederholte Zahra ihr Angebot. Coco bemerkte erst jetzt, dass sie hungrig war. Es war in letzter Zeit öfter vorgekommen, dass sie vergessen hatte zu essen oder zu trinken.

»Ja, ich hab Hunger! Aber kannst du mir vorher noch eine Frage beantworten? Ich dachte gerade darüber nach, warum es mir so schlecht geht, seitdem ich von dir weggezogen bin. Ich erkenne mich manchmal selbst kaum wieder.« Zahra machte Anstalten, sich neben Coco auf die Stufe zu setzen.

»Darf ich?« Coco rutschte etwas zur Seite. »Ja, da sind wir wieder genau beim Thema: Selbstregulation und Co-Regulation! Co-Regulation kann durch allerlei Maßnahmen erfolgen. Die Berührung ist nur eine von vielen Möglichkeiten! Übrigens lässt sich nicht jeder auf Anhieb durch Berührung beruhigen. Für jemanden, der als Kind wenig Berührung und körperliche Nähe erfahren hat, kann diese später sehr anstrengend oder sogar kaum erträglich sein! Auch Mimik, Gestik, Stimmlage, Blicke usw. können dem Nervensystem Sicherheit signalisieren. Und genau das ist es, was du über die Jahre bei mir tagtäglich erfahren hast.« Coco dachte an die Zeit zurück, als sie hierhergekommen war. An die ersten Gehversuche nach der schweren Krankheit. Sie dachte daran, wie schüchtern und unsicher sie gewesen war. Wie wenig sie sich getraut hatte, einen Wunsch zu äußern oder etwas für sich einzufordern. Auch Berührung und körperliche Nähe waren damals sehr ungewohnt für sie. Was Zahra und Luc betraf, hatte sie aber verhältnismäßig schnell Vertrauen fassen und ein gewisses Maß an Nähe zulassen können. Vieles, was heute selbstverständlich für sie war, eine Umarmung zum Beispiel, war ihr damals fremd gewesen.

»Zahra, es war für dich sicherlich sehr anstrengend, mich jahrelang zu regulieren!« Ihre Antwort kam prompt:

»Nein, das war es absolut nicht. Idealerweise existiert dafür eine Art natürlicher Instinkt. Voraussetzung ist jedoch, dass die Bezugsperson sich einst selbst gesund entwickeln konnte und dass die äußeren Umstände diese Einstimmung zulassen und Raum dafür bieten. Ein Hormon, das hierbei eine zentrale Rolle spielt, ist übrigens das Oxytocin, welches dir bestimmt schon im Rahmen deines Studiums, vielleicht auch unter dem Begriff ›Bindungshormon‹, begegnet ist. Es hat eine wichtige Funktion bei der Traumaheilung und der damit einhergehenden Bildung neuer, hilfreicher Denkmuster und Verhaltensweisen.« Mit dem Hormon hatte Coco sich bereits beschäftigt, wenn auch nicht bis ins letzte Detail. Zahra fuhr fort: »Wenn man sich die Fähigkeit der Co-Regulation später bewusst selbst aneignen muss, dann ist es deutlich mühsamer, aber nicht unmöglich! Nun magst du dich fragen, wieso es dir dann nach Jahren der regelmäßigen Co-Regulation plötzlich so schlecht geht, wenn diese ausbleibt. Du befindest dich jetzt in der Phase, in der dein Nervensystem von überwiegender Co-Regulation auf Selbstregulation umschalten muss. Dies geschieht normalerweise ganz nebenbei, portionsweise und in jüngerem Alter, zum Beispiel, wenn ein Kind die ersten Übernachtungsbesuche bei Freunden macht oder auf eine kurze Klassenfahrt fährt. Dabei kann es dieses Umschalten trainieren. Wir haben bei dir über die Jahre einiges nachgeholt. Aber im besten Falle findet es bereits konsequent unmittelbar nach der Geburt und in den darauffolgenden Jahren statt, denn in dieser Phase reagiert das Nervensystem besonders sensibel auf solche Prozesse.« Coco lehnte ihren Kopf an Zahras Schulter. Sie war traurig.

»Wer weiß, wie es mir heute ergehen würde, wenn diese Nachreifung nicht stattgefunden hätte!«

»Ja, vielleicht wäre es gar nicht so weit gekommen, dass du das Abitur gemacht und einen so anspruchsvollen Studiengang gewählt hättest.«

»Naja!«, widersprach Coco. »Ich hatte halt einfach ganz viel Glück! Es steht mir nicht zu, mich mit irgendwelchen Erfolgen zu schmücken, was wäre ich denn heute ohne dich und Luc!« Coco erkannte in Zahras Gesicht diesen vielsagenden, liebevoll-ironischen Blick und ahnte bereits, was nun folgen würde…

»Meine liebe Coco! Einmal abgesehen davon, dass wir jetzt stundenlang darüber sprechen könnten, was Glück ist und ob es wirklich so ›zufällig‹ ist, wie es oft heißt, oder ob es vielleicht doch etwas mit unserer ganz eigenen Haltung und Ausstrahlung zu tun hat: Ja, hier und da hast du dich in Situationen wiedergefunden, die man als ›glückliche Fügung‹ bezeichnen kann! Aber Glück zu haben genügt nicht, um glücklich oder erfolgreich zu sein! Es bedarf einer gehörigen Portion Wachsamkeit und Entschlossenheit, das ›Glück‹ als solches zu erkennen und die sich bietenden Chancen zu ergreifen! Nehmen wir einmal an, einem x-beliebigen Menschen wären genau dieselben Situationen und Menschen begegnet wie dir – wäre er auch dort gelandet, wo du dich nun befindest?«

»Okay, wir lassen das jetzt erstmal so stehen. Aber was hilft dann jemandem weiter, der nicht so viel Glück hat wie ich?«

»Er könnte sich zum Beispiel durch ein Vorbild inspirieren lassen! Denn oft mangelt es Menschen, die aus schwierigen Verhältnissen kommen, bereits an der Fähigkeit, sich ein besseres Leben überhaupt konkret *vorzustellen*! Kaum etwas bringt uns schneller ans Ziel, als eine lebendige Vision! Wenn ich kein Ziel vor Augen habe, lande ich in aller Regel dort, wo *andere* mich haben wollen.« Sie schwiegen. Dann fügte Zahra hinzu: »Ich halte deine Geschichte übrigens für sehr geeignet als Inspirationsquelle!«

»Ist das dein Ernst?«, wunderte sich Coco. »Okay, einmal angenommen, du hättest Recht damit: Die Chancen stehen äußerst schlecht, dass eine ernstzunehmende Anzahl an Menschen jemals von mir und meiner Geschichte erfahren wird!«

»Höchste Zeit, dass jemand deine Geschichte zu einem Roman verarbeitet!«, scherzte Zahra.

»Also wenn meine Geschichte jemandem als Inspirationsquelle dienen könnte, dann trifft das auf dich um ein Vielfaches zu – ich lasse dir daher gerne den Vortritt.«

»Gut, dann tauchen wir eben beide in der Geschichte auf!«, lachte Zahra und knüpfte wieder an das ursprüngliche Thema an: »Es mag sich vielleicht für dich so anfühlen, als habe ich dich mit deinem Auszug zu Beginn des Studiums ins kalte Wasser springen lassen. Du magst dich fragen, ob es nicht vermeidbar gewesen wäre, dass es dir nun so schlecht geht.« Ja, darüber hatte Coco nachgedacht, diesen Gedanken aber rasch wieder verworfen mit der Entscheidung, alt genug zu sein, für sich selbst zu sorgen und nicht die Schuld bei anderen suchen zu wollen. Hätte Zahra ihre Gedanken gelesen, sie hätte sie mit Sicherheit wieder liebevoll ›gescholten‹ für diesen harten Umgang mit sich selbst. »Es gibt Dinge, die kann man einem Menschen nicht abnehmen!«, fuhr Zahra fort. »Manche Erfahrungen gehören zum Leben und zur persönlichen Entwicklung einfach dazu. Ihre Kinder von Enttäuschung, Schmerz und Traurigkeit vollkommen abzuschirmen, ist der Wunsch vieler Eltern. Das kann aber nicht funktionieren! Das Kind muss seine eigenen Erfahrungen machen dürfen, an denen es wächst. Ich hätte dich noch so vorwarnen können – manches muss man selbst erleben, da nützt selbst die ausgeklügelteste Strategie im Vorfeld wenig. Und abgesehen davon, auch ich bin keine Prophetin. Wie sich diese neue Herausforderung bei dir im Detail bemerkbar machen würde, das blieb abzuwarten.«

»Naja, letztendlich ist es ja meine eigene Dummheit und Schwäche, wenn ich nicht in der Lage bin, ein ganz normales Studentenleben zu führen!«, wandte Coco nun doch ein. Zahra drückte sie an sich.

»Mooooment!« Na also, da kam sie, die liebevolle Schelte… »Wolltest du diesen inneren Kritiker, oder soll ich besser sagen: Sadisten, nicht dauerhaft in Rente schicken?« Ja, das hatte Coco wiederholt getan. Aber er schien ein echter Workoholic zu sein und konnte offensichtlich wenig mit sich und seiner Freizeit anfangen. »Coco, würdest du, sagen wir beispielsweise deine Mitbewohnerin, wie hieß sie noch?«

»Jeanette.«

»Ja richtig, würdest du Jeanette auch mit so netten Kommentaren aufbauen?«

»Natürlich nicht! Obwohl sie mich ziemlich nervt, ehrlich gesagt.«

»Gut, du würdest es also nur denken und für dich behalten!«

»Ach Zahra, du bist gemein, natürlich nicht!«

»Ich verstehe. Du bist eben etwas ganz Besonderes und erträgst einfach mehr als andere!«

»Zaaaahra!« Coco durchschaute die Intervention und musste lachen, da diese trotzdem so gut funktionierte. »Ja, ja, die Botschaft ist angekommen!«

»Eine kleine Auffrischung hier und da wirkt Wunder!«

»Jaaaaaaa, okaaaay!« Coco schmiegte sich an Zahra und war froh, sie zu haben. Sollten diese Therapeuten doch alle bleiben, wo sie waren! Oder sich gegenseitig behandeln – dem einen oder anderen würde es sicherlich nicht schaden! Sie schämte sich ein bisschen für diesen Gedanken. In dem Moment tauchte Salomé auf und setzte sich vor die beiden. Coco hielt ihr den Handrücken hin und ließ sich beschnuppern. Salomé schien noch etwas vorzuhaben und verschwand wieder unter einem der alten Büsche. Eine Frage hatte Coco vorhin bereits stellen wollen, sie fiel ihr nun wieder ein:

»Wie kommst du eigentlich darauf, dass diese Co-Regulation bei mir in der frühen Kindheit nicht stattgefunden hat? Du weißt doch kaum etwas über meine Vergangenheit!« Sie fühlte sich plötzlich irgendwie verärgert. Kaum hatte sie den Satz ausgesprochen, da tat es ihr aber auch schon leid, womöglich zickig geklungen zu haben und sie versuchte, das Gesagte abzumildern: »War oder ist es so offensichtlich, dass mir da etwas fehlte?«

»Ja, das war sehr offensichtlich, als du damals zu mir kamst. Wie gesagt, es ist gar nicht nötig, Details zu kennen aus einer Biografie. Was, wann, wie oft und durch wen zugefügt oder versäumt wurde und so weiter, spielt letztendlich kaum eine Rolle. Entscheidend ist, was heute da oder nicht da ist beziehungsweise welche Reaktions- und Verhaltensmuster der Körper abgespeichert hat.

Es gab deutliche Hinweise darauf, dass in deiner Vergangenheit einiges nicht gut gelaufen ist.« Coco hatte sich in den letzten Monaten öfter gefragt, ob es ihr jemals richtig gut gehen könnte, ohne Genaueres über ihre ersten Lebensjahre zu wissen. Denn ihre Erinnerung reichte nicht wesentlich weiter als bis zu ihrer Einschulung zurück. Das Wenige, was ihr darüber hinaus bekannt war, wusste sie lediglich aus Andeutungen, die der Vater hier und da von sich gab, was jedoch meistens in betrunkenem Zustand geschehen war, so dass sie Zweifel hinsichtlich der Objektivität und Richtigkeit dieser Informationen hatte. Sie dachte sogar gelegentlich darüber nach, ihn aufzusuchen, um ihn nach genau diesen Dingen zu fragen. Bisher war sie jedoch jedes Mal zu dem Schluss gekommen, dass sie den vollständigen Kontaktabbruch immer noch für die richtige Entscheidung hielt und wollte nicht riskieren, an all die unschönen Erinnerungen und Gefühle anzuknüpfen, wenn sie sich erneut begegneten.

»Komm Zahra, lass uns endlich essen!« Noch bevor Coco ihr die Hand anbieten konnte, um ihr aufzuhelfen, stand Zahra putzmunter mit einem Lächeln vor ihr und ließ ihr den Vortritt in Richtung des Hauses.

9

Nach dem Mittagessen blieben sie noch eine Weile auf der Terrasse sitzen und unterhielten sich, bis Zahra begann, den Tisch abzuräumen.

»Ich habe Kompott eingekocht und möchte etwas davon in unseren ›Laden‹ stellen. Magst du mir später tragen helfen?« Natürlich wollte Coco helfen! Es kam so selten vor, dass Zahra sie um einen Gefallen bat. Wie oft hatte Coco das Gefühl gehabt, ihr etwas zurückgeben zu wollen, ohne recht zu wissen, wie. In der Küche angelangt, deutete Zahra auf einen großen Weidenkorb, der mit Einmachgläsern gefüllt war. Coco wollte gerade loslegen, da bremste Zahra sie. »Du hast es aber eilig! Wir müssen nicht alles auf einmal dort hinschaffen, immer mit der Ruhe. Erinnerst du dich noch an unser Gespräch darüber, dass es Menschen gibt, die das Talent haben, überall einen Appell herauszuhören?« Sie mussten lachen.

»Möchtest du mir jetzt wirklich das Erfolgserlebnis vergraulen, ausnahmsweise mal nützlich sein zu können?«

»Gut, ich hätte folgenden Vorschlag: Ich gehe gleich in die Stadt, um ein paar Besorgungen zu machen. Was hältst du davon, mich auf dem Weg nach draußen mit ein paar Gläsern zu begleiten?« Coco war einverstanden. Früher konnte sie es kaum erwarten, mit Zahra in die ›Welt da draußen‹, wie sie es nannte, zu gehen. Es war stets ein Erlebnis der besonderen Art. Anfangs hatte sie Schwierigkeiten damit gehabt, an Zahras Seite so viel Aufmerksamkeit zu bekommen. Denn das ließ sich gar nicht vermeiden – nicht zuletzt aufgrund Zahras außergewöhnlicher Ausstrahlung und ihrem ganz eigenen Kleidungsstil. Mit der Zeit begann Coco, dieses Rampenlicht ein wenig zu genießen. Es zeigte sich, dass sie sich im Schatten von Zahras Popularität im nötigen Maße verstecken konnte, nachdem man inzwischen wusste, wer Coco war. Hier und da meinte Coco, man beneide sie darum, so viel Zeit mit Zahra verbringen zu dürfen. Manche Menschen wirkten regelrecht hungrig nach Zahras Nähe, einem Lächeln oder einem anerkennenden Wort von ihr. Coco bewunderte Zahra dafür, dass sie für jeden ein offenes Ohr, einen freundlichen Satz oder ganz praktische Ratschläge, bis hin zu materieller Hilfe, übrig hatte, ohne dabei verstellt, genervt oder gönnerhaft-überheblich zu wirken. Zahra sagte einmal zu ihr: »Auch wenn man sonst gerade nicht viel zu geben hat, ein Wortgeschenk zu machen, ist immer möglich!« Und ihr Credo war: »Liebe wird nicht weniger, wenn man sie teilt.« Coco konnte sich nicht vorstellen, jemals auch nur ansatzweise wie Zahra zu sein, selbst wenn sie sich noch so bemühte. Die Anwesenheit anderer Menschen, mit wenigen Ausnahmen, strengte sie unglaublich an! Heute war sie einfach nur dankbar, die Ruhe und die friedliche Atmosphäre hinter den hohen Mauern genießen zu dürfen. Sie würde ohnehin viel zu früh wieder in diese laute Welt zurück müssen.

Als Zahra ausgehfertig in die Küche kam, war Coco gerade dabei, die letzten Gläser in Richtung Backstube zu bringen. Coco bestaunte Zahras Kleid, welches ihr nicht bekannt vorkam. »Gefällt es dir? Meine neueste Kreation! Ich habe ein Schnittmuster ausprobiert, das ich in einer Zeitschrift entdeckt habe, die Alette mir dagelassen hat.« Coco war überrascht. Zahra las jetzt Frauenzeitschriften? »Was denn, gönnst du mir nicht auch ein bisschen Spaß?« Coco fühlte sich ertappt und sie mussten lachen.

»Du siehst wieder einmal umwerfend aus!«, stellte Coco fest.

Während Zahra den raffinierten Schließmechanismus der Mehlspeichertür entriegelte, bemerkte Coco: »Du willst mir schon lange erzählen, was genau es mit dieser Tür hier auf sich hat!« Coco war, als veränderte sich Zahras Stimmung in Sekundenbruchteilen – sie wirkte plötzlich ernster.

»Gut, wenn du heute Abend nichts anderes vorhast, will ich mein Versprechen gerne einlösen.« Coco war gespannt! Zahra schien das Ladengeschäft bereits aufgeschlossen zu haben, es fehlten ein paar der Blumensträuße und auf einem kleinen, runden Beistelltisch lagen Briefe und Zeitschriften, die Coco zuvor nicht aufgefallen waren. Nun wurde sie der kleinen Gruppe Leute gewahr, die auf den alten Stühlen vor dem Schaufenster saßen und angeregt in eine Unterhaltung vertieft waren.

»Geh ruhig zurück, wenn dir nicht nach Menschen zumute ist!« Coco war nach all den Jahren immer noch verblüfft, wie gut Zahra sie kannte! Wie oft kam es vor, dass sie sie verstand, ohne dass Coco auch nur ein einziges Wort sagen musste! Sie verabschiedeten sich und Coco beobachtete durch das Fenster, wie Zahra herzlich begrüßt wurde. Coco ging durch die Backstube zurück ins Haupthaus und verschloss die Panzertür gewissenhaft von innen. Jetzt, in der Stille und dem dämmrigen Licht des langen Ganges, fiel ihr auf, wie sehr die wenigen Minuten außerhalb dieses Ortes sie bereits angestrengt hatten. Das sich nun wieder einstellende Gefühl der Entspannung erinnerte sie an den Moment, als Zahra ihr die Hand auf die Schulter gelegt hatte. Wer oder was hatte sie dann jetzt reguliert? Das musste dieser Ort gewesen sein!

Seit Zahras Aufbruch in die Stadt waren ein paar Stunden vergangen. Coco hatte sich zunächst in die Bibliothek zurückgezogen und einen Blick in die Bücher geworfen, die Zahra dort für sie deponiert hatte. Nun lag sie auf der Wiese und schaute in den Himmel. Ihre Gedanken schweiften immer wieder in Richtung Uni und WG ab. Sie fragte sich, ob sie überhaupt geeignet wäre für ein solches Leben da draußen. Sicher, während der Schulzeit hatte sie auch mit einigen Menschen zu tun gehabt. Es gab auch damals Dinge, die sie nicht mochte. Es gab Tage, an denen sie sich nichts sehnlicher gewünscht hätte, als diesen Ort hier nie wieder verlassen zu müssen und wie eine Einsiedlerin vor sich hinzuleben. Andererseits mochte sie aber auch die neuen Eindrücke und all die Ausflüge, die sie, meist mit Luc oder Zahra oder mit beiden gemeinsam, unternommen hatte. Wie oft sehnte sie sich danach, einfach nur normal zu sein, spontan etwas zu unternehmen, Freunde zu treffen, Spaß zusammen zu haben oder sich weniger Gedanken zu machen! In ihrer Phantasie hatte sie sich oft Treffen oder Aktivitäten ausgemalt und diese auch ernsthaft geplant. Wenn sie dann näher rückten, suchte sie häufig nach Ausreden, um die Verabredungen kurz vorher abzusagen oder zu verschieben – meistens verging ihr die Lust, wenn es konkreter wurde. Dann wünschte sie sich, einfach zuhause zu bleiben, zu lesen oder, je nach Jahreszeit, im Garten oder bei den Tieren zu sein. Anschließend verurteilte sie sich dafür und nahm sich vor, es beim nächsten Mal besser zu machen! Hin und wieder ließ sie ein solches Ereignis auch stattfinden oder folgte einer der Einladungen, um ihre Freunde nicht gänzlich zu vergraulen, suchte aber meistens schon nach kurzer Zeit einen Grund, wieder zu verschwinden. Ab und zu, diese Male konnte sie vermutlich an zwei Händen abzählen, war es dann allerdings viel schöner geworden, als sie es erwartet hatte.

Plötzlich hörte sie Zahra neben sich: »Ich bin wieder zurück!« Coco richtete sich auf und musste sich zunächst orientieren. Zahra hatte ihr neues Kleid gegen eines ihrer Haus-Kleider getauscht und wirkte frisch und munter. Coco überlegte, wie sie selbst sich nach einer Besorgungstour in der Stadt fühlen und wie sie danach aussehen würde. Sie schämte sich, als junger Mensch so wenig belastbar zu sein! »Ich werde gleich das Abendessen vorbereiten. Hattest du einen schönen Nachmittag?«

»Warte, lass uns das gemeinsam machen, ich habe ja jetzt genug gefaulenzt!« Kaum hatte sie das gesagt, erwartete sie Widerspruch von Zahra, Pausen könne man in der heutigen Zeit kaum genug machen und Langeweile und Nichtstun hätten einen viel zu schlechten Ruf. Dieses Gespräch hatten sie schon oft geführt. Zahra sagte einmal, der Mensch sei nicht dafür geschaffen, sein Dasein im permanenten Überlebensmodus zu fristen. Er benötige neben Sicherheit vor allem regelmäßige Phasen der Regeneration, um gesund zu bleiben. Zahras vielsagender Blick sprach mehr als tausend Worte...

»Ja, ja, ist ja gut!«, musste Coco lachen. »Ich hatte eine sehr erholsame Auszeit und habe mir all die Aufmerksamkeit geschenkt, die ich schon Tage zuvor dringend gebraucht hätte!«, korrigierte sie sich augenzwinkernd.

»Na also, warum nicht gleich so?« Sie gingen zusammen über die Terrasse und durch den Wintergarten in die Küche. Während Zahra die Glut in einem der großen gusseisernen Herde entfachte, erinnerte Coco sich an das Angebot, endlich das Geheimnis bezüglich der Spezialtür und dieses Ortes zu lüften. Sie hätte das Abendessen jetzt gerne ausfallen lassen, um der Sache schnellstmöglich auf den Grund zu gehen! Aber auf eine halbe Stunde mehr oder weniger kam es nun auch nicht mehr an. Und wer weiß, vielleicht war die Geschichte nicht annähernd so spektakulär, wie sie es sich in ihrer kindlichen Vorstellung schon damals so oft ausgemalt hatte...

10

Coco ging Zahra voraus und zündete die Lichter im Kaminzimmer an. Sie saß gespannt in ihrem Lieblingssessel und bewunderte den pastellfarbenen Blumenstrauß auf dem Couchtisch, während sie auf Zahra wartete. Kurz darauf erschien diese mit einem Stapel schwarzer Mappen, Notizbücher und dergleichen auf dem Arm, den sie auf den Tisch legte. Dann nahm sie Platz und betrachtete den kleinen Turm.

»Das ist aus dem Nachlass meiner Eltern. Abgesehen von mir und Luc, kennt heute wohl niemand mehr ihren Inhalt. Du hast schon öfter Fragen in diese Richtung gehend gestellt, aber alles zu seiner Zeit. Wenn du die Notizbücher liest, wirst du verstehen, dass ich sie keinem Kind zur Lektüre hätte anbieten können.« Coco hatte eine Gänsehaut am ganzen Körper. »Du musst wissen, ich habe keinerlei bewusste Erinnerung an meine Eltern. Diese Aufzeichnungen sind es, die mich ihnen näherbrachten. Aber der Reihe nach...«

»Du hast deine Eltern nie kennengelernt? Ich hatte angenommen, sie haben hier in diesem Haus gelebt und du seist hier geboren!«

»Ja, das ist schon richtig. Aber die Umstände wollten es, dass ich dieses Haus im Alter weniger Monate verlassen musste. Und als ich Jahre später zurückkehrte,... Ach, komm, lass mich dir zunächst ein paar Fotografien zeigen!« Sie griff nach dem obersten Buch und reichte es Coco. Dann schlug sie vor: »Vielleicht setzen wir uns gemeinsam aufs Sofa, so kann ich dir das eine oder andere besser erklären?« Coco war einverstanden und sie machten es sich nebeneinander bequem, ehe Coco das Buch aufschlug. Sein Einband wirkte sehr abgenutzt. Der Geruch erinnerte Coco an ein Antiquariat, das sie mit Luc einmal besucht hatte. Auf der ersten Seite war ein Schwarzweißbild eingeklebt, welches ein junges Paar zeigte, etwa Anfang Zwanzig. »Das sind meine Eltern. Kurz nach diesem Foto muss meine Mutter mit mir schwanger geworden sein.« Coco betrachtete das Bild genauer.

»Sie sehen sehr glücklich aus, ganz verliebt! Und das Kleid deiner Mutter ist sensationell.« Beide schauten eine Weile auf das Bild.

»Ja, sie waren ein besonderes Paar!« Coco scheute sich, einfach so drauflos zu fragen. Wenn Zahra diese Geschichte mit kaum jemandem teilte, dann wollte sie jetzt nicht taktlos sein. Doch schließlich war Zahra es selbst, die Coco aufmunterte, weiter zu blättern und ihr all ihre Fragen zu stellen. Es folgten Bilder aus dem Alltag. Man sah Zahras Mutter hochschwanger, mit einem Blumenkranz auf dem Kopf, die fröhlich und ausgelassen wirkte. Im Hintergrund erkannte Coco die Scheune, in der die Kutsche stand, auf der sie als Kind so gerne ihre ›Abenteuerausfahrten‹ unternommen hatte, ohne sich einen Zentimeter fortzubewegen, was dem Spaß jedoch keinerlei Abbruch tat.

»Das ist ja hier auf dem Grundstück!«, rief sie aus.

»Ja, im Hintergrund kannst du erkennen, dass die Einfahrt frisch geschlossen ist. Siehst du, dieser Bereich hier ist etwas heller. Auf der Straßenseite hat man sich mehr Mühe gegeben, das Erscheinungsbild den alten Mauerbestandteilen farblich anzugleichen.« Coco sah es nun auch. »Das war einst die offizielle Zufahrt zu dem Anwesen. Man kann sich ungefähr vorstellen, welchen Eindruck es gemacht haben muss, dort durch den Torbogen zu fahren und diesen Park mit seinen schon damals alten Bäumen und unserem kleinen Schlösschen vor sich auftauchen zu sehen! Dagegen ist die Mehlspeichertür doch recht wenig repräsentativ geraten…«

»Aber was ist passiert, dass die Einfahrt verschlossen wurde? Ich finde es zwar schön, dass hier heute nicht jeder ein- und ausgehen kann, aber praktisch ist es nun wirklich nicht.«

»Ja, da bin ich ganz deiner Meinung! Aber damals haben die Umstände ungewöhnliche Maßnahmen erfordert.«

»Und welche Umstände waren das? Von welcher Zeit sprechen wir überhaupt? Zumindest war die Fotografie schon erfunden!« Coco hatte Zahras Alter bis heute weder erfahren, noch erraten. Zahras Erzählungen zufolge musste sie ziemlich alt sein, das wollte aber partout nicht zu ihrem Aussehen, ihrer Vitalität und vor allem nicht zu ihrem Wesen passen!

»Wir sprechen von der Zeit, als der zweite Weltkrieg seinen Lauf nahm und Europa und andere Teile der Welt eine der düstersten und grausamsten Zeiten der heute bekannten Menschheitsgeschichte durchmachten.« Sie blätterten weiter in dem Buch mit den teilweise deutlich verblassten oder möglicherweise von Anfang an kontrastarmen Fotografien und Zahra zeigte Coco manches Detail. Es gab ein Foto von der damals noch betriebenen Bäckerei, das Cocos Aufmerksamkeit auf sich zog. Man sah einen Lieferwagen, um den mehrere Männer herumstanden und im Begriff zu sein schienen, etwas abzuladen – vermutlich Mehlsäcke. Im Hintergrund waren ein paar Fahrzeuge und Menschen zu sehen. Es faszinierte Coco, dass dieser Ort, diese Allee, bis heute fast noch genauso aussah, nur dass die Autos moderner waren. Selbst die Straßenlaternen waren noch dieselben!

»Dieses Anwesen wurde also nicht zerstört?«

»Nein, wie durch ein, das heißt wie durch ganz viele Wunder blieb es über die Jahre des Krieges von allen Angriffen, Plünderungen und anderem Schrecken verschont.« Coco hatte in der Tat stets das Gefühl gehabt, dass dieser Ort etwas ganz Besonderes sei. Und das lag nicht nur an der wunderschönen Bauweise des Hauses oder dem geschmackvoll angelegten Park mit all seinen pflanzlichen und tierischen Bewohnern. Dieser Ort war wie von einer anderen Welt. Als läge ein Segen darauf – ein Schutzmantel, der alles Elend wie durch Zauberhand fernhielt!

»Wer hat das Haus denn gebaut?«

»Ich glaube, ich hatte meinen Großvater väterlicherseits schon einmal erwähnt, erinnerst du dich?«

»Der gebildete Mann, der weite Reisen in die ganze Welt unternahm, was zu seiner Zeit alles andere als üblich war und der seine Frau, deine Großmutter, nach der du benannt wurdest, von einer Reise aus dem Orient ›mitbrachte‹?«

»Genau der! Er hat das Haus bauen und den Park anlegen lassen. Sein einziges Kind, mein Vater, pflegte dann all die Dinge liebevoll weiter, die von seinen Vorfahren stammten. Im Magazin hast du dir ja schon einen Eindruck davon verschaffen können...« Coco musste an die wunderschönen Stoffe und anderes Kunsthandwerk aus fernen Ländern denken, das dort ruhte und von Zahra sorgsam aufbewahrt wurde. Mittlerweile nahmen die Stoffbestände jedoch durch Zahras Leidenschaft für das Nähen langsam ab. Sie war davon überzeugt, dass diese zu schade waren, um jahrzehntelang im Regal zu liegen und womöglich den Motten zum Opfer zu fallen. »Der besagte Großvater verstarb sehr plötzlich, als mein Vater gerade die Schule beendete. Die Großmutter verstarb wenige Jahre zuvor. Mein Vater war stets fasziniert gewesen von Abenteuern und der weiten Welt. So lag es nahe, dass er sich für ein Studium im Ausland entschied. Die Pflege des Anwesens übertrug er den Angestellten, die bereits seit vielen Jahren der Familie dienten. Auch die Bäckerei wurde durch entsprechendes Personal weiterhin betrieben und sorgte für Nebeneinkünfte. Es hatte der Familie finanziell nie an etwas gefehlt, mein Vater wuchs somit sehr privilegiert auf.«

»Und wo hat er studiert?«

»In Sankt Petersburg. Er studierte Slawistik und weitere Fächer. Er war, wie sein Vater, sehr intelligent und voller Begabungen. Eine davon waren Fremdsprachen.« Coco genoss es, Zahra zuzuhören – es beruhigte sie. »Und dort, in Russland, lernte er seine über alles geliebte Frau, meine Mutter, kennen. Es war Liebe auf den ersten Blick zwischen den beiden. Er war im zweiten Semester, meine Mutter hatte sich gerade für Französisch als Nebenfach eingeschrieben und suchte mittels Aushang nach einem Nachhilfelehrer. Mein Vater meldete sich auf die Anzeige, weniger aus finanzieller Not, als vielmehr aus Interesse und Hilfsbereitschaft. Väterlicherseits entstammte meine Mutter einer angesehenen, gut betuchten St. Petersburger Familie. In einem der Alben dort findest du ein paar Bilder von ihrem Elternhaus und ihrer Jugendzeit. Nach wenigen Monaten heirateten sie bereits, auch wenn dies bei einigen Menschen in ihrem Umfeld auf Unverständnis stieß. Rückblickend kann man den Eindruck bekommen, sie hätten gewusst, was das Schicksal für sie vorsah. Sie lebten sehr intensiv – als ahnten sie, dass ihnen nicht viel gemeinsame Zeit bleiben würde.« Zahra machte eine Pause. »Ich werde Tee zubereiten. Möchtest du auch etwas aus der Küche?«

»Ja, gerne auch Tee!« Während Zahra in Richtung Küche verschwand, betrachtete Coco die Bilder erneut. Wie gerne wäre sie diesen Menschen begegnet! Alles wirkte so echt und nicht wie das typische, gestellte Lächeln für den Fotografen. Zahra kam zurück und schenkte beiden Tee ein, es war inzwischen dunkel draußen.

»Coco, das war der eher schöne Teil der Geschichte. Dem weiteren Verlauf widmen wir uns vielleicht lieber ein andermal. Das sind keine Szenen, mit denen man in eine erholsame Nacht gehen möchte.« Obwohl Coco große Neugier verspürte, mehr über das außergewöhnliche Paar zu erfahren, vertraute sie Zahras Einschätzung und protestierte nicht. Zahra schlug eine Partie Backgammon vor, das sie Coco neulich beigebracht hatte.

Die Zeit war wie im Flug vergangen und beide ertappten sich dabei, wie ihre Augenlider immer schwerer wurden. Am Ende stand es 6:2 für Zahra.

11

Als Coco bei Tagesanbruch erwachte, fühlte sie sich bestens erholt. Sie musste an ihre Mitbewohner denken, die – vor allem am Wochenende – teilweise bis nachmittags schliefen und irgendwann genervt in der Küche auftauchten und sich dabei selbst nicht zu ertragen schienen. Sie hätten Coco für verrückt erklärt, wenn sie wüssten, dass sie freiwillig an einem Sonntag um diese Uhrzeit aufstand. Tom und Jeanette hielten sie ohnehin für nicht ganz normal. Vieles von dem, was Coco antrieb oder was sie tat, wirkte auf sie merkwürdig. Anfangs hatten sie alles Mögliche kommentiert oder sich darüber amüsiert; das war inzwischen nicht mehr der Fall. Coco bemühte sich zunächst, einen guten Eindruck zu machen und nicht unnötig aufzufallen. Als sie eines Tages entschied, die WG zur nächstmöglichen Gelegenheit zu verlassen, wurde sie etwas mutiger und hörte auf, Konflikten grundsätzlich auszuweichen oder Dinge zu schlucken, die sie störten. Zunächst war es ihr schwergefallen, sich so wenig Gedanken über ihre Außenwirkung zu machen. Sie hatte sich dann immer vorgestellt, wie ihre Schulfreundin Leni sich verhalten würde. Leni war eine wahre Meisterin darin, sich nicht im Geringsten um die Meinung anderer Leute zu kümmern – Coco hatte sie oft darum beneidet. Passend zu dem Thema fiel Coco ein Spruch ein, den sie von Luc einmal per Handy weitergeleitet bekam:

Konflikte zu meiden, um Frieden zu wahren, ist ein zuverlässiger Weg, einen Krieg in dir selbst zu beginnen!

Nachdem sie sich umgezogen hatte, ging Coco in die Küche. Wie meistens, köchelte ein Wasserkessel auf einem der Herde. Dieser Geruch nach Feuer, das Knacken der Glut... Nun, da sie bewusst darauf achtete, bemerkte sie, wie beruhigend diese Eindrücke auf sie wirkten! Zahra war nirgends zu sehen. Coco passierte den Quergang, gelangte in den angrenzenden Gebäudeteil und fand, wie erwartet, den großen bodentiefen Wandspiegel zur Seite geschoben. Der dahinterliegende schmale Abgang mit den ausgetretenen Steinstufen war beleuchtet. Sie hatte diesen erdigen Geruch, der aus dem Keller emporstieg, über die Jahre sehr liebgewonnen. Ach, könnte sie diese Geräusche und Gerüche in Dosen abfüllen und mitnehmen, ihr Uni-Alltag wäre viel erträglicher! Sie ging die gewundene Treppe hinab und erblickte Zahra inmitten des Gewölbekellers an der gewohnten Stelle auf ihrem Kissen sitzend. Nur das Flackern der Leuchter an den Wänden war zu hören. Zahra lächelte ihr zu. Wie meistens, standen Blumen in einer Vase auf dem Boden.

»Guten Morgen, Coco! Hattest du eine gute Nacht?«

Coco nickte ihr zu, setzte sich auf ihr eigenes Kissen und schloss die Augen – sie wollte die friedvolle Stimmung und die besondere Atmosphäre dieses Ortes nicht durch ein Gespräch stören.

Ich spüre den Kontakt zum Boden. Ich spüre meine Wirbelsäule, mein Zentrum. Ich beobachte meinen Atem. Mit jedem Einatmen nehme ich auf, was ich jetzt, in diesem Augenblick, brauche. Mit jedem Ausatmen lasse ich los, was ich abgeben möchte.

Diese ›Ultra-Kurzmeditation‹, wie Coco sie nannte, hatte Zahra ihr bei ihrem Auszug mit auf den Weg gegeben. Coco hatte sie seitdem unzählige Male im Alltag eingesetzt – in der Schlange an der Supermarktkasse, an der roten Fußgängerampel, wann und wo auch immer sie Erdung und Beruhigung brauchte. Anfangs bestand die Herausforderung darin, überhaupt daran zu denken! Inzwischen war sie zum selbstverständlichen Bestandteil ihres Alltags geworden. Sie spürte nun bereits binnen weniger Sekunden eine gewisse Entspannung im Körper – als hätte dieser sich bereits allein bei dem Gedanken an die Übung auf Erholung eingestellt! Dass man diesen Seufzer, der ihr dabei wiederholt aufgefallen war, als... Wie hatte Zahra ihn genannt?... Ja, als ›reflektorischen Atemzug‹ bezeichnete, war ihr neu gewesen. Sie mochte die Übung sehr, da sie so einfach war. Auch bei den Panikattacken hatte sie versucht, diese anzuwenden. Sie war dann aber so unruhig und nervös gewesen, dass es ihr nicht gelang, sich darauf einzulassen. Für diese Problemsituation müsste sie eine andere Lösung finden. Erneut bemerkte sie, wie leicht es ihr hier an diesem Ort fiel, mit sich in Kontakt zu kommen und ihre Sorgen loszulassen. Sie hatte sich oft gefragt, woran das lag. Ob es vielleicht mit Zahras Anwesenheit zusammenhing? In ihrem neuen Zuhause hatte sie mehrmals probiert zu meditieren. Aber sie schien dabei innerlich noch unruhiger zu werden – ihre Gedanken schweiften stets ab und sie konnte sich nicht fokussieren. Mitunter hatte sie den Impuls verspürt, ihr Handy in die Hand zu nehmen und sich abzulenken. Überhaupt stellte sie fest, dass ihre Tage in den vergangenen Monaten immer voller wurden. Sie fragte sich, ob sie sich unbewusst um Ablenkung bemühte mit all den Aktivitäten und Aufgaben, die ihr auf den ersten Blick alle sinnvoll und nötig erschienen. Aber Ablenkung von was?

Sie saßen noch eine Weile auf ihren Kissen, bis die Rufe von Cocos Magen nach Frühstück immer lauter wurden und sie befürchtete, Zahra damit zu stören. Sie war gerade im Begriff aufzustehen, da hörte sie Zahra sagen:

»Wenn die Verdauungsorgane munter werden, ist das ein eindeutiges Zeichen von Parasympathikus-Aktivität – ein Indikator für erfolgreiche Entspannung! Denn bei Kampf und Flucht, das heißt Sympathikus-Aktivität, ist Verdauung definitiv nichts, womit der Körper sich beschäftigen will!« Coco war es dennoch unangenehm, dass ihr Bauch solche Laute von sich gegeben hatte. Aber es war gut, um diesen akustischen Indikator zu wissen! Zahra unterbrach ihre Gedanken: »Was hältst du von einem frischen Croissant? Ich habe da etwas vorbereitet.« Coco freute sich über Zahras Überraschung und half ihr beim Löschen der Wandleuchter, ehe sie sich gemeinsam auf den Weg an die ›Erdoberfläche‹ machten.

Mit ›einem Croissant‹ hatte Zahra, wie erwartet, maßlos untertrieben. Kurzum: Der Küchentisch stellte sich ob der zahlreichen Speisen und Getränke wieder einmal als zu klein heraus! Das Frühstück schmeckte köstlich. Coco konnte sich nicht vorstellen, vor dem Abendessen wieder irgendetwas zu sich zu nehmen, so satt war sie. Die Erfahrung hatte aber gezeigt, dass sich das spätestens bis zum Mittagessen geändert haben würde. Diese Wochenenden bei Zahra waren in mehrerlei Hinsicht nährend! Wenn sie nach einem solchen die Rückkehr in die Welt jenseits der Mauern antrat, war sie meistens zuversichtlich, ihre Aufgaben und Vorhaben bewältigen zu können. Und ihr Körper hatte sich spürbar erholt, dazu trug das wunderbare Essen vermutlich einen gewissen Teil bei. Meist zehrte sie dann, nicht nur die obligatorische Proviantbox betreffend, noch tagelang von einem solchen Aufenthalt.

Nach dem Frühstück erinnerte Coco sich an Lucs Bitte, ab und zu nach seiner Post zu sehen. Um die Blumen kümmerte sich während seiner Abwesenheit eine Nachbarin, der er die Post jedoch ungern anvertraut hätte – zumal auch nach wie vor Post für Coco an seine Anschrift geschickt wurde. Als mit Beginn des Studiums und dem damit verbundenen Umzug in die WG relativ schnell klar war, dass diese keine längerfristige Bleibe für sie sein würde, hatte sie die Adresse gar nicht erst ändern lassen, was unproblematisch war, da sie bei Jeanette und Tom ohnehin zur Untermiete wohnte. Seit man Luc als ihren

Vormund eingetragen hatte, lebte Coco formal bei ihm, wenngleich sie dort nur das eine oder andere Mal übernachtet hatte, zum Beispiel nach einem gemeinsamen Kinobesuch. Eigentlich hätte man Zahra an seiner Stelle eintragen müssen. Aber das hätte unnötige Fragen aufgeworfen, wie beispielsweise die nach ihren Wohnverhältnissen. Wie hätte man dem zuständigen Mitarbeiter des Jugendamtes erklären sollen, dass es reichlich Platz für sie gab an einem Ort, der offiziell nicht (mehr) existierte, nachdem lediglich das Ladengeschäft mit der dahinter befindlichen Backstube und der kleinen Wohnung im ersten Stock bei den Ämtern registriert war? Niemand ahnte, was für ein Reich sich hinter den Mauern auftat, welches man nach dem Krieg und der damit verbundenen Neuerstellung der abhanden gekommenen Stadtpläne des Viertels trotz der inzwischen etablierten Technik wie Satellitenfotografie usw. bis heute als zu einem der umliegenden herrschaftlichen Anwesen zugehörig verstand.

Coco hatte keine Lust, sich den anstrengenden Eindrücken der Welt dort draußen eher auszusetzen als unbedingt nötig. Andererseits war die Stadt sonntags, besonders am Morgen, etwas ruhiger. Da Lucs Wohnung in der entgegengesetzten Richtung von ihrer WG lag, wäre es vielleicht das Beste, die Angelegenheit jetzt zu erledigen, um sich nicht auf dem Heimweg diesen Umweg antun zu müssen.

»Zahra, ich werde gleich nach Lucs Post sehen.« Zahra war damit beschäftigt, Marmelade einzukochen.

»In Ordnung! Kommst du anschließend wieder, oder fährst du dann direkt nach Hause?« Wie das klang! Nach Hause... Coco wollte dieses neue Zuhause eigentlich gar nicht als solches bezeichnen. Was sich nicht zuletzt darin zeigte, dass es immer noch einen Umzugskarton gab, der seit ihrem Einzug unausgepackt in der Ecke stand.

»Ich komme wieder. Ich kann es kaum erwarten, mehr über die Geschichte deiner Eltern und dieses Hauses hier zu erfahren!«

»Gut, dann weiß ich Bescheid, dass ich die vierfache Menge zu Mittag kochen muss!«, übertrieb sie und warf Coco einen heiteren Blick zu.

»Alles klar, dein Vielfraß zieht sich jetzt um und ist dann erst einmal weg. Bis später!«

12

Sie trat auf die Straße, es war kurz vor 8:00 Uhr. Coco entschied spontan, zu Fuß zu gehen. Der Weg fühlte sich kürzer an als erwartet. Sie hatte schon öfter ›Filmrisse‹ bei sich festgestellt. Dann konnte sie sich nicht erinnern, was zum Beispiel in den letzten Minuten geschehen war. Das Gehirn schien dabei in eine Art Autopilot-Modus zu schalten. Es handelte sich vermutlich wieder um eine Art von Dissoziation, überlegte sie. Aber kannte dieses Phänomen nicht jeder?

Coco schloss die Haustür auf und sah schon von Weitem den überquellenden Briefkasten. Die Werbesendungen sortierte sie aus und warf sie direkt in den Papierkorb im Hausflur. Für die Schilder mit der Bitte, von Reklame verschont zu bleiben, interessierte sich offenbar kaum einer der Zusteller. Wahrscheinlich versuchten sie, das Zeug immer so schnell wie möglich loszuwerden, um weniger schleppen zu müssen. Coco war im ersten Stockwerk angekommen und öffnete die Tür zu Lucs Wohnung. Alle Blumen wirkten gesund – die Nachbarin hatte also ihr Wort gehalten und kümmerte sich darum! Coco setzte sich an den Küchentisch und ging die Briefe durch. Sie entdeckte darunter auch zwei, die an sie selbst adressiert waren – das eine musste die Handyrechnung sein. Sie öffnete zunächst Lucs Post und schickte ihm alles per Foto-Nachricht. Ihre eigenen Briefe steckte sie in die Jackentasche und verließ die Wohnung. Auch den gesamten Rückweg ging sie zu Fuß. Inzwischen meldete sich ihr Magen und sie stellte Vermutungen an, was es zu Mittag geben würde.

Als sie in die Küche kam, war Zahra gerade damit beschäftigt, Salat zu waschen.

»Du kommst gerade recht, in spätestens zehn Minuten können wir essen!« Coco ging in ihr Zimmer, um sich etwas Bequemeres anzuziehen. Da fielen ihr die Briefe wieder ein. In dem einen verbarg sich, wie angenommen, die Handyrechnung. Auf dem anderen erkannte sie bereits beim Öffnen den altbekannten Briefkopf. Sie war genervt von allem, was mit Ämtern zu tun hatte. Was wollten sie jetzt schon wieder von ihr? Sie überflog das Schreiben – ihr Magen zog sich zusammen. Plötzlich war ihr, als würde die Welt um sie herum ganz dumpf. Sie ließ sich auf die Bettkante sinken und starrte aus dem Fenster...

»Coco, hast du es dir anders überlegt?«, hörte sie plötzlich Zahras Stimme durch den Spalt der angelehnten Tür. Sie musste eine Weile so dagesessen haben. Zahra klopfte. Nachdem sie keine Antwort erhielt, kam sie vorsichtig herein. »Ist alles…« Sie brach den Satz ab und eilte zu Coco, die, das Schreiben auf dem Schoß, wie versteinert dasaß. Zahra setzte sich zu ihr und legte den Arm um sie. Coco hatte das Gefühl, nicht bei sich zu sein. Alles wirkte so unwirklich! Wie mechanisch lehnte sie den Kopf an Zahras Schulter und griff nach ihrer Hand. Sie saßen eine Weile so da – jegliches Zeitgefühl war Coco abhandengekommen. Sie fühlte sich leer. Wie oft hatte sie sich diese Szene in den letzten Jahren ausgemalt und sich gefragt, wie sie reagieren würde! Nun war da weder Gleichgültigkeit noch tiefe Trauer. Einfach nur Leere… Man nannte diesen Zustand wohl Schock. Kraftlos hielt sie Zahra das Schreiben hin, ohne sie dabei anzusehen. Sie hätte noch ewig so dasitzen können – der Hunger war verflogen.

»Das tut mir sehr leid.« Zahra strich ihr über den Kopf und drückte sie leicht an sich. Coco hatte in all den Jahren nicht über den Vater oder ihr Verhältnis zu ihm gesprochen – weder mit Zahra noch mit Luc. Die beiden hatten nie gebohrt oder nach Einzelheiten gefragt. Sie reimten sich ihre Version vermutlich selbst zusammen. Auch über die Mutter hatte sie nichts erzählt – wusste sie ja selbst fast nichts über sie! Es gab eine Zeit, da hatte Coco erfolglos versucht, Erkundigungen über sie einzuholen und sich schließlich mit den Lücken in ihrer Biografie abgefunden.

Die Frage, ob sie den Vater aufsuchen sollte, um das eine oder andere zu klären, erübrigte sich hiermit also. Es war das erste Mal, dass ein Mensch in ihrem Leben starb. Coco wusste nicht, was nun auf sie zukam als einzige Angehörige, sie hatte den Brief nicht zu Ende gelesen. Es tat gut, Zahra neben sich zu haben. Wie sehr schätzte sie an Zahra, dass sie nie neugierig war! Dass sie mit ihr einfach sein konnte – ohne Erwartungen, ohne Absichten, ohne Fragen oder aufgesetzten Trost. Mitunter hatte Coco den Eindruck gehabt, dass Leute einen anderen Menschen vor allem deshalb zu trösten versuchten, da sie selbst nicht mit belastenden Emotionen umgehen konnten. So unternahmen sie einen meist kläglichen Versuch, den Schmerz des Leidenden ›wegzumachen‹, anstatt einfach für ihn da zu sein und ihm beim Durchleben dieser intensiven Emotionen in aller Ruhe zur Seite zu stehen. Zahra schien sich vor keinem noch so intensiven Gefühl zu scheuen. Bei ihr hatte Coco damals zum ersten Mal in ihrem Leben das Gefühl gehabt, dass es in Ordnung war, zu weinen. Zahra hatte ihr einmal erklärt, es könne ein Geschenk für den anderen sein, in seiner Gegenwart zu weinen. Das zeuge von Mut – Mut, sich verletzlich zu zeigen – und von Vertrauen – Vertrauen in den anderen, dass er dieses Vertrauen nicht missbrauchen würde. *Vertrauen ist die stillste Form von Mut,* hatte jemand an das Hörsaalgebäude der Uni mit blauer Farbe geschrieben; Coco war oft daran vorbeigelaufen. Von ihrem Vater hatte sie immer zu hören bekommen, das ›Heulen‹ solle man ›den Schwächlingen und Weicheiern überlassen‹. Und ohnehin sei sie viel zu empfindlich. Einer seiner Lieblingssprüche war: ›Wegen sowas heulst du? Mach nur so weiter, dann geb ich dir einen *echten* Grund zum Heulen!‹ Ihm zufolge schien das Weinen ein Fehler der Natur, eine Art evolutionärer Irrtum zu sein. Nichts war es seiner Meinung nach wert, eine Träne zu vergießen. Über die Jahre lernte Coco, dass das Weinen eine unglaublich befreiende, erleichternde Wirkung haben konnte! Und dass es nicht zwingend an Traurigkeit oder Verzweiflung geknüpft sein musste, sondern auch im Zusammenhang mit Freude oder tiefer emotionaler Rührung seine Berechtigung hatte. Ihrer Theorie zufolge hatte der Vater schlichtweg Angst gehabt, intensive Gefühle an sich heranzulassen – womöglich, weil er damit überfordert war. Aber das würde sie nun nicht mehr überprüfen können.

»Zahra, wollen wir etwas essen?«, versuchte Coco, sich aus ihrem eigenartig entfernten Zustand zurückzuholen.

»Hast du denn Appetit?«, fragte Zahra ungläubig. Nein, den hatte sie immer noch nicht. Ihr war einfach nichts Besseres eingefallen. Die Vorstellung, weiter so dazusitzen, missfiel ihr – sie hatte das Gefühl, sich hängen zu lassen. Als hätte Zahra ihre Gedanken erraten, sagte sie: »Wir sind auch wertvoll, wenn wir einfach nur *sind*!« Und nach einer Pause fügte sie hinzu: »Manchmal ist es hilfreich, sich darauf zu besinnen, dass es nur eine schwere Zeit ist und dass es nicht automatisch auch ein schweres Leben sein muss!« Coco schloss die Augen und drückte Zahra fest an sich, dann stand sie auf.

»Ich glaube, ich möchte jetzt allein sein.« Es tat so gut, die Gewissheit zu haben, dass Zahra ihr eine solche Aussage nicht übelnehmen würde! Dass sie keine Angst haben musste, Zahra damit zu kränken. Zahra war es, die ihr einst beigebracht hatte, dass es ein Irrtum sei, anzunehmen, automatisch dazuzugehören und eine sichere Bindung mit einem anderen Menschen zu haben, wenn man selbst keine Grenzen setzte oder für seine eigenen Bedürfnisse einstand. Sie hatte ihr erklärt, dass Selbstfürsorge nicht zwingend Egoismus bedeutete.

Denn im Gegensatz zu diesem gehe Selbstfürsorge nicht grundsätzlich auf Kosten anderer Menschen. Und sie hatte gesagt, dass das Pflegen gesunder Grenzen keine Distanz, sondern im Gegenteil Raum für mehr Nähe – nicht zuletzt zu sich selbst – schaffe. Zahra wirkte in der Tat nicht im Geringsten beleidigt! Sie bot Coco an, jederzeit für sie da zu sein, falls sie sie brauche, und verließ das Zimmer.

Coco saß eine Weile am Schreibtisch mit Blick in den Garten und dachte an den Vater. Sie stellte sich vor, wie es ihm zuletzt ergangen sein mochte. Und sie fragte sich, woran er gestorben sei und ob er lange gelitten habe. Sie hatte ihn nicht vermisst. Eigentlich nie. Das bescherte ihr hin und wieder ein schlechtes Gewissen. Auch jetzt konnte sie nicht sagen, dass sie ihn vermisste! Doch eine gewisse Traurigkeit begann nun das anfängliche Leeregefühl abzulösen. Was genau sie traurig machte, wusste sie nicht. Schließlich war sie während der vergangenen Jahre zunehmend zu der Überzeugung gelangt, ihn nicht mehr wiedersehen zu wollen.

Ihr kamen konkretere Fragen in den Sinn: War er bereits beerdigt? Und wenn ja, wo? Musste sie sich um die Auflösung der Wohnung kümmern? Musste sie für etwaige Schulden aufkommen oder die Beerdigung bezahlen? Ihr schwirrten allerlei Gedanken durch den Kopf und sie bemerkte, wie sich ihr Nacken verspannte und sich von dort ausgehend ein ziehender Kopfschmerz ausbreitete. Luc hatte sie eines Tages, als sie sich wieder einmal in irgendwelche Katastrophen-Szenarien hineinsteigerte, damit geneckt, sie könne doch einmal einen Tag lang versuchen, ›*ganz entspannt im Hier und Jetzt, anstatt total verspannt im Wenn und Aber*‹ zu leben. Er liebte Wortspiele genau wie Coco. Daraufhin war ihr aufgefallen, wie oft sie Probleme löste, die es gar nicht gab! ›Deine Katastrophisiereritis ist die eigentliche Katastrophe!‹ Typischer Luc-Humor… Er war fest davon überzeugt, dass es vollkommen ausreichte, mit dem Jetzt klarzukommen. Die entsprechenden Ideen, Antworten oder Begegnungen würden sich genau dann einstellen, wenn es so weit wäre – nicht früher und nicht später! ›Die Mittel, um deine Zukunft zu bewältigen, wirst du ohnehin erst haben, wenn aus der Zukunft Gegenwart geworden ist!‹, war seine Devise.

Coco wusste nichts mit sich anzufangen. Eine unerträgliche innere Unruhe machte sich breit. So intensiv mit sich und ihren Gefühlen in Kontakt zu kommen, war sehr anstrengend. Wie gerne hätte sie Salomé jetzt bei sich gehabt! Aber die schien unterwegs zu sein, Coco hatte sie heute noch nicht gesehen.

Coco verließ ziellos das Zimmer. Auf dem Weg in Richtung Küche kam ihr die Idee, dem Musiksaal einen Besuch abzustatten – vielleicht fände sie dort etwas Ablenkung! Es war einige Wochen her, dass sie an einem der Flügel gesessen hatte. Seitdem sie sich nach langem Ringen zugunsten der Psychologie gegen ein Musikstudium entschieden hatte, war das Üben deutlich seltener geworden. Doch jetzt war ihr danach, zu spielen! Sie setzte sich an ihren Lieblingsflügel und öffnete den Deckel. Ein Stück, das sie einst in monatelanger Arbeit gewissenhaft einstudiert hatte und das jetzt genau zu ihrer Stimmung passte, kam ihr in den Sinn: Bénédiction de Dieu dans la solitude von Franz Liszt. Sie ging an den Notenschrank und kramte die Noten unter einem Stapel hervor. Es machte sie traurig, dass der Vater nie ihr Klavierspiel hören würde. Er hatte zwar keinerlei Interesse an klassischer Musik gezeigt, aber aus irgendeinem Grund hätte Coco ihm jetzt gerne dieses Stück vorgespielt. Sie schlug die Noten auf und spielte die ersten Takte, da brach es aus ihr heraus. Nun gab es kein Halten mehr. Die Noten verschwammen. Sie spielte – und weinte. Zwischendurch hatte sie das Gefühl, ihren Körper zu verlassen. Es war, als beobachte sie sich selbst, wie sie allein in diesem großen Saal mit seinem von der Zeit gezeichneten Parkett und all den Instrumenten saß und spielte – die Portraits an den Wänden als stille Zeugen. Es hatte Phasen in ihrem Leben gegeben, da fühlte Coco sich so leer und emotional taub, dass sie gar nicht in der Lage gewesen wäre, zu weinen. Aber das war jetzt genau das, was sie brauchte! Es fiel ihr schwer, sich zu konzentrieren, doch sie wollte das Stück bis zu Ende spielen – und das tat sie.

Erschöpft lauschte sie den letzten Tönen nach. Stille. Coco verstand nun, dass ihr heimlicher Wunsch, der Vater wäre einmal stolz auf sie, nie ganz verschwunden war! Sie hatte sich eingeredet, dieses Bedürfnis längst begraben zu haben. Doch jetzt, angesichts der Endgültigkeit, verspürte sie einen tiefen Schmerz.

Ihr Hunger war zurückgekehrt. Wenngleich der Appetit weiterhin ausblieb, ging sie in die Küche. Auf dem Tisch stand ein Nudelauflauf, daneben war für Coco gedeckt. Zahra, die offensichtlich bereits gegessen hatte, erschien aus dem Wintergarten und stellte weitere Speisen zur Auswahl auf den Tisch.

Coco aß, während Zahra mit ihr am Tisch saß und Etiketten für Einmachgläser beschriftete. Coco entschied, erst morgen in die WG zu fahren, sie konnte sich noch Fehlzeiten an der Uni erlauben.

13

Zahra machte Coco den Vorschlag, einen Sonntagsausflug zu einem ihrer Lieblingsplätze am Ufer der Seine zu unternehmen.

Sie hatten eine Decke und etwas Proviant mitgenommen und freuten sich, dass der Steg nicht, wie so oft, von Anglern in Beschlag genommen war. Das vorbeifließende Wasser wirkte beruhigend. Wie Zahra, ließ auch Coco die nackten Füße ins angenehm kühle Wasser baumeln und beobachtete eine Weile die Umgebung, dann legte sie sich auf den Rücken und schaute in den Himmel. Die Ablenkung tat gut, ihre Stimmung hellte sich langsam etwas auf und ihr war, als bekäme sie wieder einen gewissen Abstand zu all den Sorgen. Zahra schien Cocos Stimmungswechsel aufzufallen und sie warf ihr einen Blick zu – als wolle sie um Erlaubnis bitten, etwas zu sagen. Dann hob sie an:

»Es klingt einfacher als es ist, aber es ist wahr: Wenn du einen Umstand, ein Ereignis, eine Tatsache nicht ändern kannst, dann investiere deine Energie lieber in deine eigene Reaktion darauf!« Sie schauten einem Taubenschwarm nach, der über sie hinwegflog. Eins, zwei, drei… Der Schwarm war zu groß und zu schnell, um mit dem Zählen fertig zu werden. Ein unruhiges Gefühl blieb in Cocos Bauch zurück. Ja, das hatte sie so oder so ähnlich schon öfter gehört. Aber wieder einmal war die praktische Umsetzung solcher Weisheiten nicht annähernd so simpel wie die Idee dahinter… Sie hatte sich so manches Mal als Versagerin gefühlt, wenn sie erneut feststellen musste, dass ihr das, was so naheliegend war, nicht gelang.

Zahra öffnete eine Packung Kekse und legte sie zwischen Coco und sich auf die Decke. Coco musste schmunzeln: »*Du* kaufst Kekse? Was ist passiert?«

»Ich hatte keine Lust zum Backen, steht mir das nicht auch mal zu?«, rechtfertigte Zahra sich mit einem schelmischen Funkeln in den Augen. Sie schauten auf den Fluss. Coco fiel ein Spruch ein, den jemand mit Kreide auf eine Tafel am Eingang eines Cafés geschrieben hatte: *Wer die Gegenwart genießt, der hat in Zukunft eine wunderbare Vergangenheit!* Ja, da war etwas dran! Aber wie machte man das, quasi ›auf Knopfdruck‹ zu genießen? Ein Angler stellte sein Fahrrad ab und war im Begriff, auf den Steg zu kommen. Als Zahra und Coco sich jedoch nicht regten, um ihm Platz zu machen, murmelte er etwas vor sich hin und zog von dannen.

»Das war aber egoistisch von uns!«, stellte Coco fest.

»Ich würde sagen, wir haben den einen oder anderen Fisch gerettet!«, entgegnete Zahra lachend.

»Oder diesem Vogel dort eine Mahlzeit gesichert.« Coco zeigte Zahra einen Kormoran, der hier und da auftauchte, um zwischen seinen Beutezügen Luft zu holen. Während sie ihn beobachteten, musste Coco plötzlich daran denken, wie ihr vor einiger Zeit nach und nach bewusst wurde, was der Vater ihr angetan hatte. Zuvor war ihr Vieles gar nicht unangemessen erschienen, da sie es nur so kannte – zumal sowohl die Frau vom Jugendamt als auch manche ihrer Lehrerinnen immer wieder betont hatten, sie solle dankbar sein für diesen Vater, der sein Bestes für sie gebe. Aber die erlebten ihn ja nur in ausgewählten Momenten mit aufpolierter Fassade... Schließlich musste Coco jedoch feststellen, dass dieser Gram ihr die Stimmung verdarb und sie hatte sich entschieden, ihm zu vergeben. Nicht, weil sie sein Verhalten oder seine Versäumnisse guthieß, sondern weil sie loslassen wollte. Und wenn hin und wieder noch einmal eine Situation im Alltag aufkam, wo sie sich über den Vater ärgerte, dann sagte sie sich: Diesen Einfluss auf mich und mein Leben gestatte ich ihm nicht mehr! So machte sie nach und nach Frieden mit ihrer Vergangenheit. Jetzt war er also tot. Die Hoffnung, jemals eine Entschuldigung von ihm zu hören, hatte sie längst begraben, das Warten darauf hätte sie auf unterschwellige Art weiterhin mit ihm verbunden.

Die Sonne stand inzwischen tief und hüllte die Szene in goldgelbes Licht. Coco war dankbar für diesen Ausflug! Es ging ihr nun viel besser. Auf dem Rückweg besprachen sie, dass Zahra Coco am nächsten Morgen zum Amt begleiten würde.

Wieder zurück, gönnten sie sich ein ausgedehntes Abendessen auf der Terrasse. Coco stellte fest, dass sie heute nicht mehr in der Stimmung war, ihre Neugier bezüglich der Geschichte von Zahras Vorfahren zu stillen. Auch mit dem Stoff für die Uni hatte sie sich noch befassen wollen, doch dazu fehlte es ihr jetzt an Konzentration. Salomé war Coco seit ihrer Rückkehr keinen Augenblick von der Seite gewichen, als spürte sie, dass Coco etwas belastete. Bei der Backgammon-Partie, mit der sie den Tag ausklingen ließen, lag sie schnurrend auf Cocos Schoß.

14

Nach einer unruhigen Nacht mit wirren Träumen galt Cocos erster Gedanke dem bevorstehenden Behördenbesuch. Sie hatte kaum Appetit und hielt sich zurück beim Frühstück. Stattdessen war da wieder dieser Impuls, sich abzulenken und sie schaltete ihr Handy ein.

Coco war dankbar, nicht alleine zum Amt gehen zu müssen. Sie fürchtete, etwas falsch zu machen oder eine Entscheidung zu treffen, die sie im Nachhinein bereuen würde. Tatsächlich stellte sich bald heraus, dass es gut gewesen war, Zahra mitzunehmen! Nach dem Abgleich ihres Ausweises hatte man Coco ein Formular zur Unterschrift vorgelegt, welches sie gerade im Begriff war zu unterschreiben, als Zahra einschritt und sich erkundigte, worum es sich dabei genau handelte. Nachdem die Antwort der desinteressiert und wortkarg wirkenden Sachbearbeiterin sie nicht zufriedenstellte, hatte Zahra das Schriftstück genauer in Augenschein genommen und festgestellt, dass Coco damit das Erbe ihres Vaters antreten würde. Auf Nachfrage bestätigte sich ihr Verdacht, dass Coco damit auch alle etwaigen Schulden ›erben‹ würde und für die Bestattungskosten und alles Weitere aufzukommen hätte. Die Sachbearbeiterin hatte hinzugefügt, dass es Coco untersagt sei, die Wohnung zu betreten oder etwas auch noch so Wertloses aus dem Nachlass des Vaters an sich zu nehmen, wenn sie das Erbe ausschlüge.

Zahra und Coco erbaten sich eine kurze Bedenkzeit und gingen eine Runde um den Block. Einerseits war Coco neugierig zu sehen, wie der Vater zuletzt gelebt hatte und ob es einen Abschiedsbrief, eine persönliche Notiz oder dergleichen gab. Und zu gerne hätte sie endlich das Geheimnis gelüftet, was sich in der Metallkassette unter dem Sofa befand, die stets verschlossen und für sie seit jeher tabu gewesen war. Andererseits überkam sie ein ungutes Gefühl bei der Vorstellung, die kleine Dachgeschosswohnung erneut zu betreten. Sie hatte sich während der Jahre bei Zahra gelegentlich dabei ertappt, wie sie sich vorstellte, der Vater würde sie vielleicht doch ein wenig vermissen, sich dafür interessieren, wie es ihr ginge, was aus ihr geworden sei und ihr vielleicht eine Karte oder ein kleines Geschenk zum Geburtstag oder zu Weihnachten zukommen lassen. Zwar war ihm ihre Anschrift bewusst nicht mitgeteilt worden, aber das Jugendamt hätte zwischen ihnen vermitteln können.

Zahra gab schließlich noch einen weiteren Punkt zu bedenken: »Sofern es dir wichtig ist, das Grab deines Vaters hin und wieder besuchen zu können, solltest du das Erbe antreten, auch wenn sich dadurch jetzt nicht absehbare Kosten ergeben können, die wir dann gemeinsam irgendwie stemmen werden. Wenn du das Erbe ausschlägst, wird er anonym auf einer unscheinbaren Grünfläche neben anderen ähnlichen Fällen bestattet – ohne Grabstein oder dergleichen.« Coco hatte nicht das Gefühl, sie könnte eines Tages die Option vermissen, sein Grab aufzusuchen. Doch der Aspekt war bei den Überlegungen in der Tat zu berücksichtigen. »Wobei...«, fiel Zahra ein: »Ganz so unbekannt müsste der Ort seines Begräbnisses eventuell gar nicht bleiben! Ich kann es nicht garantieren, aber es gibt da eventuell eine Möglichkeit...«

Coco entschied sich schließlich dafür, das Erbe auszuschlagen. Es hätte sich nicht richtig angefühlt, von dem wenigen Geld, das ihr zur Verfügung stand, auch noch etwas für den Vater abzweigen zu müssen, nachdem dieser, soweit sie zurückdenken konnte, theatralisch mit jedem Cent litt, den er für Coco ausgeben musste – und das, obwohl das Amt monatlich Geld für sie bereitgestellt hatte, welches ihr also streng genommen zustand! Wie oft musste sie betteln, wenn sie einmal etwas für den Schulunterricht brauchte! Nach ›Luxusartikeln‹, wie er es nannte, das heißt zum Beispiel nach passender Kleidung oder Spielzeug, hatte sie ihn längst nicht mehr gefragt. Nein, es würde sich alles in ihr sträuben, für das nun Anstehende aufzukommen oder gar einen Kredit aufnehmen zu müssen, sofern ihr dieser überhaupt bewilligt würde!

Coco teilte der Sachbearbeiterin ihre Entscheidung mit und ging mit Zahra in ein kleines Café. Sie saßen eine Weile schweigend da, als Zahras Gesicht plötzlich eine verschwörerische Miene annahm. Mit einem jugendlichen Blitzen in den Augen näherte sie sich Cocos Ohr und sagte mit gedämpfter Stimme: »Hast du noch deinen Wohnungsschlüssel von damals?« Coco stutzte.

»Äh, ja, ich denke schon. Ich glaube, der müsste noch in der Schreibtischschublade liegen, warum?«

»Wenn du möchtest, könnten wir der Wohnung einen letzten Besuch abstatten, was meinst du?« Dem Dokument zufolge hatte die Adresse sich nicht geändert.

»Aber das ist doch...«

»...verboten, ja! Ich weiß nicht, in welchen Verhältnissen dein Vater gelebt hat. Aber wenn diese ungefähr dem Stand von vor rund zehn Jahren entsprachen, wage ich zu behaupten, dass es dort nicht viel zu holen gibt, was dem Staat verloren gehen könnte!« Woher wusste Zahra, in was für Verhältnissen sie gelebt hatte? Vermutlich schloss sie das aus Cocos Zustand, als sie sie damals bewusstlos mit hohem Fieber auf der Straße auflas, nachdem Salomé sie zu ihr geführt hatte. Ja, höchstwahrscheinlich würde man alles ohne genauere Durchsicht einfach in einen Container werfen und die Wohnung anschließend kernsanieren! Selbst wenn es irgendeinen persönlichen Gegenstand gäbe, an dem Coco hinge, hätte niemand einen ernsthaften Nachteil dadurch, wenn sie ihn an sich nähme.

»Vielleicht passt der Schlüssel ja auch gar nicht mehr?«

»Dann fällt dir womöglich ein Versteck ein, wo dein Vater einen Schlüssel deponiert haben könnte?« Coco war überrascht. Sich über das Gesetz hinwegzusetzen, hatte sie Zahra nicht zugetraut. Coco fühlte sich nicht wohl bei dem Gedanken, etwas Illegales zu tun. Andererseits würde sie niemandem damit schaden und den zuständigen Personen wäre es vermutlich vollkommen egal.

»Müssten wir das denn dann nicht sehr bald erledigen?« Coco war nervös. »Oder vielleicht hat man die Wohnung auch schon geräumt?«

»Ach, du weißt doch wie langsam die Mühlen der Behörden mahlen, da ist das Jahr schnell vergangen!«, übertrieb Zahra lächelnd. »Und da du deine Entscheidung erst heute mitgeteilt hast, kann dort auch noch nicht viel geschehen sein!« Coco begann, sich mit der Idee eines heimlichen Abschiedsbesuches anzufreunden. Sie einigten sich darauf, dass Coco zunächst darüber schlafen und Zahra abholen würde, wenn sie sich zu dem ›Einbruch‹ entschließen sollte. Andernfalls würden sie sich spätestens am Wochenende bei Zahra wiedersehen.

Coco machte sich direkt auf den Weg zur Uni, um keine weiteren Veranstaltungen zu verpassen.

15

Das letzte Seminar ersparte Coco sich. Sie hatte Schwierigkeiten, sich zu konzentrieren. Und sie war der Meinung, ihre Zeit sinnvoller damit zu nutzen, sich dem Traumabuch zu widmen, das sie von Zahra mitgenommen hatte – im Gegensatz zu der besagten Veranstaltung an diesem Tag sah sie darin eine gewisse Relevanz für ihr späteres Berufsleben! Auf dem Heimweg fanden ihre Finger den Pinnwand-Zettel, den Coco in ihre Jackentasche gesteckt und an den sie seitdem nicht mehr gedacht hatte.

Als sie in die WG kam, nahm sie Geschirr und Besteck aus dem Schrank und verschwand in ihrem Zimmer. Sie würde sich dort mit Zahras Proviantpaket verpflegen, wenn sie Hunger bekäme; auf Gesellschaft hatte sie jetzt gar keine Lust. Sie zog sich etwas Bequemes an und machte es sich im Bett gemütlich. Nachdem der Laptop hochgefahren war, gab sie die auf dem Zettel vermerkte Internetadresse ein. Es baute sich eine schlichte Website mit gelbem Hintergrund auf:

Du leidest unter Ängsten und/oder Panikattacken?
Du fühlst dich manchmal depressiv und/oder energielos?
Du grübelst viel?
Du hast oft das Gefühl, auf der Hut sein zu müssen?
Du hast mitunter starke, plötzliche Stimmungsschwankungen und dich überkommen starke Emotionen wie aus dem Nichts?
Du fühlst dich manchmal einsam, auch wenn du in Gesellschaft bist?
Es fällt dir schwer, Pausen einzulegen und dich wirklich zu entspannen?
Du suchst unbewusst permanent nach Ablenkung?
Du scheinst Stress wie magisch anzuziehen?
Du hast Schwierigkeiten mit Vertrauen und mit echter Nähe/Intimität?
Augenkontakt zu halten strengt dich an?
Abgrenzung und Neinsagen fällt dir schwer?
Du neigst zu Erstarrung bei Konflikten und vermeidest diese?
Du versteckst dich häufig hinter einem schützenden Lächeln?
Du versuchst, anderen zu gefallen?
Du hast oft das Gefühl, dich rechtfertigen zu müssen?

Schuldgefühle und Scham sind dir bestens bekannt?
Teile deines Körpers nimmst du kaum/nicht wahr?
Es fällt dir schwer, Entscheidungen zu treffen?
Du neigst zu Perfektionismus oder willst in allem die/der Beste sein?
Du hast Schwierigkeiten, ein paar Tage oder länger vorauszuplanen?
Du suchst Erfolg und Befriedigung in Leistung oder Dingen?
Du hast körperliche Beschwerden wie Muskelverspannungen, Schmerzen oder andere Symptome, bei denen dir nicht weitergeholfen werden kann?

›Wenn du dich oben wiedererkannt hast, leidest du möglicherweise unter einem Entwicklungs-/Bindungstrauma. Solltest du mehr darüber erfahren wollen, klicke hier oder besuche gerne unsere Gruppe! Diese ist offen für Betroffene, Angehörige und Interessierte ab achtzehn Jahren. Kosten: 5 Euro pro Person/Termin. Wir treffen uns jeden Montag um 19:00 Uhr.‹

Coco hatte in Gedanken hinter fast jedem der Punkte ein Häkchen gemacht. Es war, als hätte jemand, der sie sehr gut kannte, hier eine Zusammenfassung ihrer täglichen Schwierigkeiten und Herausforderungen niedergeschrieben. Jeden Montag um 19:00 Uhr. Das wäre ja... heute, in gut einer Stunde! Sie suchte die Adresse in der Onlinekarte und schaute, wie sie dort am schnellsten hinkäme. Es wären mit den öffentlichen Verkehrsmitteln etwa fünfunddreißig Minuten, das würde sie schaffen. Plötzlich meldeten sich Zweifel: Gruppe – mit wem hätte sie es da zu tun? Würde sie sich vorstellen und vor fremden Leuten reden müssen? Vielleicht sollte sie sich zunächst mit dem Buch von Zahra beschäftigen und sich dem Thema auf diese Weise nähern, das wäre deutlich einfacher, der Tag hatte ja schon anstrengend genug begonnen…

Plötzlich musste sie schmunzeln: War ›Entscheidungsschwierigkeiten‹ nicht einer der Punkte auf der Liste? Gut, sie würde sich das heute einmal anschauen – unverbindlich. Sie könnte ja jederzeit aufstehen und gehen. Sie musste wieder schmunzeln... Aufstehen und gehen? Von wegen! Ausgerechnet sie... Eher würde sie drei Stunden lang gelangweilt, hungrig oder mit voller Blase aushalten, als das zu wagen! Sie dachte an Lucs Bemerkung, ihre Katastrophisiereritis sei die eigentliche Katastrophe... Okay, sie würde es wagen! Sie entschied sich für das Fahrrad – die Bewegung täte ihr gut nach dem vielen Sitzen heute!

16

Bei dem Gebäude handelte es sich um einen Altbau in dritter Reihe. Coco war vom Fahrrad abgestiegen und durchquerte zwei Hinterhöfe. Vor der Tür standen ein paar Leute mittleren Alters und rauchten. Sie schienen sich zu kennen und unterhielten sich, ohne Coco zu beachten. Sie ging nervös, mit pochendem Herzen, hinein – im Brustkorb war da wieder dieses unruhige Gefühl. Ob sie vielleicht doch wieder…

»Salut!« Die Stimme gehörte zu einem Mann, etwa Mitte vierzig, der schlicht gekleidet war. »Möchtest du zu uns? Herzlich willkommen!« Er machte eine einladende Geste in Richtung des Raumes, aus dem er gekommen war. »Ich hole die anderen herein und bin gleich da!« Jetzt wieder zu verschwinden, hätte Coco sich nicht getraut. Sie würde sich also darauf einlassen…

In dem Raum saßen etwa zwanzig Leute im Kreis, ein paar Stühle waren noch frei. Die meisten Anwesenden waren mit ihrem Handy beschäftigt. Hier und da schaute jemand kurz auf und nickte, eine Begrüßung andeutend. Wie gerne hätte Coco sich in die letzte Reihe eines großen Saales gesetzt! Sie nahm Platz und verstaute den Rucksack unter ihrem Stuhl. Das Herz schlug ihr bis zum Hals, der Mund fühlte sich trocken an. Die Raucher-Clique war unüberhörbar im Anmarsch. Der Mann, der Coco bei ihrer Ankunft begrüßt hatte, schloss die Tür und nahm auf einem der beiden freigebliebenen Stühle Platz.

Mit aufmunterndem Blick schaute er in die Runde. »Bonsoir! Schön, dass ihr da seid! Wie ich sehe, haben wir heute zwei neue Gesichter unter uns!« Er warf Coco und einem jungen Mann einen Blick zu und fuhr fort: »Ich bin Jacques! Ich weiß euren Mut sehr zu schätzen.« Coco stellte fest, dass sie den Klang seiner Stimme mochte. »Wie ich bei unserem ersten Termin letzte Woche bereits sagte, ist diese Gruppe auch für mich etwas Neues. Ein Versuch, mehr Menschen eine erste Anlaufstelle zu bieten, die Unterstützung bei diesem Thema suchen oder die, aus welchen Gründen auch immer, daran interessiert sind. Wie die meisten sicherlich wissen oder bereits selbst erleben mussten, sind die Wartezeiten für ein Erstgespräch oder einen Therapieplatz unglaublich lang – das gilt leider auch für meine Praxis. Allerdings hat das Gruppensetting, gerade bei traumatisierten Menschen, aber durchaus auch seine Vorzüge!« Noch bevor

Coco eine Idee kam, was einer dieser Vorzüge sein könnte, erklärte er: »Häufig fanden die Demütigungen oder Traumatisierungen in einer Situation statt, die der einer Einzeltherapie durchaus ähneln kann: zu zweit, in einem Raum. Solche Konstellationen und Kontexte merkt sich der Körper äußerst zuverlässig, aber dazu kommen wir sicherlich bei Gelegenheit noch genauer! Ich verstehe mich hier weniger als Dozent, sondern eher als Moderator mit einem gewissen Hintergrundwissen. Ihr seid also alle eingeladen, an den Stunden mitzuwirken und eure Vorschläge einzubringen!« Coco schwitzte. Sie hatte Durst. Aber sie wagte es nicht, bereits nach zwei Minuten in ihrem Rucksack zu kramen und die Aufmerksamkeit der Anwesenden auf sich zu ziehen. »Ich wiederhole noch einmal die Regeln, an die wir uns bitte alle und jederzeit halten: Erstens: Es werden hier möglicherweise sehr persönliche Dinge gesagt, ich bitte jeden Einzelnen, diese Informationen vertraulich zu behandeln. Es sollte selbstverständlich sein, dass diese nicht weitergetragen werden. Zweitens: Jeder darf zu Wort kommen und jeder darf aussprechen! Drittens: Jeder möchte respektvoll behandelt werden, bringt also bitte den anderen Teilnehmern denselben Respekt entgegen! Viertens: Jeder hat seine ganz eigene Geschichte und es steht keinem von uns zu, darüber zu urteilen.«

Er schaute abermals aufmunternd in die Runde und klatschte mit den Handflächen auf seine Oberschenkel, dann fuhr er fort: »Gut, beim letzten Termin hatten wir uns einen groben Überblick verschafft, was sich hinter dem Begriff ›Entwicklungs-/Bindungstrauma‹ verbirgt, was typische Situationen oder Ereignisse sind, die zu einem solchen führen können und wie sich dessen Folgen im weiteren Leben typischerweise bemerkbar machen. Heute würde ich gerne mit euch über ein Konzept sprechen, welches uns hier, aber ebenso in einer Traumatherapie im engeren Sinne, immer wieder begegnen wird. Bevor wir damit beginnen: Gibt es noch Fragen oder Bemerkungen zum vergangenen Termin? Hat etwas nachgewirkt?« Coco war heilfroh, dass es keine Vorstellungsrunde gab. Vielleicht hatten sie diese beim letzten Mal schon gemacht und heute vergessen, die neuen Teilnehmer zu bitten, das nachzuholen? Wie auch immer, dieser Kelch war an ihr vorübergegangen! Da war es plötzlich wieder, das unwillkürliche Ausatmen...

»Also, ich war ein bisschen traurig nach dem Termin. Ich glaub, es hat mich überrascht, dass ich etwas mit Trauma zu tun haben könnte; hatte bisher stets allen gesagt, dass meine Kindheit toll war und dass ich super Eltern hab, aber irgendwie passt das jetzt alles nicht mehr richtig zusammen«, meldete sich ein junger Mann. Er sprach leise und schaute fast ununterbrochen zu Boden. Jacques bat ihn:

»Bist du so nett und verrätst uns noch einmal deinen Namen? Ich glaube, es wäre gut, wenn wir das alle machen, bis jeder sich die Namen gemerkt hat.« An die beiden Neuen gewandt, ergänzte er: »Wir haben uns beim letzten Mal darauf geeinigt, dass wir uns duzen, das macht es einfacher. Ist das okay für euch?« Coco und der andere nickten.

»Jérôme«, antwortete der junge Mann und schaute kurz zu Jacques auf.

»Ja, Jérôme, es kann einen sehr erschüttern, wenn man feststellt, dass das Bild, das man von sich, seinem Elternhaus oder von seiner Vergangenheit hatte, plötzlich bröckelt und in einem ganz neuen, völlig unerwarteten Licht dasteht!«, bestätigte Jacques. Jérôme nickte zustimmend. »Und es kann vorkommen, dass Schuldgefühle, zum Beispiel den Eltern gegenüber, aufkommen – das Gefühl, Verrat an ihnen zu begehen, wenn man anfängt, darüber zu sprechen!«, fügte Jacques hinzu. Mehrere Köpfe nickten. »Ich möchte betonen, dass es hier nicht darum geht, andere Leute schlecht zu reden oder über sie herzuziehen. Wir gehen grundsätzlich erst einmal davon aus, dass alle Beteiligten damals ihr Bestes gegeben haben! Ob das für das jeweilige Kind ausreichend war oder nicht, ist eine andere Frage. Vielleicht können wir uns darauf einigen, dass wir den Eltern ihre guten Anteile lassen, denn die finden sich bei jedem Menschen. Wenn sie auch vieles falsch gemacht haben mögen, eines haben eure Eltern definitiv richtig gemacht: Sie haben euch das Leben geschenkt – ich freue mich, dass ihr da seid!« Coco erinnerte sich an zahlreiche Situationen, in denen sie darüber nachgedacht hatte, ob es fair und richtig war, dass ihre Eltern sie gezeugt hatten und ob es nicht besser gewesen wäre, nie geboren worden zu sein! Ob die anderen diese Gedanken auch kannten? »Dennoch muss es uns in diesem geschützten und respektvollen Rahmen hier, genau wie in einer Einzeltherapie, erlaubt sein, ohne schlechtes Gewissen negative Erfahrungen zu benennen«, fuhr Jacques fort. »Ich weiß nicht, wer von euch selbst Kinder hat, aber die wenigsten werden vermutlich von sich behaupten können, perfekte Eltern zu sein und stets alles richtig gemacht zu haben. Eure Eltern mögen euch belastende Prägungen mitgegeben haben, doch verantwortlich sind wir als Erwachsene für unser Leben nun selbst!« Coco überlegte, welche guten Anteile des Vaters ihr spontan in den

Sinn kamen. Ihr fiel jedoch nichts ein – sie schämte sich etwas dafür. »Danke, Jérôme!« Jacques wartete einen Moment lang weitere Meldungen ab, dann sagte er: »Also gut! Ich möchte euch heute etwas zum Thema Selbstregulation, das heißt, zum ›Erregungstoleranzfenster‹ erzählen. Hat jemand schon davon gehört?« Er hatte die Frage kaum ausgesprochen, da platzte es aus einem jungen Mann heraus:

»Philippe! Also bei dem erwähnten Toleranzfenster handelt es sich meines Wissens um den Schwingungsbereich des vegetativen Nervensystems, welches unsere Erregung, das heißt unseren Grad an Anspannung und Entspannung, reguliert. Die Obergrenze ist der Bereich des...« Jacques unterbrach ihn:

»Danke, Philippe! Das ist ein guter Einstieg in das Thema. Danke!« Er nickte ihm freundlich zu und sah in die Runde, als wolle er weitere Gruppenmitglieder zu Wort kommen lassen, da begann Philippe erneut:

»Die beiden Zweige des vegetativen Nervensystems sind sozusagen Gegenspieler. Der Sympathikus aktiviert, der Parasympathikus beruhigt.«

»Danke, Philippe! Übrigens bin ich dazu übergegangen, anstatt vom ›autonomen‹ eher vom ›vegetativen‹ Nervensystem zu sprechen – also vom ›System der Lebensnerven‹. Wer sich mit der Lehre des Yoga befasst, der wird feststellen, dass sich der Mensch diesen Teil des Nervensystems durchaus durch konsequente Disziplinierung untertan machen kann! Hier setzt auch gewissermaßen die körperorientierte Traumatherapie an, wenn sie dem Patienten dabei hilft, mittels wiederholter Übung eine gesunde Balance zwischen sympathischem und parasympathischem Anteil des vegetativen Nervensystems zu erlangen, um nicht mehr wie ein Spielball hin- und hergeworfen zu werden und den Reaktionen seines Nervensystems auf diverse Reize machtlos ausgeliefert zu sein. Auf diese Weise erobert er sich nach und nach die Herrschaft über sich selbst zurück – er steht gewissermaßen wieder selbst am Dirigentenpult!« Jacques bedankte sich erneut für Philippes Beitrag und stand auf, um ein Whiteboard, das an der Wand stand, näher zu rollen. »Also gut, der Reihe nach!« Er zog einen horizontalen schwarzen Strich. Stühle wurden gerückt. Alle hatten das Board nun im Blick und schauten interessiert darauf, da platzte es aus Philippe heraus:

»Dieser Strich ist vermutlich der Unterrand des Toleranzfensters!« Er strahlte und schien auf Anerkennung durch Jacques zu warten.

»Ganz genau«, bestätigte dieser, um dann einen weiteren schwarzen Strich zu ziehen – gut drei Handbreit oberhalb des ersten, parallel dazu.

»Ebenfalls Philippe! Das wird die Obergrenze des Fensters sein.« Der zweite Philippe wirkte hektisch – als habe er Bedenken, jemand könne ihm zuvorkommen. ›Sind wir hier bei einer Quizshow?‹ Coco hätte nie gewagt, das auszusprechen, allein für den Gedanken schämte sie sich. Sie wollte nicht gemein sein, aber wenn das so weiterginge... Jacques nickte, ohne sich umzusehen, und malte dann in den Bereich, der durch die beiden Striche begrenzt wurde, eine an eine Landschaft erinnernde wellenförmige Linie, die hier und dort an die beiden Striche heranreichte oder über diese hinausging. Die Philippes ließen nicht lange auf sich warten und redeten gleichzeitig drauf los…

»Wir wollen versuchen, das Thema in aller Ruhe und systematisch zu verstehen!«, gebot Jacques den beiden Einhalt. Coco fragte sich, ob er sein Vorhaben, die Gruppe so intensiv mit einzubeziehen, bereits bereute. Vermutlich war die Idee dahinter gewesen, den einen oder anderen etwas ›auftauen‹ und aktiv werden zu lassen. Aber da hatte er die Rechnung wohl ohne die Philippes gemacht, die schienen jetzt erst richtig warmzulaufen! Coco spürte, wie die beiden ihr die Stimmung verdarben. War sie ein intoleranter Mensch? Sie hatte den Eindruck, sehr kritisch zu sein und Menschen wenig durchgehen zu lassen. Dann kam sie jedoch meist zu dem Schluss, dass sie mit sich selbst nicht weniger kritisch war – eher im Gegenteil! Jacques hob an: »Dieses Auf und Ab hier ist das Level an Emotionen und Gefühlen einer Person, im zeitlichen Verlauf dargestellt. Ein Mensch mit einer großen Amplitude, also mit viel Abstand zwischen der unteren und der oberen Begrenzung, kann viele Gefühle, viel Erregung zulassen, ohne gestresst, das heißt dysreguliert zu sein. Ein Mensch, bei dem die Ober- und die Untergrenze dichter beieinander liegen, gerät im wahrsten Sinne des Wortes schneller ›an seine Grenzen‹! Das heißt, bei ihm überschreitet die Kurve den Ober- und Unterrand immer wieder. Nach oben hin, dem Bereich des Sympathikus, bedeutet das, er ist gestresst und überreizt.« Jacques hängte eine Liste mit dem Titel ›Übererregung‹ auf. Diese umfasste Punkte wie: unruhig, angespannt, schreckhaft, permanent aktiv, dauergestresst, chronisch überfordert, weglaufen, Wutausbrüche, Angst-/Panikattacken, Herzrasen, schnelle/flache Atmung, Konzentrationsprobleme, Druck im Körper etc. »Nach unten hin, dem Bereich des Parasympathikus, bedeutet das, der Mensch kollabiert. Er liegt also zum Beispiel antriebs- und kraftlos auf der Couch und ist maximal erschöpft.«

Jacques hängte eine weitere Liste auf. Sie trug den Titel ›Untererregung‹ und enthielt Begriffe wie: erschöpft, benebelt, emotional taub, lustlos, benommen, schläfrig/dauermüde, unbeteiligt, erstarrt, depressiv, kalte Hände/Füße etc. Die Philippes zuckten schon wieder ungeduldig, ähnlich einem Windhund in der Startbox, den unmittelbar bevorstehenden Beginn des Rennens erwartend. Jacques fuhr fort: »Die Weite dieses Fensters, welches man, wie gesagt, auch als ›Erregungstoleranzfenster‹ bezeichnet, hat großen Einfluss auf unsere Lebensqualität! Und genau hier kommen frühe Traumatisierungen ins Spiel: Menschen mit einem Entwicklungs-/Bindungstrauma mangelt es in aller Regel an einer ganz wesentlichen Fähigkeit: der Fähigkeit, sich selbst zu regulieren! Der Grund für diesen Mangel besteht darin, dass ihr Nervensystem in den ersten Lebensjahren nicht ausreichend Gelegenheit hatte, die Fähigkeit der Selbstregulation, welche maßgeblich durch Co-Regulation erworben wird, zu erlernen. Und so erleben sie dann später, mitunter lebenslang, eine extrem anstrengende Achterbahnfahrt aus Über- und Untererregung! Sie kennen nicht das Gefühl, sich überwiegend im Mittelbereich dieser Kurve aufzuhalten. Das Schlimmste sind nicht unbedingt die traumatisierenden Ereignisse oder Umstände als solche, sondern was diese im Körper, das heißt im Nervensystem und damit letztendlich im Alltag des Betroffenen auf Dauer anrichten! Trauma führt ins Extrem. Es gibt für diese Menschen dann im ungünstigsten Falle nur noch Schwarz oder Weiß, unten oder oben, Kollaps oder Höchstleistung! Der gesunde Graubereich dazwischen existiert kaum noch. Und ausgerechnet dieser Mittelbereich ist es, in dem das Leben bunt und lebendig ist; in dem es Raum gibt für Neugier, für das Erkunden von Neuem, fürs Lernen. Raum, sich selbst zu fühlen, Raum für Empathie und für soziales Miteinander. Das Leben am Oberrand dieses Fensters mag kurzfristig noch bunter und aufregender erscheinen als der Mittelbereich, aber es ist nicht möglich, dieses Level dauerhaft zu halten. Früher oder später kommt es zum Absturz und der Betroffene findet sich am Unterrand des Fensters oder sogar unterhalb davon wieder. Dieser Prozess kann schleichend und nahezu unbemerkt vonstatten gehen, aber auch sehr plötzlich und ohne große Vorankündigung. Den Absturz versucht der eine oder andere mit verschiedensten Hilfsmitteln hinauszuzögern. Dieses Extrem aus Schwarz und Weiß zieht sich dann wie ein roter Faden durch das Leben der Betroffenen! Zum Beispiel beim Thema Verbundenheit und Autonomie kann es so sein, als hätten sie sich eines Tages entschieden, alles, bis hin zur Selbstverleugnung und Selbstsabotage zu tun, um nicht allein sein zu müssen. Oder, das wäre das andere Extrem, als sei Unabhängigkeit das höchste Ideal und nichts schrecklicher, als jemandem sein Vertrauen zu schenken!« Eine junge Frau stand auf und war im Begriff, den Raum zu verlassen. Jacques beobachtete sie wachsam und fragte, ob alles in Ordnung sei.

»Ja, bin sofort wieder da, macht bitte weiter!« Jacques schien einen Moment lang zu zögern, ob er ihr folgen sollte, entschied sich dann aber offensichtlich dagegen. Nachdem sie den Raum verlassen hatte, wandte er sich wieder seiner Skizze zu, da konnte Philippe II nicht länger an sich halten:

»Also, das Überschreiten der Obergrenze nennt man auch Hyperarousal, richtig?«

»So ist es«, bestätigte Jacques knapp. Coco fragte sich, ob sie die Einzige war, die sich dermaßen an dieser Schlaumeierei störte – auf seine letzte Frage wusste Philippe II die Antwort doch sowieso! Würde sie jemals eine gute Therapeutin sein? Schließlich müsste man sich in solchen Fällen eine wohlwollend geduldige Grundhaltung bewahren, ohne abweisend zu wirken! Und sie fragte sich, ob es mit diesem Toleranzfenster zusammenhing, dass sie so viel Routine und Berechenbarkeit im Alltag brauchte, um sich wohl zu fühlen, obgleich sie sich eigentlich als abenteuerlustigen Menschen bezeichnete. Jacques nahm wieder Platz und fuhr fort: »Das war jetzt sehr viel Information! Gibt es so weit Fragen? Ansonsten schlage ich vor, dass wir einmal kurz durchlüften und in fünf Minuten weitermachen.« Niemand meldete sich und Jacques stand auf, um die Fenster zu öffnen.

17

Sie hatten wieder Platz genommen und Jacques schaute in die Runde. »Also gut, weiter geht's! Wir leben in einer ausgesprochenen Leistungsgesellschaft. Das Leben auf der Überholspur, oder, um in unserem Bild zu bleiben, am Oberrand dieses Fensters, ist zur Normalität geworden. Der dauerhafte Sympathikotonus, das Leben mit hoher Energie, hat sich als neuer, wenn auch höchst ungesunder Standard etabliert. Viele Menschen haben die natürliche Schwingungsfähigkeit nach und nach verloren und erleben den eigentlich gesunden Mittelbereich als langweilig. Sie brauchen immer stärkere Reize, um sich zu spüren – Extremsportarten, Horrorfilme und vieles mehr, die Liste ist lang!« Coco hätte gerne eine Frage gestellt, wagte jedoch nicht, sich zu melden. Als hätte Jacques ihr etwas angemerkt, hielt er inne und schaute sie einen Moment lang an. »Eine Frage?« Coco bemerkte, wie ihr der Puls in den Ohren brauste. Sie zögerte einen Moment lang, um schließlich abzuwinken. »Wirklich nicht?«, hakte Jacques nach. Coco hätte kein Wort herausgebracht. Sie deutete ein Kopfschütteln an, schaute verunsichert zu Boden und war heilfroh, als Jacques seinen Vortrag fortsetzte: »Eine sehr beliebte Methode, sich diese Reize zu verschaffen, ist übrigens folgende: Man hat festgestellt, dass intensive Emotionen, die naheliegenderweise meist am Oberrand angesiedelt sind, mit der Ausschüttung eines Hormoncocktails einhergehen. Neben Stresshormonen sind Endorphine Bestandteil dieses Cocktails. Diese können, wie das chemisch gesehen sehr ähnliche Morphium, süchtig machen! So neigen manche Menschen dazu, sich immer wieder heftige Emotionen zu verschaffen, das kann den Charakter einer regelrechten Dramasucht haben! Drama und Lebendigkeit zu verwechseln, hat schon so manche Freundschaft oder Partnerschaft gekostet.« Eine Frau, Coco schätzte sie auf Ende fünfzig, machte sich bemerkbar.

»Und was kann... Ach so: Élaine! Also was kann man tun, um diesem Sog zu widerstehen, um nicht von einem ins nächste Drama zu stolpern?« Alle Augen waren auf sie gerichtet. Auch die Philippes schienen keine Antwort parat zu haben, da erklärte Jacques:

»Vielen Dank für deine Frage, Élaine! Einfach gesagt, kommt es darauf an, eine Meta-Ebene, einen inneren Beobachter zu erschaffen, der aus einem ausreichend reifen, erwachsenen Anteil besteht und der dabei hilft, in der entsprechenden Situation den nötigen Abstand zu wahren. Dieser Beobachter sollte idealerweise etwas Liebevolles, Wohlwollendes haben. Wenn er allzu kritisch und streng ist, dann wird man ihn auf Dauer nur noch ungern als Berater hinzuziehen.« Die Tür öffnete sich und die junge Frau steuerte ihren Platz wieder an. Sie wirkte verändert, ihre Augen waren gerötet. »Willkommen zurück, Marie!« Jacques hatte sich den einen oder anderen Namen offensichtlich schon merken können. »Ist alles okay?« Die Frage reichte bereits aus, um Marie zum Weinen zu bringen. Sie versuchte, sich nichts anmerken zu lassen, was ihr nur mäßig gelang. »Ich habe den Eindruck, dich bewegt gerade etwas«, wandte Jacques sich erneut an sie. »Hast du das Bedürfnis, darüber zu sprechen?« Sie hatte ein Taschentuch hervorgeholt und schüttelte den Kopf, während sie sich die Tränen abwischte. Jacques sagte, nun sehr ruhig: »Es ist vollkommen in Ordnung, hier zu weinen. Niemand braucht sich dafür zu schämen! Die Themen, die wir hier behandeln, können sehr tiefe, mitunter bereits vergessene Schmerzen hervorholen und Wunden aufreißen, von denen wir gar nichts wussten oder von denen wir dachten, sie seien längst verheilt! Und es kann für den einen oder anderen eine ganz neue Erfahrung sein, nicht allein sein zu müssen mit seinem Schmerz und seiner Traurigkeit! Das ist eine der ganz wesentlichen Erfahrungen, die wir hier machen können.« Er legte eine Pause ein und warf Marie einen Blick zu, die sich wieder gefangen zu haben schien. »Marie, wenn das besser passt, können wir darüber nachher auch alleine sprechen.« Sie deutete ein Lächeln an und nickte. »Ist deine Frage damit ausreichend beantwortet, Élaine?«, nahm Jacques das Thema wieder auf.

»Ja, danke!« Dann fuhr er fort:

»So, wie der Oberrand des Erregungstoleranzfensters in Form chronischer Hyperaktivität die neue Normalität für viele geworden zu sein scheint, so missverstehen immer mehr Menschen den Unterrand, an dem sich das Nervensystem gesunderweise entspannt, als eine Art Kollapszustand. Das, was auf vielen Sofas vor dem Fernsehgerät Abend für Abend stattfindet, hat mit echter Entspannung wenig zu tun.« Coco beobachtete Philippe I, der sich gerade die nächste Frage zurechtzulegen schien, als Jacques ergänzte: »Und da wir gerade beim Thema Entspannung beziehungsweise Kollaps sind: Einige Menschen behelfen sich durch ›Selbstmedikation‹, um einen Zustand herbeizuführen, der sie an Entspannung erinnert. Die Auswahl reicht von Computerspielen, ziellosem Beschäftigen mit dem Smartphone, Essen und Shoppen über Alkohol und Zigaretten bis hin zu illegalen Drogen.«

»Sie ersetzen damit also ein Stück weit ihre fehlende Selbstregulationsfähigkeit!«, fasste Philippe I zusammen. Coco fiel auf, dass auch andere Gruppenmitglieder inzwischen sichtlich genervt waren und begannen, die Augen zu rollen. Es tat ihr nun etwas leid für Philippe I, andererseits war sie erleichtert, nicht die Einzige zu sein, der es so ging. Als müsse er mithalten, meldete sich Philippe II jetzt zu Wort:

»Jacques, was du da ansprichst, das sind die sogenannten dysfunktionalen Ressourcen, richtig?« Er machte ein fachmännisch-ernstes Gesicht.

»Ja, das ist richtig. Mit dem Thema Ressourcen können wir bequem einen ganzen weiteren Abend füllen! So viel sei an dieser Stelle aber schon gesagt: Es gibt neben den beispielhaft genannten dysfunktionalen Ressourcen, die uns mittel- bis langfristig eher schaden, auch funktionale Ressourcen. Hat jemand eine Idee, was hiermit zum Beispiel gemeint sein könnte?« Einzelne Begriffe wurden in den Raum geworfen:

»Spazierengehen!... Sport!... Meditation!«

»Ganz genau!«, bestätigte Jacques. »Und nicht zu vergessen: soziale Kontakte, Freundschaften, Beziehungen.«

»Kommt ganz auf die Freunde an!«, versuchte einer der Philippes einen Scherz zu machen. Niemand lachte – womöglich weniger wegen der Qualität des Witzes als aufgrund der Tatsache, dass es ein Philippe-Witz war. Eine bisher zurückhaltende Teilnehmerin meldete sich zaghaft, was Jacques sogleich auffiel, der die anderen um Ruhe bat.

»Ich glaube, ich hab gar keine Ressourcen«, sagte sie mit zitternder Stimme, während sie an einem Papiertaschentuch herumnestelte. »Danke für deine Wortmeldung!« Es war still im Raum und Jacques fuhr fort:

»Dann wärest du jedoch sicherlich nicht hier. Ein Mensch, der keine Ressourcen hat, ist nicht überlebensfähig! Wollen wir einmal etwas genauer hinschauen? Ich bin sicher, wir werden eine Ressource finden...« Sie blickte kurz zu ihm auf und nannte ihren Namen:

»Thérèse.«

»Also Thérèse, mir scheint, du kannst hören!« Sie sah ihn fragend an.

»Ja?«

»Na, das ist doch schon etwas, das kann nicht jeder!« Hier und da war ein Tuscheln oder Kichern zu hören, welches Jacques ignorierte. »Und wer hören kann, der kann womöglich auch zuhören!«

»Ja...« bestätigte Thérèse unsicher.

»Und ich habe dich gehen sehen!« Thérèse nickte. »Wer gehen kann, der kann vielleicht auch tanzen!« Thérèse nickte erneut und es war, als huschte der Anflug eines Lächelns über ihr angespanntes Gesicht.

»Na also, da haben wir schon mehrere Ressourcen gefunden!«, strahlte Jacques sie an.

»Aber ist das jetzt nicht etwas konstruiert?«, wandte einer der Philippes ein.

»Ist es das?«, nahm Jacques seine Frage auf. »Lasst uns bei Gelegenheit einen Gehörlosen oder einen Rollstuhlfahrer darauf ansprechen, wie er das sieht!« Schweigen im Raum. Sie diskutierten noch eine Weile das Ressourcen-Thema, bis ein Teilnehmer dieses schließlich beendete:

»Was führt denn eigentlich normalerweise dazu, dass ein Mensch mit einem weiten Toleranzfenster gesegnet ist?«

»Vielen Dank...« Jacques stockte.

»Richard. Verzeihung!«

»Vielen Dank, Richard, das ist eine wunderbare Frage! Hat jemand eine Idee?« Philippe I hob die Hand. »Wollen wir noch jemand anderem die Gelegenheit geben?«, hielt Jacques ihn zurück. Élaine meldete sich zu Wort:

»Vielleicht lernt das Kind das ganze emotionale Spektrum kennen, indem der Erwachsene, die Mutter zum Beispiel, es mit ihm gemeinsam auslotet, ohne es dabei zu überfordern?«

»Ganz genau!« Jacques wirkte ehrlich erfreut über die Antwort. »Die Bezugsperson geht mit dem Kind durch anregendes Spielen, Toben, Herumalbern und so weiter immer wieder an die Obergrenze. So macht das Kind die Erfahrung, dass auch ein hohes Erregungsniveau sicher und aushaltbar ist. Denn das ist eine der traurigsten Folgen früher Traumatisierungen: Ein Mensch, für den ein hohes Erregungsniveau unter Umständen über Jahre hinweg Stress oder Angst bedeutet hat, meidet diesen oberen Bereich des Toleranzfensters später möglicherweise instinktiv. Damit versagt er sich unbewusst jedoch auch Lebensfreude und Glücksgefühle, denn diese spielen sich ebenfalls in genau dem Bereich ab, von dem er sich aufgrund seiner schlechten Erfahrungen vorsichtshalber fernhält! Für ihn sind Freude und Glück dann möglicherweise anstrengender als das depressive Grundgefühl am vertrauten unteren Rand.« Überraschtes Raunen ging durch die Gruppe. »Übrigens können Kinder depressiver Mütter später oft weniger Glück und Lebensfreude zulassen! Denn eine Mutter, die sich selbst überwiegend im depressiven Bereich aufhält, bietet ihrem Kind wenig Gelegenheit, den Oberrand des Toleranzfensters wirklich kennenzulernen.« Jacques schaute auf die Uhr. »Ich sehe, wir haben schon überzogen. Wenn es jemand eilig hat, darf er gerne jederzeit gehen! Und lasst uns beim nächsten Mal gemeinsam darauf achten, besser mit der Zeit zu haushalten!« Niemand machte Anstalten, den Raum zu verlassen, da wollte Philippe II wissen:

»Kann man zusammenfassend sagen, dass ein Entwicklungs-/Bindungstrauma das Erregungstoleranzfenster enger macht?« Er schaute dabei auf einen Notizblock, der auf seinem Schoß lag.

»So ist es. Und das ist ein Grund, weshalb Menschen mit einem Trauma in der Vorgeschichte sehr häufig weitere traumatisierende Ereignisse wie magisch anzuziehen scheinen!«, bestätigte Jacques. Drei junge Frauen packten ihre Sachen und entschuldigten sich, sie müssten den Zug noch erreichen. Nachdem sie gegangen waren, fügte Jacques hinzu: »Denn traumatisierende Ereignisse haben gemeinsam, dass sie sich oberhalb des Toleranzfensters abspielen, das heißt, dass sie mit einem extrem hohen Erregungsniveau verbunden sind. Deshalb können sie sich so zuverlässig und nachhaltig ins Körpergedächtnis einbrennen. Das Erregungsniveau ist dann dermaßen hoch, dass das Nervensystem, quasi im Notprogramm, blitzschnell reagiert. Wenn es um Leben und Tod geht, kann es sich den Luxus nicht erlauben, zunächst den langsamen und energieaufwendigen Weg des Abwägens und des bewussten Einordnens über die Großhirnrinde zu wählen.« Das kam Coco bekannt vor!

»Ein regelrechter Teufelskreis«, stellte Philippe II fest.

»Ich denke, wir sollten nun wirklich zum Ende kommen!«, bemerkte Jacques. Coco hatte nicht den Eindruck, dass unter den Verbliebenen jemand in Eile war – alle saßen unverändert ruhig und aufmerksam da.

»Also gut. Um das heutige Thema abzuschließen, ein letzter Punkt, der interessant ist hinsichtlich der Unterschiede zwischen klassischer Schocktrauma-Therapie und der Therapie des Entwicklungs-/Bindungstraumas: Bei der klassischen Schocktrauma-Therapie geht es darum, die Spitzen oberhalb des Toleranzfensters abzubauen. Dazu stehen verschiedene Techniken zur Verfügung. Beim Entwicklungs-/Bindungstrauma hingegen arbeitet man daran, das Fenster zu weiten, damit der Mensch nicht mehr so schnell an seine Grenzen kommt und nach und nach lernt, den ›bunteren‹ Graubereich bewusst zu gestalten!«

»Es ist vielleicht Quatsch was ich denke, aber wenn die Grenzen weiter werden, werden dann die Schocktrauma-Spitzen nicht automatisch integriert und verlieren an Heftigkeit?«, fiel Philippe I ihm ins Wort.

»Jawohl, das ist in der Tat der Fall, sehr gut bemerkt!«, lobte Jacques. Coco war müde. Jetzt erst realisierte sie, wie dankbar sie dem Philippe-Duo sein konnte, sich immer wieder in den Vordergrund gedrängt zu haben – so hatte sie sich bequem zurückhalten können.

»Zum Abschied noch eine Mini-Übung?« Jacques blickte in die Runde. »Also, ihr habt wirklich Ausdauer! Jeder spürt einmal dem Kontakt mit dem Boden und der Sitzfläche nach. Ihr folgt eurem Atem ein paar Atemzüge lang. Schließt gerne die Augen dabei, wenn ihr mögt. Wenn nicht, ist das auch in Ordnung. Und nun denkt an etwas Schönes! Ein Erlebnis, einen Ort, einen lieben Menschen, ein Tier...« Er selbst hatte die Augen geschlossen und schien auf seinen Atem zu achten. Dann öffnete er seine Augen wieder und fuhr fort: »Und jetzt spürt einmal, was ihr in diesem Augenblick, ganz konkret, in eurem Körper wahrnehmen könnt!« Hier und da hörte man ein tiefes Seufzen. Coco musste schmunzeln: Es schien der eine oder andere Parasympathikus aktiv zu werden! »Das, was wir gerade machen, ist das bewusste Aufsuchen einer Ressource. Und was passiert dabei? Unser Toleranzfenster beginnt, sich zu weiten! Verweilt noch einen Augenblick in diesem Gefühl. Und kommt dann wieder mit der vollen Aufmerksamkeit zurück!« Hier und da streckte sich jemand. »Mit dieser Übung könnt ihr bis zum nächsten Termin im Alltag ein bisschen herumexperimentieren! Und wer möchte, berichtet nächstes Mal von seinen Erfahrungen. Das Ausmaß, in dem wir in der Lage sind, unseren Körper und seine Signale wahrzunehmen, hat starken Einfluss auf unsere Selbstregulationsfähigkeit und damit letztendlich auf unsere emotionale Tiefe; auf unsere Freude an sozialer Interaktion, unsere Selbstreflexionsfähigkeit und letztendlich unsere Lebensqualität und Lebensfreude!« Jacques stand auf und ging auf Marie zu, die gerade ihre Jacke anzog. Noch bevor er etwas sagen konnte, versicherte sie:

»Es geht schon wieder, wirklich!«

Er verabschiedete sich lächelnd von ihr und machte sich daran, das Whiteboard zu säubern.

»Ach, seid bitte so nett, die Stühle dort drüben an der Wand zusammenzustellen!« Er deutete in die entsprechende Richtung. Coco war froh, von niemandem angesprochen worden zu sein. Während sie ihren Rucksack packte, überlegte sie, wie es wohl wäre, Jacques als Therapeuten zu haben. Aber er hatte ja bereits gesagt, dass auch bei ihm die Wartezeiten sehr lang waren. Sie wollte gerade ihren Stuhl auf den Stapel stellen, da hörte sie seine Stimme hinter sich:

»Konntest du etwas damit anfangen, was wir heute gemacht haben?« Sein Lächeln wirkte ausgesprochen freundlich und authentisch. Coco hatte das Gefühl, schlagartig einen knallroten Kopf zu kriegen. Wie sie das hasste! Hoffentlich war es nicht so offensichtlich, wie es sich anfühlte...

»Äh, ja, danke.« Zu mehr reichte es nicht.

»Dann bis zum nächsten Mal?« Coco starrte ihn einen Moment lang wie versteinert an.

»Ach so, Coco!« Sie kam sich schlecht vor. War es so schwer, seine Freundlichkeit zu erwidern und wie ein normaler Mensch ein paar Worte miteinander zu wechseln? Sie sah zu, dass sie den Raum verließ...

Auf dem Heimweg war alle Müdigkeit verflogen. Gespickt von Selbstvorwürfen für die peinliche Abschiedsszene, ließ Coco den Abend vor ihrem inneren Auge vorbeiziehen und landete immer wieder bei der Feststellung, dass die Menschen sich glücklich schätzen konnten, Jacques' Patienten zu sein! Sie schämte sich für ihren Anflug von Neid...

Ihre Mitbewohner waren nicht zu Hause. Nach einer heißen Dusche kümmerte sich Coco um das Abendessen, das sie vorsichtshalber in ihrem Zimmer zu sich nahm. In Gedanken formulierte sie dabei eine Nachricht, die sie Luc schicken würde: ›Habe von Zahra über Entwicklungs-/Bindungstrauma erfahren. War eben bei einer Gruppe – genau mein Thema! Hab jetzt nur ein Problem: Ich möchte so gerne einen Therapeuten haben, der Ahnung davon hat! Wer hätte das gedacht: *Ich* will einen Therapeuten! Dass ich das einmal sagen würde... Nach den letzten beiden Anläufen hatte ich mir geschworen: Nie wieder! Okay, hoffe dir geht's gut, drück dich. PS: Wenn wir uns das nächste Mal sprechen, möchte ich dir was erzählen. Es betrifft meinen Vater.‹

18

Coco erwachte und hatte das Gefühl, von weit her zurückzukommen. Es war dunkel, ihr Körper fühlte sich schwer an und sie hatte einen trockenen Mund. Das Handy fand sie unter der zusammengeknautschten Bettdecke, es war kurz nach Mitternacht. Sie schleppte sich in die Küche, wo allerlei Flaschen, Gläser und benutztes Geschirr herumstanden; aus Jeanettes Zimmer war Musik zu hören. Es sah aus, als hätte hier eine Party stattgefunden! Sie musste sehr tief geschlafen haben... Sie fand kein sauberes Glas und ärgerte sich, zunächst eines spülen zu müssen. Anfangs fragte sie sich wiederholt, ob ihre Mitbewohner Recht hatten, wenn sie sie damit aufzogen, unter einem Putzzwang zu leiden und eine ›Pingeltante‹ zu sein. Ja, sie mochte es sauber und ordentlich, das beruhigte sie! Stand es wirklich so schlimm um sie? Würden sich nicht die meisten Leute über so einen Anblick ärgern? Anstatt sich in ihrem Zimmer zu verkriechen, hätte Jeanette die Küche aufräumen können! Vermutlich hatte sie wieder irgendeinen Typen abgeschleppt, der jetzt wichtiger war. Coco überkam immer wieder das Gefühl, in den gemeinsamen Zimmern eigentlich keinen Raum zu haben. Das WG-Leben hatte sie sich anders vorgestellt; lustige Abende, Leute zum Reden... Aktuell sah sie nur noch Nachteile darin. Ja, vielleicht war sie wirklich einfach zu pingelig und intolerant! Sie füllte eine Karaffe mit Wasser und verschwand in ihrem Zimmer. *Etwas, das du nicht bekommst, kann manchmal eine wunderbare Fügung des Schicksals sein*, spuckte ihre Sprüche-App aus. Was könnte gut daran sein, keinen geeigneten Therapeuten zu finden, während man jeden Moment mit der nächsten Panikattacke rechnen musste? Sie überlegte kurz: Hatte sie Luc ihre Nachricht noch geschickt? Sie öffnete den Chat und stellte fest, dass sie diese doch nicht geschrieben hatte, was sie nun nachholte. Sie brachte gerade ihr Bett in Ordnung, da kam auch schon seine Antwort: ›Salut, meine Liebe! Kannst du nicht schlafen? Kümmere mich und melde mich, wenn ich was erreicht habe. Wenn du wegen deines Vaters sprechen möchtest, sag Bescheid. L.‹

Was würde Coco dafür geben, jetzt bei Zahra einfach die paar Schritte aus ihrem Zimmer auf die davor liegende Terrasse gehen zu können und es sich auf einem der Liegestühle gemütlich zu machen, in den Sternhimmel zu schauen und dem nächtlichen Treiben im Park zu lauschen; sich gemeinsam ins Kaminzimmer zu setzen – Salomé auf dem Schoß; oder ein Nachtmahl mit Zahra zu-

zubereiten! Das war eine Art Hobby von ihnen geworden über die Jahre. Wenn Coco nicht schlafen konnte, hatten sie manchmal die ganze Nacht in der Küche verbracht, alle möglichen Rezeptideen ausprobiert, gekocht, gebacken und genascht. Die Stunden waren dann so dahingeflogen und im Nu war es Morgen gewesen. Auch wenn Coco am nächsten Tag in die Schule musste, Zahra hatte sie nie ermahnt, schlafen zu gehen oder dergleichen. Im Gegenteil, sie sagte immer: Eine Nacht ohne Schlaf ist ein wunderbares Mittel, um die eine oder andere kleine Depression zu vertreiben! Zahra selbst wirkte nie müde. Coco hatte sich oft gefragt, ob sie überhaupt schlief! Sie wäre jetzt zu gerne bei ihr, aber... Aber was? Was hielt sie eigentlich davon ab? Die Uni. Ja, sie musste in die Uni! Musste sie wirklich? Sie wollte nicht so sein wie manche ihrer Kommilitonen, für die Studentenleben mehr ›Leben‹ als ›Studenten‹ bedeutete. Coco konnte gar nicht schnell genug fertig werden mit dem Studium und wollte so bald wie möglich in ihrem Beruf arbeiten und ihr eigenes Geld verdienen!

Sie saß auf dem Bett und starrte die Wand an. Was sollte sie mit sich anfangen? Coco hatte das Gefühl, kaum hinterherzukommen, so wie die Ereignisse sich im Moment überschlugen. Wenngleich die Gruppe sie mit erneuter Hoffnung erfüllte, dass es doch noch Hilfe für sie geben könnte, so wollten diese positiven Gefühle ebenfalls verarbeitet werden! An die Angelegenheit mit dem Vater hatte sie in den letzten Stunden nur vereinzelt gedacht, aber auch dieses Thema beschäftigte sie unterbewusst vermutlich mehr, als sie sich eingestand. Sie packte ihren Rucksack und machte sich, obwohl es mitten in der Nacht war, auf den Weg zu Zahra.

Als sie die Küche betrat, musste sie lachen: »Zahra, du sitzt da, als hättest du mich erwartet!« Zahra trug eine Leinenschürze und hielt ein Schälmesser in der Hand. Sie stand auf und kam Coco lächelnd entgegen, um sie zu umarmen.

»Schau mal, wir haben zu tun!« Sie deutete auf mehrere Eimer mit Birnen, die neben dem großen Küchentisch standen. Ja, das war jetzt genau die richtige Beschäftigung! Bei knisterndem Herdfeuer Obst zu schälen und mit Zahra zusammen zu sein, was könnte sie sich Schöneres wünschen? Als wollte sie Cocos Glück noch das Sahnehäubchen aufsetzen, erschien Salomé und schmiegte sich schnurrend an Cocos Beine.

»Salomé, du alte Räuberin! Hast du deine Nachtwanderung schon hinter dir?« Coco rückte mit dem Stuhl etwas zurück und ließ die Katze auf ihren Schoß springen.

»Sie hatte dich bereits angekündigt!« Zahra warf Coco einen vielsagenden Blick zu.

»Mich angekündigt?«

»Sie hat mich zweimal zur Tür geführt, als wolle sie sagen: Mach auf! Und da außer Luc und dir hier niemand einfach so erscheint, konnte es sich nur um dich handeln! Und voilà, da bist du! Trinkst du auch einen Tee?«

»Gerne!« Coco liebte Zahras Kräutertees, die sie selbst herstellte. Für alle möglichen Beschwerden hatte sie eine eigene Teemischung.

»Was darf's denn sein?« Coco musste nicht lange überlegen:

»Einmal Stimmungsaufhellung bitte!« Sie ging in ihr Zimmer, um sich umzuziehen. Auf dem Flur spürte sie, wie ihre Schultern und ihr Nacken sich bereits etwas entspannt hatten. Als sie in die Küche zurückkehrte, stand ihre Lieblings-Teekanne mit dem dazugehörigen Service auf dem Tisch, daneben ein Schälchen mit Gebäck. Ach, warum musste die Uni sich ausgerechnet am anderen Ende der Stadt befinden? Wie viel leichter wäre das Leben, wenn sie weiterhin hier wohnen könnte! Sie schämte sich, so egoistisch zu sein. Sollte sie doch dankbar sein, so viele Jahre hier verbracht haben zu dürfen! Der Tee musste noch ziehen und Coco half Zahra mit den Birnen. »Zahra, ich war bei der Gruppe.« Zahra schaute erstaunt auf.

»Das nenne ich spontan!«

»Ja, ich hab mir keine Zeit zum Zögern gelassen. Es war... Also es war interessant, was ich da erfahren habe. Aber ich glaube, das kann man auch nachlesen oder von dir und Luc lernen! Da waren zwei Typen, die haben echt genervt... Der Leiter der Gruppe ist allerdings toll. Ich glaub, so einem Therapeuten würde ich noch eine Chance geben!«

»Aber?«

»Aber er hat, oh Wunder, natürlich keine freien Termine!«

Zahra musste ihr die Enttäuschung angesehen haben. »Hast du ihn denn gefragt?«

»Ach, was soll ich ihn fragen, da saßen um die zwanzig Leute, von denen vermutlich mindestens achtzehn gerne einen Einzeltermin bei ihm hätten! Warum sollte er ausgerechnet der Teilnehmerin etwas anbieten, die beim ersten Termin fehlt, die es nicht fertigbringt, sich vorzustellen und die nicht in der Lage ist, ein paar freundliche Worte mit ihm zum Abschied zu wechseln?« Coco tat ihr schroffer Ton leid, noch ehe sie den Satz beendet hatte. Zahra konnte ja nichts dafür! »Er hat diese Gruppe genau deshalb ins Leben gerufen: Weil er so viel zu tun hat, dass er nicht jedem einzeln helfen kann.«

»Dann muss er ein hilfsbereiter Mensch mit Idealen sein! Sonst würde er einfach ganz bequem seine Stammpatienten versorgen und das war's.«

»Ich kann's ja mal versuchen, falls ich nochmal hingehe«, beendete Coco das Thema. Zahra beließ es dabei und schenkte beiden Tee ein. »Zahra, wie würdest du persönlich entscheiden an meiner Stelle? Die Wohnung des Vaters aufsuchen, oder nicht?« Coco hatte auf dem Weg zu Zahra versucht, etwas Ordnung in ihr Gedanken- und Gefühlschaos zu bringen. Zahras Antwort kam prompt:

»Was würdest du denn später mehr bereuen: Die Chance verpasst zu haben, eventuell doch noch etwas Persönliches über deinen Vater zu erfahren, oder dass du dich mit dem Schmerz und der Traurigkeit auseinandersetzen musstest, die durch diesen Besuch vermutlich geweckt wurden?« Aus Zahras Mund klang das so einfach! Selbstverständlich würde sie lieber den Schmerz und die Traurigkeit bewältigen! Sie erinnerte sich an einen dieser gut gemeinten Kalendersprüche: *Lektionen statt Reue, Akzeptanz statt Sorgen, Dankbarkeit statt Erwartungen!*

»Also gut, wann gehen wir?« Zahra hob ihre Tasse und lächelte.

»Wollen wir den Tee noch austrinken?« Coco liebte Zahras Spontaneität! Und sie war angespannt... Die Neugier, das alte Zuhause noch einmal zu sehen, in dem sie bis zu dem unvorhergesehenen Umzug zu Zahra gelebt hatte, vermischte sich mit einem mulmigen Gefühl. Der Verstand sagte ihr, dass der Ort ungefährlich sei und der Vater nicht mehr da sein würde. Doch allein bei dem Gedanken an den Geruch bemerkte sie, wie sie sich verspannte und ihr Magen sich zusammenzog. Aber wer weiß, vielleicht würden sie ja gar nicht in die Wohnung hineinkommen...

19

Es war noch dämmrig, als sie auf die Straße traten. Die Luft roch ungewöhnlich sauber und Coco genoss den spätsommerlichen Duft. Sie steuerten die Bushaltestelle an, da bemerkte Coco:

»Den Weg hierher bin ich damals zu Fuß gegangen, so weit kann es eigentlich nicht sein! Wir könnten einen Morgenspaziergang machen, was meinst du?« Zahra schien zu überlegen.

»Selbst, wenn du damals alle Abkürzungen gegangen bist, bedeutet das mindestens eine halbe Stunde Fußweg! Es ist mir bis heute ein Rätsel, wie du in deinem katastrophalen Zustand diesen Weg allein zu Fuß zurückgelegt hast.«

»Naja, allein war ich ja nicht. Und ich bin sicher, unsere ortskundige Salomé hat keine Umwege gemacht, als ich ihr gefolgt bin!« Als hätte sie ihren Namen gehört, sprang Salomé ihnen vor die Füße und wirkte so jung, wie Coco sie lange nicht erlebt hatte. »Ach, wer ist denn da!«, freute sich Coco.

»Ich denke nicht, dass sie uns den ganzen Weg begleiten wird«, mutmaßte Zahra. »In letzter Zeit entfernt sie sich immer weniger vom Haus, aber wir werden sehen!« Ein Taxi machte durch kurzes Hupen auf sich aufmerksam, um seine Dienste anzubieten. Zahra winkte ab. Coco fühlte den Schlüssel in ihrer Hosentasche. Sie hätte sich nicht träumen lassen, ihr ehemaliges Zuhause jemals wiederzusehen. Nicht einmal das Stadtviertel hatte sie seitdem betreten. Wenn sie sich eine Begleitung für diesen Gang wünschte, dann Zahra! Faszinierend, wie die Dinge sich immer wieder fügten, wenn man sie geschehen ließ... Alles kommt zur richtigen Zeit auf die richtige Weise, wenn man vertraut, anstatt zu erzwingen, dachte Coco. Oder, wie ein verbreitetes Sprichwort sagt: *Du brauchst den Fluss nicht anzuschieben, er fließt ganz von selbst!* Andererseits, dachte Coco: Vollkommen passiv abzuwarten, kann auch nicht die Lösung sein! Man sollte schon Träume und Wünsche haben, die einen mit einem Gefühl von Freude erfüllen. Dieses Gefühl schien eine gewisse Anziehungskraft auf das Ersehnte auszuüben! Dazu noch eine gesunde Portion Durchhaltevermögen und eine Prise Sturheit, dann steht dem Glück wohl nichts mehr im Wege... Wieder bot sich ein Taxifahrer an.

Coco hätte den Weg alleine nicht gefunden. Salomé war plötzlich nicht mehr zu sehen – sie war vermutlich, wie Zahra erwartet hatte, zurückgegangen.

Nach und nach meinte Coco, die eine oder andere Straße wiederzuerkennen. Zahra konnte mühelos mit ihr schritthalten, kein Anzeichen von Erschöpfung oder Kurzatmigkeit. Coco musste wieder an den Vater denken. Der hatte selbst innerhalb der Wohnung nach ein paar Schritten nach Luft gerungen, was in Anbetracht der vielen Zigaretten, seines extremen Übergewichtes und des fehlenden Körpertrainings wenig verwunderlich war. Eher erschien es ihr wie ein Wunder, dass er überhaupt noch so lange gelebt hatte! Erst recht, wo er nach Cocos Verschwinden vermutlich, zumindest zunächst, niemanden hatte, der die Erledigungen und den Haushalt für ihn besorgte. Obwohl: Vielleicht war ja gerade das des Rätsels Lösung? Er musste, wenn er überleben wollte, wohl einiges wieder selbst übernommen haben! Wenn es den Kiosk unten an der Ecke noch gab, würde Coco Ausschau nach dem damaligen Inhaber halten! Sollte jemand etwas wissen, dann er. Schließlich war der Vater einer seiner besten Kunden gewesen. Und wenn es jemanden gab, den man, mit etwas Übertreibung, als Freund des Vaters hätte bezeichnen können, dann ihn! Zumindest hatten sie so manches Bier zusammen getrunken und sich gemeinsam über Politik und Fußball aufgeregt.

Sie gingen eine Weile schweigend nebeneinander her und Coco dachte an ihre Schulzeit zurück. Wie oft war sie diese Straße entlanggelaufen! Es war ein seltsames Gefühl, hier nun gemeinsam mit Zahra zu gehen! Ihr war, als würden zwei Welten aufeinandertreffen, die nichts miteinander zu tun hatten – es wirkte unwirklich.

»Da vorne links die Einfahrt rein, da ist es!« Coco bemerkte, wie sie unbeabsichtigt langsamer ging. Einen Moment lang zögerte sie: Sollte sie sich das wirklich antun? Ihr Leben war doch in Ordnung, es fehlte ihr an nichts! Warum alte Wunden aufreißen? Aber dann kam ihr wieder Zahras Frage in den Sinn, was sie später mehr bereuen würde... Sie gab sich einen Ruck und ging entschlossen voraus.

Vor ihnen tat sich ein Hof zwischen ein paar mehrstöckigen, heruntergekommenen Mietshäusern auf – eines trostloser als das andere. Den faulig stinkenden Mülltonnen fehlten die Deckel, ein leerer Einkaufswagen lag umgekippt neben einer löchrigen, durchgelegenen Matratze. Es war alles wie immer... Die Haustür gab sofort nach. Das Schloss schien bis heute nicht repariert worden zu sein, Coco hatte es nie anders kennengelernt. Der Hausflur war duster. Es war dreckig – überall lagen Zigarettenkippen und festgetretene Kaugummis herum, hier und da ein alter Werbeprospekt, Scherben und leere Flaschen in den Ecken. Coco schämte sich, Zahra diesen Ort zuzumuten, sie wirkte völlig fehl am Platz. Wie in einem dieser Science-Fiction-Filme, in dem die Teleportation misslungen war und ein Mensch versehentlich am falschen Ort oder in der falschen Zeit gelandet war. Eins, zwei, drei... Coco konnte es nicht lassen, obwohl sie die Anzahl der Treppenstufen genau kannte. Schon damals hatte sie sie gezählt – immer und immer wieder...

Sie waren im Dachgeschoss angekommen und Coco war froh, niemandem begegnet zu sein. Die Hausbewohner schliefen sicherlich alle noch. Keiner von ihnen hatte, zumindest damals, gearbeitet – die meisten lebten von Sozialhilfe.

Coco ekelte sich davor, den Knauf der Wohnungstür anzufassen, der von einer klebrigen, dunklen Schicht überzogen war. Zahra lächelte Coco aufmunternd zu:

»Bist du bereit? Wir können das Vorhaben jederzeit abbrechen, wenn es dir zu viel wird! Du brauchst dich meinetwegen nicht dazu zu zwingen, bloß weil wir den Weg hierher auf uns genommen haben. Dann hatten wir eben einen erfrischenden Spaziergang!« Coco war in der Tat kurz davor, auf dem Absatz kehrt zu machen. Aber sie wollte das jetzt durchziehen. Wenigstens wollte sie herausfinden, ob der Schlüssel noch passte...

Er passte! Was würde sie hinter der Tür erwarten? Zahra stand neben Coco und legte ihr die Hand auf die Schulter. »Ich bin bei dir – und wir können jederzeit gehen, es ist alles gut!« Coco wollte diesen Ort jetzt als die Erwachsene betreten, die sie inzwischen war! Das ausgelieferte Mädchen von damals hatte jetzt Verstärkung. Sie sprach sich selbst Mut zu und ging in den winzigen, dunklen Flur. Das Licht ließ sich nicht einschalten, vermutlich war der Strom abgestellt worden. Das kam zu ihrer Zeit wiederholt vor, wenn der Vater die Rechnung nicht bezahlt hatte. Er war dann unerträglich gewesen, da der Fernseher nicht rund um die Uhr laufen konnte, um ihn abzulenken.

Coco ging auf den Raum geradeaus zu. Sie wollte den Besuch in ihrem damaligen Zimmer beginnen und nicht gleich im schlimmsten, dem des Vaters. Zahra folgte ihr. Coco hatte plötzlich das Gefühl, als beträfe sie das hier alles nicht. Ihr war wieder, als betrachte sie die Szene aus der Ferne. Wie mechanisch öffnete sie die angelehnte Tür. Ihr erster Blick fiel auf die Dachterrasse. Einen

Moment lang glaubte sie zu träumen: Durch die schmutzige, vermutlich seit Jahren nicht mehr geputzte Scheibe der Balkontür entdeckte sie eine grau getigerte Katze, die auf der von der Witterung stark lädierten Backsteinmauer saß und direkt in das Zimmer hineinschaute. Sie sah genau aus wie... »Salomé! Zahra, schau mal! Salomé ist da!« Coco war wieder ganz und gar im Hier und Jetzt angekommen. War das wirklich Salomé? Dass sie damals, als Coco noch hier lebte, den Weg hergefunden hatte, war ihr bereits wie ein Wunder erschienen. Ein Wunder, welchem sie eines Tages auf den Grund ging, indem sie den Weg über die Nachbargebäude rekonstruierte, was der ganzen Angelegenheit zwar ein bisschen den ihr anhaftenden Zauber genommen, sie jedoch nicht weniger freudig gestimmt hatte, ihre noch namenlose neue Freundin wiederholt hier oben anzutreffen! Coco eilte zur Balkontür und öffnete diese mit Zahras Hilfe. Sie klemmte mehr denn je und diente inzwischen der einen oder anderen Spinne als Platz für ihr Netz. Salomé kam auf Anhieb herein. Coco dachte daran, wie enttäuscht sie gewesen war, als die Katze bei ihrem ersten Besuch, durch das Fluchen des betrunkenen Vaters verschreckt, die Flucht ergriffen hatte.

»Ich vermute, wir hätten uns doch von ihr führen lassen sollen, wer weiß, wie lange sie schon hier saß!«, stellte Zahra fest.

»Und dann wärst du gemeinsam mit ihr über die Dächer hier hochgeklettert in deinem Seidenkleid? Das hätte ich zu gerne gesehen!« Coco hatte plötzlich gute Laune und für einen Moment lang vergessen, wo sie sich befanden.

»Ich dachte eigentlich nur an den Weg bis zum Haus. Wobei, in Anbetracht der Zustände im Treppenhaus stellt sich wirklich die Frage, welcher Weg das kleinere Übel ist!«, stieg Zahra auf Cocos Stimmung ein. Sie ließen die Balkontür geöffnet, die frische Luft war eine Wohltat!

»Hier habe ich gewohnt, das ist mein Bett.« Alles sah so aus, wie sie es verlassen hatte, es schien nicht einmal jemand das Bett abgezogen zu haben. Der einzige Unterschied zu früher war, dass Coco ihr Zimmer stets sauber und ordentlich gehalten hatte... Jetzt kam ihr der Raum so klein vor! In ihrer Erinnerung hatte sie viel mehr Platz gehabt. Neben dem Bett in Kindergröße, in das sie heute nicht mehr ausgestreckt hineinpassen würde, gab es einen kleinen Schreibtisch und ein Regal, in dem ein paar Schulsachen und die wenigen Kleider lagen, die sie damals besaß. »Kommt, ich zeige euch meinen Schatz!« Coco schaute Zahra und Salomé verschwörerisch an und ging vor dem Bett in die Knie. Dann zog sie einen kleinen Pappkarton hervor, der vollkommen von

Staub bedeckt war. »Den nehmen wir mit!«, verkündete sie. Plötzlich bekam sie Angst, es könnte jemand vom Amt auftauchen und sie dabei ertappen, wie sie sich unerlaubt Zutritt zu der Wohnung verschafft hatten. Ob Coco dann womöglich doch noch das Erbe antreten müsste? »Zahra, das ist verboten, was wir hier machen!«, sagte sie, nun sehr kleinlaut.

»Ja, das stimmt! Aber nochmal: Schadet es jemandem?«

»Warte, bis du meinen Schatz zu Gesicht bekommst!« Coco hatte wieder etwas Mut gefasst. Sie warfen einen Blick in das winzige fensterlose Bad und die nicht viel größere, ebenfalls fensterlose Küche. Coco hatte dazu die Lampe an ihrem Handy eingeschaltet. Alles wirkte, als sei die Wohnung Hals über Kopf verlassen worden. »Zahra, es kann aber nicht sein, dass er hier noch irgendwo liegt, oder?«, schoss es Coco plötzlich durch den Kopf. Früher hatte sie so manches Mal geglaubt, der Vater sei gestorben, wenn er sich, volltrunken, über Stunden nicht durch Geschrei oder Fluchen bemerkbar gemacht hatte. Sie schämte sich damals dafür, dass sie diesen Gedanken sogar erleichternd fand und malte sich insgeheim aus, dann nur noch für sich selbst sorgen zu müssen...

»Nein, gewiss nicht! Es ist ohnehin die Frage, ob er tatsächlich hier und nicht zum Beispiel in einem Krankenhaus gestorben ist.« Darüber hatte Coco noch gar nicht nachgedacht. Salomé folgte den beiden auf Schritt und Tritt und schnupperte interessiert an der einen oder anderen Stelle. Die Tür zum Zimmer des Vaters stand halboffen.

»Das war seine Kommandozentrale...« Angespannt stieß Coco die Tür auf und leuchtete hinein. An den Wänden tanzten die Schatten der unzähligen Bierflaschen, die, wie Coco es gewohnt war, auf dem Couchtisch und überall im Zimmer verteilt herumstanden. Der Aschenbecher quoll über.

»Ist in dieser Wohnung dein Zimmer der einzige Raum mit einem Fenster?«

»Ja, ich glaub, das war ursprünglich eigentlich gar keine Wohnung, sondern ein Dachboden oder so. Du hättest mal im Sommer die Hitze erleben müssen!«

»Und die Kälte im Winter...«, ergänzte Zahra.

»Ja, mein Vater hatte immerhin einen kleinen Kohleofen, hier, in der Ecke.« Coco leuchtete in die entsprechende Richtung. Sie hatte gehofft, vielleicht doch noch einen Brief zu finden, den der Vater auf dem Sterbebett für sie hinterlassen hatte. Ein paar Abschiedsworte vielleicht. Oder... Sie spürte einen Kloß im Hals, sie wollte das jetzt nicht denken. Aber es kam einfach: Ja, vielleicht doch eine Entschuldigung! Zahra hatte Coco aufmerksam beobachtet und nahm sie in den Arm. Coco konnte die Tränen nicht mehr zurückhalten. Es tat ihr leid, Zahras schönes Kleid zu beschmutzen, aber dafür war es bereits zu spät. Sie standen eine Weile da – fast im Dunkeln, umgeben von Müll, Gestank und Trostlosigkeit. Gut, dass Zahra bei ihr war! Wie sehr hätte sie sie damals gebraucht! Was wäre ihr alles erspart geblieben... Coco wischte sich die Tränen mit dem Ärmel ab und hielt Ausschau nach Salomé. Die saß direkt hinter ihr und ließ sie nicht aus den Augen. Coco hockte sich hin und rieb ihre feuchte Nase an Salomés Kopf. »Du, meine kleine Retterin!« Salomé genoss die Zuwendung sichtlich. Da fiel Cocos Blick plötzlich auf etwas unter dem Sofa. Ja, natürlich, fast hätte sie es vergessen! Sie holte die Metallkassette hervor, bemüht, nirgends unnötig anzustoßen. »Schau mal, ich habe mich immer gefragt, was da wohl drin ist!« Sie hielt Zahra das geheimnisumwobene Objekt entgegen.

»Meinst du, wir kriegen das Ding zuhause irgendwie auf? Ich finde die Vorstellung widerlich, in dem Dreck hier nach einem winzigen Schlüssel zu suchen, den es vielleicht schon gar nicht mehr gibt!«, stellte Coco fest.

»Also wenn *ich* einen Schlüssel vor einem Kind verstecken müsste, dann wäre er hier!« Zahra fuhr mit Mittel- und Zeigefinger vorsichtig über die Kante des Türrahmens, der, wie die Möbel, von Teer und Staub überzogen war. Plötzlich erhellte sich ihr konzentrierter Gesichtsausdruck. Na, was haben wir denn da! Probier mal, ob er passt.« Sie hielt Coco einen kleinen, ehemals silbernen Schlüssel entgegen. Er passte!

»Zahra, lass uns das zuhause machen, ich will hier nicht länger sein!« Es konnte Coco nun nicht schnell genug gehen, die Wohnung zu verlassen.

»Geh ruhig schon, ich schließe noch die Balkontür!« Das hätte Coco jetzt völlig vergessen. Sie wartete im Treppenhaus auf Zahra, die die Wohnungstür hinter sich zuzog. Bevor sie den Abstieg antraten, hielt Zahra Coco im Flüsterton zurück. »Warte, wir tun unser ›Diebesgut‹ lieber in den Stoffbeutel hier. Das muss nicht jeder sehen.« Sie hatte einen Beutel aus ihrer Handtasche geholt, den sie aufhielt. An was Zahra alles dachte!

»Du wirkst routiniert, was Wohnungseinbrüche betrifft!«, stellte Coco nüchtern fest. Ihr war leichter ums Herz, seit die Wohnungstür ins Schloss gefallen war.

Eins, zwei drei... Salomé war ihnen durch das Treppenhaus nach unten gefolgt. Sie traten ins Freie und atmeten die milde Morgenluft.

»Weißt du, was wir gleich als allererstes machen, Coco? Wir weichen unsere Kleider ein und nehmen eine heiße Dusche!«

»Oh ja! Ich kann es kaum erwarten, diesen Gestank aus meinen Haaren zu waschen und frage mich, wie ich das jahrelang ertragen habe! Aber lass uns da vorne noch kurz in die Straße einbiegen.«

20

Der Kiosk sah aus wie damals, der Inhaber war inzwischen ergraut...

»Hast du Durst?«, fragte Zahra.

»Ja, das auch.« Coco betrat das kleine Ladengeschäft und nahm im Vorbeigehen eine Flasche Wasser aus dem Regal, die sie auf den Tresen stellte.

»Macht 1,20 Euro.« Coco legte das Geld passend hin. Der Mann hatte sie offenbar nicht erkannt.

»Wissen Sie, was aus Fabron geworden ist?« Sie hörte sich selbst reden und ärgerte sich über ihre zittrige Stimme.

»Der is' tot, wieso? Leberversagen. Hat sich totgesoffen.« Das sagte ja genau der Richtige! Nicht nur, dass er selbst einen ähnlichen Konsum an den Tag gelegt hatte, er war es gewesen, der ihrem Vater das Zeug verkauft hatte! Dann fügte er, wie abwesend, hinzu: »Hab ihn kurz vor seinem Tod im Krankenhaus besucht. Trauerspiel. Hatte ja sonst niemanden mehr.« Coco spürte, was selten vorkam, Wut in sich aufsteigen! Besser schnell weg hier... Zahra hatte mit Salomé vor dem Geschäft gewartet und die Szene durch das Fenster beobachtet. Cocos Durst war verflogen, sie spürte plötzlich einen enormen Bewegungsdrang.

»Kannst ruhig zurückfahren, wenn du willst. Ich lauf – muss erstmal den Kopf frei kriegen«, erklärte Coco knapp, ohne Zahra anzusehen.

»In Ordnung.« Coco wusste selbst nicht, was ihr lieber war. Einerseits gab es da den Impuls, so wie früher, alles mit sich allein auszumachen. Andererseits war sie dankbar, Zahra bei sich zu haben und ihre Nähe zu spüren, in der Gewissheit, ihr alles anvertrauen zu können. Zahra machte einen Vorschlag:

»Wie wäre es, wenn jeder für sich geht – du kannst mich einfach ausblenden! Und wenn du mich wider Erwarten doch gerne in deiner Nähe haben möchtest, dann könnte es sein, dass ich keuchend hinter der letzten Hausecke hervorkomme.« Coco musste lachen.

»Du und keuchend! Als ob du Schwierigkeiten hättest, mir zu folgen! Aber ja, lass uns das so machen. Diesmal bleib ich Salomé aber wirklich auf den Fers... äh Pfoten!« Coco ging zügig los. Sie hatte Mitleid mit Zahra. Konnte sie sie wirklich einfach ignorieren? Das fühlte sich unfair an. Aber was hatte Zahra ihr einmal zu diesem Thema gesagt? *Wenn du, und sei es mit bester Absicht, für einen anderen Erwachsenen entscheidest, ohne dass er dich ausdrücklich darum gebeten hat, dann überschreitest du eine Grenze!* Ja, sie würde Zahra beim Wort nehmen, auch wenn es sich undankbar anfühlte, einer alten Frau davonzulaufen, die nachts für sie aufgeblieben war und die ihr bei diesem schweren Gang mit aller Selbstverständlichkeit beigestanden hatte. Eins, zwei, drei... Sie konnte es jetzt nicht lassen – und verurteilte sich auch nicht dafür. Eins, zwei, drei... Schritte, Wegplatten, Zaunpfähle...

Es waren vielleicht zehn Minuten vergangen, da war Coco schon deutlich leichter ums Herz. Sie hatte das Gefühl, dass die innere Unruhe, das Getriebensein und die Wut langsam nachließen. Sie wollte sich gerade an eine Mauer anlehnen, um auf Zahra zu warten, da stellte sie fest, dass diese keine zwanzig Meter hinter ihr war. Zahra lächelte ihr zu:

»Lass Salomé nicht aus den Augen, wir wollen uns doch ihre Abkürzungen nicht entgehen lassen!«

»Du bist eben nicht die einzige rüstige Oma in Paris!«, neckte Coco Zahra.

»Diese Oma da vorne hat aber auch doppelt so viele Beine wie ich!«

»Und dreimal so kurze!« Sie hatten gute Laune, die Szenen aus der Wohnung verblassten nach und nach – nur der sperrige Beutel an Cocos Handgelenk erinnerte noch daran. Nach weiteren etwa fünfzehn Minuten bogen sie, angeführt von Salomé, in die Allee ein.

Während Zahra Feuer machte, um das Duschwasser zu erhitzen, legte Coco sich auf die Wiese, schaute, Salomé an ihrer Seite, in den Himmel und war erfüllt von Dankbarkeit – für diesen Ort, für Zahra, für ihr Leben, das so anders hätte verlaufen können!

Sie saßen mit ihren Frottiertuch-Turbanen und Hauskleidern am Küchentisch und aßen. Coco schrieb Cécile eine Nachricht und bat sie, sie in die Anwesenheitslisten mit einzutragen und ihr am Abend eine kurze Zusammenfassung der verpassten Veranstaltungen zu geben. Cécile fehlte nie! Sie war stets bestens vorbereitet und nahm das Studium sehr ernst. Sie war nicht sehr beliebt bei den Kommilitonen, doch Coco mochte sie. Es wäre übertrieben, sie als Freundin zu bezeichnen. Aber es gab da etwas, das sie zu verbinden schien. Vielleicht war es die Tatsache, dass beide eher ein Einzelgängerinnendasein an der Uni führten.

»Zahra, ich gehe heute nicht zur Uni, ich könnte mich sowieso nicht konzentrieren. Und die wichtigsten Veranstaltungen habe ich bereits verpasst.« Zahra stellte das Geschirr zusammen.

»Ja, ich kann mir gut vorstellen, wie anstrengend das für dich war und dass du gespannt bist, die Kassette in Augenschein zu nehmen!« Coco musste unentwegt daran denken, aber ihr fehlte gerade etwas der Mut dazu. Sie hatte das Gefühl, sich mit dem heißen Wasser nicht nur des Geruchs, sondern auch der unangenehmen Vergangenheit ein Stück weit entledigt zu haben – dieser Abstand war jetzt genau das Richtige! Es würde die Zeit kommen, wo sie der Neugier nicht mehr widerstehen könnte.

»Was mich jetzt viel mehr interessiert, ist die Frage, woher diese kriminelle Energie stammt, die du heute so eindrücklich demonstriert hast! Ich war bis vor Kurzem der Meinung, dich inzwischen recht gut zu kennen! Jetzt möchte ich wirklich wissen, was es mit deinen Vorfahren auf sich hat.« Zahra zögerte einen Augenblick, dann sagte sie:

»Die Alben und Tagebücher meiner Eltern liegen im Kaminzimmer für dich bereit. Aber ich muss dich warnen, es ist keine Unterhaltungslektüre! Bist du sicher, dass du dir das ausgerechnet jetzt antun willst?« Cocos Euphorie war plötzlich gedämpft. Vielleicht hatte Zahra Recht.

21

Coco entschied schließlich, Zahras Rat zu befolgen. Sie zog sich in die Bibliothek zurück und widmete sich stattdessen den Trauma-Büchern. So beruhigte sie nebenbei auch ihr schlechtes Gewissen, der Uni ferngeblieben zu sein. Sie hatte die Zusammenfassungen auf den Buchrückseiten überflogen und sich dann für ein grünes, recht dickes Buch entschieden. Das Kapitel begann mit der Aussage, der Mensch werde als beziehungsfähiges Wesen geboren. Coco musste dabei an einen Spruch aus ihrer App denken, der in etwa lautete: *Niemand muss aus einem Kind einen guten Menschen machen. Besser sorgt man dafür, dass es ein guter Mensch bleibt!*

Sie erfuhr: Der Mensch ist schon bei der Geburt zu Interaktion fähig! Der Säugling spürt instinktiv, dass die Beziehung zur Bezugsperson überlebenswichtig für ihn ist und er ist bereit, große Opfer zu bringen, um die Bezugsperson ›glücklich‹ zu machen. Das Kind hat bereits in dieser frühen Phase seiner Entwicklung sehr feine Antennen dafür, welche Seiten von ihm akzeptiert oder abgelehnt werden. Dementsprechend passt es sich bis zur Selbstverleugnung an, indem es zum Beispiel eigene Bedürfnisse aufgibt oder eine ihm zugewiesene Rolle bestmöglich erfüllt. Weiter hieß es, dass ein Kind in diesem Alter alles auf sich bezieht. Das ist besonders tragisch, wenn man bedenkt, dass das Nervensystem des Kindes während der Schwangerschaft und der Säuglingszeit eng mit dem Nervensystem der Mutter verbunden ist und das Kind aufgrund dieser Einheit weitgehend fühlt, was die Mutter fühlt. Es fließt also alles, was in dieser frühen Entwicklungsphase stattfindet, bereits in die Ausbildung des Welt- und Selbstbildes des Kindes mit ein.

Dann ging es um die Entwicklung des Bindungsverhaltens und um verschiedene Bindungstypen, von denen der gesunde, auch als ›sicher gebunden‹ bezeichnete Typ, tragischerweise heutzutage der seltenste ist. Mit diesen Bindungstypen hatte Coco sich in Vorbereitung auf eine Klausur schon ausgiebig befasst. Die anschließenden Passagen hingegen waren Neuland für sie: Es war von fünf Bereichen die Rede, in denen das Kind darauf angewiesen ist, dass sein Umfeld bestimmte Standards erfüllt, damit es sich gesund entwickeln kann. Kommt es in einem dieser Bereiche zu Störungen oder Defiziten – ganz gleich, was der Grund dafür ist, vorsätzlich oder nicht, entwickelt das Kind aus der Not heraus bestimmte Überlebensstrategien. Die fünf Bereiche sind: erstens Sicherheit/Willkommensein, zweitens Bedürfnisse/Sattwerden, drittens Hilfe annehmen, viertens Verbundenheit/Selbständigkeit und fünftens Liebe/Sexualität.

Störungen im ersten der genannten Bereiche sind häufig und sie ereignen sich meist schon sehr früh. Es beginnt bereits während der Schwangerschaft, wenn ein Kind möglicherweise in einer Atmosphäre heranwächst, in der es sich nicht erwünscht oder willkommen fühlt. Und auch bei der Geburt kann es zu prägenden Erlebnissen kommen. Das Kind ist während des Geburtsvorganges, den es zu Cocos Verwunderung selbst hormonell einleitet, durchaus präsent und aktiv! Im Rahmen einer Geburt auf natürlichem Wege hat das Kind zum ersten Mal die Gelegenheit, ein Gefühl für seine eigenen körperlichen Grenzen zu entwickeln. Die erfolgreich verlaufene Geburt stellt ein Erfolgserlebnis des Kindes dar und hat Einfluss auf die Entwicklung des gesunden Selbstwirksamkeitsempfindens. Nicht selten treten unter der Geburt Komplikationen auf, welche vom Kind als lebensbedrohlich empfunden werden können. Beispielsweise eine Strangulation durch die Nabelschnur und die damit einhergehende Verminderung der Blutzirkulation. Coco dachte an die Fälle, in denen sich unangenehme Maßnahmen wie der Gebrauch einer Geburtszange nicht vermeiden ließen. Aber vermutlich ging es dem Autor mehr um die Tatsache, ein Bewusstsein dafür zu schaffen, welche Rolle diese Erfahrungen für das weitere Leben des Kindes spielen, als diese grundsätzlich zu verurteilen? Weiter überlegte sie, wie die Umstände einer Frühgeburt mit all den daraus resultierenden Folgen, wie ›Brutkasten‹ und dergleichen, auf ein Kind unter diesen Gesichtspunkten einwirkten. Auch vom Vorgang der ›Selbstanbindung‹ hatte Coco zuvor nie etwas gehört: Das Kind macht sich auf die Suche nach der mütterlichen Brust, nachdem es von der Hebamme zum Beispiel auf den Bauch der Mutter gelegt wurde. Das Erreichen der Brustwarze, welches im besten Falle mit der ersten Milch belohnt wird, stellt ein weiteres wichtiges Erfolgserlebnis des Kindes dar. Vielen Kindern bleiben diese wertvollen Erfahrungen versagt, indem sie ohne zwingende Notwendigkeit per Kaiserschnitt entbunden werden oder indem man sie zunächst wäscht, ihnen Blut abnimmt und sie eingehend untersucht, ehe sie zur Mutter dürfen. An der Brust der Mutter angekommen, erfolgt der erste Blickaustausch zwischen Mutter und Kind, das in einem bestimmten Abstand bereits relativ scharf sehen kann. Diese erste Kontaktaufnahme hat wesentlichen Einfluss auf das weitere Bindungsverhalten und die damit assoziierten Glaubenssätze des Kindes. Auch das Stillen, welchem in den folgenden Monaten ein großer Stellenwert im Alltag des Kindes zukommt, hat mehr Bedeutung, als gemeinhin angenommen. Neben der körperlichen Nahrungsaufnahme geht es dabei auch um ein seelisches Genährtwerden.

Coco wüsste zu gerne, wie diese Phase bei ihr selbst verlaufen war! Wurde sie auf natürlichem Wege geboren? Hatte sie eine liebevolle Mutter? Wurde sie gestillt? All das würde sie vermutlich nie erfahren... Weiter entnahm sie dem Buch: Der Mensch fühlt sich in seinem Körper zuhause und auf der Welt grundsätzlich willkommen und sicher, wenn eine gesunde Verkörperung stattgefunden hat in dieser frühen Phase. Kommt es jedoch zu schmerzhaften Erfahrungen, so neigt der Säugling unbewusst dazu, diese Verkörperung, das Ankommen auf der Erde, zu vermeiden. Denn jede Emotion hat eine körperliche Entsprechung. Da der Säugling sich weder wirksam ablenken oder wehren noch die Situation verlassen kann, bleibt ihm nur ein Ausweg, um schmerzhafte Emotionen abzuwehren: In seiner Hilflosigkeit resigniert er schließlich und spaltet seine Gefühle und damit auch seinen Körper ab, der in eine gewisse Starre verfällt. So lebt er dann in einer Art Zwischenwelt. Das Lebendigsein, das Ankommen in seinem Körper und seinem Leben, ist im Weiteren hochgradig angstbesetzt. Er flüchtet sich später nach und nach in den Verstand, in Phantasiewelten oder in virtuelle Welten. Man kann neben einem kopflastigen, rationalen Verstandesmenschen, der alles kategorisch ablehnt, was ihm nicht wissenschaftlich oder logisch erklärbar ist, zum Beispiel einen spiritualisierenden Typ finden, der, anstatt in seinem Körper geerdet zu sein und mit diesem in gesundem Kontakt zu stehen, extrem feine Antennen für sein Umfeld entwickelt hat. Dieser Mensch ist dann überall, nur nicht bei sich selbst. Er nimmt Dinge wahr, die anderen verschlossen bleiben. Fast schon feinstofflich erfasst er, was ›in der Luft liegt‹, Intuition und Übersinnliches sind sein Zuhause. Das kann so weit gehen, dass er sich dermaßen in diesen Welten heimisch fühlt, dass er Angst hat, diesen energetisch weiten Raum zu verlieren, wenn er sich zu seinem Körper und seinem irdischen Dasein mit allen Konsequenzen bekennt. Wie die Strategie der Flucht ins Rationale, so kann also auch das Abtauchen in ferne Welten eine Abspaltung des Körpers und der damit verbundenen Signale und Bedürfnisse zur Folge haben.

Ja, es ist naheliegend, dass sich der Körper, wenn er nicht die nötige Aufmerksamkeit bekommt und seine Hilferufe ungehört bleiben, schließlich in

Form von chronischen Schmerzen oder diversen anderen Symptomen Gehör verschafft, schlussfolgerte Coco. Und sie war verblüfft: Die Schilderung dieses zweiten Typs klang wie die Beschreibung eines Hochsensiblen! Waren all die ›Schmetterlinge‹ dann letztendlich nur Traumatisierte, die sich eines Tages unbewusst für die Überlebensstrategie der Flucht ins Feinstoffliche entschieden hatten, um all dem Schmerz und der Traurigkeit zu entkommen, die in ihrem Körper nach belastenden Erfahrungen in der Schwangerschaft oder während der frühen Kindheit abgespeichert waren? Das klang so plausibel wie ernüchternd! Irgendwie hatte Coco das Gefühl, sich ihr bisheriges Bild vom hochsensiblen ›Schmetterling‹ nicht verderben lassen zu wollen. Dem ›Schmetterlingsmenschen‹, der sich durch seine qualitativ wie quantitativ außergewöhnlich feine Wahrnehmung von Sinnesreizen und Informationen auszeichnet; dem kaum etwas entgeht; der ein hohes Maß an Empathie mitbringt, zugleich aber auch viel Rückzug sucht, um all das Erlebte zu verarbeiten.

Coco schenkte sich Wasser ein und beobachtete das rege Treiben der Vögel und Insekten im Rosenbusch vor dem Fenster. Die Bezeichnung der hochsensiblen Menschen als ›Schmetterlinge‹ stammte von Luc. Zahra hatte ihr eines Tages erzählt, wie er darauf gekommen war: Damals, im Grundschulalter, hatte er auf einem Ausflug mit Zahra beobachtet, wie den Schmetterlingen das Schicksal der anderen, ›stärkeren‹ Insekten erspart blieb, welche an der Windschutzscheibe des Busses zahlreich den Tod fanden. Dank ihrer Zartheit genügten die durch den fahrenden Bus verdrängten Luftmassen, um die Schmetterlinge kurz vor dem Aufprall wie durch ein Wunder unbeschadet darüber oder seitlich hinwegschweben zu lassen. Das war der Moment gewesen, in dem er zum ersten Mal ernsthaft darüber nachdachte, dass dieses Anderssein, unter dem er, besonders als Junge, so litt, auch Vorteile mit sich bringen könnte!

22

Coco beschäftigte sich mit Gemeinsamkeiten und Unterschieden zwischen Entwicklungs-/Bindungstrauma und Hochsensibilität. Entwicklungs-/Bindungstraumatisierte wie Hochsensible im ursprünglichen Sinne nehmen bekanntlich Reize von außen besonders niederschwellig und intensiv wahr. Es ist naheliegend, dass es einen Überlebensvorteil bietet, in einem bedrohlichen Umfeld besonders wachsam für Außenreize zu sein, überlegte sie. Aber sein Innenleben, seine Gedanken und Gefühle intensiv wahrzunehmen, wie dies Hochsensiblen in aller Regel als besondere Fähigkeit nachgesagt wird, besteht nicht genau darin eines der Defizite Traumatisierter? Sie machte sich auf die Suche nach Zahra, die sie im Wintergarten antraf und die gerade mit dem Umtopfen einer Pflanze beschäftigt war. Coco hatte ihre Frage formuliert und Zahra hob an:

»Gar nicht so einfach! Erstens wäre zu klären, ob die Wahrnehmung von Außenreizen bei Traumatisierten tatsächlich auch qualitativ vergleichbar ausgeprägt ist wie bei Hochsensiblen oder lediglich quantitativ über dem Durchschnitt liegt. Und zweitens: Im Gegensatz zu Hochsensiblen im ursprünglichen Sinne, vermeiden es dysregulierte Traumatisierte in aller Regel, soweit ich verstanden habe, mit sich und ihrem Innenleben in Kontakt zu kommen. Denn dort treffen sie eventuell auf all den Schmerz und die Traurigkeit vergangener Erfahrungen! Meines Wissens leiden Menschen mit frühem Trauma oft unter einer Art ›Glücksunfähigkeit‹. Ihr gesamtes Dasein ist mehr oder weniger stark auf das Trauma ausgerichtet. Und mehr noch: Sie meiden häufig unbewusst positive Gefühle, da diese in ihrem hohen Erregungslevel dem ebenfalls hohen Erregungsniveau des traumatisierenden Erlebnisses ähneln können und ihr Nervensystem damit schlichtweg überfordert ist, diese zu regulieren. Es mag verwunderlich klingen, aber Glück und Lebensfreude können viel anstrengender sein als Depression! Depression stellt für Traumatisierte oft eine Art ›vertrauter Komfortzone‹ dar.« Ja, das kam Coco bekannt vor! Zahra fuhr fort: »Ich habe neulich gelesen, dass man davon ausgeht, dass sich der Großteil unserer Gefühle und Reaktionen übrigens gar nicht unmittelbar auf den gegenwärtigen Moment oder den aktuellen Gesprächspartner bezieht! Viele Menschen, ganz besonders solche mit Entwicklungs-/Bindungstrauma, sind ausgesprochene Meister darin, in der Vergangenheit zu schwelgen – nicht selten verbunden mit Wehmut, Reue, Schuldgefühlen oder Scham. Auch die Zukunft betreffend, sind sie oft mit ihren Sorgen und Ängsten beschäftigt – zum Beispiel, wenn es um eine anstehende Entscheidung geht.« Coco schaute ihr dabei zu, wie sie die umgetopfte Pflanze goss.

»Aber für ein kleines Kind ist dieses Verlassen der Gegenwart doch eigentlich eine Rettung! Dort fühlt es sich vermutlich viel sicherer als in der Situation, die ihm als Alternative bliebe – einer Situation, in der es das Gefühl hat, niemandem trauen zu können, nicht willkommen zu sein oder an einem gefährlichen Ort zu leben!«, dachte Coco laut nach. Zahra widmete sich einer weiteren Pflanze.

»Ja, Gefühle, die diese Menschen häufig ein Leben lang begleiten... Ihr Alltag kann geprägt sein von Sinnlosigkeit und der verzweifelten Suche nach der Erfahrung, endlich anzukommen. Endlich anzukommen bei einem geeigneten Gegenüber; anzukommen in ihrem Körper und damit in ihrem eigenen Leben!« Während Zahra sich die Hände wusch, fügte sie hinzu: »Diese Menschen tragen oft tief verankerte Glaubenssätze in sich, die so selbstverständlich für sie sind, dass sie ihnen mitunter gar nicht bewusst sind.«

»Wie zum Beispiel?«

»Wie zum Beispiel: *Die Welt ist ein kalter Ort. Menschen sind gefährlich. Das Leben ist sinnlos. Alle außer mir verdienen es, geliebt zu werden. Ich bin eine Last für andere. Ich bin ein Versager. Ich gehöre nirgends richtig dazu. Ich sollte am besten gar nicht da sein. Ich brauche niemanden. Ich verlasse mich am besten nur auf mich selbst. Gefühle sind ein Zeichen von Schwäche* und so weiter.«

Coco musste schlucken. Manche dieser Sätze fühlten sich sehr vertraut an. Sie erinnerte sich an ihre ursprüngliche Frage und versuchte zusammenzufassen: »Die ›Schmetterlinge‹ im engeren Sinne, das heißt die nicht traumatisierten Hochsensiblen, erleben also etwas anderes als traumatisierte Menschen, wenn sie mit sich beschäftigt sind: Während Hochsensible es genießen, ihrer differenzierten gegenwärtigen Gefühls- und Gedankenwelt Raum zu geben und achtsam zu sein, meiden Traumatisierte es, in ihrem Körper präsent zu sein und beschäftigen sich vorzugsweise mit Sorgen, Ängsten und Zweifeln, überwiegend die Vergangenheit oder Zukunft betreffend, und entfliehen so dem Risiko, von überfordernden Gefühlen heimgesucht zu werden?«

»Ja, ich denke so kann man das sagen. Um der Frage nach Gemeinsamkeiten und Unterschieden zwischen Hochsensibilität und Trauma wirklich gerecht zu werden, bedarf es allerdings einer deutlich gründlicheren Betrachtung. Ich wüsste jemanden, der dir da besser weiterhelfen kann als ich mit meinem überschaubaren, überwiegend angelesenen Wissen!«

»Du und überschaubares Wissen…« Coco musste lachen.

»Glaub mir, das ist keine falsche Bescheidenheit! Befrage Luc doch einmal dazu, dann wirst du sehen, was ich meine.«

»Das werde ich! Sofern er noch Zeit dafür findet…«

23

Coco war gerade in ihrem Gärtchen damit beschäftigt, als Zahra sie zum Essen rief. Sie setzten sich an den gedeckten Tisch, da stellte Coco eine Frage, die ihr noch zu dem vorherigen Thema in den Sinn gekommen war: »Diese Glaubenssätze, warum sind die eigentlich so wirksam? Das Wort sagt es doch eigentlich schon, es hat etwas mit *glauben* zu tun! Warum kann man dann nicht einfach aufhören, diese zu glauben, wenn man sie identifiziert und ihre schädliche Wirkung erkannt hat?« Ein Lächeln huschte über Zahras Gesicht.

»Eine gute Frage! Ich denke, um diese zu beantworten, brauchen wir uns gar nicht mit so etwas Speziellem wie einem Glaubenssatz zu beschäftigen. Hast du einmal ausprobiert, deine Gedanken einfach nüchtern zu beobachten, ohne diese in Beziehung zu dir zu stellen? Das ist gar nicht so einfach! Wir sind dermaßen daran gewöhnt, uns mit allem zu identifizieren, was uns durch den Kopf geht, dass wir oft gar nicht auf die Idee kommen, dass es Unfug sein könnte, was unser Verstand da gerade wieder produziert! Meistens gehen wir mit aller Selbstverständlichkeit davon aus, dass wir unsere Gedanken *sind*, anstatt diese zu *haben*.« Coco begann zu essen und dachte über das Gesagte nach.

»Und warum denkt man überhaupt so viel?«, überlegte sie weiter.

»Das Denken ist in unserer Gesellschaft zu einer Art Zeitvertreib geworden. Man kann mitunter fast schon von einer Sucht sprechen. Mich erinnert das oft an eine andere Mode unserer Zeit – das Kaugummikauen: Man ist beschäftigt, aber das, was am Ende übrig bleibt, ist weitgehend wertlos. Die Menschen lenken sich mittels des Denkens ab; sie bewahren sich davor, intensiver wahrzunehmen – die Außenwelt sowie ihr Innenleben betreffend. So reduzieren sie wieder das Risiko, mit Themen oder Gefühlen in Kontakt zu kommen, die unangenehm sein oder die sie überfordern könnten. Sie denken dann den lieben langen Tag und so manche Nacht vor sich hin... Wenn wir unsere Gedanken verstummen lassen, hat unsere Seele Gelegenheit, zu Wort zu kommen. Und genau davor fürchten sich so viele Menschen!« Es war neu für Coco, das Denken in einem derart negativen Licht zu sehen. Schließlich hatte sie immer angenommen, dieses sei eine der wesentlichen Fähigkeiten, die den Menschen von den übrigen Lebewesen abhob. Doch wenn sie ehrlich zu sich war, musste sie sich eingestehen, dass ein Bruchteil an Denkaktivität ausreichen würde, um zu den wirklich relevanten Ergebnissen zu gelangen! Ihr fiel ein Satz ein, den sie neulich irgendwo gelesen hatte: *Wenn du ein besseres Leben führen willst, dann denke nicht immer wieder dieselben Gedanken, die du bereits gedacht hast!* Ja, wenn das so einfach wäre…

»Das Denken, also der Verstand, ist übrigens äußerst störanfällig und lässt sich zum Beispiel durch unsere Ängste leicht beeinflussen, was uns nur selten zugutekommt. Ganz anders die Seele, sie weiß meist sehr genau, was richtig für uns ist!«, fuhr Zahra fort.

»Und warum hören wir dann nicht einfach immer nur auf unsere Seele?« Zahra schmunzelte:

»Vielleicht deshalb, weil die Stimme der Seele zart und leise zu uns spricht und vom polternden Verstand und seinem lauten Denken übertönt wird.«

Nach dem Essen blieben sie noch eine Weile auf der Terrasse sitzen und beobachteten zwei Kaninchen, die einander um die Bäume jagten und dabei kunstvolle Haken schlugen. Schließlich räumten sie den Tisch ab und machten einen kleinen Verdauungsspaziergang durch den Park. Salomé ließ es sich nicht nehmen, sie zu begleiten. Sie kamen am Koi-Teich an und Coco begrüßte die Fische, die, nachdem sie auf den Beckenrand geklopft hatte, an der Wasseroberfläche erschienen und sich um ihre Hand scharten, als wollten sie gestreichelt werden. Zahra schaute ihr dabei aufmerksam zu und sagte, als Coco sich wieder aufrichtete:

»Danke, dass du einen Teil deiner Vergangenheit heute früh mit mir geteilt hast.« Coco schossen Tränen in die Augen.

»Danke, dass ich dir erlaubt habe, mit mir durch die Stadt zu rennen, um eines der heruntergekommensten Dreckslöcher der Stadt zu besuchen?« Zahra nahm Coco in den Arm.

»Ich habe allergrößten Respekt davor, was du aus dir und deinem Leben gemacht hast! Es ist alles andere als selbstverständlich, dass du dort lebend herausgekommen bist.« Coco fühlte unter all den Tränen eine große Erleichterung. Da war er plötzlich wieder, dieser befreiende Atemzug. Sie wollte Zahra entgegnen, das alles habe sie doch nur ihr zu verdanken, verbiss sich dann jedoch den Kommentar. Sie wusste ohnehin, wie Zahras Reaktion darauf ausfallen würde und versuchte stattdessen, ihre anerkennenden Worte anzunehmen. Nachdem Coco sich die Tränen abgewischt hatte, gingen sie schweigend zurück zum Haus. Sie freute sich darauf, in dem grünen Buch weiterzulesen.

24

Coco zog sich in die Bibliothek zurück und musste immer wieder daran denken, was Zahra ihr bei den Fischen gesagt hatte. Es tat so gut, das zu hören! Coco hatte nie jemandem von den desolaten Verhältnissen zuhause erzählt. Sie war stets der Meinung gewesen, das würde sowieso niemand verstehen. Zahra schien ernsthaft erschüttert zu sein von dem, was sie gesehen hatte. Dabei wusste sie die schlimmsten Dinge gar nicht...

Coco schlug das grüne Buch auf und erfuhr bezüglich der zweiten Entwicklungsaufgabe, des Themas Bedürfnisse und Sattwerden, dass es auch hier häufig zu Defiziten kommt, die das ganze weitere Leben überschatten. Säugling und Kleinkind haben ein Recht darauf, dass ihre Bedürfnisse nicht nur erkannt und richtig eingeschätzt, sondern auch zeitnah erfüllt werden! Das Kind lernt, dass es in Ordnung ist, Bedürfnisse zu haben. Coco musste wieder an das Beispiel denken, einen Säugling vorsätzlich bis zur Erschöpfung schreien zu lassen, wie es über Jahrzehnte hinweg propagiert wurde... Das Kind macht dabei die Erfahrung, dass sich niemand für seine Bedürfnisse interessiert! Es spaltet diese schmerzliche Erfahrung nach und nach ab, bis es selbst nicht mehr weiß, was es braucht oder will. Coco las auch hier, dass Bedürfnisse sich grundsätzlich über Körperempfindungen äußern. Diese hat das Kind jedoch unter Umständen mit der Zeit zu ignorieren gelernt. Als Erwachsener weiß dieser Mensch dann nicht mehr, was er eigentlich will und ist damit überfordert, seine Bedürfnisse zu äußern. Es war von einer Variante die Rede, bei der der Erwachsene ein emotional und materiell karges Leben führt und eine gewisse Genugtuung darin findet, nichts zu brauchen, da die eigene Bedürftigkeit zu spüren mit Angst verbunden ist. Bei der anderen Variante lebt der Erwachsene trotz übervoller ›Vorratsschränke‹ stets in der Angst, zu kurz zu kommen oder seine Vorräte könnten plötzlich zur Neige gehen. Typische Glaubenssätze dieses Menschen sind: *Nie ist jemand für mich da! Immer bin ich allein! Es gibt nie genug für mich!* Beiden Typen gemeinsam ist die Neigung, andere zu umsorgen, sich übermäßig zu kümmern und ihr Umfeld mit dem zu überhäufen, was sie selbst sich so sehnlich wünschen – in der zumeist unbewussten Hoffnung, dafür etwas zurückzubekommen. Es ist wenig verwunderlich, dass diese Menschen sich in helfenden Berufen tummeln, wo sie ihre eigenen abgespaltenen Bedürfnisse auf andere projizieren können, dachte Coco. Sie lernte, dass sich die Folgen der frühen Defizite in diesem Bereich besonders ausgeprägt in Beziehungen und im Umgang mit anderen Menschen zeigen. Die Betroffenen haben oft den heimlichen Anspruch, der Partner müsse ihnen jeden Wunsch von den Augen ablesen und diesen mit aller Selbstverständlichkeit erfüllen, nach dem Motto: *Wenn ich darum bitten muss, ist es nichts wert!* Auch hierbei musste Coco zugeben, sich ein Stück weit wiedererkannt zu haben. Diese Zusammenhänge faszinierten sie! Aber was nützte all das Verstehen, wenn sie nicht wusste, wie sie sich von diesen hinderlichen Mustern befreien konnte? Ihr fiel ein, dass sie noch nicht nachgeschaut hatte, ob es inzwischen eine Reaktion von Luc gab. Sie ging in ihr Zimmer, schaltete das Handy ein und las: ›Habe ein paar Kollegen kontaktiert und warte auf Antwort. Melde mich, sobald ich etwas erreichen konnte. Hier ist gerade schwer was los! Vermisse euch, bis bald! Luc.‹

Coco freute sich über sein Engagement. Aber sie machte sich keine Illusion, dass er ihr wirklich zu einem brauchbaren Therapieplatz verhelfen könnte! Wieso sollte er mit ein paar E-Mails vom anderen Ende der Welt aus erreichen, was ihr vor Ort mit unzähligen Telefonaten und Wartelistenplätzen nicht gelang? Naja, zur Not bliebe ihr zumindest die Gruppe.

Plötzlich fiel Cocos Blick auf den Stoffbeutel. Es hatte gutgetan, den morgendlichen Ausflug für eine Weile zu vergessen. Jetzt waren all die Bilder und die damit verbundenen Gefühle schlagartig wieder da. Und mit ihnen die Neugier, was sich in der Metallkassette des Vaters befand. Was in ihrer kleinen Papp-Schachtel von damals war, wusste sie noch ungefähr. Sie freute sich schon darauf, ihre Tagebucheinträge zu lesen und dem kleinen Mädchen von damals über die Schulter zu schauen. Im Bad befreite sie die Schachtel gründlich von der dicken Staubschicht. Das Entfernen des klebrigen Teerfilms, der die Metallkassette überzog, gelang ihr erst mithilfe eines entsprechenden Putzmittels, um das sie Zahra schließlich bat.

25

Coco stellte die geöffnete Kassette zwischen Zahra und sich auf den Tisch. Zuoberst lag das Abschlusszeugnis des Vaters von seiner erfolgreich bestandenen Prüfung als Schlosser, auf dem hier und da ein schwarzer Fingerabdruck zu sehen war. Gaspard Baptiste Fabron... Coco wusste gar nicht, dass er einen zweiten Vornamen gehabt hatte!

»Schau mal, er hat mit Bestnote abgeschlossen«, bemerkte Zahra. Auch das überraschte Coco. Er hatte immer betont, sie solle die Schule nicht überbewerten und es gäbe Wichtigeres! Wichtigeres, wie zum Beispiel die Besorgungen für ihn. Coco rechnete nach. Er musste neunzehn Jahre alt gewesen sein, als er die Lehre beendete. Als sie geboren wurde war er zweiunddreißig. Was mochte passiert sein, dass er sich über die Jahre so verändert hatte? Obwohl – wieso verändert? Sie wusste ja gar nicht, ob er nicht immer schon so verbittert und griesgrämig gewesen war. Vielleicht wollte sie einfach daran glauben, dass er eigentlich anders war und einen guten Kern gehabt hatte? Dem Foto nach zu urteilen, welches Coco als Kind wie einen Schatz hütete, bis der Vater es in einem seiner Wutanfälle zerstörte, war ihre Mutter eine ausgesprochen hübsche Frau gewesen. Wieso sollte sie, die gewiss auch einen anderen Mann hätte finden können, ausgerechnet mit ihm eine Familie gründen? Irgendetwas musste er doch zu bieten gehabt haben! Geld wird es kaum gewesen sein... Sie nahm das Zeugnis heraus. Darunter lag ein abgelaufener Reisepass von ihm. Das Foto zeigte ihn als Mitte Zwanzigjährigen. Ein durchaus attraktiver Mann, wenngleich etwas ernst dreinschauend. Aber das konnte auch dem Umstand geschuldet sein, dass es sich um ein Passbild handelte. Coco reichte Zahra den Pass. Nun folgte ein violettfarbener Briefumschlag, auf dem in kindlicher Schrift ›PAPA‹ stand. Coco öffnete ihn. Darin befand sich eine Buntstiftzeichnung, die ein kleines idyllisches Haus mit einem farbenfrohen Vorgarten, einem Apfelbaum mit knallroten Äpfeln, blauen Himmel sowie eine hell strahlende Sonne zeigte. Vor dem Haus standen ein Mann und eine Frau nebeneinander – ein Mädchen in ihrer Mitte, dessen Hand auf dem Kopf eines Hundes ruhte, der sitzend fast genauso groß war wie das Kind selbst. Alle lächelten. Auf der Rückseite stand in unterschiedlich großen, etwas schiefen Lettern: ›PAPA SAI NICH TRAURIG ICH HAP DICH LIB DAINE COCO‹. Ein Datum konnte Coco nicht finden. Ihr Name war mit kleinen Blumen und Herzen geschmückt. Coco konnte sich nicht daran erinnern, das gemalt oder geschrieben zu haben. Zahra betrachtete das Bild. »Was für eine schöne, heile Familie!«, stellte sie fest. Coco fragte sich, ob sie schon so früh schreiben konnte, oder ob sie dermaßen unbegabt im Malen gewesen war.

»Guck mal, die Erwachsenen haben viel mehr Abstand zu dem Kind als der Hund!« Jetzt sah Coco es auch. Ja, das passte! Sie hatte sich schon als Kind den Tieren mehr verbunden gefühlt, als den Menschen.

»So ein Hund wäre toll gewesen! Der Vater hat Tiere gehasst, es wäre undenkbar gewesen, ein Haustier zu haben.«

»Dieser Hund hier hätte auf jeden Fall nicht nur als Beschützer, sondern auch als Ponyersatz gedient!«, meinte Zahra lächelnd. Coco nahm ein paar alte Konzert- und Festivaltickets aus der Kassette heraus. Der Vater musste also doch einmal etwas mit Musik anzufangen gewusst haben, wenn auch nicht mit klassischer. Ihr wurde wieder bewusst, wie wenig sie über ihren eigenen Vater wusste. Seine Vorlieben, seine Interessen, seine Vergangenheit, er hatte nie etwas erzählt. Und wenn sie ihn fragte, war seine Standardantwort gewesen, sie solle sich um sich und ihre eigenen Angelegenheiten kümmern. Irgendwann hörte sie dann auf zu fragen. Cocos Blick fiel auf eine verblichene, etwas unscharfe Farbfotografie. Das Bild zeigte den Vater, der als junger Mann stolz vor einem Auto posierte.

»Oh, Alpine A108, dein Vater hatte einen guten Geschmack!«, kommentierte Zahra das Foto.

»Moment!« Coco war sprachlos. »Jetzt sag nicht, du weißt, was das für ein Auto ist?« Zahra lächelte.

»Auch eine alte Frau war einmal jung.«

»Ja, aber du und Autos? Du hast doch nicht einmal einen Führerschein!«

»Wie kommst du denn darauf? Du hast nie danach gefragt!« Coco schaute Zahra ungläubig an und musste lachen.

»Das ist ein Scherz, oder?« Zahra stand auf und bat Coco, ihr einen Augenblick zu geben. Wenig später kehrte sie mit einem Fotoalbum zurück. Coco traute ihren Augen nicht: Es war voller Bilder von Sportwagen und Szenen von Autorennen.

»Da, das bin ich!« Zahra deutete auf eine junge Frau, die zwischen vielen anderen Menschen an einer Absperrung stand. »Und das bin ich auch!« Coco blätterte hin und her und erkannte Zahra jetzt auf immer mehr Bildern. Auf dem einen oder anderen Foto hatte ihr Kleidungsstil etwas Extravagantes.

»Ich wusste ja gar nicht, dass du Bilder von dir von früher hast!«

»Auch danach hast du nie gefragt... Das hier sind nur die von den Rallyes. Es gibt da noch das eine oder andere Album.«

»Rallyes? Was denn für Rallyes?«

»Meistens waren wir auf der Rallye Monte Carlo, da war immer eine großartige Stimmung!«

»Du meinst, *die* Rallye Monte Carlo?«, fragte Coco ungläubig.

»Ja, kennst du noch eine andere?«, lachte Zahra.

»Und überhaupt, wer ist eigentlich *wir*?« Zahra blätterte kurz in dem Album, dann zeigte sie auf einen schlanken, hochgewachsenen jungen Mann mit schwarzem Haar in sportlich geschnittenem Anzug.

»Das ist Étienne!«

»Er könnte Filmstar sein!«

»Ja, er hat stets allen die Show gestohlen, wenn er irgendwo auftauchte.« Sie blätterte zurück zu einem Bild, das einen eleganten Sportwagen vor einer Küstenlandschaft zeigte.

»Und das ist sein Maserati 3500 GT Coupé. Da waren wir an der Côte d'Azur bei den Filmfestspielen in Cannes.« Coco hatte das Bild zuvor bereits gesehen und es für eine Postkarte gehalten.

»Moment, mit *dem* Wagen seid ihr unterwegs gewesen?«

»Ja, richtig. Schau mal, wie er in die Kamera lächelt, das Bild habe ich gemacht! Es war eine wunderbare Zeit.« Coco bemerkte erst jetzt, dass jemand in dem Auto saß. Sie war so abgelenkt gewesen von der fast surreal wirkenden Kulisse und dem außergewöhnlich schönen Auto.

»Und wer war Étienne also?« Coco war aufgeregt. Was für neue Seiten sich da auftaten von Zahra!

»Étienne und ich wollten heiraten.« Zahra wirkte nachdenklich. »Der Hochzeitstermin stand bereits fest und die Einladungen waren schon verschickt! Dann hatte er einen schrecklichen Autounfall. Er ist noch am Unfallort gestorben. Ein LKW-Fahrer hatte ihn übersehen und ihm die Vorfahrt genommen.« Coco war betroffen.

»Das Verrückte ist, er war nicht einmal schnell unterwegs gewesen, obwohl er grundsätzlich gerne schnell fuhr.«

»Das tut mir leid...« Sie schwiegen einen Moment und betrachteten das Bild.

»Er war es, der mir das Autofahren beigebracht hatte.«

»Das heißt, du hast wirklich einen Führerschein?«

»Ja, den habe ich! Ich bin aber seit seinem Unfall nie wieder gefahren… Als wäre sein Tod nicht schon schrecklich genug gewesen, folgte der nächste Schicksalsschlag. Ich war schwanger von Étienne. Das war einer der Gründe gewesen, weshalb wir es so eilig hatten mit dem Heiraten. Damals war das noch etwas anders – ein uneheliches Kind hätte es schwer gehabt.«

»Und das Kind?«

»Das Kind habe ich einige Wochen später auch verloren. Es war ein Mädchen. Dieser Schock, Étienne zu verlieren, war wohl einfach zu viel für uns.«
Coco wusste nicht, was sie sagen sollte. Sie hatte das Gefühl, es wäre unpassend, jetzt weiter die Sachen des Vaters durchzusehen, als wäre nichts geschehen.

»Ihr habt euch also gar nicht verabschieden können?«

»Nein. Sein Tod hat mich in einen tiefen Abgrund gerissen. Ich hatte das Gefühl, mein Leben würde ohne ihn keinerlei Sinn mehr ergeben und ich wollte nicht weiterleben. Ich war einfach nur noch leer, mich erreichte kein Gefühl mehr.«

»Und auf das Kind konntest du dich, ehe du es verloren hast, auch nicht freuen?«

»Ich konnte mich auf gar nichts mehr freuen. Was das Kind betraf, war ich zwiegespalten. Einerseits war es ein Trost, dass etwas von Étienne weiterleben würde. Andererseits machte mir die Vorstellung Angst, durch das Kind ständig an ihn und den damit verbundenen Schmerz erinnert zu werden – insbesondere, falls die beiden sich ähnlich sehen sollten.«

Coco stellte sich vor, wie furchtbar das für Zahra gewesen sein musste. Aber man konnte vermutlich nur ansatzweise erahnen, was sie durchgemacht hatte, wenn man selbst nicht betroffen war…

»Die Totgeburt habe ich wie durch eine Milchglasscheibe, fast unbeteiligt, eher registriert als erlebt. Es hat Jahre gedauert, bis ich diesen Verlust betrauern konnte. Ich habe nur noch funktioniert.«

»Und gab es später noch einmal jemanden in deinem Leben…« Coco brach den Satz ab und schämte sich in dem Moment, wo sie ihn begonnen hatte. Wie taktlos von ihr, das zu fragen! Zahra hingegen schien an der Frage nichts Seltsames zu finden und antwortete mit aller Selbstverständlichkeit:

»Es gab wiederholt Männer, die sich um mich bemüht haben, es war jedoch niemand dabei, den ich wirklich an mich herangelassen habe. Nach Étienne fühlten sich alle wie eine Notlösung an. Aber so nötig hatte ich es dann auch wieder nicht...« Ihr Gesicht zeigte ein traurig-ironisches Lächeln. »Ich habe nie aktiv nach einem Partner gesucht. Auch damals, als junge Frau nicht. Meine Großmutter mütterlicherseits, du wirst vielleicht bei Gelegenheit mehr über sie erfahren, hat mir damals, ich war etwa elf oder zwölf Jahre alt, gesagt: *Anstatt nach dem richtigen Menschen zu suchen, versuche lieber selbst, der richtige Mensch zu sein! Einen Seelenpartner muss man nicht suchen. Ihr begegnet euch genau dann, wenn beide Seelen dafür bereit sind!*« Was für eine weise Großmutter, dachte Coco. »Ich habe damals mit Gott und dem Schicksal gehadert und mich mit der Frage herumgequält, warum gerade Étienne! Wie oft habe ich mir ausgemalt, was gewesen wäre, wenn er an dem Tag nicht zur Arbeit gefahren oder wenn zufällig ein Arzt zur Stelle gewesen wäre, der ihn vielleicht hätte retten können... Seine Mutter, zu der ich ein gutes Verhältnis hatte, stellte mir dann eines Tages die entscheidende Frage: *Anstatt ständig nach dem Warum zu fragen, wieso fragst du dich nicht stattdessen, was es dich lehren kann?* Wenn es damals jemanden gab, der mir einen Rat geben durfte, dann diese Frau, die um denselben Menschen trauerte! Und so begann ich, mit ihrem Segen, mir zu erlauben, dass das Leben leichter werden durfte. Ich begann, die Vergangenheit loszulassen und bemühte mich, wo immer ich war, ganz und gar dort zu sein. Ich machte das Jetzt zum Mittelpunkt meines Lebens und übte mich in Dankbarkeit. Ich versuchte zu schätzen, was da war, ehe das Schicksal mich erneut zu schätzen lehren würde, was ich einst hatte. Man realisiert oft gar nicht, wie schön die Normalität ist, bis sie einem genommen wird! Wobei ich nicht sagen kann, dass wir unsere gemeinsame Zeit als eine Selbstverständlichkeit erlebt hätten. Wir haben uns in schönen Momenten, und davon gab es viele, immer wieder bewusst gemacht, dass es jeden Tag vorbei sein könnte. Im Nachhinein dachte ich oft, Étienne hätte geahnt, dass seine Lebenszeit bereits ablief. Wir haben so intensiv gelebt, wie ich es bis dahin nicht kannte.« Zahra schien Cocos gedrückte Stimmung wahrgenommen zu haben und legte ihren Arm um sie, um dann in aufmunterndem Ton festzustellen:

»Ich hatte das Glück, den tollsten Mann der Welt an meiner Seite zu haben. Wir haben Dinge erlebt, die mich bis heute mit Freude erfüllen, wenn ich daran zurückdenke. Das mondäne Leben, das wir geführt haben, kommt mir manchmal vor wie ein Film – als hätte ich diese Szenen im Kino gesehen! Solche wunderbaren Erlebnisse kann mir niemand mehr nehmen, ich bin unendlich dankbar für all das.« Ja, dachte Coco. Alles vergeht. Gut, dass wir den Zeitplan nicht kennen, das macht das Leben doch viel lebendiger! »Das Leben schickt uns nichts, das wir nicht bewältigen könnten«, fügte Zahra schließlich hinzu. »Wenn wir auch in dem jeweiligen Moment manchmal nicht mehr wissen, woher wir die Kraft dafür nehmen sollen.«

Coco betrachtete erneut das Foto, das ihren Vater vor dem Auto zeigte. Was für eine ungeahnte Wendung dieses Öffnen der Kassette genommen hatte! Ihre Neugier über den weiteren Inhalt ließ mit Zahras Erzählungen deutlich nach. Sie wollte die Sache aber nun zu Ende bringen und nahm die Papiere, die am Grund der Kassette lagen, eher gleichgültig, heraus. Aus dem Stapel fiel ein Holzstempel, der das behördliche Siegel trug, das Coco so vertraut war. Dann betrachtete sie die Papiere. Es handelte sich um Blanco-Sterbeurkunden, die mit ebendiesem Stempel abgestempelt worden zu sein schienen und von denen mehrere unterschrieben waren. Sie schob Zahra den Stapel hin. Was machte man damit? Coco war in Gedanken, da deutete Zahra auf eine der Urkunden. Coco verstand zunächst nicht – dann fiel auch ihr auf, was Zahra entdeckt hatte: In der Zeile ›Name des Verstorbenen‹ stand ein Name: Coco Fabron! Ein Gänsehautschauer lief Coco über den Körper. Reglos starrte sie auf das Papier. In der Zeile darunter stand: ›Datum und Zeitpunkt des Todes: 12.10.2002, 9:52 Uhr.‹ Zahra wirkte ebenso ratlos wie Coco.

»Hast du einmal darüber nachgedacht, Akteneinsicht beim Jugendamt zu nehmen? Da scheint doch etwas gewaltig faul zu sein!« Ja, über die Möglichkeit der Akteneinsicht hatte Coco wiederholt nachgedacht. Seit sie volljährig war, wäre das ohne Weiteres möglich gewesen. Vielleicht war jetzt der Zeitpunkt dafür gekommen? Der Hauptgrund, weshalb sie sich bisher nicht dazu durchgerungen hatte, war die Sorge gewesen, sich das Leben damit unnötig schwer zu machen, indem sie alte Wunden aufriss. Nun war die Situation jedoch eine ganz andere.

26

Coco hatte eigentlich vorgehabt, eine weitere Nacht bei Zahra zu schlafen, um dann am nächsten Morgen direkt zur Uni zu fahren. Die Frage, was damals geschehen war, beschäftigte sie nun jedoch mehr denn je. Sie würde nicht länger warten wollen, als nötig, um das herauszufinden und überlegte, die Akte telefonisch anzufordern. Aber man gäbe ihr aus Datenschutzgründen vermutlich ohnehin keine Auskunft.

Es war 14:48 Uhr.

»Ich fahre jetzt los und versuche, meine Akte zu bekommen!«

»Du kannst mir auch eine Vollmacht schreiben und ich erledige das für dich morgen ganz in Ruhe«, bot Zahra an. Nein, sie wollte nicht länger warten! »Soll ich dich begleiten?«

»Brauchst du nicht.« Coco packte ihre Sachen und verabschiedete sich.

Um 15:49 Uhr erklomm Coco die Stufen zum Jugendamt. Wie oft war sie hier gewesen, wie viele unangenehme Termine hatte sie hier hinter sich gebracht! Der Wachmann am Eingang kam ihr einen Schritt entgegen und deutete, ohne eine Miene zu verziehen, energisch auf seine Armbanduhr.

»Wir schließen jetzt, kommen Sie morgen wieder!« Enttäuschung machte sich breit und Coco bemerkte, wie sich ihre Muskulatur anspannte. Normalerweise hätte sie sich stillschweigend umgedreht und wäre zur Métro gegangen, um nach Hause zu fahren. Bei der Vorstellung, erneut diesen Weg auf sich nehmen zu müssen, fasste sie sich ein Herz und richtete sich entschlossen auf, um an dem Mann vorbei in das Gebäude zu gehen, womit er nicht gerechnet zu haben schien. Coco hörte, wie er ihr hinterherlief und wiederholte, sie könne da jetzt nicht... In dem Moment war sie an der Rezeption angekommen und wurde von der Empfangsdame, die gerade damit beschäftigt war, Kaffeetassen auf ein Tablett zu stellen, ebenfalls darauf hingewiesen, dass sie Feierabend hätten. Der Wachmann fasste Coco nun grob an der Schulter, während er wiederholte, sie müsse das Gebäude sofort verlassen. Coco schob mit aller Selbstverständlichkeit seine Hand weg und wich ihm aus – so kannte sie sich selbst nicht...

»Es ist dringend!« Sie holte einen Zettel aus der Tasche, den sie auf der Fahrt vorbereitet hatte, und hielt diesen der Dame hin. »Leiten Sie das bitte weiter, mehr will ich ja gar nicht!« Die Frau las den Zettel und blickte auf.

»Diese Anträge müssen direkt beim zuständigen Sachbearbeiter erfolgen, aber die haben jetzt alle Feierabend. Verlassen Sie bitte...« Coco fiel ihr ins Wort:

»Sie finden sicherlich einen Weg, das weiterzuleiten, Sie würden mir damit einen sehr großen Gefallen tun!« Der Wachmann war inzwischen ungehalten und versuchte erneut, Cocos Aufmerksamkeit zu bekommen. Coco lächelte der Dame zu und bedankte sich für ihre Mühe. Diese hatte Cocos Zettel auf einen Stapel gelegt, als der Wachmann begann, an Cocos Arm zu zerren. Da platzte es aus ihr heraus:

»Behalten Sie gefälligst ihre verdammte Hand bei sich!« Dabei befreite sie sich aus seinem Griff. Er wirkte erschrocken und schien, plötzlich ganz kleinlaut, etwas sagen zu wollen, als Coco nachlegte: »Ich verstehe ja, dass Sie Feierabend haben wollen! Um wieviel Uhr ist hier Schluss? Um 16:00 Uhr, richtig? Und wie spät ist es jetzt? 15:58 Uhr!« Sie deutete mit dem Zeigefinder auf die Wanduhr über dem Ausgang.

»Wenn ich möchte, dann setze ich mich jetzt die verbleibenden zwei Minuten hier auf diese Bank und schaue Ihnen dabei zu, wie Sie sich die Beine in den Bauch stehen!«

»Aber...« Es hatte ihm offenbar die Sprache verschlagen, fast schon tat er Coco leid. Sie verließ, ohne ihn eines weiteren Blickes zu würdigen, die Eingangshalle und trat ins Freie. Ihr Herz pochte wild, ihr war heiß. In der Métro ging sie die Szene erneut in Gedanken durch und war stolz auf sich, fragte sich dann aber, ob sie vielleicht etwas überreagiert hatte. Wie dem auch sei, sie würde morgen den Sachbearbeiter anrufen! Sie war fast in der WG angekommen, da klingelte das Handy: Video-Anruf von Luc.

»Heeeey!«, begrüßte er sie euphorisch. »Wie schön, dich zu sehen!« Coco erkannte eine Küchenzeile im Hintergrund.

»Bist du in deinem Apartment?«

»Ja genau, habe bis jetzt an einem Vortrag gearbeitet. Ich dachte, ehe ich schlafen gehe, versuche ich mal mein Glück. Wie geht's dir?« Coco war überfordert. Sie überlegte kurz, was Lucs letzter Stand war, da schlug er vor:

»Ich wollte dich nicht überrumpeln, wir können ja einfach morgen sprechen!« Coco war einverstanden und verabschiedete sich kurzsilbig. Kaum hatte sie aufgelegt, da ärgerte sie sich über sich selbst. War es so schwer, ein bisschen mit ihm zu plaudern? Sie hasste alles Unvorhergesehene, es machte sie nervös. Hoffentlich war Luc nicht enttäuscht! Obwohl, kaum jemand war so verständnisvoll und verzeihend, wie er! In der WG angekommen, konnte sie es schließlich nicht lassen und nahm eine Sprachnachricht für ihn auf, in der sie ihm, die Angelegenheit mit dem Vater und die mysteriöse Sterbeurkunde betreffend, eine kurze Zusammenfassung gab. Lucs Antwort ließ nicht lange auf sich warten:

›Das ist ja wie im Krimi! Dann gönn dir jetzt eine Pause und erhol dich erst einmal. Was für ein Tag!‹ Luc war ja lustig, es wurde höchste Zeit, Cécile zu fragen, welche Themen sie nacharbeiten musste! Sie wollte ihr gerade schreiben, da kam eine weitere Nachricht von Luc: ›Und fang jetzt bloß nicht an, dich in den Uni-Kram zu stürzen! Das läuft nicht weg.‹ Erwischt! Wie gut er sie doch kannte… Sie stellte Musik an und legte sich aufs Bett. Ja, was für ein verrückter Tag! Während sie so dalag, meldete sich ihr Handy erneut mit einer Nachricht: ›Ich nochmal! Hab gerade Rückmeldung von einem Kollegen bekommen. Es könnte sich da eventuell was bzgl. des Therapieplatzes ergeben, halte dich auf dem Laufenden.‹ Armer Luc, schlief er überhaupt noch? Wenn er ihr so schnell zu einem Therapeuten verhelfen würde, das könnte wohl kaum etwas Brauchbares sein! Womöglich würde sie wieder bei einer der letzten beiden Praxen landen… Kein Wunder, dass die noch Kapazitäten gehabt hatten! Sie wollte Lucs Eifer aber nicht dämpfen oder sich undankbar zeigen und würde ihn einfach machen lassen, wenngleich mit wenig Hoffnung. Es klopfte.

»Ja?« Tom steckte den Kopf zur Tür herein.

»Hab keine Zwiebeln mehr. Kann ich eine von dir nehmen?« Coco nickte. Er schien bemerkt zu haben, dass sie nicht zu Konversation aufgelegt war und schloss die Tür mit einem zurückhaltenden ›Merci‹. Ach, könnte sie nur in eine eigene Wohnung ziehen! Wie schön es wäre, völlig ungestört zu sein – auf niemanden Rücksicht nehmen zu müssen. Obwohl… Sie überlegte einen Moment: Bei Zahra war sie ja auch nie alleine gewesen! Wo lag da der Unterschied? Die Musik ging ihr auf die Nerven und sie stellte sie ab. Stattdessen hörte sie nun die Gespräche und Geräusche aus der Küche – auch nicht besser! Coco kämpfte gegen ihre Tränen an. Wo sollte sie hin? Das war alles zu viel! Ach, könnte sie doch einfach ganz normal sein… Sie zog die Bettdecke über den Kopf und fühlte sich einsam. Was machte sie hier nur? War sie ungeeignet für solch ein Studium und das WG-Leben? Wie gerne wäre sie nun wieder bei Zahra! Sie war hungrig und kramte in ihrer Proviantasche – konnte sie bereits Heimweh nach Zahras heiler

Welt haben, nachdem sie diese vorhin erst verlassen hatte? Zu gerne würde sie sich jetzt ins Kaminzimmer oder auf die Terrasse setzen und weitere Fotoalben aus Zahras jüngeren Jahren anschauen! Diese Bilder faszinierten Coco, solche Szenen kannte sie nur aus Büchern, die das Leben berühmter Schauspieler-Ikonen dokumentierten. Was für eine aufregende Zeit das gewesen sein muss! Und wie furchtbar, was Zahra durchmachen musste... Coco schämte sich plötzlich, sich über ihre Mitbewohner und fehlende Rückzugsmöglichkeiten zu beschweren, da es so viele Menschen mit echten Problemen gab!

Die folgenden Stunden verbrachte sie im Bett, es fehlte ihr jeglicher Antrieb. Mit schlechtem Gewissen döste und grübelte sie vor sich hin und nahm sich immer wieder vor, im nächsten Moment Cécile anzurufen und sich auf den aktuellen Stand des verpassten Uni-Stoffes zu bringen. Mit jedem Scheitern ihres Vorhabens hatte sie den Eindruck, kraftloser zu werden. Ihr Körper fühlte sich unglaublich träge an. Sie musste an Jacques und das Selbstregulationsfenster denken, das er der Gruppe vorgestellt hatte. Nun befand sie sich vermutlich unterhalb der unteren Begrenzung – sozusagen im kollabierten Zustand – weit unterhalb dessen, was man als Entspannung bezeichnen würde. Wie war sie dort hingekommen? Sie versuchte zu analysieren, an welcher Stelle sie übertrieben hatte und wo die Situation gekippt war. Ihr waren die Aktivitäten einzeln betrachtet nicht überfordernd erschienen. Gut, sie hatte in der Nacht nach dem aufregenden ersten Gruppentermin kaum geschlafen, war in aller Herrgottsfrühe mit Zahra durch die halbe Stadt gelaufen, um heimlich in die Wohnung des Vaters einzudringen; sie hatte sich zum Thema Entwicklungs-/Bindungstrauma belesen und sich darüber mit Zahra ausgetauscht; sie hatte das Geheimnis um die Metallkassette des Vaters gelüftet, die mysteriöse Sterbeurkunde gefunden und nebenbei noch von Zahras interessanter wie tragischer Vergangenheit erfahren; sie hatte auf dem Heimweg beim Jugendamt einen kleinen Kampf mit dem Wachmann und der Empfangsdame ausgefochten und war schließlich während des Berufsverkehrs mit der überfüllten Métro nach Hause gefahren.

Wenn sie es so betrachtete, war das alles in allem vielleicht doch etwas viel gewesen. Wobei sie sich fragte, was genau das Anstrengende gewesen sein sollte. Sie gestand sich die Möglichkeit ein, dass eine Unternehmung wie das Aufsuchen ihrer einstigen Wohnung mit all den dazugehörigen Gefühlen und Erinnerungen belastender war, als sie es noch vor Kurzem für möglich hielt.

Ähnliches galt für das Durchstöbern der Metallkassette. Früher schienen solche Ereignisse sie weniger zu tangieren. Seit einiger Zeit hatte sie das Gefühl, dass sie empfindlicher wurde und dass solche Erlebnisse sie auf einer tieferen Ebene erreichten – oder einfach bewusster. Während es damals körperliche Belastung, Schlafmangel, Lärm, Gerüche oder anstrengende Menschen waren, die sie als kräftezehrend eingestuft hatte, so schienen jetzt weitere Faktoren hinzuzukommen, die bisher keine, zumindest ihr bewusste Rolle spielten: zum Beispiel das Verarbeiten intensiver Gefühle und Erlebnisse.

Sie fragte sich, woran sie hätte merken können, dass sie sich dem Unterrand des besagten Fensters näherte. Wenn sie es recht betrachtete, hatte sie sich dort von jetzt auf gleich wiedergefunden und die Überforderung zunächst gar nicht wahrgenommen! Nun, da sie die Ereignisse der vergangenen vierundzwanzig Stunden in ihrer Erinnerung wachrief, fiel ihr auf, dass sie sich bis kurz vor ihrem Zusammenbruch durchgehend in einem aufgeregt-euphorischen, sehr aktiven Modus befunden hatte, den sie keineswegs als unangenehm empfand. Diesen würde Jacques vermutlich am Oberrand des Fensters oder oberhalb davon ansiedeln. Sollte es also wirklich wahr sein, dass auch sie zu den Menschen gehörte, deren Alltag von Extremen geprägt war? Den Menschen, die zwischen Unten und Oben, zwischen Schwarz und Weiß hin und her sprangen, ohne den grauen Mittelbereich, der als so viel gesünder, lebendiger und bunter galt, auszufüllen? Und hatte sie sich heute vielleicht unbewusst von ihren schmerzhaften Emotionen abgelenkt durch die vielen Aktivitäten? Aber wo konnte es lebendiger und bunter sein, als ganz oben, im Bereich der maximalen Sympathikus-Stimulation? Vielleicht war damit eine nachhaltigere, beständigere Lebendigkeit und Farbigkeit gemeint? Denn wenn sie es genau betrachtete, waren die Aufenthalte am aufregenden Oberrand in der Tat stets schlagartig vorbei gewesen und von Phasen der totalen Erschöpfung abgelöst worden, so wie jetzt. War das nicht ganz normal? Coco hatte sich darüber nie Gedanken gemacht, während der Zeit bei Zahra spielte diese Frage keine Rolle. Aber das war es vermutlich, was Zahra meinte, als sie ihr erklärte, sie habe Coco im Alltag wie selbstverständlich co-reguliert, ohne dies bewusst zu thematisieren. Das heißt, Zahra half ihr dabei, sich in dem besagten Graubereich aufzuhalten, ohne nach oben oder nach unten aus dem Fenster auszubrechen? Tatsächlich konnte sie sich an keine kollapsartigen Phasen erinnern während der Zeit bei Zahra! Und die Tage waren damals beileibe nicht so ausgefüllt gewesen mit Aktivitäten und

Aufgaben wie zuletzt. Aber waren sie dadurch weniger interessant oder weniger schön gewesen? Hatte sie sich gelangweilt? Sie vergegenwärtigte sich die eine oder andere Erinnerung aus dieser Zeit. Nein, sie konnte nicht sagen, sich jemals gelangweilt zu haben! War es also möglich, dass sie nach ihrem Umzug in die WG in genau die Falle getappt war, die in dem Buch beschrieben wurde als Flucht vor der eigenen inneren Unruhe, vor Traurigkeit und Schmerz, durch Ablenkung und Aktivität? Es herrschte ein gehöriges Chaos in ihrem Kopf. Coco entschied, sich etwas zu kochen, nachdem sie sich vergewissert hatte, dass die ›Luft rein‹ war.

Mit dem Nachtmahl kehrten ihre Kräfte langsam zurück. Das Handy blinkte. Da der Ton ausgestellt war, entging ihr Lucs Nachricht: ›Wenn du Zeit hast, ruf mal zurück. Hab Neuigkeiten bezüglich Therapieplatz. Grüße L.‹

Sie ließ es lange läuten. Luc schien beschäftigt zu sein und nahm ihren Anruf nicht entgegen. Coco war unzufrieden mit sich und ihrem Tag. Sie hatte das Gefühl, nichts geschafft zu haben. Sie hasste es, unproduktiv zu sein! Gut, sie hatte einiges erlebt und erledigt. Aber eben nichts ›Nützliches‹, das heißt Lernen für die Uni… Sollte sie, ihrem Gewissen zuliebe, vielleicht doch noch ein Kapitel im Trauma-Buch lesen? In dem Moment rief Luc zurück:

»Coco, wie geht's dir? Entschuldige, konnte eben nicht drangehen, saß hinterm Steuer. Die haben mich hier schon zweimal mit Handy am Ohr erwischt. Ich will hier nicht den Ruf der Franzosen mit meinem unvorbildlichen Verhalten zerstören!« Er lachte.

»Ach, ich hab das Gefühl, nichts auf die Reihe zu kriegen.«

»Du klingst sehr erschöpft, das war ein langer Tag für dich! Ich will dich nicht um deinen wohlverdienten Schlaf bringen. Also ganz kurz: Ein Kollege hat mir die Nummer eines Therapeuten gegeben, mit dem er im Qualitätszirkel zu tun hat, bei ihm könnte sich eventuell freitags eine Möglichkeit für dich ergeben!« Coco freute sich über Lucs hörbare Begeisterung. Und sie war erleichtert, dass er sie jetzt nicht sehen konnte – er hätte ihre fehlende Euphorie sofort bemerkt! Sie konnte sich einfach nicht vorstellen, dass es einen Therapeuten für sie gab, der in Jacques Stil arbeitete und der ihm das Wasser reichen könnte. Sie hatte Jacques zwar nur zwei Stunden lang erlebt – und das lediglich als Gruppenleiter; vielleicht hob sie ihn in ihrer Phantasie auch auf einen Thron, aber er war nun zu ihrem Maßstab geworden! Sie wollte Luc nicht enttäuschen, bedankte sich für seine Mühe und notierte Namen und Telefonnummer des Therapeuten.

27

Nach einer unruhigen Nacht wachte Coco im Morgengrauen auf, ohne den Wecker gestellt zu haben. Die Vorlesungen begannen heute erst um 14:00 Uhr. Ihr erster Gedanke galt dem Therapeuten, den Luc ausfindig gemacht hatte. Es war vermutlich noch zu früh, um dort anzurufen. Sie ging ins Bad, wo sie sich über das Chaos ihrer Mitbewohner ärgerte – insbesondere Jeanette neigte dazu, alles stehen und liegen zu lassen. Wie war das noch? *Entziehe dem, was dich ärgert, seine Macht: deine Aufmerksamkeit!* Wenn das so einfach wäre... Coco kam die Assoziation mit einem Tier, das sein Revier markiert. Anfangs hatte sie noch hier und da aufgeräumt und geputzt, um sich selbst wohler zu fühlen. Aber irgendwann überwog der Eindruck, den anderen als kostenlose Reinigungskraft zu dienen, was Coco ebenfalls missfiel. Nun hielt sie sich einfach an den Putzplan und betrachtete es als Herausforderung, den Dreck der Anderen weitgehend zu ertragen.

Nach dem Frühstück wählte Coco die Nummer des Therapeuten. Eine weibliche Stimme meldete sich: »Gemeinschaftspraxis Dr. Lenoir und Kollegen, mein Name ist Fabre. Was kann ich für Sie tun?« Coco war überrascht, dass dieser Therapeut eine Sekretärin beschäftigte. Es schien sich um eine größere Praxis zu handeln. Die beiden vorherigen Therapeuten hatten lediglich ein kleines Sprechzimmer, Angestellte schien es dort keine zu geben – zumindest vergaben sie die Termine selbst.

»Bonjour, mein Name ist Coco Fabron. Ich habe Ihre Nummer über drei Ecken von einem Kollegen von Dr. Lenoir bekommen, der sagte, Dr. Lenoir habe eventuell am Freitag einen Termin frei.« Die Frau wirkte überrascht. Nach kurzem Zögern bestätigte sie:

»Sie sind aber gut informiert! Ehrlich gesagt habe ich selbst eben erst davon erfahren. Gut, dann wollen wir einmal sehen, was ich Ihnen anbieten kann! Dr. Lenoir arbeitet überwiegend nachmittags und abends. Was halten Sie von 20:00 Uhr?« Coco staunte: 20:00 Uhr, wer arbeitete denn um diese Uhrzeit, während die meisten Leute schon ihr lang ersehntes Wochenende einläuteten?

»Einverstanden, diesen Freitag um 20:00 Uhr, danke!«

»Gern geschehen, einen schönen Tag!«

Es war inzwischen Viertel nach neun, also noch reichlich Zeit bis zur ersten Vorlesung. Nachdem Coco Cécile eine Nachricht geschickt hatte, rief sie beim

Jugendamt an. Wider Erwarten brachte sie die Warteschleife nach nur wenigen Minuten hinter sich und wurde zu dem zuständigen Sachbearbeiter durchgestellt. Dieser erklärte mit monotoner Stimme, er habe bis jetzt keinen Antrag vorliegen und sie müsse sich gedulden. Er war drauf und dran, das Gespräch zu beenden, da hakte er nach: »Was sagten Sie, wie ist Ihr Name? Fabron? Coco Fabron?« Coco stutzte. Sie hatte sich nur mit ihrem Nachnamen gemeldet.

»Ja, richtig.«

»Es freut mich, von Ihnen zu hören! Wie geht es Ihnen? Und was macht die reizende Madame Boulanger, lebt sie noch?«

Coco war sprachlos.

»Äh, woher...«

»Also ich bitte Sie! Ich mag ein gewisses Alter erreicht haben, aber dement bin ich nicht!« Er wirkte wie ausgewechselt.

»Sind Sie...«

»Jawohl, genau der, wir hatten wiederholt das Vergnügen!«

»Kennen Sie denn alle Leute, für die Sie zuständig sind, mit Namen?«

»Nicht alle, aber hin und wieder gibt es besondere Fälle, die bleiben einem im Gedächtnis! Wie kann ich helfen?« Besondere Fälle... Was das wohl bedeutete?

»Also ich habe erfahren, dass mein Vater verstorben ist und...«

»Oh, das tut mir leid!«, fiel er ihr ins Wort.

»Das muss es nicht. Meine Frage ist, ob es möglich ist, meine Akte einzusehen.«

»Jawohl, das ist Ihr gutes Recht! Ich sage Ihnen aber gleich: Das kann dauern! Wir haben seit Monaten Personalausfälle und die Anfragen türmen sich.« Coco war enttäuscht. Hatte sie jahrelang versucht, ihre Vergangenheit hinter sich zu lassen, so konnte sie es nun kaum erwarten, mehr zu erfahren! Insbesondere, was die dubiose Sterbeurkunde betraf...

»Ich habe gerade einmal im Computer nachgesehen, die Akte befindet sich in einem unserer Außenlager. Ich will sehen, was ich tun kann. Wenn Sie selbst dort anrufen, werden Sie vermutlich Monate warten. Es gibt da nur einen einzigen Raum zur Akteneinsicht. Sie können sich vorstellen, wie schwierig es ist, dafür eine Reservierung zu bekommen.«

»Können Sie mir die Akte denn nicht einfach zuschicken und ich schicke sie Ihnen zurück?« Der Mann lachte.

»Das wäre das Nächstliegende, ja! Aber Sie vergessen, wir sind in Frankreich!

Ein Mindestmaß an Bürokratie muss schon sein...« Er schien sich sehr über seinen Scherz zu amüsieren. »Wir sind verpflichtet, die Akten im Original aufzubewahren. Originale dürfen wir nur an Anwälte und Gerichte herausgeben.«

»Und wenn ich Ihnen die Kopierkosten bezahle?«

»Bei ein paar Seiten würde ich sagen, das kriegen wir hin! Aber in Ihrem Fall....« Coco wollte ihn gerade um die Nummer des Archivs bitten, da schlug er vor: »Ich versuche, mir die Akte kommen zu lassen. Dann können Sie diese in meinem Büro einsehen, was halten Sie davon?« Coco überkam ein ungutes Gefühl, als er das sagte. Wieso sollte der Mann ihr aus reiner Nettigkeit diesen Gefallen tun? Ihr war nicht wohl bei dem Gedanken, Zeit mit ihm in seinem Büro zu verbringen. Ehe sie antworten konnte, fuhr er fort: »Voilà! Die Akte ist bestellt, das waren nur ein paar Mausklicks! Geben Sie mir jetzt einfach noch Ihre Handynummer, dann melde ich mich, sobald sie da ist.« Coco fühlte sich unter Druck gesetzt. Rational gesehen hatte sie gerade das große Glück, an einen Sachbearbeiter geraten zu sein, der ihr viel Zeit und Mühe ersparen wollte und die Hilfsbereitschaft in Person zu sein schien! Aber das klang alles zu schön, um wahr zu sein. Wo war der Haken? Sie musste wieder an Lucs Worte denken: *Es darf leicht sein!* Ja schon, aber *so* leicht?

»Coco, Ihre Handynummer?« Coco war es, als stiege ihre Körpertemperatur binnen Sekunden um ein paar Grad an.

»Äh, ich, äh... Also meine Handynummer ist...« Sie diktierte ihm die Nummer und verabschiedete sich. Kaum hatte sie aufgelegt, ärgerte sie sich über sich selbst. Warum konnte sie ihm nicht einfach sagen, dass sie die Nummer nicht herausgeben wolle? Okay, er wäre dann vielleicht weniger hilfsbereit und sie hätte ihre Chance vertan. Wobei, wenn er wirklich so selbstlos und wohlwollend war, würde es ihn nicht persönlich kränken, wenn sie ihm seine Nummer nicht gab! Sie hätte ihm einfach sagen können, sie melde sich in ein paar Tagen nochmal, sie wolle ihm keine zusätzliche Mühe machen. Oder sie hätte ihm ihre E-Mail-Adresse geben können, das wäre weniger persönlich gewesen. Wieso fiel es ihr in manchen Situationen dermaßen schwer, eine Grenze zu setzen? Letztendlich war ein Nein doch auch nicht mehr und nicht weniger als ein Ja! Coco überlegte: Es geht darum, ein Nein auszusprechen, ohne sich dadurch schuldig zu fühlen! Grundvoraussetzung war hierbei vermutlich, dass man nicht von sich erwartete, jedem zu gefallen und alle glücklich zu machen. In ihrem Kopf bedeutete ›Nein‹ irgendwie immer noch automatisch ›Ablehnung‹. Zum Thema

Abgrenzung hatte sie einmal einen Spruch gelesen, der in etwa lautete: *Wenn du Ja sagst, obwohl dein Bauchgefühl Nein schreit, dann bringst du deine innere Stimme zum Schweigen, bis sie eines Tages völlig verstummt.* Ja, man hörte damit gewissermaßen auf, sich selbst zu respektieren! Wieso sollten andere einem dann noch Respekt entgegenbringen und seine Grenzen achten, wenn man selbst es nicht tat?

Coco entschied, sich nicht weiter dafür zu verurteilen, dem Mann ihre Nummer gegeben zu haben. Vielleicht übertrieb sie ja und er war wirklich nur ein harmloser, hilfsbereiter Mensch und sie selbst unfair und paranoid! Bei der nächsten Gelegenheit würde sie sich erinnern, dass ein Nein keiner Rechtfertigung bedurfte und als solches einem vollwertigen Satz gleichkam! Sie aß eine Kleinigkeit und setzte sich mit dem Trauma-Buch an den Schreibtisch. Cécile hatte noch nicht geantwortet. Nachdem sie gestern so wenig für das Studium getan hatte, wollte Coco jetzt zumindest etwas lesen, das in diese Richtung ging.

28

Coco schlug das Kapitel über den dritten Bereich auf, der mit dem Annehmen von Hilfe zu tun hat.

Sie erfuhr, dass gegen Ende des ersten Lebensjahres der Erkundungsdrang des Kindes stark zunimmt; das Kind ›erobert‹ immer mehr seine Umgebung – zunächst krabbelnd, dann gehend. In dieser Zeit lernt es idealerweise, dass es ein Recht auf einen eigenen Willen und auf eigene Gefühle hat, wobei es jedoch weiterhin vollkommen auf Hilfe angewiesen ist. Ein häufiger Fehler, der in dieser Zeit durch die Personen im Umfeld des Kindes gemacht wird, ist das übermäßige positive Verstärken von Selbständigkeit. Das Kind kann hieraus unbewusst den Schluss ziehen, bedürftig und abhängig zu sein oder Hilfe anzunehmen, sei schlecht. Ebenfalls häufig ist das andere Extrem: Eltern nehmen dem Kind alle möglichen Tätigkeiten ab und geben ihm kaum Chancen, eigene Erfahrungen zu machen, wenngleich auch meistens mit der besten Absicht. Zudem ist dies die Phase, in der dem Kind möglicherweise bestimmte Rollen zugewiesen werden – Rollen wie ›Mamas Beschützer‹, ›Papas Prinzessin‹ und dergleichen. Das geschieht vermutlich wohlwollend-liebevoll, setzt das Kind aber unter Druck, seiner Rolle gerecht werden zu müssen und niemanden zu enttäuschen, anstatt unbeschwert Kind sein zu dürfen. Es macht dann die Erfahrung, dass es Vorteile mit sich bringt, etwas zu ›leisten‹. Einen vergleichbaren Effekt hat auch das weit verbreitete Loben und positive Verstärken von Leistung und Ergebnissen (›toll gemacht!‹…) anstatt von Prozessen (›ich freue mich, dass es dir Spaß macht, ganz gleich, was dabei herauskommt!‹…). Diese Menschen ›funktionieren‹ im Alltag später oft über lange Zeit sehr gut, kommen aber kaum zur Ruhe, denn Entspannung empfinden sie wie Kontrollverlust – ein Gefühl, welches insbesondere Traumatisierte möglichst vermeiden.

Coco machte sich erneut Gedanken, wie diese Phase in ihrer eigenen Kindheit abgelaufen sein mochte, konnte jedoch weiterhin lediglich spekulieren. Das Problem war, sie wusste nicht einmal genau, wer zu ihren Bezugspersonen zählte! Ja, es wurde höchste Zeit, diesen Fragen endlich auf den Grund zu gehen. Obgleich ihr der Gedanke an den verdächtig eifrigen Sachbearbeiter des Jugendamtes höchst unangenehm war, konnte sie es nun kaum erwarten, dass er sich meldete.

Cécile hatte auf Cocos Nachricht reagiert: ›Hey, hast echt nichts verpasst! Es war todlangweilig, im Prinzip hat er uns einfach nur das Skript vorgelesen!‹ Coco war erleichtert.

›Und das Seminar?‹

›Ausgefallen... Das Skript hast du ja, dann bis nachher!‹

Coco entschied, früher zur Uni zu fahren und das Skript in der Bibliothek nachzuarbeiten. Manchmal fiel es ihr leichter, nicht zuhause zu lernen. Dort war die Versuchung einfach zu groß, die Zeit mit etwas Anderem zu verbringen. Vor allem, wenn das Thema sie nicht interessierte. Um diese Uhrzeit gab es meistens noch Platz an einem der vielen Tische. Sie hatte ihren Lieblingsplatz mit Blick auf den Park – man konnte von dort aus die Enten und Schwäne auf dem Teich beobachten, das beruhigte sie.

Der Teichbeobachtungsplatz war besetzt. Vielleicht war das auch besser, um weniger abgelenkt zu sein. Coco kämpfte sich durch das Vorlesungsskript und traf Cécile anschließend im Bistro, ehe sie gemeinsam in die Vorlesung gingen. Cécile war heute außergewöhnlich gesprächig und quatschte mit Coco, anders als sonst, sogar während der Veranstaltung. Es war insgesamt sehr unruhig im Hörsaal, was den Dozenten jedoch kaum zu stören schien. Es wirkte, als spule er sein Programm ab, ohne die Studenten überhaupt wahrzunehmen. Die übrigen Vorlesungen verliefen ähnlich. Coco bereute, Zahras Trauma-Buch nicht mitgenommen zu haben. Und immer wieder kreisten ihre Gedanken um die Sache mit der Sterbeurkunde. Ach, würde sich der Herr vom Jugendamt doch bald melden!

Als sie das letzte Seminar hinter sich hatten, gingen Coco und Cécile in Richtung Métro. Dabei wurden sie von einer Gruppe junger Männer überholt, in der Coco plötzlich glaubte, Antoine erkannt zu haben. In dem Moment drehte er sich um und schaute sie an. Sein Blick wirkte irgendwie leer und traurig. Er machte keinerlei Anstalten, anzuhalten oder ein Gespräch aufzunehmen und folgte der angeregt diskutierenden Gruppe. Cocos Stimmung war in Sekundenbruchteilen umgeschlagen. Cécile war die plötzliche Wandlung offenbar aufgefallen.

»War das nicht...«

»Ja, war er.« Sie wollte nicht darüber reden.

»Ich dachte, du bist darüber hinweg?«

»Dachte ich auch.« Cécile ließ nicht locker:

»Habt ihr nochmal...«

»Ach, lass uns von was Schönem reden!« Stille.

»Naja, ich finde, ihr wärt auf jeden Fall ein hübsches Paar!«, schloss Cécile das Thema. Coco schwieg. Ihr war schwer ums Herz. Sie gab sich einen Ruck und versuchte sich in Smalltalk:

»Hast du gesehen, diese Woche gibt es wieder diese Studentenaktion im Kino. Weißt du, was gerade läuft?« Cécile zückte ihr Smartphone und überflog den Spielplan. Sie tauschten sich über den einen oder anderen Film und Schauspieler aus, bis sie sich an der Métro verabschiedeten. Coco war froh, sich nicht länger unterhalten zu müssen, die Begegnung mit Antoine wühlte sie unerwartet stark auf. Sie hatte sich eingebildet, die Sache längst abgehakt zu haben. Aber es war offensichtlich nur der Kopf gewesen, der damit fertig war. Während der Fahrt nach Hause durchforstete sie ihr Handy nach Fotos mit ihm und wurde rasch fündig. Wieso hatte sie diese eigentlich nicht gelöscht? Ja, sie musste Cécile zustimmen, sie gaben wirklich ein schönes Paar ab! Aber... Aber was? Was war eigentlich das Problem gewesen? Coco stieg aus und machte auf dem Fußweg nach Hause einen Zwischenstopp im Supermarkt. Zuhause angekommen, kamen ihr Tom und Jeanette ausnahmsweise sehr gelegen.

»Hey Süße!«, wurde sie von Jeanette begrüßt. »Wir kochen jetzt was. Bist du auch dabei?« Coco machte bereits im Hereinkommen die Zutaten auf dem Tisch aus und schlussfolgerte daraus, was es geben würde, was nicht besonders schwer war. Wenn Jeanette ›kochte‹, gab es eigentlich nur drei Optionen zur Auswahl, von denen die häufigste Tiefkühlpizza war. Heute war also Spaghetti-all'-arrabiata-Tag. Die belanglosen Gespräche beim Essen waren jetzt genau das Richtige für Coco! Sie schämte sich ein bisschen, in letzter Zeit so viel Negatives über ihre Mitbewohner gedacht zu haben. Abgesehen von einem Besuch bei Zahra, waren sie jetzt das Beste, was ihr an diesem Abend hätte passieren können! Jeanette schrieb auf dem Handy nebenbei mit irgendeiner neuen Bekanntschaft, während Tom Coco alle möglichen Fragen stellte. Vielleicht sollte sie doch nicht in eine eigene Wohnung ziehen? Sie ließ sich von Tom und Jeanette heute sogar zu einem Glas Rotwein überreden. Vor dem Schlafengehen schickte sie Luc noch eine Nachricht, in der sie ihn über das anstehende Erstgespräch bei Dr. Lenoir am Freitag informierte.

Coco erwachte mitten in der Nacht, ihr Herz raste wie verrückt. Sie hatte das Gefühl, keine Luft zu bekommen. Sie atmete schnell. Schweißausbruch, extreme innere Unruhe… Ihr erster Gedanke war, den Notarzt zu rufen. Da war wieder diese Todesangst. Diesmal könnte es wirklich etwas Lebensbedrohliches sein! Ein Herzinfarkt, eine Lungenembolie… Sie hatte viel im Internet gelesen in den letzten Wochen und war dabei auf zahlreiche ernstzunehmende Diagnosen gestoßen, die sich derart äußern konnten. Sie saß auf der Bettkante und wusste nicht, was sie tun sollte. Im Krankenhaus würde man ihr wieder erklären, sie sei körperlich kerngesund und habe ›nur‹ eine Panikattacke. Sie war sicher, es musste etwas anderes dahinterstecken! Sie machte das Licht an und öffnete ein Fenster. Ihr Brustkorb fühlte sich eng an. Sie erinnerte sich an einen Zettel, den sie vor ein paar Tagen geschrieben hatte. Aber wo war… Ja richtig, er lag in der Nachttischschublade. Sie hatte gemeinsam mit Luc überlegt, sich einen Notfallplan zu erstellen, dessen Punkte sie bei der nächsten Panikattacke nacheinander befolgen würde. Aber: War das jetzt wirklich eine Panikattacke? Was, wenn sie wirklich dringend medizinischer Hilfe bedurfte? Sie würde kostbare Zeit verlieren! Sie schaltete ihr Handy ein und wählte die Notruf-Nummer. Es klingelte zweimal, dann legte sie hastig wieder auf. Ihr waren die letzten Klinikbesuche wieder präsent. Diese Blamage… Dieses Gefühl, als ›Simulantin‹ wieder nach Hause geschickt zu werden, auch wenn das niemand so ausgesprochen hatte.

Eine Nachricht von Luc erschien auf dem Display. Ach, wäre er jetzt hier! Coco hätte ihn am liebsten sofort angerufen! Aber warum sollte sie ihn damit belästigen? Sie war alt genug, das selbst in den Griff zu kriegen. Wie könnte sie eines Tages eine gute Psychotherapeutin sein, wenn sie nicht einmal in der Lage war, mit einer gewöhnlichen Panikattacke umzugehen? Sie trank einen Schluck Wasser und legte sich wieder aufs Bett. Ihr Herz raste. Am liebsten hätte sie sich die Kleider vom Leib gerissen, dieses Engegefühl war unerträglich – aber das würde auch nichts bringen. Vielleicht brauchte sie jetzt doch einen Notarzt, er könnte ihr Sauerstoff geben! Sie wollte wieder den Notruf wählen… Stattdessen öffnete sie jedoch den Chat mit Luc, er war gerade online.

›Luc?‹

›Meine Lieblingsnachteule! Wie geht's dir?‹ Sie drückte auf Videoanruf…

»Hey!…« Pause. »Oh, was ist denn mit dir los?« Coco fing an zu weinen. Sie hatte den Eindruck, die Symptome verschlimmerten sich plötzlich wieder, ein Kribbeln in den Fingern und in den Lippen kam hinzu. Sie schluchzte und konnte ihn nicht anschauen, sie schämte sich. Was machte sie hier nur? Das war eine Panikattacke, Punkt. Was gab es da groß zu besprechen?

»Ach, vergiss es, sorry. Ich wollte dich nicht stören. Es geht schon.«

»Ist etwas Schlimmes passiert?« Luc wirkte besorgt.

»Ist wieder 'ne Panikattacke, glaub ich, bin eben so aufgewacht.«

»Also, du setzt dich jetzt bitte auf die Bettkante und spürst einmal den Kontakt zum Boden!« Coco folgte seiner Anweisung. »Jetzt versuchst du, tief in den Bauch einzuatmen, hältst die Luft einen Moment lang an und atmest ganz lange aus.... Genau so! Und nochmal.... Und nun klopfst du mit den Fingerkuppen deiner rechten Hand auf das Brustbein. Schau mal, so...« Er veränderte die Perspektive seiner Kamera und machte es vor. Coco kam sich ein bisschen albern vor, aber sie tat es. »Genau! Dort befindet sich die Thymusdrüse. Diese steht, zum Beispiel in der Yoga-Lehre, im Zusammenhang mit Emotionen.« Coco klopfte. Sie hatte das Gefühl, dass sie sich etwas beruhigte. Ob das wirklich am Klopfen oder einfach nur an der Ablenkung und dem Kontakt mit Luc lag, vermochte sie nicht zu sagen. Das Kribbeln hatte nachgelassen, auch ihr Puls wurde wieder ruhiger. »Ja, genau so!... Weißt du, wenn man selbst in solch einer Situation steckt, dann kann man den Eindruck haben, die letzte Stunde hätte geschlagen! Schließlich sind das alles Symptome, die genauso auch in einer tatsächlich lebensbedrohlichen Situation vorkommen können.« Es fiel Coco schwer, sich auf das Klopfen, ihren Körper und auf Lucs Ausführungen gleichzeitig zu konzentrieren. Aber vielleicht war ja auch genau das seine Strategie... Er redete unbeirrt weiter: »Der Trick besteht darin, die Körperempfindungen als solche wahrzunehmen, ohne diese zu interpretieren. Das heißt, du registrierst zum Beispiel einen schnellen Puls, eine schnelle Atmung oder einen Schweißausbruch. Nicht mehr und nicht weniger. Diesen Symptomen kannst du beobachtend folgen, ohne daraus irgendwelche Schlüsse zu ziehen, wie: ›Ich habe einen Herzinfarkt und sterbe gleich‹. Das kann anfangs sehr ungewohnt sein, denn wir haben unser Leben lang geübt, Körperempfindungen in Sekundenbruchteilen zu analysieren und zu interpretieren. Wir haben eine gewisse Anzahl an Schubladen, in die wir diese Empfindungskonstellationen einsortieren.« Coco fühlte sich besser, das Engegefühl ließ nach. Ihr war plötzlich kalt. Sie setzte sich im Schneidersitz aufs Bett und wickelte sich in die Decke ein.

»Es geht wieder, danke Luc!« Es kam ihr nun völlig übertrieben vor, solch ein Drama gemacht zu haben.

»Weißt du, Coco, wenn diese Panikattacken einem den Schlaf rauben, dann ist es allerhöchste Zeit, etwas zu unternehmen! Es freut mich also umso mehr, dass du dem Therapeuten am Freitag eine Chance gibst! Wenn wir zu wenig schlafen, dann verlieren wir den Kontakt zu uns selbst. Ein gesunder Schlaf ist die beste Methode, um all den Ballast loszulassen, der sich über den Tag hinweg angesammelt hat und der uns das Leben schwer macht – einmal abgesehen von der antidepressiven Wirkung einer einzelnen schlaflosen Nacht.« Er schwieg einen Moment lang... »Geht es wirklich wieder?«

»Ja, wirklich. Vielleicht hatte ich ja einen schlechten Traum. Ich versuch nochmal zu schlafen. Danke, Luc!«

»Okay, melde dich gerne jederzeit. Ich stelle mein Handy jetzt laut und habe es die nächsten Stunden bei mir!«

»Ach, brauchst du nicht, du hast Besseres zu tun.«

»Das lass mal meine Sorge sein!« Er hob den Zeigefinger in die Kamera und setzte eine gekünstelt ernste Miene auf. Coco musste lachen. Sie war sehr dankbar für seine Hilfe.

»Okay, bis dann!«

»Schlaf gut, Coco!«

29

Es war bereits kurz vor 10:00 Uhr, als Coco erwachte. Um 10:45 Uhr begann die erste Veranstaltung an der Uni. Sie bemerkte ein quälendes Druckgefühl im Kopf und ihre Glieder fühlten sich schwer an. Die Szene der vergangenen Nacht kam ihr nun vor wie ein schlechter Traum. Luc hatte ihr bereits geschrieben: ›Salut Coco, konntest du dich noch etwas erholen? Ich wünsche dir ganz viel Kraft für den Tag!‹ Wie lieb von ihm. Wäre er in der Stadt, hätte er bestimmt angeboten, sich zu treffen. Er verfügte über das Talent, Dinge zu vereinfachen und zu ordnen; aus seiner Perspektive wirkte alles immer so klar! Diesen Überblick könnte sie jetzt gut gebrauchen. Sie ging ins Bad, Jeanette und Tom schienen noch zu schlafen oder bereits außer Haus zu sein – es war still in der Wohnung.

Auf dem Weg zur Uni legte sie einen Zwischenstopp beim Bäcker ein. Als sie den Hörsaal erreichte, waren alle Plätze bereits besetzt. Das lag vermutlich nicht nur daran, dass der Dozent beliebt war, sondern auch daran, dass die Vorlesung vom ersten und zweiten Semester gemeinsam besucht wurde. Coco fehlte die Kraft zu stehen, das Ereignis in der Nacht saß ihr noch deutlich spürbar in den Gliedern und sie ließ sich auf einer der Treppenstufen nieder. Zuvor hatte sie Cécile, die sich suchend nach ihr umdrehte und ihr ein Zeichen gab, in der zweiten Reihe entdeckt. Sie hielt Coco einen Platz neben sich frei, aber es war undenkbar, sich den Weg dorthin jetzt unter aller Augen zu bahnen! Diese Aufmerksamkeit… Coco versuchte, sich auf die Vorlesung zu konzentrieren. Ihr war übel. Am liebsten hätte sie sich auf der Stelle hingelegt. Wie sollte sie diesen Tag überstehen? In der Reihe neben ihr wurde ununterbrochen getuschelt und gekichert. Coco war genervt, sie konnte die Geräusche nicht ausblenden. Und jemand roch nach Knoblauch. Wem um alles in der Welt kam es in den Sinn, zum Frühstück Knoblauch zu essen und dann in die Uni zu gehen? Das war jetzt wirklich zu viel… Coco hasste sich für ihre Intoleranz. Warum konnte sie nicht einfach gelassen darüber hinwegsehen? Es blieb doch jedem selbst überlassen, was er wann aß! Und wenn sie ehrlich war, hatte sie auch schon Vorlesungen tuschelnd und kichernd verbracht. Es war unfair, die anderen jetzt zu verurteilen. Sie überlegte, sich woanders hinzusetzen. Aber ob es dort besser sein würde? Sie wollte versuchen, sich zusammenzureißen, doch ihre Gedanken schweiften ununterbrochen ab. Wann würde sich der Mann vom Jugendamt endlich melden? Was für ein Therapeut erwartete sie morgen? Und dann kam ihr Antoines Gesichtsausdruck immer wieder in den Sinn...

Coco schreckte hoch, die Vorlesung war zu Ende. Sie sammelte hastig ihre Sachen zusammen, um nicht überrannt zu werden. Sie musste weit weg gewesen sein. Cécile wartete am Ausgang des Hörsaals bereits auf sie und war bester Laune. Cocos Zustand bemerkte sie nicht. Coco hätte auch keine Lust gehabt, sich zu erklären. Im Seminarraum des Nachbargebäudes angekommen, legte sie ihre Tasche auf den Stuhl neben Cécile und ging auf die Toilette, um sich das Gesicht kalt abzuwaschen. Als sie in den Spiegel schaute, erschrak sie. Sie wirkte ungesund aufgequollen. War Cécile einfach nur taktvoll gewesen, sie nicht darauf anzusprechen? Zurück im Seminarraum, zögerte Coco. Noch war die Dozentin nicht da, sie könnte einfach wieder verschwinden. Und dann? Was würde sie mit dem restlichen Tag anfangen? Sie säße mit schlechtem Gewissen zuhause und schaute stundenlang aus dem Fenster oder starrte, auf dem Bett liegend, die Zimmerdecke an.

Die Tür wurde geschlossen. »Guten Morgen, meine Damen und Herren! Ich begrüße Sie zu unserer...« Coco bereute, so lange gezögert zu haben. Die schrille Stimme ging ihr auf die Nerven. Und noch dazu war kaum jemand zu der Veranstaltung erschienen. Wenn sie heute aufgerufen würde, was recht wahrscheinlich war, könnte das nur in einer Blamage enden! Sie beobachtete, wie Cécile ihre Schreibsachen ordnete, während die Dozentin einen Laptop an den Beamer anschloss. Eine zu spät gekommene Kommilitonin setzte sich trotz der vielen freien Plätze direkt neben Coco.

Coco wurde schlagartig heiß und das altbekannte Beklemmungsgefühl machte sich wieder breit. Ihr war, als bekäme der Körper nicht den nötigen Sauerstoff. Sie atmete schnell, ihr Herz begann zu rasen, im Kopf pulsierte es. Bitte nicht schon wieder! Hier, vor allen Leuten, eine Panikattacke zu bekommen, wäre ein Albtraum. Wie in Trance, griff sie nach ihrer Tasche und bahnte sich einen Weg zwischen Tischen und Stühlen hindurch zum Ausgang. Ihr war, als liefe die Zeit plötzlich unerträglich langsam.

Cécile schrieb Coco ein paar Minuten später eine Nachricht und erkundigte sich, ob alles okay sei. Da saß Coco bereits im Park auf der Bank am Teich. Sie weinte. Wenn diese Panikattacken jetzt so häufig auftraten, wie würde sie da jemals ihr Studium schaffen? Luc hatte einmal gesagt: *Anstatt uns zu fragen, ob wir können, sollten wir uns eher fragen, ob wir wollen!* Sehr witzig... Ein paar Spatzen hüpften munter vor Coco hin und her. Einer saß neben ihr auf der Bank und schaute sie mit schräg geneigtem Köpfchen an. Die Ablenkung tat gut! Coco schwitzte nach wie vor und ihr Herz schlug heftig. Wie war das noch? *Kontakt der Füße mit dem Boden spüren, tief einatmen,... lange ausatmen...* Es fiel ihr zunächst schwer, sich darauf zu konzentrieren. Sie klopfte mit den Fingerkuppen der rechten Hand auf das Brustbein, schloss die Augen und versuchte es erneut. Sie saß ein paar Minuten so da und versuchte, dem Geschehen in ihrem Körper zu folgen – ohne es zu interpretieren, so wie Luc ihr geraten hatte. Es schien funktioniert zu haben! Zumindest entging ihr, dass Cécile plötzlich aufgetaucht war, die sich neben Coco auf die Bank setzte.

»Coco, was ist los? Als du nicht auf meine Nachricht reagiert hast, hab ich dich auf der Toilette gesucht. Auf dem Rückweg zum Seminarraum sah ich dich dann durchs Fenster hier sitzen.« Coco war überrascht. Sie hatte nicht angenommen, dass Cécile sich auf die Suche nach ihr machen würde! Das hätte sie höchstens von einer Freundin erwartet. Oder war sie für Cécile unterdessen eine Freundin? Sie überlegte kurz, was sie auf Céciles Frage antworten sollte. Es war ihr stets unangenehm gewesen, von sich selbst zu sprechen. Und würde das dann womöglich die Runde in der Uni machen, wenn sie Cécile die Wahrheit sagte? So gut kannte sie sie nun auch wieder nicht! Wer kannte Cécile schon? Coco hatte nie beobachtet, dass sie mit irgendjemandem regelmäßigen Kontakt pflegte. Noch bevor sie antworten konnte, hakte Cécile nach: »Hattest du eine Panikatt...« Coco schaute verwundert auf. Ihr Gesicht musste bereits die Antwort gegeben haben, so dass Cécile ihre Frage abbrach. Woher wusste sie... »Ich kenn das nur zu gut! Hab deshalb monatelang in der Klinik verbracht.« Cécile in der Klinik? Coco liefen die Tränen. Cécile schwieg und legte ihren Arm auf Cocos Schulter. Das tat wider Erwarten gut, gleichzeitig war Coco verunsichert: Sie wollte keine Zumutung sein. Sie wischte sich die Tränen ab und brachte mit müder Stimme schließlich ein paar Worte hervor, um sich bei ihr zu bedanken. Sie saßen eine Weile schweigend da, bis Coco lieber allein sein wollte.

»Es geht schon wieder. Danke. Du kannst ruhig wieder reingehen!« Cécile widersprach ihr nicht, sie schien tatsächlich zu wissen, was Coco durchmachte.

»Okay, pass gut auf dich auf. Wenn du mich brauchst, melde dich jederzeit.«

Im Weggehen blieb sie plötzlich stehen und fügte hinzu: »In der Klinik hab ich gelernt, bei einer Panikattacke nur auf der körperlichen Empfindungsebene zu bleiben und nichts hineinzuinterpretieren. Und ich hab geübt, mich währenddessen gleichzeitig auch auf etwas Angenehmes zu konzentrieren. Zu meiner Verwunderung konnte ich nach und nach feststellen, dass es neben dem ganzen nervigen Zeug wie Herzrasen und Schweißausbruch immer auch etwas gab, das okay war!«

Die Idee, lediglich die Vorgänge im Körper zu beobachten, kannte Coco ja bereits. Aber sie konnte sich beim besten Willen nicht vorstellen, dass sie gleichzeitig etwas Positives fände, auf das sie sich beim nächsten Mal konzentrieren würde! »Mein Therapeut hat damals immer gesagt: *Panik ist die bessere Alternative zur Erstarrung!* Denn bei Panik wird immerhin noch etwas mobilisiert und die Organe werden mit Blut versorgt, während die Erstarrung dem Totstellreflex aus dem Tierreich ähnelt, was für den Körper ein noch bedrohlicherer und ungesünderer Zustand ist.« Coco war nicht in der Verfassung für ein weiteres Gespräch und hatte ebenso wenig Kraft, sich mit dem sicherlich gut gemeinten Rat von Cécile jetzt weiter zu beschäftigen. Sie fragte sich stattdessen, womit sie Ceciles Nettigkeit verdiente. Cécile machte ein paar Schritte rückwärts und winkte ihr zum Abschied zu, während sie hinzufügte:

»Ach, und ich trage dich in die Listen ein. Spar dir die restlichen Veranstaltungen. Ich schreib für dich mit und schick dir nachher Fotos von meinen Notizen.« Coco bemühte sich um ein Lächeln und sah Cécile nach, die wieder im Gebäude verschwand. Hatte sie tatsächlich eine Freundin in Cécile gefunden? Seitdem ihre Schulfreundin Leni vor ein paar Monaten für ein Auslandssemester nach Barcelona gegangen war, hörte sie kaum noch von ihr. Obwohl das eigentlich schon vor ihrem Umzug nach Spanien der Fall gewesen war – zumindest dann, wenn sie gerade wieder einmal schwer verliebt war. Diesbezüglich ähnelte sie Jeanette. Und wenn sie dann Liebeskummer hatte, erinnerte sie sich plötzlich wieder an Coco und wollte am liebsten stundenlang mit ihr telefonieren...

Sie schaute einer Libelle zu, die, in der Sonne wunderschön türkisfarben schillernd, über den Teich jagte. Wie reflexhaft, griff Coco nach ihrem Handy. Sie öffnete den Chat mit Luc und war im Begriff, ihn anzurufen. Aber was sollte er schon machen? Es war ja alles gesagt zu dem Thema! Es war letztendlich doch immer wieder mehr oder weniger derselbe Ablauf. Sie begann, ihm stattdessen eine Nachricht zu schreiben, die sie schließlich wieder löschte. Der Spatz auf der Bank ließ nicht locker. Coco kramte in ihrer Tasche nach dem Sandwich und hielt ihm einen Brotkrümel hin, den er ohne zu zögern aus ihrer Hand pickte. Wie auf Kommando, kamen plötzlich von allen Seiten Vögel angeflogen, die sich um Coco scharten. Manche waren scheu und hielten sich im Hintergrund, andere setzten sich wie selbstverständlich auf ihre Oberschenkel. Coco achtete darauf, dass jeder etwas abbekam.

Die Panikattacke war abgeklungen, Coco hatte alles Brot verfüttert. Was sollte sie in ihrem erschöpften Zustand mit dem übrigen Tag anfangen? Zurück in die Uni zu gehen, war keine Option! Sie würde jetzt keine Menschen ertragen. Und vermutlich könnte sie sich ohnehin kaum konzentrieren. Obwohl, es gab da einen Menschen, den sie ertragen könnte... Aber sollte sie schon wieder die Fahrt zu Zahra auf sich nehmen? Wenn das so weiterginge, könnte sie auch wieder ganz bei ihr einziehen und das WG-Zimmer auflösen! Sollte sie überhaupt weiter studieren? Vielleicht wäre sie, sofern sie das Studium jemals erfolgreich beenden würde, völlig ungeeignet für den Beruf! Musste man als Therapeut nicht psychisch stabil und ausgeglichen sein, um anderen helfen zu können? Sie hatte mit Zahra einmal darüber diskutiert. Zahra vertrat die Meinung, die besten Therapeuten seien die, die aus eigener Erfahrung wüssten, wovon der Patient sprach. ›Wie soll ein Mensch, der nie selbst die Dunkelheit durchschritten hat, einen anderen Menschen aus dieser herausführen?‹, waren ihre Worte. Voraussetzung sei jedoch, dass der Therapeut seine eigene Geschichte ausreichend verarbeitet und in Ordnung gebracht habe, um dem Patienten ein stabiles Gegenüber sein zu können und keine eigenen Themen unbewusst auf den Patienten zu projizieren. Das hatte Coco eingeleuchtet und sie letztendlich dazu ermutigt, diesen Weg einzuschlagen, von dem sie zuvor immer dachte, er sei Menschen mit einer Bilderbuch-Biografie vorbehalten. Würde man sich strikt an diese Regel halten, dann herrschte jedoch ein noch eklatanterer Therapeutenmangel, denn wer kann schon auf eine perfekte Kindheit in einem rundum heilen Umfeld zurückblicken?

Coco stand auf, klopfte die Brotkrümel von der Kleidung und verließ den Campus in Richtung Métro. Sie war unschlüssig, wohin sie fahren sollte. Eins, zwei, drei,... Sie versuchte, sich von den Betonplatten des Trottoirs abzulenken und öffnete den Messenger in ihrem Handy, wo sie auf den einige Wochen zurückliegenden Chat mit Leni stieß. Meistens war es Coco gewesen, die sich bei ihr meldete, aber darauf hatte sie keine Lust mehr. Das galt komischerweise für die meisten Kontakte, abgesehen von Zahra und Luc: Sobald Coco aufhörte, sich darum zu bemühen, schlief der Austausch ein. Und wenn sich der andere meldete, dann meistens, weil er etwas brauchte. Coco fühlte sich oft ausgenutzt. Das war so normal geworden, dass sie überrascht war, sich in Cécile möglicherweise getäuscht zu haben. Wobei es vermutlich nur eine Frage der Zeit war, ehe auch Cécile sie enttäuschen würde! Es fing auch sonst meistens nett und vielversprechend an…

Coco passierte die Schranken in die ›Pariser Unterwelt‹ und musste sich nun entscheiden, in welche Richtung sie fahren würde. Wie sie es hasste, Entscheidungen zu treffen! Ginge es nach ihrem Gefühl, würde sie ohne zu zögern zu Zahra fahren. Aber wenn sie dem Alltag ständig in diese heile Welt entfloh, wie sollte sie da jemals im wahren Leben zurechtkommen! Laut einem ihrer schlauen Fachbücher war Vermeiden der größte Fehler, den man machen konnte, wenn man sich weiterentwickeln wollte: *Der Weg aus der Angst geht durch die Angst* oder so ähnlich, hieß es. Würde sie sich ständig in ihre Komfortzone zurückziehen, wäre sie den Büchern zufolge nie in der Lage, eines Tages ein normales Leben zu führen! Sie lebte dann geschützt und von allen überfordernden Reizen abgeschirmt hinter den massiven Mauern von Zahras Anwesen… Ach, wäre das schön! Keine Termine, keine Prüfungen, keine Sorgen! Morgens ausschlafen, im Park spazieren gehen, die Tiere beobachten, sich mit einem Buch in die Bibliothek oder ins Kaminzimmer zurückziehen, mit Zahra musizieren, kochen, backen,…

Sie schämte sich, so schwach zu sein. Millionen von Menschen gingen täglich zur Arbeit oder lernten und brachten Tag für Tag die Disziplin auf, Dinge zu tun, die sie vielleicht nicht wollten oder mochten, die aber einfach zum Leben dazugehörten! Und sie? Sie beschwerte sich darüber, dass ihr paradiesisches Traumleben einmal ein Ende hätte – was für Luxusprobleme! Konnte sie nicht mehr als dankbar sein, dass sie so viele Jahre das Glück gehabt hatte, bei Zahra zu leben? War das nicht schon so viel mehr, als dem Großteil der Menschen auf diesem Planeten jemals zuteil würde? Wie kam sie darauf, das verdient zu haben? War sie etwas Besseres?

Sie rang mit sich… Schließlich überließ sie die Entscheidung der RATP (Régie Autonome des Transports Parisiens) – die Bahn, die als nächste käme, würde sie nehmen! Kaum hatte sie sich für diese Strategie entschieden, ertappte sie sich dabei, dass sie auf eine Bahn in Zahras Richtung hoffte. Warum sollte sie dann noch warten, da sie doch eigentlich wusste, was sie sich insgeheim wünschte? Wäre es Flucht vor der nicht immer mit Zuckerguss überzogenen Realität oder gesunde Selbstfürsorge, wenn sie zu Zahra fuhr? Warum konnte sie nicht wie andere Menschen einfach eine Entscheidung treffen und dazu stehen? Sie hatte einmal das Buch eines Motivationstrainers in die Hände bekommen, der riet: *Triff eine Entscheidung, und dann schau nicht mehr zurück, sondern sorge dafür, dass sie richtig wird!* Coco war erleichtert, die Bahn in Richtung Zahra kam als erste! Mit schlechtem Gewissen bestieg sie den überfüllten Zug.

30

Die Fahrt erschien Coco endlos, mit Mühe hielt sie sich auf den Beinen. Vielleicht hätte sie doch etwas essen sollen in der Zwischenzeit, auch wenn sie nach wie vor keinen Appetit hatte. Zurück in der ›Oberwelt‹, kaufte sie ein Croissant. Sie suchte nach einer plausiblen Erklärung, weshalb sie schon wieder komme – aber musste sie sich dafür rechtfertigen? Zahra wäre vermutlich der letzte Mensch in diesem Universum, der sie dafür rügen würde! Coco konnte sich nicht an eine einzige Situation erinnern, in der Zahra eine Erklärung von ihr verlangte, wenn sie sich eine Auszeit nahm. Es war wohl eher ihr eigenes schlechtes Gewissen, das da sprach – ihr innerer Antreiber. Oder, wie Luc gescherzt hatte, ihr innerer Sklaventreiber.

Coco erreichte die Allee und erkannte Zahra schon von Weitem, die die Blumen vor dem Ladengeschäft goss. Und wenn sie es richtig sah, dann... Ja, Salomé leistete ihr Gesellschaft! Plötzlich schien sie Coco gesehen zu haben. Oder hatte sie sie wieder gewittert? Auf jeden Fall kam sie ihr zielstrebig entgegengelaufen, um sie stürmisch zu begrüßen! In diesen Momenten wirkte sie verspielt und jung wie damals. Sie eskortierte Coco bis zum Eingang, wo Zahra Coco mit einer liebevollen Umarmung begrüßte. Sie wirkte nicht im Geringsten überrascht, sie zu sehen.

»Ich überlegte gerade, was ich heute kochen könnte! Hast du Hunger?« Sie einigten sich auf Crique ardéchoise, eine Art Reibekuchen. Coco bot sich an, die Kartoffeln zu schälen und zu reiben, sie wollte sich nützlich machen.

Kaum betraten sie die ›verborgene Welt‹, bemerkte Coco, wie ihr Körper sich im Nu entspannte. Auch der Brustkorb wirkte wieder weiter, das Atmen fiel ihr plötzlich leichter. Sie ging in ihr Zimmer und zog sich um. In der Küche traf sie Zahra an, die bereits eine Schüssel mit Kartoffeln vor sich stehen hatte und schälte. Coco war plötzlich, als könnte sie sofort ihre Sachen packen und zur Uni fahren. Alles war gut! Wie konnte sich ihr Zustand dermaßen schnell verändern? Verglichen mit einer guten halben Stunde zuvor, ging es ihr blendend! Sie war körperlich weiterhin erschöpft, aber diese lähmende Aussichtslosigkeit schien sich in Luft aufgelöst zu haben.

»Zahra, morgen habe ich einen Termin bei Lucs Psychotherapeuten.«

»Das freut mich! Und was ist aus der Sache mit deiner Akte vom Jugendamt geworden?« Bei dem Gedanken an den Herrn überkam Coco wieder dieses unangenehme Gefühl.

»Äh, der Mann will mich anrufen, sobald die Akte da ist.« Zahra unterbrach ihre Arbeit und schaute Coco prüfend an:

»Stimmt etwas nicht?« Coco kam sich albern vor. Sie war als erwachsene Frau nicht in der Lage gewesen, selbst zu entscheiden, ob sie jemandem ihre Nummer geben wollte, oder nicht; eine erwachsene Frau, die überall per se erst einmal Betrug und Gefahr vermutete... Sie bemühte sich, weiter zu schälen und sich nichts anmerken zu lassen. Obwohl sie genau wusste, dass sie Zahra sowieso nichts vormachen konnte.

»Es ist in Ordnung, wenn du nicht darüber reden willst. Wenn doch, ich bin da!« Coco zögerte.

»Also gut, die Kurzfassung: Der Mann vom Jugendamt hat mich am Telefon wiedererkannt. Normalerweise dauert es Monate, bis man so eine Akte bekommt, erst recht, wenn sie im Außenlager liegt. Er lässt sie zu sich ins Büro kommen und ruft mich an, sobald sie da ist.« Zahra hielt erneut inne und musterte Coco einen Moment lang.

»Hat der Mann sich aufdringlich verhalten?«

»Wenn ich das wüsste! Vielleicht ist er auch einfach nur nett und hilfsbereit. Ach, keine Ahnung.« Coco war das Thema unangenehm.

»Bisher ist ja nichts passiert!«, beruhigte Zahra sie. »Wenn du magst, dann gehen wir da einfach zusammen hin. Was meinst du?« Coco war erleichtert.

»Und nach der ›reizenden Madame Boulanger‹ hat er auch gefragt!« Coco ahmte ihn nach und beide mussten lachen.

»Da haben wir doch eine Lösung gefunden!« Zahra lächelte Coco aufmunternd zu und begann, die erste Kartoffel zu reiben. Nach einem Moment des Schweigens sagte sie: »Evolutionär hat es sich übrigens bewährt, Situationen oder Menschen grundsätzlich eher als zu gefährlich als zu harmlos einzustufen! Dann ist man stets auf der sicheren Seite. Auch, wenn man dadurch vielleicht die eine oder andere Chance verpasst, jemandem Unrecht tut oder unnötig angespannt ist.« Das klang plausibel. Und was war mit den Leuten, die grundsätzlich erst einmal von etwas Positivem ausgingen, bis sie vom Gegenteil überzeugt wurden? Wurden sie nicht ständig enttäuscht? Oder zogen sie, dem in letzter Zeit immer populärer gewordenen ›Gesetz der Anziehung‹ zufolge, tatsächlich eher positive Menschen und Situationen in ihr Leben? Zahra ergänzte:

»Zwei Grundprinzipien liegen den meisten Entscheidungen und Handlungen zugrunde. Einerseits gibt es die Motivation, Lust und Belohnung zu suchen, andererseits versucht der Mensch, Schmerz zu vermeiden. Im Zweifelsfall entscheidet er sich für die Schmerzvermeidung und opfert den Großteil seiner Bedürfnisse dem Sicherheitsgefühl. Auf längere Sicht verursacht er damit jedoch leider oft noch mehr Schmerz. Mit der Absicht, sich zu schützen, schneidet er sich dann von seiner eigenen Lebendigkeit ab und begibt sich nach und nach in ein starres Korsett aus Vorsichtsmaßnahmen, die ihm früher oder später die Luft zum Atmen nehmen und die Heiterkeit und Unbeschwertheit aus seinem Leben verbannen.« Coco schaute Zahra einen Moment lang beim Reiben zu. »Ach Coco, wenn du dich schon um die Zwiebeln kümmern möchtest, sie liegen dort in der Schale!«

Coco machte sich an die Arbeit und dachte über das Gesagte nach. »Weißt du, Coco, das Tückische am Trauma ist: Das Nervensystem des traumatisierten Menschen neigt dazu, den Fokus auf das zu richten, was an das Trauma erinnert und die damit verbundenen Reize zu bevorzugen – wieder eine gut gemeinte Vorsichtsmaßnahme der Natur, um weitere Traumata zu vermeiden. Der Haken an der Sache ist nur: Wir bestimmen durch unsere Aufmerksamkeit maßgeblich, was zu unserem Lebensinhalt wird. Worauf wir uns konzentrieren, was wir denken und fühlen, das macht letztendlich im Wesentlichen unser Leben aus! Wenn aber aus Sicherheitsgründen das Schöne und Positive ausgeblendet wird, wie soll unser Leben dann heiter und unbeschwert sein? Stattdessen sehen wir also überall nur die Bestätigung, dass das Leben gefährlich und die Welt bedrohlich ist...«

Damit hatte Coco dann womöglich bereits die Antwort auf ihre vorherige Frage erhalten. Wer sich auf das Positive ausrichtet, der nimmt einfach mehr davon wahr! Aber wie konnte man aus diesem selbstschädigenden Muster ausbrechen? Als hätte Zahra ihre Frage erahnt, fügte sie hinzu: »Es geht letztendlich darum, die Orientierung im Hier und Jetzt zu üben; den Mut und die Fähigkeiten zu entwickeln, in der Gegenwart anzukommen. Und das geht nur über den Körper – er ist gewissermaßen die Eintrittskarte in unser irdisches Leben! Mut deshalb, weil die dabei ans Tageslicht kommenden Emotionen dann erst einmal gesehen, verarbeitet und gewürdigt werden wollen. Das kann sich wie ein Trauerprozess anfühlen.« Zahra war fertig mit dem Reiben und schaute Coco einen Moment lang dabei zu, wie sie die letzte Zwiebel zerkleinerte.

»Und wie lernt man, im Körper anzukommen?«, wollte Coco wissen.

»Indem man zum Beispiel das Glück hat, an einen Therapeuten zu geraten, der darin geschult ist, den Körper in die Therapie mit einzubeziehen. Der Körper kann dabei streckenweise sogar zum Mittelpunkt der Therapie werden, wie ich den besagten Büchern und den Gesprächen mit Luc entnommen habe.« Coco musste wieder an den morgigen Termin und die zu erwartende Enttäuschung denken. Nun, da sie um die Möglichkeiten einer zeitgemäßen Traumatherapie wusste, schienen ihre ohnehin bereits hohen Ansprüche noch unerfüllbarer zu werden. Eigentlich könnte sie sich den Besuch sparen! Aber so kurzfristig abzusagen, würde negativ auf Luc zurückfallen.

»Und wer nicht das Glück hat, an einen solchen Therapeuten zu geraten?« Zahra war Cocos Unmut offenbar nicht entgangen.

»Es mag kitschig klingen, aber ich bin überzeugt: Bekommen wir etwas nicht, von dem wir glauben, es sei das Richtige, dann sollten wir dem Universum die nötige Zeit geben, uns etwas Besseres zu schicken! Vielleicht musst du zunächst an ungeeignete Therapeuten geraten, um den passenden dann umso mehr schätzen zu können! Und falls der weiter auf sich warten lassen sollte, gibt es immerhin ein paar gute Bücher als Kompromiss. Das Problem all der Bücher, Videos und dergleichen ist allerdings: Bei der Heilung früher Traumatisierungen geht es immer auch um die Erfahrung einer gesunden Bindung. Und Bindung kann man nur durch Bindung lernen! Es genügt nicht, darüber zu reden, man muss sie spüren können. Genau das ist es, was eine therapeutische Beziehung diesen Büchern zufolge im besten Falle bietet: gefühlte Kommunikation im Rahmen einer gefühlten Bindung!« Noch ein Ausschlusskriterium auf ihrer Suche nach einem Therapeuten, dachte Coco. Zahra fuhr fort: »Wie ich von Luc erfuhr, gibt es viele neue Erkenntnisse in diesem Bereich. Aber man kann sich vorstellen, dass es dauert, ehe dieses Wissen an den entsprechenden Stellen ankommt und sich Therapeuten auf den Weg machen, die Methoden zu erlernen und anzuwenden.« Ja, dann würde Coco wohl warten müssen, bis die Therapeuten so weit wären... Und sie staunte: Wenn man Zahra so reden hört, könnte man meinen, sie sei vom Fach! War das wirklich alles nur angelesenes oder im Gespräch mit Luc vertieftes Wissen?

Nach dem Essen saßen sie auf der Terrasse und beobachteten das bunte Treiben im Park. Die zwei jungen Eichhörnchen waren Coco bereits Tage zuvor aufgefallen, sie mussten in diesem Jahr geboren sein. Das eine war hellrot, das andere, etwas kräftigere, dunkelbraun. Während sie den beiden bei ihren Kletterübungen zusah, überlegte Coco, was sie mit dem Nachmittag anfangen sollte. Sie plagte ihr schlechtes Gewissen, als sie daran dachte, dass Cécile sich jetzt in einem stickigen Hörsaal konzentrierte, während sie hier auf der Terrasse saß und ein bequemes Leben genoss.

»Übrigens, Coco, ich weiß nicht, was heute vorgefallen ist, aber als du vorhin hier ankamst, sahst du sehr entkräftet aus. Ich denke, du tust dir einen Gefallen, wenn du es heute ruhig angehen lässt.«

»Ich hatte Panikattacken. Aber jetzt geht's mir wieder ziemlich gut! Ich dachte, ich könnte im Trauma-Buch weiterlesen.« Zahra schaute sie fragend an:

»Bist du sicher? Du musst niemandem etwas beweisen!«

»Doch, mir selbst! Dieses unproduktive Vor-sich-Hinvegetieren ist wirklich unerträglich.«

»Moment! Also wenn du deinen Lebensstil als unproduktives Vor-dich-Hinvegetieren bezeichnest, ist dir eigentlich klar, dass du damit Millionen von Menschen als Faulpelze beleidigst?« Sie lächelte Coco verschmitzt zu. »Du machst dich unglaubwürdig, wenn du versuchst, ein guter Mensch zu sein, ohne dass du gut zu dir selbst bist!«

»Aber ich bin doch gut zu mir!«, protestierte Coco. »Und überhaupt, wer sagt denn, dass ich ein guter Mensch sein will? Okay, ich lese gleich etwas, das mich interessiert. Und das, ganz zufällig, auch meinem Studium nützt. Einverstanden?«

»Mach das, mein kleiner Dickkopf, du hörst ja doch nicht auf mich!« Zahra lächelte Coco zu und stand auf, um den Tisch abzuräumen. Coco half ihr dabei und verschwand anschließend in ihr Zimmer, um sich mit dem Buch an den Schreibtisch zu setzen. Für das Bett war sie vielleicht doch noch zu erschöpft, sie würde vermutlich sofort einschlafen. Plötzlich fiel ihr der Stapel der Tagebücher und Fotoalben von Zahra und ihren Vorfahren ein, der im Kaminzimmer auf sie wartete. Sie war neugierig, darin zu stöbern. Aber erst die Arbeit, dann das Vergnügen! Obwohl, würde das wirklich ein Vergnügen werden? Zahra hatte sie ja bereits vorgewarnt, es sei keine leichte Kost, ihre Neugier damit letztendlich jedoch nur noch mehr angefacht. Sie würde ja sehen...

31

Coco las das Kapitel bezüglich der vierten der fünf Entwicklungsaufgaben eines Kindes und der damit verbundenen Konsequenzen im Falle einer unzureichenden Erfüllung. Es ging dabei um das Thema Selbständigkeit und Verbundenheit: Im Alter von etwa eineinhalb bis vier Jahren nimmt das Selbstwirksamkeitsgefühl des Kindes im Idealfall stark zu. In dieser Zeit macht das Kind zum Beispiel, oft zum Leidwesen der herausgeforderten Bezugspersonen, eine deutliche Trotzphase durch, die ihm dabei hilft, sich als Ich zu erleben. Leider geschieht es immer wieder, dass Eltern es nicht ertragen können, dass das Kind sich als individuelles Wesen entwickelt und selbständiger wird. Zum Beispiel, weil es unbewusst als Partnerersatz dient oder zur Kompensation anderer Defizite benutzt wird. Um das Kind an sich zu binden, stellen die Bezugspersonen dann beispielsweise, ebenfalls meist unbewusst, die Welt als einen gefährlichen Ort dar. Nicht selten wird dem Kind in dieser Zeit das Gefühl vermittelt, für das Wohlergehen der Mutter oder des Vaters zuständig zu sein. Da diese Aufgabe jedoch von vornherein zum Scheitern verurteilt ist, sind Schuldgefühle beim Kind vorprogrammiert. Reagiert die Bezugsperson auf die Individualisierung und das Selbständigwerden des Kindes mit Liebesentzug, schließt es daraus, sich selbst verleugnen zu müssen, um weiterhin die nötige Liebe zu erfahren. So entstehen beim Kind Glaubenssätze wie: *Liebe hat ihren Preis!* Die aufkommende Wut unterdrückt das Kind dann nach Kräften, aus Angst, die Bindung zu den Eltern zu gefährden, auf die es nach wie vor angewiesen ist. Diese Wut bricht sich häufig eines Tages in Form von Panikattacken Bahn oder tritt, wenn sie eher nach innen gerichtet ist, als Depression zutage.

Demzufolge hatten Cocos Panikattacken möglicherweise etwas mit unterdrückter Wut zu tun? Und auch Depression konnte mit unterdrückter Wut zusammenhängen? Sie schlug das Inhaltsverzeichnis auf, ihr war bereits zuvor ein Kapitel zum Thema Depression aufgefallen, zu dem sie noch nicht vorgedrungen war. Sie entschied vorzugreifen und las auch dort Ähnliches: Es war die Rede von ›Aggression‹, gemeint waren damit jedoch nicht nur Wutausbrüche im üblichen Sinne, sondern alles, was mit Abgrenzung, mit Nein-Sagen oder mit aggressiver Energie zu tun hat. Depression und Aggression sind gewissermaßen Gegenspieler. Weder das eine noch das andere Extrem ist gesund, überlegte Coco. Weiter las sie, dass aggressive Energie für den Menschen absolut überlebensnotwendig ist. Ein Säugling würde im ungünstigsten Falle sterben, wenn er nicht über die ausreichende Portion an aggressiver Energie verfügte, um bei Bedarf auf sich aufmerksam zu machen. Ein Mensch, der Aggression in jeglicher Form ablehnt, hat es sehr schwer in seinem weiteren Leben, denn er verfügt kaum über die nötigen Mittel, um sich im sozialen Kontext gesund behaupten zu können, das leuchtete Coco ein! Sie hatte von Menschen gehört, die in dem Irrtum lebten, sie seien automatisch zugehörig und verbunden, wenn sie ihre eigenen Grenzen völlig aufgeben. Dabei ist die Wahrheit doch, dass wirkliche Nähe ohne ein ausreichendes Maß an Autonomie und Abgrenzungsfähigkeit schlichtweg nicht möglich ist, überlegte sie weiter. Wer sich in dem Anderen verliert, kann kein wertvolles Gegenüber sein! Coco kam zu dem Schluss, dass Aggression also weitaus differenzierter zu betrachten war als zunächst angenommen. Schließlich erfuhr sie von weiteren Aspekten, die bei der Entstehung von Depression eine Rolle spielen können. Aggression genoss in Cocos Weltbild bisher einen schlechten Ruf, so aggressiv wie der Vater hatte sie nie werden wollen! Gab es also demnach auch eine gute, nützliche Form von Aggression?

Sie blätterte zurück zu ihrem Lesezeichen und setzte das Kapitel zur vierten Entwicklungsaufgabe fort, in dem sie erfuhr, dass Menschen, die im Glauben aufgewachsen sind, für das Wohl anderer zuständig zu sein und sich ihre Liebe erarbeiten oder verdienen zu müssen, dazu neigen, überall Appelle und Vorwürfe herauszuhören. So ist Beziehungsgestaltung für sie unter Umständen gleichgesetzt mit der Überzeugung, immer etwas geben oder sich für den Anderen aufopfern zu müssen, was Coco sehr gut nachvollziehen konnte. Am Ende des Kapitels ging es darum, dass Menschen mit einer ungünstig verlaufenen Entwicklung in diesem vierten Bereich häufig einen hochaktiven inneren Kritiker beherbergen. Es ist naheliegend, dachte sie, dass ein Mensch, der selbst von frühester Kindheit an permanent bewertet wurde, später selbst dazu neigt, die Welt, seine Mitmenschen und auch sich selbst ständig zu bewerten und in gut oder schlecht, richtig oder falsch und dergleichen einzustufen! Eine nützliche Übung sei es für diesen Menschen, sich zwischendurch zu erlauben, etwas zu tun, von dem er glaube, dass es anderen Leuten missfallen könnte und sich zu gestatten, auch einmal anderer Meinung zu sein.

Cocos Handy meldete eine Nachricht. Sie hatte es absichtlich angelassen, in der Erwartung des Uni-Stoffes von Cécile sowie eines Anrufes des Jugendamtsmitarbeiters. Céciles Nachricht enthielt eine ganze Reihe an Bildern von ihren Aufzeichnungen und sie erkundigte sich nach Cocos Befinden. Coco freute sich, dass sie sie nicht vergessen hatte und bedankte sich für ihre Mühe. Sie legte das Buch beiseite und begann, Céciles Notizen durchzugehen. Obgleich sie immer noch satt war von dem üppigen Mittagessen, war ihr nach einer Kleinigkeit zum Naschen. Sie ging in die Küche und warf einen Blick in einen der zahlreichen Vorratsschränke, in dem sie das Erhoffte am ehesten vermutete und entdeckte die Porzellandose mit dem Seerosenmuster im oberen Fach. Diese war gefüllt mit einer von Zahras Spezialitäten, einer traditionellen georgischen Süßigkeit: in Honig geröstete, grob gehackte Walnüsse. Die Zutaten dafür stammten aus Zahras Garten bzw. von Lucs Bienen.

Beim Studium von Céciles Notizen kam Coco zu dem erfreulichen Ergebnis, dass sie in der Tat nicht viel versäumt hatte. Sie legte sich aufs Bett und streckte sich aus. Ach, was war das für ein schönes Leben! Verrückt, wie schnell sich ihre Stimmung ändern konnte; wie sie auf einmal wieder Hoffnung und Zuversicht schöpfte, nachdem sie noch Stunden zuvor kein Licht am Horizont sah! Sie erinnerte sich wieder, was sie zu diesen plötzlichen Stimmungsumschwüngen gelesen hatte: typisch Trauma! Ja, es ließ sich kaum noch leugnen, dass etwas an Zahras Vermutung, Coco leide unter Traumafolgen, dran sein musste. Vielleicht war es ja normal, dass es einer gewissen Zeit bedurfte, sich mit dieser Erkenntnis anzufreunden? Coco machte eine Runde durch den Park und sah in ihrem Gärtchen nach dem Rechten. Einige Blumen trugen Samen, die sie in den nächsten Tagen sammeln würde, um sie bei Gelegenheit an anderer Stelle auszusäen. Sie füllte die Vogeltränke auf und ging zurück ins Haus. Sie war neugierig auf den Nachlass von Zahras Eltern. Auf dem Weg ins Kaminzimmer begegnete sie Zahra, die herabgefallene Blüten einer der Pflanzen in dem langen Gang zusammenfegte.

»Geht es dir wieder besser?«

»Ja, es geht mir gut genug, um mehr über deine Vorfahren zu erfahren.«

»Bist du sicher, dass das jetzt der richtige Zeitpunkt ist?« Coco wollte nicht unverschämt sein. Aber sie konnte sich wirklich nicht vorstellen, was so schrecklich sein könnte, dass sie es nicht verkraften würde.

»Zahra, was hältst du von einem milden Einstieg in das Thema: Du erzählst mir einfach ein bisschen und die Tagebücher hebe ich mir für ein andermal auf!« Zahra schmunzelte:

»Ist ja gut, das mache ich gerne – auch ohne deinen süßen Hundeblick! Aber vorher habe ich noch ein paar Dinge zu erledigen.«

»Kann ich dir etwas helfen?« Zahra winkte ab: »Ja, indem du dich ausruhst und für dich sorgst!« Coco verschwand lächelnd in ihrem Zimmer. Ihr kam die Idee, im Internet nach Dr. Lenoir zu suchen. Dann wüsste sie ungefähr, worauf sie sich einstellen müsste. Als sie ihr Handy in die Hand nahm, entdeckte sie eine Nachricht: ›Einen wunderschönen Nachmittag, Coco! Ihre Akte hat soeben das Archiv verlassen und wird, wenn alles planmäßig verläuft, am Montag ab 9:00 Uhr in meinem Büro zur Einsicht vorliegen. Ich freue mich, Sie wiederzusehen! Bis dahin die besten Grüße, Pascal Petit. PS: Sie sehen, auf den guten alten Pascal ist Verlass!‹

Sollte das tatsächlich so schnell klappen? ›Der gute alte Pascal…‹ Sie schüttelte sich bei dem Gedanken, von einem schmierigen alten Junggesellen mit ein paar verbliebenen fettigen Strähnen auf dem Kopf, der noch bei seiner Mutter wohnte, solche Nachrichten geschickt zu bekommen. Kaum hatte sie das gedacht, schämte sie sich auch schon für ihre Vorurteile. Vielleicht war er ja wirklich einfach nur ein korrekter, hilfsbereiter Mensch! Und wie kam sie überhaupt darauf, er sei Junggeselle und lebe noch bei seiner Mutter? Und wenn schon, was wäre dagegen einzuwenden! Coco versuchte schließlich, ihre Skepsis bezüglich des Jugendamtes und aller damit verbundenen Kontakte mit ihren zahlreichen schlechten Erfahrungen in der Vergangenheit zu rechtfertigen. Sie würde also am Montag dort hingehen! Und dabei würde sie sich ein Bild verschaffen von ›petit‹ Pascal… Wie automatisch, öffnete Coco eine ihrer Social-Media-Apps, da erschrak sie ein wenig: Könnte sie eigentlich noch ohne dieses Gerät leben? Sie hatte sich eine Zeit lang eingeredet, es beruhige sie, durch die Apps zu scrollen. Schließlich musste sie sich eingestehen, dass sie sich vermutlich einfach nur ablenkte. Wovon genau, hätte sie zu dem Zeitpunkt noch nicht sagen können. Aber nun, da sie mehr über das Entwicklungs-/Bindungstrauma wusste, kam ihr der Verdacht, es könnte da tatsächlich die eine oder andere schmerzhafte oder überfordernde Emotion geben, die sie verdrängt hatte und die sich melden würde, wenn sie zu viel Zeit und Ruhe für sich hätte. Sie dachte an einen interessanten Artikel, auf den sie im Internet gestoßen war, in dem der Autor, ein Neurowissenschaftler, erklärte, wie die Menschen mit der regelmäßigen Ablenkung durch Smartphones nach und nach die Fähigkeit verlören, sich zu fokussieren und wie dadurch ihre Konzentrationsspanne immer kleiner würde, da sich die Inhalte und Nachrichten zumeist in einem unglaublichen Tempo ablösten und regelrecht überschlugen. Coco war der Meinung, das gelte nicht für sie. Sie hielt nicht viel davon, Smartphones komplett zu verteufeln und darauf aus Prinzip zu verzichten. Auch wenn sie respektierte, dass Zahra keinerlei Verwendung dafür hatte, sie selbst würde weiterhin mit der Zeit gehen und versuchen, durch einen zumindest einigermaßen bewussten Umgang damit die auf der Hand liegenden Vorteile dieser Entwicklung zu nutzen! Aber von ›bewusstem Umgang‹ war sie offenbar weiter entfernt, als gedacht.

Sie legte das Handy zur Seite und überlegte, wie sie die Zeit bis zum Abendessen nutzen könnte. Zahras Vorschlag, sich auszuruhen, löste Unbehagen in ihr aus. Sich ausruhen... Wie genau sollte sie das denn machen? Der Gedanke, nichtstuend dazusitzen, wirkte abschreckend. Sie dachte zurück an die Zeit vor dem Studium, damals schien ihr das Nichtstun tatsächlich leichter zu fallen! Sie legte sich aufs Bett – mit der Absicht, einfach nur zu *sein*. Sie dachte daran, wie oft sie mit Zahra morgens im Gewölbekeller ihre Meditation gemacht hatte. Was war jetzt anders? War das nicht mehr oder weniger dasselbe? Richtig, es gab einen Unterschied: Zahra war jetzt nicht anwesend! Co-Regulation... Sollte das wirklich so einen Unterschied machen? Gut, neuer Versuch: Einfach nur sein... Coco bemerkte, wie sie unruhig wurde. Ihre Gedanken verselbständigten sich und sie landete bei allen möglichen Themen wie beispielsweise der Frage, ob der Vater bereits beerdigt worden war, beziehungsweise ob man seinen Leichnam verbrennen oder erdbestatten würde. Stopp! War das jetzt das, was sie sich vorgenommen hatte: einfach nur zu sein? Wohl kaum...

Zahra klopfte an die Tür und fragte, ob Coco einen besonderen Wunsch zum Abendessen habe. Coco bat sie herein und setzte sich auf. »Ich wollte jetzt einen Salat zubereiten. Und ich backe Brot, es ist in spätestens einer halben Stunde fertig.« Coco strahlte. Bei dem Gedanken an Zahras Brot lief ihr das Wasser im Mund zusammen.

»Warte, ich komme mit!« Coco begleitete Zahra in die Küche, wo sie ihr beim Salatwaschen half und sich um das Schneiden der Gurken und Tomaten kümmerte. »Am Montag kann ich meine Akte einsehen!«, fiel ihr plötzlich ein. Zahra stoppte für einen Moment ihre Arbeit und sah zu ihr auf.

»Das ging aber schnell! Wie gesagt, plane mich gerne ein!«

32

Nach dem Abendessen ging Coco ins Kaminzimmer und schrieb Leni eine Nachricht. Es machte sie traurig, nach all den Jahren in der Schule, als sie unzertrennlich gewesen waren, nun so wenig von ihr zu hören. Coco war der Meinung, eine gesunde Freundschaft verkrafte es, wenn es Phasen mit wenig Austausch gab und sie hätte auch nicht behaupten können, dass sie Leni regelrecht vermisste, aber sie betrachtete sie immer noch als ihre beste Freundin – auch wenn sie bei Leni möglicherweise nicht mehr diese Position besetzte. Sie war gerade dabei, ihrer Nachricht ein paar Fotos hinzuzufügen, als Zahra mit einem Tablett hereinkam und Tee und Gebäck auf den Tisch stellte, um es sich anschließend im Kerzenschein in einem der Sessel bequem zu machen. Coco schaltete ihr Handy aus und schenkte beiden Tee ein.

»Wie gesagt, die Geschichte meiner Eltern ist nicht sehr erfreulich – zumindest aus einer gewissen Perspektive betrachtet. Aber wer weiß, vielleicht würden sie mir jetzt auch widersprechen!«, hob Zahra an. Ihr Blick wirkte entfernt. »Wenn du etwas Unterhaltsameres möchtest, dann empfehle ich dir einen Blick in diese Fotoalben dort!« Sie deutete auf einen Stapel auf dem Tisch, der seit Cocos letztem Besuch hinzugekommen war. »Ich habe noch ein paar Alben zusammengetragen, aus meiner Zeit mit Étienne…«

»Wie aufregend! Aber erzählst du mir erst etwas über deine Eltern?«

»Also gut. Das gesamte Wissen über meine Eltern habe ich, wie erwähnt, aus diesen Tagebüchern, Notizen und Briefen sowie aus Erzählungen von Leuten, die sie kannten. Als ich sehr klein war, brachte meine Mutter mich aus Sicherheitsgründen in einer Nacht- und Nebelaktion zu ihren Eltern.«

»Zu deinen Großeltern in St. Petersburg?«

»Ganz genau.«

»Und deine Mutter?«

»Sie ging zurück nach Paris, zu meinem Vater.«

»Deine Eltern haben sich also in Russland während der Studienzeit kennengelernt und sind dann gemeinsam nach Paris, hier in dieses Haus, gezogen?«

»Ja, sie wollten eigentlich länger in St. Petersburg bleiben. Aber mein Großvater väterlicherseits erkrankte plötzlich schwer. Als sein einziges Kind, fühlte sich mein Vater in der Pflicht, für ihn zu sorgen. Und da meine Mutter nicht von ihm getrennt sein wollte, folgte sie ihm und unterstützte ihn bei der Pflege seines Vaters, der etwa ein halbes Jahr später verstarb. Dieses Anwesen ging mit dem Tod meines Großvaters in den Besitz meines Vaters über, der gar nicht glücklich darüber war, denn er hatte damals anderes im Sinn, als sich darum zu kümmern. Nicht, dass er sein Elternhaus nicht gemocht hätte, er hing sehr daran! Aber in der Studentenzeit galt sein Interesse einfach anderen Dingen. Wie dem auch sei, er fügte sich seinem Schicksal und trat das Erbe an. Er hatte, neben meiner Mutter, Unterstützung durch den langjährigen Diener, der bereits einen Großteil seines Lebens im Dienste der Familie stand. Schließlich wurde ich geboren. Meine Eltern waren sehr glücklich in dieser Zeit.« Zahra stellte ihre Tasse ab und zog eines der Fotoalben hervor, um Coco Bilder von der jungen Familie zu zeigen. »Hier, das bin ich!« Sie lächelte und hielt Coco das Album hin. Ihre jungen Eltern strahlten und hielten Zahra, die ein schneeweißes Leinenkleid und ein dazu passendes Stirnband trug, in ihrer Mitte.

»Und warum haben sie dich dann abgegeben, wenn sie doch so viel Platz hatten und so glücklich über ihre Tochter waren?«

»Nicht lange nach meiner Geburt wurde die Situation aufgrund des Krieges in Paris immer gefährlicher. Es gibt einen Tagebucheintrag, in dem meine Mutter ihrem Schmerz Ausdruck verleiht, den dieser Schritt mit sich brachte. Die Kurzfassung ist: Sie hätte es als egoistisch empfunden, wenn sie mich behalten hätte. Nichts wäre ihr lieber gewesen, als ihr junges Familienglück fortzusetzen. Aber sie entschied, ihre eigenen Gefühle außer Acht lassend, mich in Sicherheit zu bringen und ihrem Mann und Hunderten, wenn nicht Tausenden weiterer Menschen, beizustehen.«

»Hunderten oder Tausenden weiterer Menschen?«

»Wenn das Erbe meines Vaters auch einen beträchtlichen Wohlstand bedeutete, so brachte es zugleich eine große Verantwortung mit sich. Anstatt sich in den Luxus hinter diesen Mauern hier zurückzuziehen, widmeten meine Eltern den Rest ihres kurzen Lebens dem Wohl hilfs- und schutzbedürftiger Menschen. Das war in der Familie meines Vaters stets oberstes Gebot gewesen und hatte lange Tradition.«

»Und wie genau kann ich mir das vorstellen, dieses Helfen?«

»Äußerlich gesehen setzten meine Eltern ihr Studium fort – hier in Paris. Sie führten, wie viele andere Menschen, eine Art Doppelleben in dieser Zeit. Ihr Studentendasein hatte mehr Ablenkungscharakter – nicht um sich selbst abzulenken, sondern gewisse Leute.«

»Was denn für Leute?«

»Meine Eltern waren aktiv im Widerstand, der Résistance. Sie nutzten dieses Anwesen als Unterschlupf für zahlreiche Verfolgte und finanzierten mit dem Erbe meines Vaters diverse Aktivitäten, wie zum Beispiel die Beschaffung von Papier, Tinte und Vervielfältigungsmaschinen zum Druck der Handzettel, Flugblätter und Zeitungen.«

»Und die vielen Tasteninstrumente im großen Saal, stammen die auch aus dieser Zeit?« Sie hatte sich oft gefragt, warum jemand so viele Instrumente sammelte, obwohl den meisten Menschen ein einziges Klavier ausreichte.

»Richtig, viele Intellektuelle und Musiker fanden hier Schutz. Und der eine oder andere brachte sein geliebtes Instrument mit.«

»Und manche haben ihre Instrumente dann nicht wieder mitgenommen oder später abgeholt?« Kaum hatte Coco die Frage ausgesprochen, bemerkte sie, wie unsinnig diese war.

»Viele dieser Menschen sind spurlos verschwunden und nie wieder aufgetaucht. Gefängnis, Folter, Arbeitslager, Deportation und spontane Hinrichtungen waren an der Tagesordnung.«

»Was ist aus deinen Eltern geworden?«

»Sie wurden eines Tages auf offener Straße verhaftet und getrennt voneinander untergebracht. Man war ihnen schon länger auf der Spur gewesen, da man in ihnen einen wichtigen Angelpunkt des Widerstandes vermutete, ihnen aber lange nichts hatte nachweisen können. Denunziation war damals weit verbreitet und man musste stets auf der Hut sein, mit wem man sprach und was man an welcher Stelle sagte. Viel später sind Verhörprotokolle aufgetaucht, aus denen hervorgeht, dass sie bis zu ihrer Hinrichtung ihren Unterschlupf und die daran hängenden Menschenleben nicht preisgegeben haben.«

»Du meinst dieses Anwesen?«

»Ja, wie du auf einem der Bilder gesehen hast, gab es einst eine offizielle Einfahrt zu dem Grundstück, die in weiser Vorahnung verschlossen wurde. Die Bäckerei existierte bereits vor dem Krieg und war das ideale Versteck für die Druckmaschinen und so weiter, die viel Lärm machten. Das zu transportierende Material für die Widerstandsaktionen ließ sich zwischen den Lieferungen an Mehl und dergleichen gut verstecken.«

»Und dann hat man den Mehlspeicher mit einer Panzertür versehen und das Anwesen wurde zum sichersten und komfortabelsten Versteck der Stadt?«

»So ist es.« Coco begann, das Haus und den Garten nun mit ganz anderen Augen zu sehen.

»Was war mit dir? War es in St. Petersburg nicht genauso gefährlich?«

»In St. Petersburg selbst schon. Wir kennen ja aus den Geschichtsbüchern die Berichte über die Belagerung der Stadt, die damals noch den Namen Leningrad trug. Meine Großeltern mütterlicherseits hatten zusätzlich zu ihrem Stadthaus, welches man eigentlich eher als Palast bezeichnen kann, ein Sommerhaus auf dem Land, in das sie sich während des Krieges zurückzogen. Dort lebten sie vergleichsweise einfach und bescheiden, aber in Sicherheit.« Coco schenkte beiden Tee nach.

»Gibt es davon auch Bilder?«

»Ja, ein paar sind dabei.« Coco glaubte nun auch zu verstehen, welche Bedeutung dem tiefen Keller in dieser Zeit zukam, dessen Abgang sich hinter dem großen Spiegel mit dem auch für damalige Verhältnisse vermutlich raffinierten Schiebemechanismus verbarg.

»Und warum bist du nicht in Russland geblieben?«

»Die Stadtresidenz meiner Großeltern hat den Krieg leider nicht überstanden. Wir blieben auf dem Land, bis meine Großmutter unerwartet verstarb – nicht lange nach meinem Großvater, der den Folgen eines schweren Unfalls zum Opfer fiel, nachdem er dem Nachbarn bei der Ernte geholfen und unter ein Fahrzeug geraten war. Meine Großmutter hatte mir immer eingebläut, ich solle, wenn sie einmal nicht mehr da sein würde, nach Paris gehen. Sie war eine sehr gebildete und weitsichtige Frau und wirkte auf dem Land immer etwas deplatziert. Für diesen Fall hatte sie einen Briefumschlag vorbereitet, der neben Geld verschiedene Namen und Adressen enthielt. An erster Stelle stand dort die Anschrift unserer Bäckerei.« Zahra kramte in dem Stapel und reichte Coco das Couvert. »Meine Großeltern haben kaum über meine Eltern gesprochen. Es war wahrscheinlich sehr schmerzhaft, diese Erinnerungen wachzurufen. So wusste ich kaum etwas über sie und über meinen familiären Hintergrund. Als ich nach Paris kam, war ich noch keine siebzehn Jahre alt. Du kannst dir denken, wie verblüfft ich war…«

»Hast du denn neben Russisch auch Französisch gesprochen?«

»Ja, es gehörte in den gehobeneren Kreisen in Russland zum guten Ton, seine Kinder auf Französisch zu unterrichten. Die meisten wohlhabenden Familien hatten eine französische Gouvernante – so war es auch bei uns. Als meine

Großeltern sie nicht mehr bezahlen konnten, blieb sie gegen Kost und Logis bei uns, wie ein Familienmitglied. Das galt übrigens auch für zwei weitere ehemalige Bedienstete.« Coco ärgerte sich, Zahra zuvor nie nach diesen Dingen gefragt zu haben.

»Aber wie hast du denn das Anwesen finden können? Das wird doch damals mindestens so gut versteckt gewesen sein wie heute, oder nicht?« Zahra lächelte.

»Ja, das war eine filmreife Szene! Ich habe mich nach meiner Ankunft also, wie ich es meiner Großmutter versprochen hatte, an diese Adresse begeben. Ich fand jedoch nur eine verlassen wirkende Bäckerei vor und überprüfte die Anschrift mehrmals. Ratlos setzte ich mich schließlich auf die Stufen vor der Bäckerei, unserem heutigen kleinen ›Laden‹, und weinte. Ich fühlte mich mutterseelenallein und wusste nicht weiter. Ich mag eine halbe Stunde so dagesessen haben, da hörte ich auf einmal, wie jemand das Schloss der Eingangstür hinter mir betätigte. Ich sprang auf und entschuldigte mich, da begrüßte mich ein alter Herr in Livrée lächelnd mit den Worten: »Herzlich willkommen, Zahra! Es freut mich, dass du den Weg hierher gefunden hast!« Dabei griff er wie selbstverständlich nach meinem Gepäck, ließ mir den Vortritt ins Haus und schloss hinter uns die Tür wieder ab.«

»Hattest du denn gar keine Angst?«

»Doch, im ersten Moment war ich wie erstarrt! Aber er strahlte eine solche Ruhe und Gutmütigkeit aus, dass ich alle Warnungen vergaß, die ich als junge Frau bezüglich fremder Männer gehört hatte. Du kannst dir meine Verwunderung vorstellen, als er plötzlich den Mehlspeicher öffnete! Ich war sprachlos und kam mir vor wie in einem der phantastischsten Romane!« Ja, das konnte Coco sich in der Tat vorstellen. Sie erinnerte sich noch gut daran, wie sie selbst einst sprachlos vor Staunen diese Einrichtung bewundert hatte, nachdem sie von der Lungenentzündung genesen war und ihren ersten Ausflug mit Zahra in die Stadt unternahm. Bei ihrer Ankunft war sie aufgrund des hohen Fiebers und ihres miserablen Zustandes nicht bei Bewusstsein gewesen. »Ich brauche dir wohl kaum zu schildern, wie es mir erging, als ich dieses Schloss mit all seinen Raffinessen, seiner geschmackvollen Einrichtung und dem Park betrat – ich glaubte zu träumen! Wenn meine Großeltern auch Luxus und Wohlstand gewöhnt waren, so kannte ich selbst nur das einfache Landleben und war vollkommen überwältigt.«

»Wer war denn dieser Mann und woher wusste er überhaupt, wer du bist?«

»Das war James, der Diener meiner Eltern. Das heißt, eigentlich, bereits meiner Großeltern!«

»James?«, fragte Coco unglaubwürdig. Zahra lächelte.

»Ja, er hieß wirklich so! Er bemühte sich als junger Mann, aus England stammend, bei meinen Großeltern um eine Stelle und blieb ihnen den Rest seines Lebens treu ergeben.« Coco war beeindruckt. »James kannte meinen Vater bereits von Geburt an und unterstützte ihn hingebungsvoll während des Krieges bei der Beherbergung Schutzsuchender. Wie er mir erzählte, hatte er meinem Vater angeboten, er würde sich um alles kümmern, sollte mein Vater eines Tages nicht zurückkehren. Und genauso kam es. Auch nach dem Krieg, als er ganz allein in dem Anwesen war, pflegte er alles wie in den guten alten Zeiten. Irgendwann erhielt er dann den Brief meiner Großmutter, die ihn darüber informierte, dass sie jederzeit mit ihrem Ableben rechnete und ich in diesem Falle in Paris auftauchen würde, um mein Erbe anzutreten. Ich muss damals eine deutliche Ähnlichkeit mit meinen Eltern gehabt haben – zumindest bestand für James nicht der geringste Zweifel, dass ich das Mädchen war, das er zuletzt als Säugling im Arm gehalten hatte.«

»Gibt es diesen Brief noch?«

»Selbstverständlich... Moment... Voilà, da ist er!«

Coco nahm den Brief entgegen.

»Du kannst ihn gerne öffnen!«

»Was für eine schöne Handschrift deine Großmutter hatte!«

»Oh ja, und das selbst noch kurz vor ihrem Tod in fortgeschrittenem Alter. Sie hat stets Wert auf solche Dinge gelegt und Entsprechendes auch von mir erwartet. Sie war ein Mensch mit Idealen und Prinzipien – klar und direkt, aber stets respektvoll und warmherzig.«

»Und warum hat sie dich nicht schon viel eher nach Paris geschickt?«

»Sie wollte mir so lange wie möglich als letzter verbliebener Rest meiner Familie zur Seite stehen, denn sie wusste, dass die Zeit früh genug kommen würde, in der ich vollkommen allein zurückbleiben würde.«

»Naja, nicht ganz allein, immerhin hattest du James!«

»Ja, er war meine Rettung! Nicht nur, dass er sich in gewisser Hinsicht als ›Familienmitglied‹ für mein Wohlergehen persönlich verantwortlich fühlte! Ihm verdanke ich auch, dass ich doch noch Vieles über meine Vorfahren erfuhr.« Zahra blätterte in einem der Alben und zeigte Coco das Bild eines stattlichen älteren Herrn, der ernst in die Kamera schaute und steif mit hinter dem Rücken verschränkten Händen dastand, als sei er eine Holzfigur.

»Was hat er denn da für eine Uniform an?«, amüsierte sich Coco.

»Das ist die besagte Livrée, wie Diener sie um 1900 herum üblicherweise trugen. James besaß mehrere davon und pflegte diese pingelig bis zu seinem Tod. Es gab keinen Tag, an dem er etwas anderes trug, wenngleich die Uniform bereits damals altmodisch war. Das Dienen war sein Leben.«

»Keine Frau, keine Familie?«

»Wir waren seine Familie. Ich denke, er fühlte sich nur in dieser Rolle wirklich sicher.«

»Er muss doch unglaublich froh gewesen sein, als du hier aufgetaucht bist!«

»Das war er! All die Jahre, die er ganz allein in dem Anwesen lebte, ging er täglich vor die Tür um nachzusehen, ob ich schon angekommen sei. Auch ohne den Brief meiner Großmutter schien er damit gerechnet zu haben. Er erzählte mir, dass er stets wusste, ich würde eines Tages zurückkommen. James war ein sehr sensibler Mensch mit einer äußerst zarten Seele – anders, als seine mächtige Erscheinung vermuten ließ. Er sagte, er habe stets gefühlt, dass ich am Leben sei. Das war seine Motivation, jeden Tag aufzustehen, seinen Dienst zu verrichten und weiterzumachen.« Coco war beeindruckt von der Geschichte. Wieviel Leid diese Menschen damals durchmachen mussten!

»Danke, dass du mir das alles erzählt hast, Zahra.«

»Gerne! Und wenn dir noch etwas einfallen sollte, das du wissen möchtest, dann zögere nicht, mich zu fragen.« Sie reichte Coco eines der Bücher. Es war verhältnismäßig dünn und wie die meisten anderen schwarz eingebunden. »Vielleicht fängst du mit diesem an. Es ist eine eher stichpunktartige Aufzeichnung meines Vaters. Er hat dort grob die Umstände und Ereignisse festgehalten – aus Sicherheitsgründen ohne Datum und ohne Namen. Man machte damals, wenn man im Widerstand aktiv war, idealerweise gar keine Notizen. Denn man musste stets davon ausgehen, aufzufliegen. Es war wichtig, keinerlei Hinweise zu hinterlassen, die jemand anderen belasten könnten.« Coco nahm das Büchlein entgegen und betrachtete es ehrfürchtig. Eine Frage war ihr noch in den Sinn gekommen:

»Die Umstände deiner Kindheit müssten dich doch traumatisiert haben, oder nicht?«

»Eine gute Frage! Grundsätzlich sind die Menschen unterschiedlich anfällig und empfindlich diesbezüglich. Ich denke, dass ich es meiner Großmutter und meinem treuen Kindermädchen verdanke, den frühen Verlust meiner Eltern relativ gut überstanden zu haben. Zwar kann niemand die eigenen Eltern ersetzen, aber die beiden waren mir sehr zuverlässige Bezugspersonen!« Coco überlegte erneut, wie es ihr ergangen wäre, wenn sie schon früher den Weg zu Zahra gefunden hätte. »Was meinst du, Coco, gehen wir noch eine kleine Runde durch den Park, ehe wir uns schlafen legen? Nach all diesen Dingen, die ich dir erzählt habe, wirst du sonst vermutlich eine unruhige Nacht haben!« Coco war einverstanden, auch wenn sie nicht glaubte, dass das Erzählte eine solche Wirkung auf sie haben würde.

Für Pariser Verhältnisse waren relativ viele Sterne zu sehen. Die Luft war mild, ein paar Grillen zirpten ihr Nachtlied. Coco nahm Salomé im Vorbeigehen auf den Arm, die im Wintergarten auf einem der Stühle zusammengerollt schlief. Sie schnurrte und rieb ihren Kopf an Cocos Wange. Als sie durch den Garten schlenderten, ließ Coco Zahras Erzählungen in ihrer Vorstellung erneut lebendig werden und malte sich aus, wie Professoren, Künstler und Musiker inmitten des Krieges genau hier miteinander diskutierten, bangten und vielleicht auch lachten. Eine Sache hatte sie Zahra schon vorhin fragen wollen:

»Hast du deshalb keinen Strom und kein Telefon hier, weil das Versteck während des Krieges dann eher aufgeflogen wäre?« Zahra blieb stehen.

»Ganz genau! Das Risiko wäre zu groß gewesen.«

»Aber die Maschinen in der Bäckerei, die mussten doch irgendwie betrieben werden.«

»Oh ja, das wurden sie! Ist dir nie aufgefallen, dass es dort Strom gibt? Eine Bäckerei ohne Strom wäre eine äußerst schlechte Tarnung gewesen!«, lachte sie. »Genauso der Briefkasten. Im Gegensatz zu unserem geheimen Reich hier, gibt es dort vorne einen!« Nein, das war Coco in der Tat nie aufgefallen.

»Und warum hast du dann nicht wenigstens da vorne ein Telefon?«

»Ich habe es noch nie vermisst. Im Gegenteil, stell dir mal vor, jeder, der etwas von mir will, hätte meine Nummer!« Sie lachten.

»Aber nach dem Krieg hättest du doch wieder den Durchgang öffnen und den Stromanschluss freischalten können!«

»Ja, das hätte ich. Ich sehe jedoch absolut keinen Nachteil darin, dass es so ist, wie es meine Eltern hinterlassen haben. Fehlt dir denn irgend etwas?«

»Naja, abgesehen von einer Steckdose, um mein Handy zu laden, eigentlich nicht.«

»Gut, dieses Problem hätten wir ja hiermit gelöst, die Steckdosen in der Backstube stehen dir rund um die Uhr zur Verfügung!«

»Was mögen die Nachbarn bloß gedacht haben, wenn James in seiner Uniform auf die Straße trat?«

»Der eine oder andere, der ihn nicht von früher her kannte, mag ihn für einen kriegstraumatisierten Irren gehalten haben! Das brachte den Vorteil mit sich, dass er seine Ruhe vor ihnen hatte. Er war kein Freund von Klatsch und Tratsch, es kam ihm gewiss sehr gelegen.« Sie beendeten ihren Spaziergang und gingen zurück ins Haus.

33

Am Morgen erwachte Coco vor Sonnenaufgang und fühlte sich bestens erholt. Ihr erster Gedanke galt dem Termin bei dem Therapeuten. Ihr fiel ein, dass sie schließlich doch vergessen hatte, sich im Internet über die Praxis zu informieren. Jetzt war ihr nicht danach. Sie öffnete die großen Fensterflügel zur Terrasse, um die kühle Morgenluft einzuatmen. Was für eine friedliche Atmosphäre! Sie dachte an die armen Menschen, die um diese Uhrzeit in vollen Bussen und Métro-Zügen zu ihren Arbeitsplätzen fuhren. Wie gut sie es doch hatte! Sie bekam kalte Füße und ging ins Bad.

Anschließend traf sie Zahra im Gewölbekeller. Nach einer leisen Begrüßung schwiegen sie, jede für sich, auf ihren Kissen. Coco horchte in den Körper hinein. Sie war entspannt, ihr Atem ging ruhig und regelmäßig, ihre Glieder fühlten sich angenehm schwer an. Ein tiefes Gefühl von Dankbarkeit und Zuversicht durchströmte sie. Da war es plötzlich wieder, dieses erleichternde Ausatmen. Guten Morgen, Parasympathikus! Sie musste lächeln und warf Zahra einen Blick zu. Hier, an diesem Ort, in diesem Moment, in Zahras Nähe, wirkte die Welt in Ordnung! Ihr kam ein Spruch in den Sinn: *Wenn du nichts sagst, verstehen dich nur die Menschen, die dich fühlen können!* Ja, das passte. Sie fühlte sich von Zahra verstanden; sie fühlte sich gefühlt. Das also brauchte ein Säugling tagein tagaus, um sich gesund entwickeln zu können! Co-Regulation… In etwa so musste sich das anfühlen. Und was war dafür nötig? Zwei Nervensysteme, die bereit sind, sich aufeinander einzulassen. Wie einfach es doch sein konnte, diese äußere Ruhe zu ertragen, ja sogar zu genießen, ohne von der eigenen inneren Unruhe gestört zu werden! Doch warum gelang ihr das im Alltag nun so wenig? Zahra schien zu bemerken, dass sie etwas fragen wollte und ermutigte Coco mit einem unmissverständlichen Blick.

»Zahra, warum muss das Leben da draußen nur so schwierig sein?«

»Vielleicht, weil die Menschen die einfachen Dinge oft nicht zu schätzen wissen?« Sie schwiegen. Schließlich ergänzte Zahra: »Die Menschen leiden oft viel mehr unter ihren eigenen Gedanken und Sorgen als unter der Realität. Sie erschaffen mit ihren Denkmarathons Probleme, die es gar nicht gibt! Man verpasst so viel, wenn man in schönen Momenten durch die falschen Gedanken abgelenkt ist. Ist es nicht widersprüchlich, permanent Negatives zu denken und zugleich Positives zu erwarten?« Ja, das konnte Coco bestätigen! Oft waren ihre Befürchtungen gar nicht eingetreten…

»Und wie kommt man da heraus aus diesem Muster?«

»Ein erster Schritt könnte zum Beispiel sein, aufzuhören, in allem perfekt sein zu wollen – das Leben kann sich schon allein dadurch viel perfekter anfühlen! Denn manches kann erst gut werden, wenn wir es gut sein lassen. Die glücklichen Menschen sind nicht die, die keine Sorgen haben, sondern die, die akzeptieren, dass nicht alles perfekt ist und die sich darin üben, allem etwas Positives abzugewinnen. Ein Weg zu mehr Glück ist nicht, von allem das Beste zu haben, sondern aus dem Verfügbaren das Beste zu machen! Wer nicht alles für selbstverständlich hält und lernt, sich auch an den kleinsten Dingen oder Erlebnissen zu erfreuen, der ist stets ein Beschenkter und empfängt mit Heiterkeit, was das Leben ihm beschert!« Ja, diesen Perfektionismus- und Optimierungswahn kannte Coco nur allzu gut… Sie bewunderte Leute, die das, was sie in dem Moment ohnehin nicht ändern konnten, gelassen akzeptierten, bis die Zeit ihnen neue Wege aufzeigte! »Es kann im Übrigen sehr hilfreich sein, sich von dem Konzept zu verabschieden, permanent hart arbeiten zu müssen, um erfolgreich zu sein und stattdessen zu akzeptieren, dass Pause, Erholung und Selbstreflektion nicht weniger wichtige Elemente auf dem Weg zu einem erfüllten Leben sind! Sobald wir unseren Geist auf ein Ziel ausrichten, kommt uns Vieles entgegen. Wir sollten uns öfter bewusst machen, welchen Einfluss unsere Gedanken und Gefühle auf die Gestaltung unserer eigenen Zukunft haben.« Coco erinnerte sich an die Strategie, negativen Gedanken und Gefühlen maximal zwei Sekunden zu gewähren. Wenn das nur so einfach wäre... Ihr Magen knurrte. »Er hat Recht, lass uns etwas essen!«, kommentierte Zahra das Geräusch. Sie löschten die Lichter und machten sich auf den Weg in die Küche.

34

Nach dem Frühstück ging Coco in ihr Zimmer und setzte sich mit dem Trauma-Buch an den Schreibtisch. Sie hatte zunächst überlegt, zur Uni zu fahren. Die vormittags anstehenden Veranstaltungen waren jedoch vermutlich, genau wie der gestrige Tag, ebenso gut mit Céciles Notizen abzuhandeln. Da Coco abends sowieso in diese Richtung musste, entschied sie sich für den Kompromiss, erst mittags die Uni zu besuchen und den Vormittag ihrem neuen psychologischen Lieblingsthema zu widmen.

Bezüglich der fünften Entwicklungsaufgabe, die sich auf den Bereich Liebe und Sexualität bezieht und die zum ersten Mal im Alter von etwa drei bis sechs Jahren eine prägende Rolle spielt, lernte Coco, dass das Kind in dieser Zeit die ersten Freundschaften knüpft und sich seiner Geschlechterrolle bewusst wird. Während die Liebe zu den Bezugspersonen zunächst ganzkörperlich erlebt wurde, treten dann vermehrt sinnliche Gefühle, kindliche Sexualität und den Körper betreffende Neugier zutage. Eine zweite wichtige Phase in diesem Zusammenhang ist das Einsetzen der Pubertät. Verlaufen diese Phasen gut, so ist der Mensch dadurch in der Lage, sich als sinnliches Wesen wahrzunehmen, das Liebe und Sexualität gesund miteinander vereint, ohne Nähe und Sexualität miteinander zu verwechseln oder Kontakte zu sexualisieren. Eine in der erstgenannten Phase recht häufig vorkommende Problematik besteht darin, dass das Kind sich in seiner Sinnlichkeit abgelehnt fühlt und sich für diese schämt, während es hinsichtlich der Gefühle auf Herzensebene vom Umfeld bestärkt wird. Das Kind neigt dann dazu, Liebe und Sexualität voneinander abzuspalten. Während der Pubertät kann es sein, dass das sexuelle Erwachen des Jugendlichen ignoriert wird oder ihm Ablehnung, Missbilligung oder Verachtung entgegengebracht werden. Scham über den sexuellen Selbstausdruck schlägt sich letztendlich immer auch im Identitäts- und Selbstwertgefühl nieder. Nicht selten herrscht in Familien, in denen es zu Störungen im Bereich der Entwicklungsaufgabe Liebe/Sexualität kommt, ein nüchternes Klima, in dem Verbundenheitsgefühle und Zärtlichkeit wenig kommuniziert oder sogar abgelehnt werden. Oder die Liebe ist an Bedingungen wie Leistung oder Aussehen geknüpft. Ebenso kommt es jedoch auch gerade in diesen Phasen zu tatsächlichen sexuellen Übergriffen. Von einem Erwachsenen auf ein Kind gerichtete sexuelle Energie ist für das Kind immer überwältigend und löst eine tiefgehende Stressreaktion aus! Besonders dramatisch ist es, wenn diese Energie von einer Bezugsperson ausgeht, mit der sich das Kind als verbunden erlebt und auf die es angewiesen ist.

Coco war plötzlich übel und ein durchdringender Piepton breitete sich in ihrem Kopf aus. Schlagartig sah sie die eine oder andere Szene mit dem Vater vor ihrem inneren Auge ablaufen. Ihr war nicht mehr nach Lesen zumute und sie schlug das Buch zu. Sie hatte plötzlich das starke Bedürfnis, sich gründlich zu duschen. Sie fühlte sich unglaublich schmutzig – ein Gefühl, das ihr bestens vertraut war...

Nach einer ausgiebigen Pause setzte sie sich erneut hin, um, der Vollständigkeit halber, das Kapitel zu Ende zu bringen. Es ging zunächst um zwei verschiedene Ausprägungen, wie sich Störungen in diesem Bereich im Erwachsenenalter typischerweise bemerkbar machen. Zunächst wurde der ›sexuelle‹ Untertyp geschildert: Er landet häufig bereits in der frühen Kennenlernphase aufgrund seiner niedrigen Schwelle für sexuelle Interaktion mit dem potentiellen Partner im Bett und geht auf diese Weise in eine Art ›Bindung‹, ohne den Partner zuvor wirklich kennengelernt zu haben. Kommt es jedoch dazu, dass die Beziehung an Tiefe gewinnt, verliert er rasch das sexuelle Interesse am Geschlechtspartner. Dieser Typ nutzt attraktive Partner, um sein Selbstwertgefühl aufzubessern und ist der Verführer schlechthin. Die meisterhaften Verführungskünste dienen ihm letztendlich dazu, wirkliche Nähe zu vermeiden und das Minderwertigkeitsgefühl wird mit herausragender Potenz oder Expertentum in Sachen Sexpraktiken kompensiert, wobei der Liebesakt einer sportlichen Betätigung ähnelt. Eroberung und Leistung stehen für diesen Typ an erster Stelle, meistens überdauert die Beziehung die Phase des gegenseitigen Werbens und Verführens nicht. Der andere Untertyp ist der ›romantische‹ Typ, der alles, was mit Liebe und Beziehung zu tun hat, romantisiert. Mit seinem offenen Herzen kann eine regelrechte Ablehnung von allem, was mit Sexualität zusammenhängt, einhergehen. In der Anfangsphase der Beziehung spielt Sexualität mitunter noch eine gewisse Rolle, dieses Interesse lässt jedoch meistens rasch nach und es gelingt nicht, eine beständige, lebendige Sexualität in die Partnerschaft zu integrieren.

Coco fragte sich, ob diese Untertypen-Einteilung im wahren Leben auch so eindeutig ausfallen würde. Vermutlich wurden hier, der Anschaulichkeit halber, Extremformen dargestellt? Das Kapitel schloss mit einem Abschnitt, der den enormen Anspruch beschrieb, den beide Untertypen an sich selbst und oft auch an ihre Mitmenschen stellen, die die hohen Standards dann kaum erfüllen können. Das ständige Erbringen von Leistung, welches bisweilen wie getrieben wirkt, hilft beiden Typen, den Kontakt mit ihren schmerzlichen Gefühlen von Verletzung, Zurückweisung und Minderwertigkeit zu vermeiden. Es ist von großer Wichtigkeit für sie, ihre makellose Fassade aufrechtzuerhalten – aus Angst, niemand würde ernsthaft in Betracht ziehen, sie zu lieben, wenn ihre Schwächen und Unzulänglichkeiten offenbar würden.

Coco kam ein Artikel in den Sinn, über den sie kürzlich gestolpert war. Dort ging es darum, dass Kinder, die mit einem narzisstischen Elternteil aufwuchsen, sich häufig nicht um ihrer selbst willen geliebt fühlten, sondern lediglich für ihre Leistungen, ihr Aussehen und so weiter. Ihre Bedürfnisse würden auf diese Weise nicht ausreichend gestillt und sie lernten, um Liebe und Anerkennung zu kämpfen. Das Ergebnis ist dann später oft ein ausgeprägter Perfektionismus und das Streben, gesellschaftlich hervorstechen zu müssen. Coco überlegte, ob ihr Vater wohl auch Narzisst gewesen war – die Frage überforderte sie jedoch. Fremde, so schien ihr, konnte sie einfacher einschätzen. Der Autor nannte typische Glaubenssätze derartig geprägter Menschen, wie: *Für Beachtung und Liebe muss ich kämpfen. Ich bin nur wertvoll, wenn ich etwas leiste. Ich kann mich noch so sehr anstrengen, es ist nie genug!*

35

Das Seminar und die Übung an der Uni verliefen ohne Panikattacke. Cécile freute sich, Coco wiederzusehen und brachte sie auf den aktuellen Stand. Nach der Uni fuhr Coco in die WG, um etwas zu essen. Ihre Nervosität wuchs mit dem Herannahen des Termins bei dem neuen Therapeuten, sie hatte keinen Appetit und zwang sich zum Essen. Es waren noch ein paar Minuten Zeit, ehe sie los musste und sie legte sich mit dem Handy aufs Bett. Leni hatte ihre Nachricht inzwischen zwar gelesen, jedoch nicht darauf reagiert. Schließlich war es Zeit, sich auf den Weg zu machen.

Coco kannte das Viertel nicht und öffnete die Navigations-App. Die Gegend war ausgesprochen sauber und ordentlich. Die altehrwürdigen Häuser waren allesamt aufwendig saniert und hatten in ihrer Perfektion etwas Unwirkliches. Hier war es! Coco betrachtete das Schild: ›Gemeinschaftspraxis für Psychotherapie, Dr. Lenoir und Kollegen. Termine nach Vereinbarung.‹ Die Kollegen waren darunter namentlich aufgeführt. Coco spürte, wie ihr Herz schneller schlug. Warum war sie denn so angespannt? Sie würde die nächsten fünfzig Minuten diesem Doktor zuhören und sich anschließend einen gemütlichen Abend machen! Außerdem müsste sie ihn nie wieder aufsuchen und könnte die Sache abhaken!

Die massive Holztür gab nach. Wäre sie nicht so nervös, würde Coco den geschnitzten Verzierungen einen Moment lang ihre Aufmerksamkeit schenken. Als sie den Flur betrat, fielen ihr die wunderschönen, vermutlich uralten, gemusterten Bodenfliesen auf. Über die breite Treppe ging es in den ersten Stock. Die Treppe war im Mittelbereich mit einer Bahn aus rotem Teppich bespannt. Das Treppenhaus mit seinem Kronleuchter und den Gemälden an den Wänden hätte mit dem einen oder anderen Schloss durchaus mithalten können! Durch die kunstvoll gravierte Scheibe der Praxistür sah Coco eine Art Empfangstresen. Sie drückte vorsichtig gegen die Tür, die sofort nachgab. Stille. Coco war unsicher: Sollte sie dort warten, bis jemand kam? Sie blieb stehen, das Herz schlug ihr bis zum Hals. Plötzlich glaubte sie, aus einem der zahlreichen Zimmer, die links und rechts von dem langen Gang abgingen, Stimmen zu hören. Auf dem Tresen stand ein Blumenstrauß, an der Wand dahinter hing eine bedruckte Leinwand mit den Worten:

Dir treu zu bleiben in einem Umfeld, das dich ständig anders haben will, ist einer der größten Erfolge!

Coco schaute sich um und entdeckte ein Wartezimmer mit roter Couch. Wie klischeehaft, dachte sie. Aber gehörte diese nicht, um dem Klischee treu zu bleiben, in eines der Sprechzimmer? Ihr fiel der Film ›Eine Couch in New York‹ mit Juliette Binoche ein. Obwohl – war die Couch in dem Film nicht dunkelblau? Als sie sich hinsetzen wollte, vernahm sie, wie eine Tür geöffnet wurde und sich ein Mann und eine Frau verabschiedeten. Nach dem Schließen der Praxistür entfernten sich die Schritte und es war wieder still. Wenig später hörte Coco, die inzwischen auf einem der Stühle Platz genommen hatte, wie sich abermals eine Tür öffnete und jemand näherkam – sie wurde aufgerufen. Eine schlanke, adrett gekleidete Frau schaute um die Ecke und lächelte Coco zu.

»Wir haben miteinander telefoniert, Sie dürfen mir folgen!« Sie ging voraus und blieb vor einem der Zimmer stehen, dessen Tür offenstand. »Bitte, nehmen Sie ruhig schon Platz, Dr. Lenoir wird gleich bei Ihnen sein. Möchten Sie etwas trinken?« Coco betrat den Raum, in dem drei Sessel um einen kniehohen Tisch standen.

»Nein, danke, ich brauche nichts.« Ein Schluck Wasser hätte ihrem trockenen Mund gutgetan! Aber sie wollte keine Umstände machen, sie würde zuhause etwas trinken. Welcher Platz war wohl für den Therapeuten reserviert? Sie wusste nicht, wo sie sich hinsetzen sollte und betrachtete den orientalischen Teppich, der auf einem zweifelsohne sehr alten, aber tadellos gepflegten Parkettboden lag. Große Grünpflanzen ließen den Raum lebendig wirken. Coco war beeindruckt von der Praxis. Ob hier womöglich nur Selbstzahler behandelt wurden? Ihr fiel auf, dass sie das im Vorfeld nicht geklärt hatte. Dann hätte sich jeder weitere Termin schon aus diesem Grunde erledigt! Eine solche Praxis zu unterhalten, noch dazu in dieser Gegend, war mit Sicherheit eine kostspielige Angelegenheit! Sie wäre beim besten Willen nicht in der Lage, regelmäßig solche Sitzungen zu bezahlen. Schritte auf dem Gang – das würde Dr. Lenoir sein... Wie unangenehm... Sie könnte den Termin jetzt nicht mehr abbrechen. Naja, diesen einen würde sie finanziell noch irgendwie stemmen. Als Coco sich in Richtung Tür umsah, erblickte sie Jacques, der ihr, nach einem offensichtlichen Moment der Überraschung, freundlich zulächelte.

»Coco, richtig?« Coco war irritiert. Und sie staunte, dass er ihren Namen noch wusste. Seit dem Termin am Montag, an dem sie kaum miteinander gesprochen hatten, waren ein paar Tage vergangen. Er schien ein gutes Namensgedächtnis zu haben! Die Röte schoss ihr ins Gesicht... Wie sie das hasste!

»Äh, salut Jacques, was machst *du* denn hier?«

»Ich arbeite hier!« Coco dachte erneut beschämt an die peinliche Abschiedsszene nach dem Gruppentermin...

»Ach, wirklich? Hätte ich das gewusst! Ich habe einen Termin bei Dr. Lenoir. Er war der Einzige, der sich Zeit für mich nehmen konnte.«

»Ich verstehe. Aber du kannst unbesorgt sein, ich denke ihr passt gut zusammen. Gib ihm ruhig eine Chance!«

»Ja, das mache ich. Aber schade...« Coco wurde erneut bewusst, wie irrational es war, eine so hohe Meinung von Jacques zu haben. »Gut, dann vielleicht bis Montag, Jacques.« Er grinste:

»Ja, bis spätestens Montag! Vielleicht laufen wir uns ja vorher nochmal über den Weg. Ich schaue mal nach, wo Dr. Lenoir bleibt.« Warum sollten sie sich vorher über den Weg laufen? Coco war enttäuscht. Sie wollte keinen Dr. Lenoir als Therapeuten, auch wenn Jacques mit ihm einverstanden zu sein schien. Aber was sollte er auch sagen! Würde er seinem Kollegen in den Rücken fallen? Wieder näherten sich Schritte. Coco stand inmitten des Raumes und konnte sich noch immer für keinen der Sessel entscheiden. Jacques kam erneut herein und schloss die Tür hinter sich. Er trug eine merkwürdige Brille und schaute Coco über den Brillenrand hinweg mit streng wirkender Miene an, die Stirn in Falten gelegt. Dann hob er mit gepresst klingender Stimme an:

»So! Sie müssen Coco Fabron sein, richtig? Mein Name ist Dr. Lenoir. Haben Sie gut hergefunden?« Coco verstand nicht.

»Äh, Jacques, ich...« Er nahm die Brille ab und lachte.

»Gestatten, Lenoir. Dr. Jacques Lenoir!«

»Was? *Du* bist Dr. Lenoir?« Ihr fiel auf, dass sie sich bisher nicht gefragt hatte, wie Jacques mit Nachnamen hieß! Stand sein Name vielleicht auf der Homepage der Gruppe? Sie erinnerte sich nicht.

»Jawohl, höchstpersönlich!« Er war sichtlich amüsiert über den gelungenen Scherz. »Ist die Brille nicht toll? In unserem Kinder-Wartezimmer haben wir einen riesigen Teddybären in der Ecke sitzen, um die Stimmung etwas aufzulockern. Von dem Kerl hab ich sie mir kurz geborgt. Ich vermute, sie stammt aus dem vorletzten Jahrhundert.« Er setzte die Brille ab und bot Coco an, Platz zu nehmen, während er sich selbst in einen der Sessel setzte. »Wer hätte gedacht, dass wir uns hier begegnen!« Coco war immer noch sprachlos. Sie wusste nicht, ob sie vor Freude Luftsprünge machen oder enttäuscht sein sollte. Da schien ihr Wunsch nach einer Einzelsitzung mit Jacques sich auf verschlungenen Wegen zu erfüllen, doch zugleich fragte sie sich, wie sie das finanzieren sollte, wenn es zu mehr als dem heutigen Erstgespräch käme.

»Jacques, ich habe mir das so sehr gewünscht!« Sie nahm auf dem Sessel gegenüber von Jacques Platz. »Aber ich weiß nicht, ob ich mir das leisten kann.«

»Den Termin heute?«

»Ja genau. Ich wusste nicht, dass...«

»Dass was? Ich habe eine reguläre Zulassung für die üblichen Krankenkassen, falls du das meinst.«

»Wirklich?«

»Darum brauchst du dir keine Gedanken zu machen.« Coco war erleichtert. Das wirkte gerade alles zu schön, um wahr zu sein!

»Aber ich dachte, du hättest keine freien Termine?«

»Ja, das war am Montag der aktuelle Stand! Am Dienstag bekam ich jedoch einen Anruf von der Hochschule, dass man endlich einen Ersatz für meine Freitagsvorlesungen gefunden hat. Ich war dort vor einiger Zeit eingesprungen, da sie unter einem massiven Dozentenmangel litten. Es sollte eigentlich nur für ein paar Wochen sein, daraus wurden dann fast zwei Jahre!« Er erkundigte sich, wie diese Verbindung zustande gekommen war und machte sich ein paar Notizen, ehe er den Notizblock beiseitelegte. Er lehnte sich in seinen Sessel zurück und lächelte Coco zu. »Bist du nervös?« Coco saß auf der Sesselkante und spielte mit ihren Fingern. Sie fühlte sich unsicher und schaute zu Boden, wobei sie sich dabei ertappte, dass sie anfing, Muster auf dem Teppich zu zählen und nach Regelmäßigkeiten und Symmetrien zu suchen. Als sie aufsah, saß Jacques unverändert entspannt da und lächelte. Coco hatte das Gefühl, etwas sagen zu müssen und rang mit sich um einen ersten Satz. Als hätte er sie durchschaut, sagte er in ruhigem Ton: »Wir können hier gerne einfach nur miteinander sein! Wir können die restlichen vierzig Minuten völlig ohne Ziel oder Absicht einfach nur hier sitzen. Ich habe mir abgewöhnt, immer etwas tun zu müssen mit meinen Patienten! Wenn es etwas gibt, worin die meisten Patienten richtig gut sind, dann ist das neben unermüdlichem Denken genau das: das permanente Tun – eine sehr beliebte Strategie, um sich abzulenken! Ich habe den Verdacht, dass die Unsitte, in einer Therapie immer irgendwas tun zu müssen, nicht selten daher rührt, dass dies dem Therapeuten Gelegenheit gibt, sich selbst hinter seinen Übungen und Fragen zu verstecken. Das ist viel bequemer, als mit einem anderen Menschen im Hier und Jetzt vollkommen präsent zu sein und den anderen bewusst als Gegenüber wahrzunehmen.« Coco war verunsichert. Hätte er nicht so freundlich dabei geklungen, hätte sie angenommen, er meinte das Gesagte ironisch. Nach dem Motto: ›Erst setzt du die halbe Welt in Bewegung, weil du so dringend Hilfe brauchst und lässt dir mittels Vitamin B einen Termin bei mir organisieren und dann sitzt du da und kriegst den Mund nicht auf!‹ Coco schaute ihn fragend an. »Nehmen wir einmal an, wir machen das heute, wie gerade angeboten: Sitzt du bequem genug, um dich anschließend nicht mit Rückenschmerzen hier heraus zu schleppen?« Ob sie bequem genug saß? Wie meinte er das? Sie schaute ihn fragend an. »Ist das angenehm, so wie du sitzt?« Angenehm? Coco schaute an sich herunter. »Also, ich könnte so nicht lange sitzen!«, stellte Jacques fest.

»Aber das ist vollkommen okay, wenn du dich damit jetzt wohlfühlst! Einen Vorteil hat diese Haltung definitiv: Du bist jederzeit kampf- und fluchtbereit!« Er lächelte ihr zu und schaute ein paar Sekunden aus dem Fenster. Schließlich fuhr er fort: »Sich in Gegenwart eines anderen Menschen zu entspannen, ist gar nicht so einfach, wie man zunächst annehmen möchte! Ich erwähnte ja bereits am Montag, dass Gruppen auch ihre Vorzüge haben können.« Wie kam er darauf, dass sie nicht entspannt war? Sie versuchte, ihrer Sitzposition nachzuspüren. Gut, sie saß weit vorne, ihre Oberschenkel waren angespannt und zitterten leicht, ihren Rücken hielt sie kerzengerade – bei Zahra oder zuhause hätte sie mit Sicherheit nicht so gesessen, das wäre viel zu anstrengend! Aber war das vergleichbar? Sie konnte sich doch hier nicht einfach hängen lassen! »Manche Menschen tun sich schwer damit, festzustellen, wie es ihnen wirklich geht und was sie aktuell brauchen, um sich wohlzufühlen«, fuhr Jacques fort. Coco war der Meinung, das träfe nicht auf sie zu. Sie war überzeugt, ein gutes Körpergefühl zu haben und sich ausreichend selbst zu spüren.

»Aber ich sitze doch bequem!«

»Okay. Und woran merkst du das?«

»Naja, es ist halt bequem!« Jacques schwieg. Nach einer Weile sagte er:

»Also, für mich ist es gerade angenehm, dass ich meinen Kopf hier anlehnen kann und dass meine Oberschenkel aufliegen. Der Sessel ist nicht zu hart und die Raumtemperatur ist auch passend.« Abermals schaute er schweigend aus dem Fenster. Dann, wieder an Coco gewandt: »Mein Atem ist ruhig und tief. Meine Gliedmaßen fühlen sich entspannt an. Ich genieße, dass keine Stadtgeräusche zu hören sind...« Er schwieg erneut. Schließlich fügte er hinzu: »Und ich stelle fest, dass ich Durst habe. Möchtest du auch etwas trinken?« Coco dachte wieder an den Vorteil, etwas in den Händen zu haben und ihr Mund war nicht weniger trocken als zuvor. Nur keine Umstände machen... Sie würde sich auf dem Heimweg etwas besorgen! Jacques stand auf und machte sich an einem Sideboard zu schaffen, um mit zwei Wassergläsern zurückzukehren, die er auf das Tischchen zwischen sich und Coco stellte.

»Wenn dir doch noch danach sein sollte, bedien dich! Ansonsten freut sich nachher eine der Pflanzen darüber.« Coco griff zu und trank das Glas hastig aus. Jacques schmunzelte: »Noch eins?« Coco schüttelte den Kopf und behielt das Glas in der Hand. Was war nur los mit ihr, warum war sie jetzt so schüchtern? Sie bekam ein schlechtes Gewissen, seine Zeit zu stehlen und hier herumzusitzen, während ein anderer Patient den Termin bestimmt sinnvoller genutzt hätte! Sie musste an das letzte Kapitel denken, das sie in dem Trauma-Buch gelesen hatte: ›Die Erfahrung machen, sich seine Daseinsberechtigung nicht erkämpfen zu müssen; es genug sein zu lassen, einfach nur zu sein.‹ Bot ihr Jacques genau das jetzt an? Dann war es deutlich schwerer, als gedacht! Sie fühlte sich unruhig und ertappte sich immer wieder dabei, wie sie trotz des Glases in ihrer Hand mit den Fingern spielte und kaum die Füße stillhalten konnte. War das eine Art Test? Jacques wirkte weiterhin vollkommen entspannt und zufrieden. Plötzlich raffte er sich etwas auf und schob seinen Sessel ein gutes Stück nach hinten, um sich erneut darauf niederzulassen. Coco betrachtete abermals die Muster auf dem Teppich und fuhr die Linien mit den Augen ab, als Jacques plötzlich sagte:

»Aha, wunderbar! Da war es. Hast du es bemerkt?« Hatte sie *was* bemerkt? Coco schaute ihn fragend an. »Das tiefe Ausatmen gerade, ist es dir aufgefallen? Da hat sich etwas in dir entspannt.« Ja, jetzt wo er es sagte, fiel es ihr auch auf. »Dieser reflektorische Atemzug ist ein Hinweis darauf, dass dein Parasympathikus aktiv wird.«

»Parasympathischer Shift. Ja, ich hab davon gehört.«

»Ach!«, entfuhr es Jacques überrascht. »Ist dir noch etwas aufgefallen?« Coco zuckte mit den Schultern.

»Achte einmal darauf, wie du jetzt sitzt.« Sie hatte sich an die Rückenlehne angelehnt und ihre Arme lagen auf den Armlehnen auf. »Weißt du, wann du dich so hingesetzt hast?« Nein, das wusste sie nicht. »Das war kurz nachdem ich mit meinem Sessel etwas weiter weggerutscht bin.« Und da sollte ein Zusammenhang bestehen? Coco war nicht ganz überzeugt. »Und weißt du, wann dein Ausatmen kam?« Nein, auch das konnte sie nicht sagen. »Das war unmittelbar, nachdem ich mich etwas seitlich weggedreht und meine Beine übereinandergeschlagen habe.« Ja, jetzt fiel es Coco auch auf: Er saß anders da als zuvor. Und was bedeutete das? »Offensichtlich kann sich dein Nervensystem entspannen, wenn ein gewisser Sicherheitsabstand zwischen uns besteht. Da haben wir doch heute schon viel geschafft, das ist eine wichtige Erkenntnis!« Jacques strahlte und wirkte ehrlich erfreut. »Wenn du dich in der Therapie nicht sicher fühlst, dann kannst du dich nicht wirklich auf den Prozess einlassen. Aber auch wenn zu wenig Kontakt da ist, ist das nicht ideal.« Sollte das wirklich so viel ausmachen? Welchen Unterschied machte es, ob er einen halben Meter näher oder weiter weg saß und ob er sich ein paar Grad wegdrehte oder nicht? »Unser Nervensystem reagiert extrem sensibel auf alle möglichen Reize und Informationen! Der Großteil davon bleibt unbewusst, ist deshalb jedoch nicht weniger relevant! Wir wissen inzwischen, dass rund achtzig Prozent der Kommunikation nonverbal ablaufen!« Ja, das hatte Coco auch schon irgendwo gelesen. »Hast du Interesse an einem kleinen Experiment?« Coco bemerkte, wie sie sich wieder anspannte. Das schien auch ihm aufgefallen zu sein. »Bevor ich dir die Übung vorstelle: Schau mal, ob es dir gelingt, dich wieder etwas zu entspannen.« Coco räkelte sich und versuchte, ihren Schulter-Nacken-Bereich zu lockern. »Wie ist dein Atem in diesem Augenblick?« Coco verfolgte das Ein- und Ausströmen der Luft.

»Ich glaub, ziemlich flach.« Jacques nickte ihr zu und legte die rechte Hand auf sein Brustbein.

»Lange einatmen...« Er atmete tief ein. »...Und noch länger ausatmen...« Coco sah ihm dabei zu und bemerkte, wie seine Schultern ein ganzes Stück tiefer fielen. »Ein... Und aus...« Coco war nicht sicher, sollte sie auch die Hand auf ihr Brustbein legen? Sie tat es zögerlich. Die Übung schien eine Variation von Lucs Klopf-Technik zu sein. Ihr war nun, als entspanne sich etwas – als kehrte eine gewisse Ruhe in ihr ein. »Ganz genau... Ein-... und noch länger ausatmen...«, wiederholte Jacques. »Wenn wir langsam atmen, dann ist das ein eindeutiges Signal an das Nervensystem, dass wir in Sicherheit sind! Übrigens, du kannst auch einmal ausprobieren, ob es einen Unterschied macht, ob du die rechte oder die linke Hand dazu nutzt.« Er wechselte die rechte gegen die linke Hand und Coco tat es ihm gleich. Zu ihrem Erstaunen war dieses Ruhe-Gefühl bei der linken Hand kaum spürbar. »Oder du probierst einmal, beide Hände übereinander auf das Brustbein zu legen... Oder eine bleibt dort und die andere legst du auf den Bauch, auf den Solarplexus – eines der empfindlichsten und wichtigsten Nervengeflechte des Körpers.« Er machte beides vor, Coco folgte seinem Beispiel. Die Hand auf dem Bauch schien sie eher unruhig zu machen. Die rechte Hand auf dem Brustbein war ihr am angenehmsten. »Das ist von Mensch zu Mensch verschieden, jeder muss für sich selbst herausfinden, was für ihn passt.« Er atmete und schwieg. Dann fügte er hinzu: »Es kann auch helfen, den Kiefer zu entspannen.« Er machte eine seltsame Grimasse, die Coco an ein kauendes Kamel erinnerte. »Gut, dass uns hier keiner sieht!«, lachte er. Coco verzichtete auf die Kamelübung. »Oder du orientierst dich einmal ganz bewusst hier im Raum. Zum Beispiel, indem du alles benennst, was rot oder blau ist.« Coco suchte nach roten Gegenständen und fand mehr als erwartet.

»Aha!«, hörte sie Jacques. »Hast du es bemerkt? Da war es wieder!« Ja, jetzt fiel es Coco auch auf, sie hatte wieder tief ausgeatmet. »Diese Effekte, die wir gerade erforscht haben, lassen sich übrigens durch unsere Gedanken und Gefühle beeinflussen! Du kannst den Entspannungseffekt zum Beispiel verstärken, indem du deine Aufmerksamkeit auf einen deiner Lieblingsorte oder ein Wesen lenkst, das du mit angenehmen Gefühlen wie Sicherheit und Geborgenheit verbindest – ob dieser Ort oder dieses Helferwesen real existiert oder deiner Phantasie entspringt, ist nicht entscheidend. Wichtig ist, dass es einen körperlich spürbaren Effekt gibt, wenn du zu einer dieser Ressourcen ›pendelst‹, wie wir das in der Traumatherapie nennen. Magst du es einmal ausprobieren?« Coco nickte. »Gibt es bereits einen Ort oder einen Helfer, der dir spontan in den Sinn kommt?«

»Meine Ersatzmutter! Sie lebt in einem schlossartigen Herrenhaus, umgeben von einem wunderschönen Park... In Paris nennen sie alle Sara. Ihr eigentlicher Name stammt aus dem Arabischen und bedeutet übersetzt Blume. Aber ich kann ihn ehrlich gesagt auch nicht richtig aussprechen.«

»Wunderbar! Dann schau doch noch einmal, dass du eine bequeme Sitzposition findest und lenke deine Aufmerksamkeit auf diesen Ort mit Sara... Lasse den Ort vor deinem inneren Auge lebendig werden...« Er lehnte sich zurück und atmete mit halbgeschlossenen Augen lange ein und noch länger aus. Coco versuchte, sich Zahra vorzustellen, wie sie auf der Terrasse am Tisch saß und Äpfel schälte... Ihre Aufmerksamkeit schweifte jedoch immer wieder ab. »Rufe gerne auch die passenden Geräusche und Gerüche wach... Vielleicht auch Tasteindrücke...« Er atmete entspannt und hatte die Augen inzwischen geschlossen. Nun, da Coco sich nicht beobachtet fühlte, gelang es ihr besser. Und siehe da: Da war er, der magische Atemzug! »Aha, das klappt ja schon wunderbar!«, freute sich Jacques. Er schaute Coco einen Moment lang prüfend an. »Kann es sein, dass es besser ist, wir belassen es für heute dabei?« Sie ahnte, worauf sein Vorschlag zurückzuführen war. Sie hatte mehrmals versucht, ein Gähnen zu unterdrücken.

»Nein, ich möchte jede Minute nutzen!« Er lachte.

»Gut, dann gehe ich davon aus, dass du nicht gelangweilt, sondern einfach nur müde bist! Wie wäre es mit einem Kompromiss: Wir lüften hier einmal ordentlich durch und du vertrittst dir etwas die Beine?« Coco war erleichtert, dass er die Sitzung nicht vorzeitig beendete. Sie ging nach draußen, während Jacques die Fenster öffnete.

36

Coco kam zurück und Jacques legte das Buch zur Seite, in dem er gelesen hatte. Während Coco ihren Platz wieder einnahm, bemerkte er: »In dem Buch geht es um die menschlichen Gehirne.«

»*Die* Gehirne? Du meinst Groß- und Kleinhirn?« Jacques lächelte und erklärte:

»Ja, so habe ich auch reagiert, als ich zum ersten Mal davon hörte! Und das ist erschreckenderweise gar nicht so lange her. Die neuere Forschung zeigt, dass es neben dem Kopf-Hirn noch mindestens zwei weitere ›Gehirne‹ gibt – nämlich das Herz-Hirn und das Bauch-Hirn.« Coco verstand nicht. »Man hat Nervenzellen im Herzen entdeckt, deren Funktion über die Herztätigkeit im engeren Sinne hinausgeht und die vermutlich die anatomische Entsprechung zu dem darstellen, was seit Jahrhunderten oder länger den Autoren diverser Gedichte, Lieder und Liebesromane intuitiv bekannt zu sein scheint, wenn sie Gefühle der Verbundenheit und der Liebe mit dem Herzen assoziieren. Mit dieser ›Herzensenergie‹ verbinden wir uns übrigens, wenn wir die Hand auf das Brustbein legen, um mit uns in Kontakt und zur Ruhe zur kommen.«

»Und das Bauch-Hirn?«

»Dabei handelt es sich um eine ungeheure Menge an Nervenzellen, die, wie beim Herzen, ganz eindeutig mehr bewirken, als die Verdauungstätigkeit des Darmes sicherzustellen. Auch hier weiß der Volksmund schon länger Bescheid als die Wissenschaft, wenn zum Beispiel im Zusammenhang mit Intuition vom ›Bauchgefühl‹ die Rede ist.« Coco war verwundert, weder in der Schule, noch an der Uni darauf gestoßen zu sein.

»Und wenn wir die Hand auf die Herzgegend oder auf den Bauch legen, dann lenken wir unsere Aufmerksamkeit und Energie in Richtung dieser Außer-Kopf-Gehirne?«, überlegte Coco laut.

»Ganz genau! Denn eine der Lieblingsbeschäftigungen des Großhirns, das Grübeln, bringt uns in gewissen Situationen einfach nicht weiter.« Das leuchtete Coco ein. »Ein kleiner Trick an dieser Stelle: Schreibe auf, was dir Sorge, Stress oder Angst bereitet! Gedanken neigen zu endlosen Rundflügen in unserem Kopf; wenn wir sie hingegen formulieren und zu Papier bringen, setzen sie nach wenigen Runden zur Landung an und wir gewinnen zunehmend Kontrolle über sie.« Coco fielen zwei weitere Übungen ein, um Grübeln zu stoppen, die sie leider viel zu selten nutzte, wenn es wirklich darauf ankam: fünfmal mit den rechten und fünfmal mit den linken Zehen zu wackeln oder die Augen zweimal im Uhrzeigersinn und zweimal entgegengesetzt zu drehen. »Wenn unsere kleine Pause ihren Zweck erfüllt hat, dann würde ich dir nun die Übung erklären!«, schlug Jacques vor. Coco nickte und korrigierte ihre Sitzposition.

»Also«, hob Jacques an: »Wir sitzen beide in unseren Sesseln und spüren in den Körper hinein. Dann schiebe ich dieses Tischchen zur Seite und du achtest darauf, ob sich irgendetwas für dich verändert. Körperlich, emotional, gedanklich. Versuche, ›einfach nur‹ zu beobachten.«

»Okay!« Coco machte es sich in ihrem Sessel bequem und beobachtete Jacques. Es war vielleicht eine Minute vergangen, da stand er auf und schob das Tischchen zur Seite, um sich dann wieder hinzusetzen wie zuvor. Coco hatte das Gefühl, ihr Atem sei nun flacher und schneller und ihr würde wärmer. Sie verspürte plötzlich erneut den Impuls, die Füße zu bewegen. Sie versuchte, diesen zu unterdrücken. Jacques legte abermals die Hand auf sein Brustbein und begann:

»Lange ein-, noch länger ausatmen...« Verblüffend! Kaum hatte sie ihre Hand dort hingelegt und den ersten Atemzug gemacht, meinte sie tatsächlich, sich etwas zu beruhigen; es war, als weite sich ihr Brustkorb. Sie bemerkte, dass sich ihre Schultern senkten. Und schließlich war da wieder dieser reflektorische Atemzug. »Das, was du gerade gemacht hast, das nennt man Selbstregulation. Auf das Entfernen des Tisches hat dein Nervensystem mit Stress reagiert. Da war plötzlich mehr Nähe. Und nun hast du das getan, was eine gesunde Mutter mit ihrem Säugling macht, wenn er Stress hat: Du hast dich beruhigt. Bei der Mutter und dem Kind nennt man das Co-Regulation, denn das Baby kann das noch nicht selbst.« Coco dachte, es wäre unfair, ihn all diese Dinge erklären zu lassen und ihm vorzuenthalten, dass sie bereits einiges darüber wusste. Aber sie wollte ihn auch nicht vor den Kopf stoßen oder überheblich wirken. Eine Auffrischung würde ihr nicht schaden! Und selbst wenn sie es ihm sagte, konnte er nicht wissen, was für sie im Einzelnen neu war und was nicht. »Wollen wir einmal schauen, wo für dich die Grenze zwischen zu viel und zu wenig Nähe ist?«, fragte Jacques.

»Einverstanden!«

»Also gut. Du darfst dich wieder so entspannt wie möglich hinsetzen und beobachtest, ob sich etwas in deinem Körper verändert, während ich unseren

Kontakt reduziere.« Er wartete auf Cocos Zeichen und begann, sich in winzigen Einheiten zur Seite wegzudrehen. »Wie ist das?«, fragte er nach einer Weile. Er schaute Coco schon nicht mehr an und war nur noch im Profil für sie zu sehen.

»Du bist weit weg.«

»Und, ist das angenehm?«

»Ich fühle mich ein bisschen alleine.«

»Ja, so würde ich mich an deiner Stelle jetzt auch fühlen! Nun komme ich langsam wieder zurück und du spürst einmal, an welcher Stelle es umschlägt. Bereit?«

»Bereit!« Coco versuchte, sich wahrzunehmen, während er sich ihr wieder ganz langsam zuwandte. »Stopp!« Sie spürte plötzlich eine Art Erleichterung und atmete, wie automatisch, tief durch.

»Wunderbar! Nun wissen wir also, an welcher Stelle heute deine Grenze ist!«

»Heute?«

»Ja, in diesem Moment ist genau das dein Grenzbereich hinsichtlich Nähe und Distanz. Das kann sich mit der Zeit verändern. Menschen mit traumatischer Vergangenheit haben anfangs oft gerne etwas mehr Abstand und Sicherheit. Wobei es auch traumatisierte Menschen gibt, die so wenig Gespür für gesunde Grenzen haben, dass sie einem fast auf dem Schoß sitzen, ohne dies als unangemessen zu erleben.« Wie kam er darauf, dass sie eine traumatische Vergangenheit hatte? Er wusste doch gar nichts über sie! Sie selbst wusste ja kaum etwas über ihre Vergangenheit. Nahm er das an, weil sie in seiner Gruppe aufgetaucht war? Aber da konnte man doch ebenso als Angehöriger erscheinen!

»Ist es so offensichtlich, dass mit mir etwas nicht stimmt?« Kaum hatte sie das ausgesprochen, da fragte sie sich, ob es vielleicht zickig klang. Aber Jacques wirkte in keiner Weise verändert und erklärte freundlich:

»Ich mache diese Arbeit schon ein paar Jahre. Und wenn ein Mensch zum Beispiel mit seinen Augen hochaktiv ist und diese unermüdlich hin und her huschen, dann ist das ein erster Hinweis darauf, dass möglicherweise eine Störung seines Orientierungsreflexes vorliegt. Das ist typisch für Menschen mit frühen Traumata. So gibt es eine ganze Reihe an Merkmalen und Verhaltensmustern, die diese Vermutung nahelegen können.« Mit den Augen hin und her huschen? Ihr hatte noch niemand gesagt, dass sie das tat. »Der Körper erzählt uns viel mehr, als wir oft für möglich halten. Er ist ein zuverlässiger Zeuge all unserer Erfahrungen – auch der allerfrühesten, sogar vorgeburtlichen!« Coco war müde.

Aber was genau strengte sie eigentlich so an? Herumzusitzen und zuzuschauen, wie jemand sich ihr zu- und abwandte? Das wäre doch lächerlich! Auch Jacques schien ihre Erschöpfung aufgefallen zu sein. »Ich denke, es genügt für heute. Das war jetzt schon sehr viel für den ersten Termin!« Viel? Was hatten sie denn schon gemacht? Was war mit der Anamnese? Keine Fragen zu ihren Problemen, ihrer Familie, ihrer Medikation und dergleichen? Keine Checklisten bezüglich Drogenkonsum, Suizidalität und so weiter? Jacques erklärte: »Jetzt hast du einen ersten Einblick in meine Arbeitsweise. Du siehst, ich räume dem Körper einen hohen Stellenwert ein – man spricht auch von körperorientierter Traumatherapie.« Coco hatte bereits davon gehört, aber keine konkrete Vorstellung gehabt. »Wie eine solche Sitzung verläuft, ist auch für mich immer eine Überraschung! Ich habe natürlich einen groben Fahrplan im Kopf, aber die genaue Richtung und das Tempo gibt der Patient vor. Mit der Zeit musste ich feststellen: Je stärker ich um Veränderung bemüht bin, desto mehr verhindere ich diese. Stattdessen ist es gut, neugierig und ergebnisoffen zu bleiben. Je mehr ich als Therapeut aktiv eine Absicht verfolge, desto eher zieht sich der Patient zurück und verschließt sich. Es ist viel wertvoller, sehr kleine, aber nachhaltige Schritte zu gehen, als im Hau-Ruck-Verfahren das Leben komplett umkrempeln zu wollen und dann nach wenigen Wochen oder Monaten frustriert aufzugeben.« Coco war durstig und gab sich einen Ruck:

»Auch wenn wir eigentlich fertig sind, darf ich doch noch etwas trinken?«

»Sehr gern!« Er reichte Coco das gefüllte Glas und prostete ihr mit seinem eigenen zu. »Es mag harmlos erscheinen, was wir heute gemacht haben. Aber das hat es ganz schön in sich! Wenn wir es nicht gewohnt sind, unserem Körper und den damit verbundenen Empfindungen Aufmerksamkeit zu schenken, dann kann das viel Kraft kosten! Denn je mehr wir mit unserem Körper in Kontakt kommen, desto näher kommen wir auch den belastenden Gefühlen, die er über die Jahre angesammelt hat und die darauf warten, wahrgenommen zu werden.« Ja, das kam Coco bekannt vor! Sie stellte ihr Glas ab. Jacques setzte sich wieder hin, diesmal allerdings auf die Sesselkante. Coco wagte nicht, einfach aufzustehen und wartete.

»Wie geht es dir jetzt gerade?« Coco hatte diese Frage stets gehasst. Sie wusste meist nicht, wie sie darauf antworten sollte. Über die Jahre hatte sie sich ein paar Floskeln zurechtgelegt, aber diese waren jetzt wohl kaum von Interesse. »Ist dein Körper einigermaßen entspannt?«, konkretisierte Jacques seine Frage.

Coco versuchte, den Kriterien von vorhin nachzuspüren.

»Ja, mein Atem ist tiefer, glaub ich.«

»Wunderbar! Ich schlage vor, du lässt diesen heutigen Termin erst einmal sacken und meldest dich dann bei Bedarf, wenn du noch einmal wiederkommen magst.« Nein, sie wollte nichts sacken lassen! Wer weiß, wann er ihr eine weitere Sitzung anbieten könnte.

»Ich will wiederkommen, bitte!«

»Es freut mich, dass du dich darauf einlassen möchtest! Und ich verspreche dir, wenn du dich meldest, gebe ich dir umgehend einen Termin.« Coco gefiel diese Variante nicht, aber sie wollte sich auch nicht aufdrängen. Schließlich konnte sie dankbar sein, überhaupt so schnell eine Chance erhalten zu haben! Wäre es dreist, jetzt direkt auf einem Folgetermin zu bestehen? »In den ersten Sitzungen muss ich für mich die Frage beantworten, ob ich dem Patienten helfen kann, und der Patient muss für sich herausfinden, ob er sich gesehen, gefühlt und verstanden fühlt.«

»Ja, das tue ich!«, platzte es aus Coco heraus. Jacques musste lachen.

»Das sind gute Voraussetzungen! Denn wenn man sich nicht sympathisch ist, hat diese Art von Therapie wenig Aussicht auf Erfolg.« Coco überlegte: Und was hat es mit dieser Regel auf sich, der Therapeut müsse wie eine neutrale Wand sein, auf die der Patient alles projizieren kann? Widersprach das nicht diesem Grundsatz? Jacques führte weiter aus: »Die Basis dieser Art von Therapie ist eine echte Beziehung zwischen zwei echten Menschen mit echten Gefühlen! Menschen mit frühen Traumatisierungen haben ein extrem feines Gespür für Kontaktabbrüche und dafür, ob ein Mensch authentisch ist, oder ob er nur eine Rolle spielt! Wenn ich als Therapeut nicht den Mut habe, mich als Mensch zu zeigen, mit Stärken und Schwächen, dann darf ich mich nicht wundern, dass ich gewisse Patienten nicht erreichen kann. Neutralität des Therapeuten ist bei Patienten mit früher Traumatisierung, gelinde gesagt, eine Katastrophe! Hast du schon einmal eine Therapiesitzung gehabt?« Coco nickte. »Dann hast du vielleicht die Erfahrung gemacht, dass du alle möglichen Tests und Zettel ausfüllen musstest, die dem Therapeuten helfen sollen, dich einzustufen und deine Geschichte und die Psychodynamik dahinter zu erfassen.« Coco nickte erneut. »Nun, das wirst du bei mir nicht erleben. Und ich möchte dich ausdrücklich dazu ermutigen, mich kritisch und mit aller Skepsis zunächst zu prüfen, ehe du mir vertraust! Das ist etwas, das sollten wir alle grundsätzlich am Anfang tun, wenn wir jemanden kennenlernen!« Coco hatte das Gefühl, sich längst entschieden zu haben. Warum sollte sie jetzt künstlich Misstrauen erzeugen? »Früh traumatisierte Menschen neigen mitunter dazu, niemandem zu trauen. Es gibt aber auch die Menschen, die das Trauma unbewusst regelrecht reinszenieren. Zum Beispiel dadurch, dass sie alle Warnsignale rigoros übergehen, nachdem sie einmal entschieden haben, einem Menschen blind zu vertrauen. Gönn dir also die nötige Zeit, Vertrauen zu mir zu gewinnen!« Er stellte die benutzten Gläser auf ein kleines Tablett auf dem Sideboard und wandte sich Coco erneut zu: »Gibt es noch etwas, das ich wissen sollte?« Coco zögerte. War das jetzt der Moment, in dem sie von ihren Panikattacken, ihren Familienverhältnissen und so weiter erzählen sollte? Das wäre dann aber reichlich knapp, wenn die Zeit bereits abgelaufen war!

»Ja, du sollst wissen, dass ich jetzt einen weiteren Termin ausmachen möchte.« War das zu frech? Jacques musste erneut lachen.

»Okay, du weißt, was du willst, lass mich einen Blick in meinen Kalender werfen.« Er öffnete einen hübsch eingebundenen Taschenkalender und schlug vor: »Was hältst du denn von Frei…«

»Nehm ich!«, fiel ihm Coco ins Wort. Jacques musste abermals lachen. »Also entweder hast du extrem viel Zeit, bist sehr flexibel, oder ich habe die Ehre, ganz weit oben auf deiner Prioritätenliste zu stehen!«

»Letzteres!« Coco lächelte und merkte, wie sie lockerer wurde. Die Aussicht, wiederkommen zu dürfen, gefiel ihr. Sie notierten sich den nächsten Freitag, wieder um 20:00 Uhr.

»Coco, hast du deine Versichertenkarte dabei? Oder deine Versichertennummer?« Coco holte ihr Portemonnaie heraus und reichte ihm die Karte. Er steckte sie in ein Lesegerät, das neben dem Laptop auf einem antiken Schreibtisch an der Wand stand und gab sie ihr zurück. »Danke, dann ist das auch erledigt.«

Er begleitete Coco über den langen Flur zum Ausgang. »Sehen wir uns am Montag in der Gruppe?«, fragte er, während er ihr die Tür aufhielt. Coco blieb stehen. Sollte sie ehrlich antworten und ihn damit womöglich kränken? Oder ihm zuliebe hingehen? Wobei: Wie kam sie denn darauf, dass sie ihm damit einen Gefallen täte, wenn sie käme? Er hatte von Authentizität gesprochen. Also gut:

»Ich glaube, wenn es ok ist, würde ich lieber nur hierher kommen.«

»Ganz wie du magst. Bis nächsten Freitag dann!«

37

Unterschiedlicher hätte dieser Termin im Vergleich zu den anderen beiden Erstgesprächen nicht ablaufen können! Jacques hatte praktisch nichts zu ihrer Biografie gefragt. War ihm das alles egal? Oder konnte er wirklich das meiste an ihrer Körpersprache und ihrem Verhalten ablesen?

Coco machte sich auf den Weg zur Métro-Station. Ihr war nicht danach, das Wochenende in der WG zu verbringen. Unterwegs schrieb sie Luc eine Nachricht: ›Hey Luc, wie läuft's? Komme gerade von dem neuen Therapeuten. Nochmals vielen Dank für die Vermittlung! Genau genommen ist er gar nicht so neu. Stell dir vor, es ist derselbe, der die Gruppe leitet! Manchmal könnte man meinen, das Schicksal liest meine Gedanken. Erinnerst du dich noch, wie sehr ich mir gewünscht habe, jemanden wie ihn als Therapeuten zu haben? Jetzt habe ich nicht nur jemanden wie ihn, sondern das Original! Es waren allerdings ziemlich überraschende Methoden, die ich da kennengelernt habe, aber ich geh wieder hin! Danke! Bin auf dem Weg zu Zahra. Bye, C.‹

Bevor Coco die Mehlspeichertür öffnete, schloss sie ihr Handy in der Backstube ans Ladekabel an. Sie hatte die schwere Tür kaum einen Spalt weit aufgestoßen, als sie freudig miauend von Salomé empfangen wurde, die sie bereits erwartet zu haben schien. »Komm, meine Hübsche, wir suchen Zahra!« Salomé lief Coco voraus – schnurstracks in die Küche, als hätte sie sie verstanden. Zahra stand am Herd und rührte mit einem langen Holzlöffel in einem großen Topf. Sie erblickte Coco und unterbrach ihre Arbeit, um sie freudestrahlend zu begrüßen.

»Einen Moment, ich bin gleich ganz bei dir!« Coco ging in ihr Zimmer, um sich umzuziehen. Salomé folgte ihr auf Schritt und Tritt.

»Hast du denn noch nichts zu Abend gegessen?« Salomé schaute sie erwartungsvoll an und gab ein herzzerreißendes Miauen von sich. »Du armes, kleines Kätzchen, musstest du wieder den ganzen Tag lang hungern?« Als sie auf dem Rückweg in die Küche an der Vorratskammer vorbeikamen, blieb Salomé stehen. Coco musste lachen. »Okay, aber das bleibt unter uns!« Coco öffnete die Tür und holte aus einer der Dosen ein Stück getrockneter Leber. Zahra bekam diese hin und wieder von ihrem Freund Khalil, der Salomé in sein Herz geschlossen hatte und den Kunden seines kleinen Lebensmittelgeschäftes oft noch tagelang davon erzählte, wenn Salomé ihn mit ihrem Besuch beehrt hatte. Die Katze verschwand mit ihrer Beute über den Gang in Richtung Küche, während Coco die Dose verschloss und zurückstellte. In der Küche angekommen, saß Salomé bereits auf einem der Stühle am Esstisch und ließ es sich schmecken. »Salomé, du alte Verräterin!«, entfuhr es Coco. Zahra musste lachen.

»Hast du ernsthaft geglaubt, ich hätte angenommen, der Inhalt der Dose schrumpfe mit der Zeit von allein zusammen?«

»Okay, erwischt!« Zahra hatte den Topf vom Feuer genommen und abgedeckt. Sie wusch sich die Hände und hängte die Schürze an den Haken an der Wand, um Coco richtig zu begrüßen.

»Hast du Hunger, Coco?«

»Geht so. Gibt es Brot?«

»Frisch von heute! Magst du einen Salat dazu?«

»Gerne! Aber lass ruhig, ich mach das schon!« Coco wollte gerade vom Küchentisch aufstehen, da hieß Zahra sie, sitzen zu bleiben.

»Meine Liebe, dachtest du wirklich, du kommst hier an und ich habe nichts für uns vorbereitet?« Sie grinste und stellte eine Schüssel Salat auf den Tisch. »Das Dressing ist in dem Kännchen dort!« Sie schob es Coco hin und verschwand, um kurz darauf mit einem Holzbrett mit geschnittenem Brot zurückzukehren. Nachdem sie verschiedene Aufstriche auf den Tisch gestellt hatte, setzte sie sich zu Coco und zündete eine Kerze an. »Lass es dir schmecken!« Coco musste immerzu an die Sitzung mit Jacques denken. Sie schätzte es sehr, dass Zahra wie gewohnt keine neugierigen Fragen stellte. Doch jetzt wollte sie ihr Erlebnis mit ihr teilen und sie erzählte von der Fügung des Schicksals und dem außergewöhnlichen Termin. Nach dem Abendessen trafen sie sich im Kaminzimmer für eine Partie Backgammon, bis Coco die Augen vor Müdigkeit zufielen.

38

Es war Samstagvormittag. Coco ging ins Kaminzimmer, um sich den Aufzeichnungen von Zahras Eltern zu widmen. Abgesehen vom Geschichtsunterricht, wusste sie nicht viel über die Zeit des zweiten Weltkrieges – und noch weniger über die Résistance. Sie machte es sich mit dem Notizbuch, welches Zahra als Einstieg empfohlen hatte, in einem der Sessel bequem. Plötzlich musste sie an die gestrige Sitzung mit Jacques denken. Woran merkte sie jetzt, dass sie bequem saß? Das war, auch heute, viel schwieriger zu beantworten, als gedacht. Ihr fiel die Übung mit der rechten Hand auf dem Brustbein ein – was war das für ein angenehmes Gefühl gewesen! Sie versuchte es erneut. Und siehe da, es funktionierte genau wie gestern! Nach zwei bis drei Atemzügen breitete sich wieder dieses Ruhe-Gefühl in ihrem Körper aus. Sie schlug das Buch auf. Auf der zweiten Seite begannen, ohne einleitende Worte, die Notizen:

Die Pariser Bevölkerung ist unerträglich passiv. Les attentistes – ›die Wartenden‹, werden sie inzwischen genannt. Worauf warten sie? Dass die Nazis ihre Sachen packen und wieder verschwinden? Wie kann man nur dermaßen träge sein! Dieser geistige Tod erscheint uns bisweilen unerträglicher als der physische, der mehr und mehr zur alltäglichen Selbstverständlichkeit wird.

Was sind das nur für Menschen! Nein, nicht die Nazis, von denen erwarten wir ja nichts anderes. Die Pariser! Sie denunzieren sich gegenseitig! Sie bestehlen ihre jüdischen Nachbarn und plündern deren Wohnungen, wenn diese von der französischen Polizei, inzwischen in Busladungen, abtransportiert werden oder von einem der Verhöre, die immer brutaler werden, nicht zurückkehren.

Wir kämpfen Tag für Tag dagegen an, uns nicht von der um sich greifenden Gleichgültigkeit und Lähmung der Bevölkerung anstecken zu lassen. Warum wehrt sich kaum jemand?

Wie in anderen Ländern bereits gang und gäbe, wehen auch hier inzwischen Hakenkreuz-Flaggen an den Gebäuden und man sieht vermehrt an der Kleidung angebrachte gelbe Judensterne, Schilder oder Schriftzüge an den Läden: ›Jüdisches Geschäft‹.

Es ist bestimmt worden, 85% der landwirtschaftlichen Produktion nach Deutschland zu schaffen. Männer im Alter von über einundzwanzig Jahren werden zur Pflichtarbeit nach Deutschland berufen. Lebensmittel sind zunehmend nur noch mit Bezugsschein zu bekommen – oder auf dem Schwarzmarkt. Wir versuchen, hier und da etwas von unserer Produktion in der Bäckerei für Menschen abzuzweigen, die keine Papiere haben. Das Netz zieht sich immer weiter zu. Gestapo, deutsche Polizei und deutsche Armee bekommen zunehmend Unterstützung von der Brigade Politique. Diese als Gentlemen getarnten Fanatiker sind brutaler als die SS-Männer in ihren grauen Uniformen, die sich abends in den Hotels und Clubs ausgelassen amüsieren. Auf ihrer Jagd nach Belohnungen von den Deutschen schrecken sie vor nichts zurück. Folter, Verrat und Spionage sind das tägliche Geschäft dieser Sadisten.

Wir wissen nicht mehr, wo wir all die Menschen, die bei uns Unterschlupf suchen, unterbringen sollen! Und jedem gegenüber ist extreme Vorsicht geboten, um keinen ›Maulwurf‹ zu übersehen, der für alle den Tod bedeuten würde.

Der Verkauf von Papier wird inzwischen vollständig durch die Besatzungsarmee kontrolliert. Zensur, wohin man schaut! Aber das unsichtbare Nachrichtennetz wächst beständig. Unsere Vervielfältigungsmaschinen laufen so oft wie möglich. Zu den Flug- und Handblättern, die wir seit Neuestem über die Arbeiter von Renault, Angestellte der Métro oder die Kirchen sehr effizient in Umlauf bringen, kommen immer mehr Zeitungen hinzu. Kaum etwas erscheint uns inzwischen wichtiger, als die Bevölkerung über die Taten der Deutschen in Frankreich und an den Fronten aufzuklären.

Das Vorgehen gegen die Widerständler wird immer brutaler. Diese Woche ist es einer Gruppe gelungen, einen Teil der Telefonleitungen zu zerstören, die von den Deutschen genutzt werden. Manche wurden auf der Stelle erschossen, andere wenig später enthauptet oder nach Deutschland verladen. Die großen Pariser Gefängnisse sind vollkommen überfüllt.

Unser Zusammenhalt für die gemeinsame Sache ist berührend. Wir sind dazu übergegangen, uns in Zweiereinheiten zu organisieren, für den Fall, dass einer verhaftet wird. So kann die Organisation weiterlaufen. Die meisten Aktiven sind junge Männer unter dreißig, die weniger Angst haben müssen, im Falle einer Verhaftung ihre Familie mit in den Tod zu reißen. Auch immer mehr junge Frauen riskieren ihr Leben, indem sie, harmlos verkleidet, in Handkoffern das gedruckte Material über das ganze Land verteilen.

Über den englischen Rundfunk empfangen wir heimlich die Nachrichten von Général de Gaulle. Die Nazis streben ein gigantisches Reich an und töten und unterwerfen alle, die sich nicht unterordnen wollen.

Wir haben zahlreiche Verluste zu verzeichnen. Einige unserer besten Männer kamen vollkommen entstellt oder gar nicht mehr von den Verhören zurück. Die Zweifel nehmen zu, ob wir wirklich etwas bewirken. Aber wir können nun nicht mehr zurück. Das Haus platzt aus allen Nähten. Wir haben Schwierigkeiten, Heizmaterial zu beschaffen. Der Winter ist unerbittlich in diesem Jahr. Die gesamte französische Kohle geht direkt nach Deutschland. Immer mehr Franzosen laufen zu den Nazis über.

Wir konzentrieren uns nur noch auf den nächsten Tag, auf die nächsten Stunden. Es kann für jeden von uns jederzeit vorbei sein. Würde man all diese Gefühle, all dieses Grauen wirklich an sich heranlassen, man könnte es nicht verkraften!

Coco hatte einen Kloß im Hals. Und das war laut Zahra das harmlosere Material! Sie legte das Buch zur Seite und streckte sich. Was haben diese Menschen für Opfer gebracht! Sie wollte jetzt nicht allein sein und traf Zahra auf der Terrasse an, die ein paar alte Blumentöpfe säuberte.

»Ist alles in Ordnung?«

»Hab eben in den Notizen deines Vaters gelesen. Meine Panikattacken sind doch das reinste Luxusproblem! Dass ich da so ein Ding draus mache, ist einfach nur peinlich.« Zahra zog ihre Gartenhandschuhe aus und setzte sich zu Coco auf die Mauer.

»Meinst du, man kann das Leid des einen Menschen gegen das Leid des anderen aufwiegen?« Coco zuckte mit den Schultern. »Dass heutzutage so viele Menschen frühe Traumata erleiden, ist nicht zuletzt Folge all des Leides, das die vergangenen Generationen angehäuft haben. Viele Eltern konnten ihren Kindern nicht das Nötige bieten, da sie selbst viel zu kurz kamen und nicht wussten, wie man beispielsweise Gefühle, Zuwendung und Zärtlichkeit zeigt; oder weil sie damit beschäftigt waren, ihrer Familie ein Dach über dem Kopf und etwas zu Essen auf dem Tisch zu ermöglichen. Zum ersten Mal nach einer langen Zeit befinden wir uns jetzt in der besonderen Lage, diesen Ballast aufarbeiten und loswerden zu können, um ihn nicht weiteren Generationen aufzubürden!«

»Es ist doch lächerlich, dass ich Sorge habe, das Studium nicht zu schaffen wegen so ein paar Panikattacken, während die Leute damals neben ihrem normalen Uni- oder Arbeitsalltag unter Einsatz ihres Lebens andere Menschen retteten und nicht wussten, wie sie das Haus heizen und ihre Familien satt bekommen sollten!« Zahra legte den Arm um Coco. Sie schwiegen einen Moment lang. Coco musste plötzlich an Jacques denken. Miteinander sein, anstatt etwas zu tun...

»Du bist gerade sehr hart zu dir. Denkst du, dass du dir oder sonst irgendjemandem auf diese Weise einen Gefallen tust? Du hast vollkommen Recht, dass die Menschen damals Grausames durchmachen mussten! Doch du darfst nicht vergessen, dass sie viele waren. Sehr viele, die dieses unvorstellbare Leid geteilt haben. Das macht die Ereignisse und Verbrechen nicht weniger schrecklich, aber es ist ein Unterschied, ob ich eine solche Zeit in einer Gemeinschaft überlebe, in der mehr oder weniger alle betroffen sind, oder ob es nur mich selbst betrifft.«

»Das mag schon sein, aber schau mal: Ich hatte in den vergangenen Jahren hier bei dir das beste Leben, das ein Mensch sich nur wünschen kann! Und kaum versuche ich auf eigenen Füßen zu stehen, versage ich komplett. Fazit: Ich habe nichts gelernt!«

»Meine liebe Coco!« Coco kannte diesen Tonfall nur zu gut... »Einmal angenommen, du hättest eine Tochter und du würdest so mit ihr sprechen – wäre sie ein glückliches, lebensfrohes Kind?«

»Natürlich nicht! Aber ich würde ja auch nicht so mit ihr reden. Meine Tochter wäre bestimmt nicht so eine Versagerin wie ihre Mutter!« Zahra lächelte ihr zu:

»Gut, du hast mich überzeugt: Du bist ein durch und durch schlechter Mensch!« Coco konnte sich ein Lächeln nicht verkneifen.

»Ach Zahra, du bist gemein!« Salomé gesellte sich zu ihnen und setzte sich neben Coco auf die Mauer. Nach einem weiteren Moment des Schweigens sagte Zahra, nun wieder ernster:

»Da fällt mir ein, dass ich in den Büchern, die ich dir empfohlen habe, auf das Thema Scham gestoßen bin! Aber vielleicht hast du es ja selbst auch schon gelesen? Unterbrich mich also, wenn es dir bekannt ist. Schuld und Scham sind eng verknüpft mit seelischem Trauma. Während sich Schuldgefühle auf andere beziehen, bezieht sich Scham auf den Betroffenen selbst. Scham bedeutet, man empfindet sich selbst als minderwertig oder wertlos, unvollständig, hässlich, dumm und dergleichen mehr. Das Schamgefühl entwickelt sich etwa um den 14. Lebensmonat herum. Es ist die Phase, in der das Kind, dem zuvor von allen Seiten überwiegend Lob und Begeisterung entgegenschlugen, sich zunehmend mit Verboten und Tadel konfrontiert sieht, welche es während seiner kleinen Abenteuer vor Unglück und Schaden bewahren sollen. Anstatt positiver Rückmeldung wie bisher, erfährt es dann plötzlich kritische oder verärgerte Blicke der Eltern und erlebt Kontaktabbrüche, mit denen es überfordert ist und die es als bedrohlich erlebt.« Zahra hielt inne und beobachtete Coco für einen Moment. »Wenn ich dich langweile damit, sag es bitte!«

»Nein, du langweilst mich nicht, es ist mir alles neu!«

»Also gut. Das Kind sucht nun nach Möglichkeiten der raschen Versöhnung, um das damit verbundene unangenehme Gefühl schnellstmöglich wieder ablegen zu können. Bleibt die Versöhnung jedoch aus, da die Bezugsperson zum Beispiel aus Trotz nicht auf das Kontaktangebot eingeht und das Kind zur Strafe weiterhin leiden lässt, prägt das gehäuft erlebte Schamgefühl schließlich das Selbstbild des Kindes. Diese Menschen tun sich später schwer damit, in entsprechenden Situationen gesunde Wut zuzulassen und ihre persönlichen Grenzen zu setzen, da sie sich in Relation zu anderen selbst als klein und minderwertig einstufen. Eine mögliche Strategie, dieses Dilemma zu lösen, ist dann ein Hang zu ausgeprägter Autonomie. Sie vermeiden damit Situationen, in denen eine Selbstbehauptung und ein Aushandeln von Grenzen im Rahmen einer Freundschaft oder Partnerschaft erforderlich wäre.« Das leuchtete Coco ein. Aber litt sie denn selbst unter Schamgefühlen? Sie hatte lediglich festgestellt, dass sie schwach war und nicht in der Lage, sich, wie andere Menschen, einfach zusammenzureißen!

»Das heißt also, Scham entsteht, wenn ein Mensch anhaltend abgewertet und gedemütigt wird. Aber hat Scham nicht auch eine Funktion?«

»Ja, ich spreche jetzt von Scham in einer dysfunktionalen Ausprägung. In ihrer gesunden Form zeigt Scham das Überschreiten gesellschaftlich etablierter, moralischer Grenzen an.« Salomé stupste Coco mit ihrem Näschen an, als wolle sie sie auffordern, endlich aufzustehen. Sie sprang von der Mauer herunter und lief in Richtung des Wintergartens.

»Hast du ein Beispiel für solche Demütigungen, die zu destruktiver Scham führen?«

»Wir können uns ein Kind vorstellen, das immer ausgelacht wird, wenn es Gefühle oder ›Schwäche‹ zeigt, oder das abgewertet wird, wenn es nicht die erwarteten schulischen oder sportlichen Leistungen erbringt. Es bedarf keiner großen Ereignisse, um Scham auszulösen! Auch hier gilt: Steter Tropfen höhlt den Stein.« Coco musste an den Vater denken. Für unzureichende schulische Leistungen wurde sie nie bestraft oder abgewertet – abgesehen davon, dass sie stets zu den Klassenbesten gehört hatte, was der Vater jedoch nicht wusste. Er legte schlichtweg keinen Wert darauf, dass sie die Schule ernst nahm. Ihre Gefühle betreffend – ja, das passte schon eher! Wie oft wurde sie von ihm gedemütigt, ausgelacht oder beschimpft, sie solle nicht so sensibel sein und dergleichen. Nach und nach war sie dazu übergegangen, nichts mehr mit ihm zu teilen und alles mit sich selbst auszumachen.

Ein Grünspecht war aufgetaucht, der sich auf dem Rasen zu schaffen machte und mit seinem kräftigen Schnabel ganze Moosbüschel herausriss. Salomé war wieder da und betrachtete den Vogel, ohne Anstalten zu machen, ihn zu jagen. Coco nahm das Thema erneut auf:

»Diese Menschen fangen doch sicherlich irgendwann an, ihre Verletzlichkeit zu verstecken und sind dann nicht mehr authentisch. Führt das nicht dazu, dass sie Schwierigkeiten im sozialen Umgang bekommen?«

»Ganz genau, das kann zu einem regelrechten Teufelskreis werden.« Salomé starrte die beiden mit ihrem hypnotisierenden Katzenblick an, als wolle sie daran erinnern, dass es Zeit für das Abendessen war.

»Zahra, hast du auch Hunger?«

»Und ob! Ich habe da auch schon eine Idee...« Sie gingen ins Haus. Salomé lief schnurstracks zum Schrank mit dem Katzenfutter und beobachtete ungeduldig, wie Coco ihren Napf füllte.

»Lass es dir schmecken!« Zahra machte Crêpes, während Coco auf der Eckbank am Küchentisch saß und Luc schrieb. Nach dem Essen holte sie das Backgammonspiel. Es war so gemütlich neben dem warmen Herd, auch wenn es insgesamt noch nicht wirklich kalt war und der Herbst auf sich warten ließ.

»Zahra, wann warst du das letzte Mal im Kino?«
»Ich, im Kino? Das muss eine Ewigkeit her sein, wieso?«
»Ach, nur so…«

39

Als Coco erwachte, schien die Sonne bereits zum Fenster herein. Sie konnte sich nicht erinnern, wann sie das letzte Mal so spät aufgestanden war! Salomé, die die Nacht zu ihren Füßen verbracht hatte, war bereits unterwegs. Coco ging ins Bad und zog sich an. Dann suchte sie in der Küche und auf der Terrasse nach Zahra. Auch in der Bibliothek und im Musiksaal war sie nicht zu finden. Für den Gewölbekeller war es eigentlich zu spät, dort brauchte sie nicht zu schauen. Coco bereitete sich ein Müsli mit frischem Obst zu und setzte sich in den Garten.

Sie hatte längst aufgegessen und beobachtete ein paar Ameisen, als sie Zahra hörte, die auf die Terrasse gekommen war und sie freudig begrüßte:

»Guten Morgen Coco, du musst reichlich müde gewesen sein!« Coco stand auf und ging ihr entgegen.

»Wo warst du denn? Ich habe dich nicht gefunden!« Gut, sie hätte an mindestens zehn weiteren Orten suchen können, wenn sie sie dringend gebraucht hätte... Zahra lächelte geheimnisvoll.

»Ich habe im Laden nach dem Rechten gesehen und den Gehweg gekehrt, da traf ich einen alten Bekannten und wir haben uns ein Weilchen unterhalten.« Cocos Neugier war geweckt:

»Ein weiteres Geheimnis nach all den Jahren?«

»Vielleicht!« Zahra grinste. »Wenn du magst, lüften wir dieses heute Nachmittag.« Jetzt wurde es wirklich spannend...

»Ich bin dabei! Aber willst du mir nicht einen kleinen Hinweis geben?«

»Was ist das denn dann für eine Überraschung?!«

»Okay. Müssen wir dafür irgendwo hingehen?«

»Ja.«

»Gut. Wann geht's los?«

»Ich würde sagen, nach dem Mittagessen. So in etwa einer Stunde?«

»Abgemacht! Das Mittagessen fällt für mich allerdings aus. Ich hab eben erst gefrühstückt und bin pappsatt! Wie spät ist es eigentlich?« Zahra lachte:

»Das fragst du mich, die so viele Uhren besitzt? Aber ich kann dir versichern, es ist nach zwölf.« Nach zwölf... Wie lange hatte sie denn geschlafen? Cocos schlechtes Gewissen meldete sich, so unproduktiv gewesen zu sein. Doch es war Sonntag – vielleicht ein guter Anlass, diesbezüglich etwas milder mit sich zu sein.

»Zahra, ich habe heute Nacht unangenehm geträumt. Du kannst die Notizen deiner Eltern vorerst wieder wegräumen. Ich denke nicht, dass ich so bald wieder darin lesen werde.«

»Ja, alles zu seiner Zeit!«

»Aber deine Fotoalben mit Étienne, die räum noch nicht weg!« Zahra nickte lächelnd und ging ins Haus. Coco überlegte, wie sie die Stunde bis zu der geheimnisvollen Unternehmung nutzen könnte, da fielen ihr die Bienen ein...

Sie schloss gerade den letzten Bienenkasten, da erschien Zahra:

»Salut, meine Liebe, wenn du so weit bist, können wir uns auf den Weg machen!« Coco war so konzentriert gewesen, dass sie die bevorstehende Überraschung ganz vergessen hatte.

»Ich komme! In fünf Minuten am Ausgang?«

»Einverstanden!«

Coco entschied sich für ein blau-weiß gestreiftes Kleid aus leichtem Leinenstoff, das Zahra ihr zu ihrem vorletzten Geburtstag genäht hatte. Sie setzte einen Sommerhut mit weiter Krempe auf und pflückte eine kleine Rose vor ihrem Fenster, die sie sich an den Hut steckte. Zahra wartete bereits auf sie. Sie trug ebenfalls einen Hut, dazu ein fliederfarbenes Kleid aus Wildseide, welches in der Taille von einem breiten, cremefarbenen Band aus demselben Material zusammengehalten wurde.

»Du siehst toll aus, Coco!«

»Danke, und du erst! Also, was ist unser Ziel?« Coco hatte nach wie vor absolut keine Ahnung. Sie konnte sich auch an kein Versprechen oder dergleichen erinnern, das noch offen wäre. Als sie auf die Straße traten, saßen zwei ältere Frauen, die in ein Gespräch vertieft waren, vor dem Schaufenster auf der Bank, die aufstanden, um sie freundlich zu begrüßen. Eine der beiden bot ihnen Gebäck an, welches sie mitgebracht hatte. Es war zu einer Art Tradition geworden, dass die Leute, die an Zahras ›sozialem Treffpunkt‹, wie Coco es nannte, zusammenkamen, etwas zu essen oder zu trinken mitbrachten. Zahra war der Überzeugung, dass diese Zusammenkünfte schon dem einen oder anderen ein paar Lebensjahre geschenkt und ihm so manche körperliche und seelische Krankheit erspart hatten! Nach einem kurzen Gespräch verabschiedeten sie sich und Coco folgte Zahra, die den Weg stadtauswärts einschlug. Sie waren etwa fünf Minuten gegangen, da blieb Coco stehen.

»Zahra, schau mal, die Rosen!« Coco hatte dort schon öfter angehalten, um das imposante Anwesen mit seinem üppigen Vorgarten zu bewundern. Das alte Haus strahlte etwas Herrschaftliches, Schlossartiges aus und wirkte äußerst gepflegt. An der Seite führte eine breite Auffahrt durch einen, ebenfalls mit Rosen bewachsenen, hohen steinernen Torbogen, dessen Tor jedoch stets verschlossen gewesen war.

40

Während sie den Duft verschiedener Rosen verglichen, die über den schmiedeeisernen Zaun wuchsen, zuckte Coco plötzlich erschrocken zusammen.

»Entschuldigung, was haben Sie da an den Blumen zu schaffen?«, rief eine Männerstimme. Zu Cocos Verwunderung wirkte Zahra keineswegs erschrocken, sondern lachte und lief auf den Herrn zu, der auf den Gehweg trat. Jetzt bemerkte Coco, dass er durch das besagte Tor gekommen war, dessen massive Flügel sich langsam elektrisch öffneten. Coco schätzte den nicht sonderlich groß gewachsenen Mann auf gut achtzig Jahre. Er hatte ein humorvolles Gesicht und eine sympathische Ausstrahlung. Für sein Alter war er auffallend stilvoll gekleidet. Der Herr wechselte ein paar Worte mit Zahra, um sich dann Coco zuzuwenden: »Und du musst Coco sein. Es ist mir eine Ehre, dich kennenzulernen!« Coco reichte ihm die Hand. Er begrüßte sie mit angedeutetem Handkuss und forderte die beiden auf, ihm zu folgen. Coco verstand nicht. Sie warf Zahra einen fragenden Blick zu.

»Wir sind da!«

»Du meinst, die Überraschung?« Zahra nickte und ließ Coco den Vortritt durch das Tor. Coco glaubte, zu träumen. Sie hatte sich für einigermaßen phantasiebegabt gehalten, aber das hier übertraf ihre Vorstellungen bei Weitem! Jetzt erst verstand sie, dass das Haus an der Straße mit dem schönen Vorgarten lediglich eine Art Gesinde- oder Pförtnerhaus war. Vor ihr lag ein weitläufiges Parkgrundstück mit einem Palais, vor dem in der als Halbkreis angelegten Auffahrt eine gut vier Meter hohe Fontäne sprudelte. Uralte Zedern und Kiefern spendeten hier und dort Schatten und ließen das riesige Gebäude fast klein erscheinen. Das Tor schloss sich hinter ihnen geräuschlos und der Mann, der sich als Bernard vorgestellt hatte, stieß einen Pfiff aus. Kurz darauf erschienen zwei schwarze Riesenschnauzer, die im Galopp auf die drei zuliefen. Bernard gab ihnen ein Handzeichen und sie blieben wie angewurzelt stehen. Auf ein weiteres Zeichen hin legten sie sich ihm zu Füßen und ließen ihn keine Sekunde aus den Augen, als warteten sie auf das nächste Kommando. Bernard wandte sich Coco zu:

»Mademoiselle, darf ich vorstellen, das sind Dior und Chanel! Sie sind genauso gefährlich, wie sie aussehen!« Er lachte und sein runder Bauch hüpfte auf und ab. Coco liebte Hunde! Wie konnte es sein, dass sie ihn nie mit den beiden gesehen hatte? Diese Schönheiten wären ihr mit Sicherheit aufgefallen! Angesichts der Grundstücksgröße gingen sie vielleicht gar nicht auf die Straße? Was sollten sie dort an den Straßenlaternen und Bäumen schnuppern, wenn sie hier das Paradies hatten – ganz ohne Leine! Coco begrüßte die Hunde, die sich sichtlich freuten, jedoch nicht wagten, aufzustehen, ehe sie das entsprechende Zeichen erhielten. Während sie die beiden streichelte, erschien eine schwarz gekleidete Frau mit weißer Schürze und dazu passender weißer Haube. Nachdem sie Coco und Zahra höflich zurückhaltend zugenickt hatte, erkundigte sie sich bei Bernard, ob sie drinnen oder draußen decken solle. Er gab ihr ein paar kurze Anweisungen und wandte sich wieder Zahra zu, um das Gespräch fortzusetzen. Er erzählte etwas von einem Wasserschaden und unzuverlässigen Handwerkern, die ihn seit Wochen vertrösteten. Die Hunde drehten sich auf den Rücken und ließen sich von Coco den Bauch kraulen, wobei Chanel deutlich eifersüchtige Tendenzen zeigte, wenn sie der Meinung war, Coco teile ihre Zuwendung nicht in ihrem Sinne auf. Bernard ging, mit Zahra ins Gespräch vertieft, in Richtung des Haupthauses, als er sich plötzlich umdrehte und laut rief:

»Coco, Chanel!« Sein Bauch tanzte wieder. Er selbst schien seinen Scherz besonders zu genießen und wartete, bis Coco zu ihnen aufgeschlossen hatte. Die Hunde liefen ihnen voraus und erwarteten sie an den drei weitläufigen Treppenstufen, die zu dem beeindruckenden Eingangsportal hinaufführten. Bernard hielt ihnen die Tür auf und sie betraten eine riesige Eingangshalle mit einem gewaltigen Kronleuchter in der Mitte. Eine breite Holztreppe, die Coco an das Treppenhaus von Jacques' Praxis erinnerte, wand sich zu einer Galerie im ersten Stockwerk hinauf. Coco stellte sich vor, wie der Ausblick von dort oben sein würde. Die weiß beschürzte Frau, allem Anschein nach die Haushälterin, öffnete ihnen die Tür zu einem Salon. Coco kam sich vor wie in einem Antiquitätengeschäft der vornehmsten Sorte! Sie wagte kaum, auf die edlen Teppiche zu treten. Neben zwei Sitzgruppen, die jeweils vor einem großen Kamin platziert waren, gab es einen Tisch zum Kartenspielen, einen schwarzen Konzertflügel und zahlreiche Statuen und Skulpturen, die hier und da auf einem Sockel standen und der ganzen Szene einen Hauch von Museum verliehen. An den Wänden hingen neben Schwarz-Weiß-Fotografien raffiniert angestrahlte Gemälde, ähnlich wie Coco sie im Louvre gesehen hatte.

»Kommt, lasst uns der armen Odette die Entscheidung etwas erleichtern: Bleibt ihr lieber hier oder wollt ihr auf die Terrasse?«, fragte Bernard. Coco und

Zahra warfen sich einen Blick zu und waren sich sofort einig, lieber draußen zu sitzen. Odette verschwand wieder, während Bernard ihnen auf die Terrasse vorausging. Hier stand ein Tisch, wie Coco ihn noch nie gesehen hatte. Der Tisch in Zahras Wintergarten war ihr immer schon überdimensioniert vorgekommen, aber dieser hier bot mindestens... Coco zählte die Stühle rasch... Er bot sechsundzwanzig Personen Platz!

»Ich fürchte, wir werden uns hier etwas verloren vorkommen zu dritt. Warum weichen wir nicht auf einen der kleinen Freisitze aus?« Die Hunde bemühten sich unentwegt um Cocos Aufmerksamkeit. Bernard ging über den wie in einer Golfplatz-Broschüre gepflegten Rasen auf einen kleinen, runden Säulenpavillon zu. Davor befand sich eine von nackten marmornen Schönheiten gesäumte Terrasse mit einem weißen Tisch und sechs Stühlen. Coco dachte voller Mitleid an die Haushälterin, die alles den weiten Weg hertragen müsste. Bernard holte ein paar Kissen aus dem Pavillon und legte sie auf drei Stühle. Coco staunte, wie ruhig es hier war – ganz ähnlich wie bei Zahra! Auch das Grundstück schien eine vergleichbare Größe zu haben – nur wirkte es weniger wild, dafür aber umso weitläufiger, vielleicht ein wenig steril. Chanel legte Coco einen Ball vor die Füße und schaute sie erwartungsvoll an, während Dior einen der riesigen, uralten Rhododendren, die den Rasen einfassten, mit seiner Nase genauer untersuchte. Bernard warnte Coco mit seinem unnachahmlichen Lächeln:

»Wenn du den Ball jetzt ein einziges Mal wirfst, dann mach dich darauf gefasst, morgen früh mit Muskelkater in deinem Wurfarm aufzuwachen!« Es war bereits zu spät. Chanel rannte dem Ball hinterher und stand wenige Sekunden später wieder vor Coco, um das Spiel fortzusetzen.

»Kann ich helfen mit dem Tragen?«, erkundigte sich Coco.

»Keine Sorge, dafür haben wir eine elegantere Lösung gefunden!« Naja, ob es so elegant war, sich eine ältere Frau damit abmühen zu lassen? Inzwischen jagte auch Dior dem Ball nach und Coco war froh, diese Beschäftigung zu haben – so hatte sie einen guten Grund, sich nicht ausgiebig an dem Gespräch zu beteiligen. Plötzlich ertönte eine Glocke und Bernard entschuldigte sich, er sei gleich wieder da. Zahra und Coco schauten ihm nach, wie er im Haus verschwand. Die Hunde ließen den Ball auf der Wiese liegen und folgten ihm.

»Zahra, wo sind wir hier? Ist das eine neue Bekanntschaft, oder kennst du den Mann schon länger und du hast ihn mir all die Jahre vorenthalten?« Die beiden wirkten sehr vertraut. Zahra lächelte:

»Die Kurzfassung: Du erinnerst dich an Étienne?«

»Deine große Liebe mit dem tragischen Unfall?«

»Richtig! Dies ist sein Elternhaus. Aber lustigerweise haben wir uns gar nicht hier im Viertel kennengelernt und erst später festgestellt, dass unsere Elternhäuser einen Katzensprung voneinander entfernt liegen! Das fiel erst auf, als er mich eines Tages seiner Mutter vorstellte, die dieses Anwesen damals, abgesehen von ihrem Personal, bereits alleine bewohnte. Nach Étiennes Tod habe ich sie oft besucht, bis sie eines Morgens nicht mehr aufwachte. Sie hatte sich jahrelang gewünscht, endlich ihrem Mann und ihrem Sohn nachfolgen zu dürfen.«

»Und was wurde aus dem Anwesen hier?«

»Da wir noch nicht offiziell verheiratet waren und Étienne, der ihr Erbe gewesen wäre, kein Testament aufgesetzt hatte, ging der gesamte Besitz an den nächsten Verwandten, Étiennes Cousin Bernard, über.«

»Ist Bernard also sein Vorname?«

»Ja genau. Er pflegte dieses Anwesen sehr gewissenhaft und veränderte zunächst kaum etwas. Das machte es auch so schwer für mich, hierher zu kommen, denn all die Erinnerungen kamen dann jedes Mal wieder hoch. So habe ich über Jahrzehnte einen Bogen um das Haus gemacht und alle Einladungen von Bernard abgelehnt. Heute Vormittag kam er vorbei, um ein paar Blumensträuße zu holen, da versuchte er wieder einmal sein Glück.«

»Mit Erfolg!«, freute sich Coco.

»Hat er eine Frau oder Kinder?« Zahra schmunzelte.

»Er hat sich nach Étiennes Tod sehr um mich bemüht, doch ich konnte das nicht. Er war stets respektvoll dabei, aber es hätte sich wie Verrat an Étienne angefühlt – abgesehen davon, hätten meine Gefühle für eine Partnerschaft mit ihm nicht ausgereicht. Und so ist er bis heute allein geblieben – von ein paar kürzeren Geschichten hier und da einmal abgesehen. Du kannst dir vorstellen, dass bei einem Mann wie ihm die Bewerberinnen Schlange stehen.«

»Bei einem Mann wie ihm?«

»Bei einem Mann mit viel Geld!«, präzisierte Zahra. Ja, das hatte Coco nie verstanden. Wie konnten Menschen mit jemandem zusammenleben, den sie gar nicht wirklich liebten, nur weil er oder sie vermögend war? Gut, wenn man in Armut lebte, mochte das als ein Ausweg erscheinen! Aber war das nicht ein extrem hoher Preis?

»Ich glaube, er mag dich immer noch sehr!«

»Ja, den Eindruck habe ich auch. Das war mit ein Grund für meine Reserviertheit: Ich wollte ihm keine falschen Hoffnungen machen oder ihm das Herz brechen. So hat er also bis ins hohe Alter sein Leben dem Familienunternehmen gewidmet.«

»Und was ist das für ein Unternehmen?« Coco hatte sich zuvor bereits gefragt, womit man es zu einem solchen Wohlstand bringen konnte.

»Étiennes Vater war Textilfabrikant. Nach und nach erweiterte seine Frau das Unternehmen um zwei große Pariser Modehäuser sowie mehrere kleine, exklusive Boutiquen.« Wie faszinierend, das klang wie im Film! Und so sah es hier ja auch aus...

»Die Stoffe, die ich zum Nähen nutze, stammen übrigens teilweise aus dieser Produktion.«

»Hattest du nicht gesagt, dein Vater hätte sie von seinen Reisen mitgebracht?«

»Ja, das auch. Aber nicht alle. Der Stoff deines Kleides zum Beispiel ist von Étiennes Vater.« Coco sah ihr Kleid, welches sie ohnehin auf Anhieb sehr gemocht hatte, nun mit ganz anderen Augen.

»Die Namen seiner Hunde sind übrigens, wie du dir vielleicht schon gedacht hast, eine scherzhafte Erinnerung an zwei der großen französischen Modeschöpfer, die hier ein und aus gingen!«

»Du meinst *die* beiden Modeschöpfer?«

»Genau die! Was meinst du, was hier damals los war! Auf dieser Terrasse haben Leute wie Pablo Picasso, Jean Renoir, Pierre Bonnard oder Igor Strawinsky die eine oder andere Stunde verbracht. Auf dem Flügel dort drinnen hat zum Beispiel Maurice Ravel Ideen zu seinem berühmten Boléro vorgestellt, um die Meinung der anderen Gäste zu erfahren, heißt es.« Coco war beeindruckt. »Die Partys hier sollen legendär gewesen sein! Vielleicht zeigt Bernard dir ja mal ein paar Fotos, er hat Unmengen davon!« Coco konnte das alles noch nicht fassen.

»Picasso, Bonnard, Renoir,... Das heißt, die Gemälde da an den Wänden sind echt?« Zahra musste lachen.

»Aber ja doch! Da drinnen kannst du das eine oder andere, über die Jahre recht wertvoll gewordene Gastgeschenk bestaunen... Apropos staunen: Wir fragen Bernard gleich mal, ob er uns eine kleine Führung durch seine ›Belétage‹, wie er es nennt, gibt, das wird dir gefallen!

»Und wie...« Coco brach ihre Frage ab. Was war das denn? Über den Rasen fuhr Bernard in einem kutschenartigen Gefährt zu ihnen. Ihm gegenüber saß

Odette auf einer schwarz gepolsterten Bank mit einem Tablett auf dem Schoß. Chanel und Dior liefen ihnen wie die Begleithunde einer Postkutsche voraus. Coco fühlte sich um mindestens hundert Jahre zurückversetzt. Sie betrachtete das Fahrzeug, welches Bernard mit aller Selbstverständlichkeit in Richtung des Pavillons lenkte. Eine Art Kurbel ersetzte das Lenkrad. Coco war beeindruckt von den großen Messinglaternen und den schmalen Speichenrädern.

»Eine Kutsche ohne Pferde!«, stellte Zahra fest. Coco musste lachen. Das Gefährt knatterte vor sich hin und kam am Fuß der Treppe, die zum Pavillon emporführte, zum Stehen.

»Na, was sagst du, Coco?« Bernard kletterte etwas umständlich herab und nahm Odette das Tablett ab, die ebenfalls herunterstieg. »Ein De Dion-Bouton vis-à-vis, Baujahr 1900.« Er stellte das Tablett ab und machte Odette Platz, damit sie den Tisch decken konnte, während die Hunde sich mit dem Ball erneut um Coco drängten.

»Ist das ein Nachbau? Sowas gibt's doch gar nicht mehr, oder?«, wollte Coco wissen.

»Ein Nachbau? Hier bei uns ist alles echt! Einschließlich meiner krummen Beine und meiner steifen Gelenke!« Bernard lachte und schaltete den Motor ab.

»Wie kommt es, dass das hier alles so gut erhalten ist? Wurde im Krieg denn nichts zerstört?«, wunderte sich Coco.

»Unsere Familie verfügte über die nötigen Kontakte und das erforderliche ›Kleingeld‹, um an den richtigen Stellen die entsprechenden Leute nachsichtig zu stimmen... Und die Bomben haben uns glücklicherweise nicht getroffen.«

»In diesem Anwesen sah es während des Krieges übrigens ähnlich aus wie bei uns. Auch hier wurden Schutzsuchende untergebracht!«, stellte Zahra fest.

»Nur, dass unsere Familie nicht so klug war, das Anwesen rechtzeitig zu tarnen, wie Zahras Vorfahren! So betrieb man bei uns einen deutlich größeren Aufwand, um nicht aufzufliegen!«, fügte Bernard hinzu. »Hier mussten die Leute zum Beispiel mit dem Weinkeller vorliebnehmen.«

»Der auch nicht unbedingt klein geraten ist!«, ergänzte Zahra schmunzelnd. Coco war überfordert, das ging alles etwas zu schnell und ihr Kopf war voller Fragen... Den Weinkeller würde sie sich auch gerne anschauen! Odette hatte Kaffee eingeschenkt und verabschiedete sich, diesmal zu Fuß, in Richtung des Hauses.

41

»Bitte, greift zu! Es ist mir eine Ehre, dass ihr da seid! Das waren Jahre harter Arbeit, Zahra dazu zu bringen, mich zum Kaffee zu besuchen.« Amüsiert stellte er eine Étagère mit allerlei Feingebäck vor Cocos Teller und deutete auf eine Art Praliné: »Hier, die musst du unbedingt probieren – ein Traum!« Coco wusste nicht, womit sie beginnen sollte. Die kleine Himbeertorte sah ebenfalls verlockend aus. Als hätte Zahra ihre Gedanken erraten, bot sie an:

»Ich schneide mal die Torte an!« Coco reichte ihr den Teller.

»In Odette ist der Welt eine Konditorin verloren gegangen! Es ist Fluch und Segen zugleich, eine solche Meisterin im Haus zu haben«, schwärmte Bernard, während er lachend seinen Bauch streichelte. Die Torte schmeckte ausgezeichnet!

»Coco, weißt du, dass deine berühmte Namensvetterin in diesem Haus über viele Jahre hinweg ein gern gesehener Gast war und hier so manche wilde Party gefeiert hat?«

»Ja, Zahra hat es mir eben erzählt, ich liebe ihre Entwürfe!«

»Coco hat einen dicken Bildband von ihr, den sie inzwischen auswendig kennen dürfte!«, fügte Zahra lächelnd hinzu.

»Wirklich? Dann muss ich dir gleich etwas zeigen!«, entschied Bernard. Die Hunde unternahmen einen weiteren Versuch, Coco zum Spielen zu animieren, nachdem Bernard sie bereits zuvor vom Tisch weggeschickt hatte.

Nach dem Kaffeetrinken begann Zahra, das Geschirr auf das Tablett zu stellen. Die Hunde ließen keine weitere Sekunde verstreichen und sprangen auf, um Coco den Ball vor die Füße zu rollen. Schließlich bot Bernard an:

»Darf ich euch mit meinen dreieinhalb Pferdchen zurück zum Haus kutschieren?«. Coco führte einen kleinen Kampf mit Zahra und Bernard aus, wer das Tablett tragen durfte und beobachtete schließlich den Gentleman alter Schule mit etwas Sorge um das wunderschöne Porzellan, wie er damit die Treppe herunterstieg. Nachdem er beiden auf das Fahrzeug geholfen hatte, warf er es an und sie knatterten, flankiert von Dior und Chanel, zurück. Entgegen Cocos Annahme, fuhren sie am Haus vorbei und blieben schließlich vor einem großen Nebengebäude, einer Art Scheune, stehen. Bernard half ihnen herunter und stellte das Tablett auf einer alten, steinernen Pferdetränke ab. Dann holte er aus seiner Hosentasche etwas, das sich als Fernbedienung herausstellte. Das mächtige Holztor der Scheune öffnete sich und im Innern gingen zahlreiche Deckenlampen an. Die unscheinbare Fassade des Gebäudes stand in Kontrast zu dem Innenraum, dessen Boden spiegelglatt und sauber war. In zwei Reihen waren rechts und links des Mittelganges, der vermutlich einst als Futtergang eines Stalles gedient hatte, ein, zwei, drei,... zwölf Oldtimer geparkt! An der Decke hing ein kleines, ebenfalls sehr alt wirkendes Flugzeug. Coco war beeindruckt. Historische Blechschilder sowie Plakate von Autorennen schmückten die Wände. Sie folgte Bernard. Im hinteren Bereich der Halle entdeckte sie eine kleine Bar und eine Sitzecke, die durch eine lange Vitrine, wie Coco sie aus Museen kannte, von dem übrigen Raum abgetrennt war. Die Vitrine enthielt diverse Pokale, Urkunden und dergleichen. Ein Auto zog Cocos Blick besonders auf sich.

»Zahra, schau mal, sieht der nicht aus wie der Maserati von Étienne?« Zahra war am Eingang stehengeblieben und kam nach Cocos Aufforderung näher. Noch bevor sie etwas sagen konnte, bestätigte Bernard:

»Gut erkannt! Jawohl, das ist ein Maserati 3500 GT Coupé. Das heißt, es ist *der* Maserati 3500 GT Coupé!« Coco war verwirrt. Sie schaute Zahra an, die ungewohnt ernst wirkte.

»Ich dachte, Étienne wäre damit verunglückt?« Zahra schüttelte den Kopf:

»Nicht damit. Es war ein kleiner Renault, mit dem er an dem besagten Tag unterwegs war.« Bernard schien Zahras gedrückte Stimmung nicht entgangen zu sein. Um Ablenkung bemüht, wie Coco vermutete, führte er die beiden zu einem Fahrzeug, das Coco an eine Dampfmaschine erinnerte.

»Das ist eine Lokomobile! Damit wurden auf dem Hof einst alle möglichen Geräte angetrieben... Und in dieser Reihe hier stehen die Vorkriegsmodelle.«

»Funktionieren die Autos denn noch?«, wollte Coco wissen.

»Und wie!« Bernard strahlte wie ein kleiner Junge. »Du kannst dich bei Gelegenheit gerne davon überzeugen.« Dann fügte er, mit einem schelmischen Blitzen in den Augen an Zahra gewandt, hinzu: »Wenn das mit der Terminfindung allerdings so lange dauert wie mit dem Kaffeetrinken heute, dann fürchte ich, werde ich nicht mehr unter den Lebenden weilen!« Er lachte und ging zu einem sehr puristischen, blauen Auto mit zwei Sitzen, einer winzigen Scheibe für den Fahrer und einem außergewöhnlichen, bootsförmigen Heck. »Das hier ist mein Lieblingsstück.« Er klopfte liebevoll auf den Kühlergrill. »Bugatti, Typ

35 von 1927 – einer der erfolgreichsten Rennwagen aller Zeiten!« Das Auto erinnerte Coco an historisches Blechspielzeug für Kinder. Zahra hatte sich abgesondert und war wieder auf den Hof in die Sonne gegangen. Coco konnte sich ungefähr vorstellen, wie es für sie sein musste, hier an diesem Ort zu sein, an den so viele Erinnerungen geknüpft waren, und dann noch das Auto von Étienne zu sehen… Bernard fuhr die ›Kaffee-Kutsche‹ schließlich in die Halle und drückte erneut auf seine Fernbedienung, woraufhin alle Lichter ausgingen und sich das Tor schloss.

»Wenn Sie diese Autos alle regelmäßig bewegen, dann haben Sie ja kaum noch Zeit für etwas anderes!«, stellte Coco fest.

»Ach, sag doch bitte du«, bat er, »sonst komme ich mir noch älter vor, als ich ohnehin schon bin!« Er nahm das Tablett und ging ihnen voraus auf die Terrasse mit dem großen Tisch. »Ja, diese Autos werden leider viel zu wenig gefahren. Ich liege Zahra seit Jahren in den Ohren, sie möge wenigstens ihren Maserati mitnehmen, aber da ist sie genauso hartnäckig wie bei anderen Themen!« Er zwinkerte Coco zu und übergab Odette, die auf der Terrasse erschienen war, das Tablett.

»Was heißt denn *Zahras* Maserati?« Coco verstand nicht.

»Das meiste, was du hier siehst, würde heute, wäre es nach Étienne gegangen, ganz sicher Zahra gehören! Abgesehen von ein paar persönlichen Erinnerungsstücken von Étienne, konnte ich sie jedoch nicht dazu bringen, irgendetwas anzunehmen – geschweige denn, dieses Anwesen zu beziehen! Den Maserati pflege ich seitdem für sie, bis sie ihn irgendwann abholt; da gibt es keine Ausreden, der steht mir wirklich nicht zu! Ich weiß, wie viel Freude sie und Étienne daran hatten.«

»Ach Bernard… Es stimmt, wir *hatten* Freude an dem Wagen! Und das ist lange her. Ich habe eine halbe Ewigkeit nicht mehr hinter einem Steuer gesessen. Du glaubst doch nicht im Ernst, dass ich eines Tages bei dir klingle, um das arme Auto nach allem, was es überstanden hat, an der erstbesten Kreuzung zu Schrott zu fahren! Ich bin dir wirklich sehr dankbar, dass du dieses Erbe so würdig angetreten und alles hingebungsvoll bewahrt und gepflegt hast. Aber das Leben geht weiter! Ich habe mir abgewöhnt, an Gegenständen zu hängen. So angenehm es sein mag, schöne Dinge zu besitzen, ich möchte mich nicht davon ›versklaven‹ lassen.«

»Bitte Zahra, lass uns doch mal einen kleinen Ausflug unternehmen mit dem

Wagen! Du nimmst ein paar Fahrstunden, dann geht das schon!«

»Coco hat Recht! Und außerdem glaube ich, dass du maßlos übertreibst. Wieso solltest du das Autofahren verlernt haben? Sicher, die Straßen sind voller geworden, das Auto ist jedoch immer noch dasselbe!« Zahra winkte entschlossen ab.

»Das fehlt mir gerade noch, dass ihr euch jetzt gegen mich verbündet! Ja, es ist ein wunderschönes Auto. Aber ich werde mich nicht mehr hinter das Steuer setzen!«

»Kein Problem Zahra, ich fahre dich! Bis ans Ende der Welt, wenn du willst!«, bot Coco an und Bernard pflichtete ihr bei:

»Also, wenn das kein großzügiges Angebot ist!« Doch plötzlich kamen Coco Bedenken:

»Naja, vielleicht ist das doch keine so gute Idee. Abgesehen von den Fahrstunden und der praktischen Führerscheinprüfung sowie ein paar Fahrten mit Lucs alter Kiste habe ich keinerlei Fahrpraxis. Ich fürchte, ich würde es auch nicht viel weiter als Zahra schaffen.«

»Aber, aber, was seid ihr denn für Schwarzmalerinnen! Ich gebe euch eine kleine Einführung, dann wird das schon!«

»Gut, das reicht jetzt!«, beendete Zahra das Thema. »Wenn ihr noch lange so weiter diskutiert, ist es bald dunkel. Ich dachte, ihr habt noch etwas anderes vor...« Coco hatte die ganze Zeit schon daran gedacht, jedoch nicht gewagt, nach der ›Belétage‹ zu fragen. Sie erinnerte sich, dass sie online Kinokarten reserviert hatte. Sie müssten sich bald auf den Weg machen, um nicht zu spät zu kommen! Aber sollte sie diesen Besuch hier abbrechen? Womöglich würde Zahra es ja vorziehen, hier zu bleiben anstatt ins Kino zu gehen?

»Zahra, ich wollte dich heute Abend mit einem Kinobesuch überraschen. Ich habe zwei Karten reserviert. Wenn wir sie nicht eine halbe Stunde vor Beginn abgeholt haben, werden sie an der Abendkasse anderen Besuchern verkauft. Was meinst du?« Zahra lächelte und bedankte sich für Cocos gut gemeinte Idee. An ihrer Reaktion bemerkte Coco gleich, dass sie nicht vor Begeisterung platzte. Noch ehe sie etwas sagen konnte, machte Bernard einen Vorschlag:

»Ich kann euch mein bescheidenes Kino hier anbieten. Es hat zwar nicht mehr als zwanzig Plätze und es gibt keine Eisverkäufer, die in der Pause durch die Reihen gehen, aber mit Charlie Chaplin kann ich auch dienen!« Coco schaute ihn ungläubig an.

»Du hast hier wirklich ein Kino?«

»Ja, kommt mit, ich zeige es euch – neben alten Autos meine zweite große Leidenschaft!« Sie standen wenig später in einem vollwertigen Kinosaal im Kleinformat – mit roten Samtsesseln und allem, was dazu gehört.

»Besonders stolz bin ich auf diesen Projektor hier, schaut mal!« Er öffnete die Tür zu einer kleinen Kammer. Dort stand ein riesengroßer, vermutlich uralter Kinoprojektor, wie man ihn schon lange nicht mehr benutzte, seitdem alles digitalisiert worden war. »Den habe ich vor dem Schrott bewahrt, es wäre doch zu schade darum gewesen!« Coco staunte nicht schlecht. Jetzt verstand sie: Der Projektor warf das Bild durch die kleine Glasscheibe an der Rückwand des Kinos auf die Leinwand.

»Und du hast auch Filme, die du damit abspielen kannst?«, vergewisserte sie sich. »Aber ja!« Bernard öffnete eine weitere Tür. Dort lagen in langen, deckenhohen Schwerlastregalen unzählige Filmrollen. Er suchte einen Augenblick lang, dann zog er eine davon heraus.

»Na, wer sagt's denn! Hier zum Beispiel: ›City Lights‹!« Zahra bremste ihn:

»Bernard, was hältst du davon, wenn wir die Filmvorführung vertagen und du Coco noch deine Sammlung oben zeigst?«

»Du hast vollkommen Recht, ich Dummkopf! Wieso solltet ihr mich ein weiteres Mal beehren, wenn ich heute bereits alles Pulver verschieße!«

»Willst du uns etwa unterstellen, dass wir nur deiner Hobbys wegen hergefunden haben? Das ist aber nicht nett!«, lachte Zahra.

42

Im oberen Stockwerk angekommen, öffnete sich ein geräumiger Flur vor ihnen, von dem mehrere Zimmer abgingen. Bernard schaltete das Licht an.

»Herzlich willkommen in meiner kleinen Chanel-Sammlung!« Sie standen inmitten einer Haute-Couture-Ausstellung. Coco entdeckte in verschiedenen Vitrinen alle möglichen Kleidungsstücke, die teilweise auf Schneiderpuppen zu vollständigen Outfits zusammengestellt waren. In Tischvitrinen lagen Skizzen, Handschuhe, Hüte und allerhand Kleinkram.

»Du meinst, diese Sachen sind von Coco Chanel?«

»Höchstpersönlich!«

»Das ist nicht dein Ernst!«

»Und ob! Weißt du, diese Sammlung zusammenzutragen, war gar nicht so schwierig, wie es vielleicht erscheinen mag. Das meiste habe ich hier und in der Fabrik gefunden. Coco Chanel war eine gute Freundin von Étiennes Eltern. Die Dinge, die sich über die Jahre hier angesammelt haben, waren aus damaliger Sicht normale Alltagsgegenstände oder Entwürfe. Wer hätte denn gedacht, dass diese einmal Sammlerwert haben würden!« Er schaltete das Licht in einem anderen Raum an. »Und hier findet ihr Dinge, die weitere Freunde und Bekannte über die Jahre zurückgelassen haben.« Coco sah sich um und blieb vor einer Vitrine stehen.

»Das ist eine Serviette von Igor Strawinsky. Kannst du Noten lesen?« Coco nickte. »Dann erkennst du vielleicht das Motiv, das er dort hingekritzelt hat.«

»Ist das das Thema der Klaviersonate?«

»Ja, so sagte man mir! Ich selbst habe leider wenig Ahnung von Musik.« Cocos Lieblingskomponist war Strawinsky nie gewesen. Bevor sie sich gegen das Klavierstudium entschieden hatte, hatte sie einmal etwas von ihm gespielt, und zwar genau diese Sonate! »Im Haus verteilt findest du noch so manches Werk an den Wänden, dessen Schöpfer dir aus dem einen oder anderen Pariser Museum bekannt sein dürfte. Seid ihr hier oben fertig, dann mache ich die Lichter wieder aus.« Coco nickte und ging ihm und Zahra voraus die Treppe ins Erdgeschoss hinunter. Sie hätte Stunden in Bernards ›Belétage‹ verbringen können! Aber sie war überfordert, das alles aufzunehmen und zu verarbeiten. Vielleicht dürfte sie ja einmal wiederkommen! Bernard zeigte den beiden mehrere Zeichnungen und Skizzen, als Zahra sagte:

»Bernard, ganz herzlichen Dank für diesen abwechslungsreichen Nachmittag! Ich denke, wir machen uns langsam auf den Heimweg. Das muss man doch alles erst einmal sacken lassen! Das heißt: Coco, wenn du magst, kannst du natürlich noch bleiben, sofern Bernard einverstanden ist.«

»Nein, ich komme mit dir!«, entschied Coco. Bernard lud die beiden ein, ihn jederzeit erneut zu besuchen. Sie waren kaum auf dem Hof, da kamen ihnen Dior und Chanel freudig entgegengelaufen.

»Ich komme bald wieder, dann bringe ich euch etwas Leckeres mit!«, versprach Coco. Sie passierten das Tor und traten auf die Allee, als Bernard ihnen nachrief:

»Ihr könnt ja nochmal in aller Ruhe die Verkehrsregeln durchgehen bis zu eurem nächsten Besuch. Am praktischen Teil soll es nicht scheitern, dafür werde ich schon sorgen!«

Coco lief schweigend neben Zahra her. Sie war erschöpft. Das war alles so interessant und aufregend gewesen, dass sie den Eindruck hatte, gefühlsmäßig kaum hinterherzukommen!

»Zahra, bist du enttäuscht, dass das mit der Kino-Überraschung heute nichts mehr geworden ist?« Zahra lachte.

»Lustig, dieselbe Frage wollte ich dir gerade stellen! Ich wäre schon mit dir ins Kino gegangen! Aber das hätte sich heute etwas erzwungen angefühlt. Wir können es bestimmt demnächst nachholen, auch wenn es dann vielleicht nicht Charlie Chaplin ist…« Ja, Coco wäre das heute auch zu viel geworden, so hatte sich vielleicht jemand anderes über die freigewordenen Karten gefreut! Nach kurzem Schweigen fragte Coco:

»Du hast vorhin sehr ernst und nachdenklich gewirkt. Geht es dir gut?« Zahras Antwort ließ nicht lange auf sich warten: »Danke für deine Fürsorge. Ja, das war etwas aufwühlend für mich.« Coco beließ es dabei. Sie wollte sich ein Beispiel an Zahra nehmen, die ihrem Gegenüber stets im richtigen Augenblick die nötige Zeit und den erforderlichen Raum ließ. Zahra hatte ihr irgendwann einmal in einer ähnlichen Situation erklärt: ›Wir sind nicht für die Gefühle eines anderen Erwachsenen verantwortlich – abgesehen von wenigen Ausnahmen. Menschen, die in einem bedrohlichen oder dauerhaft angespannten Umfeld aufgewachsen sind, neigen bekanntlich dazu, Stimmungen anderer extrem sensibel wahrzunehmen. Das ist, wie du weißt, eine wirksame Strategie, um

Gefahren rechtzeitig kommen zu sehen oder ausgleichend zu wirken und eine Situation nicht weiter eskalieren zu lassen. Ist diese bedrohliche Phase jedoch eines Tages vorüber, dürfen wir lernen, Stimmungen zu registrieren, ohne diese zu unseren eigenen zu machen! Das hat auch etwas damit zu tun, die Grenzen des Anderen zu respektieren.‹

Coco war hungrig. Zuhause angekommen, bereiteten sie ein einfaches, aber deshalb nicht weniger schmackhaftes Abendessen aus Brot, Salat und verschiedenen Kleinigkeiten zu. Anschließend zog Coco sich in ihr Zimmer zurück und ging ins Bett. Obgleich sie müde war, lag sie noch eine Weile wach und ließ sich die Bilder dieses außergewöhnlichen Nachmittages durch den Kopf gehen.

43

Es war Montagmorgen, kurz nach 7:00 Uhr, als Coco von ihrem Handy geweckt wurde. Sie war im Nu aufgestanden und hatte sich gewaschen und angezogen. Ein spannender Tag stand ihr bevor!

Als die beiden das Jugendamt betraten, sah Coco den Wachmann, mit dem sie sich kürzlich angelegt hatte – er schien sie jedoch nicht zu erkennen und blickte leer durch sie hindurch. Monsieur Petit hatte Coco bereits zuvor seine Zimmernummer genannt und ihr angeboten, direkt zu ihm hoch zu kommen. Nachdem der Aufzug in jeder Etage gehalten hatte, erreichten sie schließlich das sechste Stockwerk. Während Zahra sich für einen Moment entschuldigte, sie käme gleich nach, machte Coco sich auf die Suche nach dem Büro. Ehe sie eintrat, überlegte sie kurz, auf Zahra zu warten, klopfte dann aber an. Warum sollte sie Zahras Zeit unnötig beanspruchen, vermutlich übertrieb Coco ohnehin wieder mit ihren Befürchtungen!

»Was gibt's?«, tönte eine genervt klingende Männerstimme. Coco trat ein. Der Herr schien mit etwas beschäftigt zu sein und machte keine Anstalten, seine Arbeit zu unterbrechen oder Coco zu begrüßen. Coco war es, als ignoriere er sie absichtlich. »Ja, was denn nun?«, fragte er schließlich, unverwandt auf seinen Bildschirm starrend.

»Bonjour, ich möchte zu Monsieur Petit.« In dem Moment, als sie zu sprechen begann, schaute er plötzlich erschrocken zu ihr auf. Er schien mit jemand anderem gerechnet zu haben. Ein breites, nicht besonders herzlich wirkendes Lächeln überzog sein Gesicht.

»Coco? Was für eine reizende junge Dame Sie geworden sind!« Sie konnte sich nicht erinnern, ihm zuvor bereits begegnet zu sein. Er war aufgestanden und fasste sie an der Schulter, um sie erneut von oben bis unten zu mustern. »Donnerwetter!« Coco erschauerte bei seiner Berührung. Er sah zwar nicht so aus, wie sie ihn sich vorgestellt hatte und war alles andere als klein, aber ihr Verdacht schien sich zu bestätigen. Er stand viel zu nah vor ihr, sie fand jedoch nicht den Mut, auf Abstand zu gehen. Sein Atem roch säuerlich. Sie war wie gelähmt. Er bot ihr einen der beiden Stühle an, die seinem Bürostuhl gegenüber an dem Schreibtisch standen und stellte den anderen dicht daneben, um dort selbst Platz zu nehmen. Dabei tätschelte er Coco den Rücken und lächelte ihr zu. »Ich sag doch, auf den alten Pascal ist Verlass!« Er griff nach einem Stapel Akten und zog diesen zu sich heran.

»Hat sich ganz schön was angesammelt…« Er schlug die oberste Akte auf, als auf dem Flur Schritte zu hören waren. Irritiert drehte er sich zur Tür um, die Coco absichtlich nicht geschlossen hatte, da sie jeden Moment mit Zahra rechnete. »Bin sofort wieder zurück!« Beim Aufstehen stützte er sich, wie zufällig, auf Cocos Oberschenkel. Coco bemerkte, wie sich schlagartig ihr Nacken verspannte. Er war gerade im Begriff, die Tür zu schließen, da trat Zahra ein. »Madame, Sie können hier nicht…«

»Bonjour, Sie sind Monsieur Petit, richtig? Wir hatten vor einiger Zeit bereits das Vergnügen!« Ohne eine Antwort abzuwarten, schloss sie die Tür und setzte sich neben Coco auf den Stuhl, von dem Petit soeben aufgestanden war. Er stammelte etwas von Höflichkeit und Respekt, als Zahra sich Coco und dem Aktenstapel zuwandte. Kurz darauf stand sie entschlossen auf und drückte Coco die Hälfte des Stapels in die Hand, während sie selbst den Rest nahm.

»Na, hören Sie mal, Sie können nicht einfach…« Zahra forderte Coco auf, ihr zu folgen und war im Begriff, das Büro mitsamt der Akten zu verlassen, als er versuchte, sie zurückzuhalten. Sein Kopf schwoll knallrot an und seine Stimme bebte: »Wenn Sie das wagen, können Sie was erleben!« Mit charmantem Lächeln drehte sich Zahra um:

»Monsieur Petit, es tut mir leid, wenn ich den Eindruck erweckt habe, dass Sie so mit mir sprechen können, das ist dann definitiv ein Irrtum! Wir sind Ihnen überaus dankbar für Ihre Hilfsbereitschaft, damit haben Sie uns einen großen Gefallen getan!« Sie ging zielstrebig in Richtung Flur und Coco folgte ihr. Monsieur Petit verschlug es kurz die Sprache, dann lief er ihnen zeternd hinterher und drohte, den Sicherheitsdienst zu rufen, wenn sie nicht sofort stehenblieben. Coco verstand nicht, was Zahra vorhatte. Sie konnte doch nicht einfach mit den Akten hier herausmarschieren! Petit schrie etwas von Diebstahl und Anzeige und blieb ihnen dicht auf den Fersen, da kam ihnen eine Frau in dunkelblauer Uniform entgegen, die offensichtlich zum Sicherheitspersonal gehörte.

»Aufhalten! Die stehlen hier meine Akten!« Zu Cocos Überraschung reagierte die Frau nicht wie aufgefordert, sondern lächelte Zahra freundlich zu:

»Bitte, folgen Sie mir!« Petit wiederholte, inzwischen hysterisch, seine Aufforderung, da wandte sich Zahra ihm in aller Seelenruhe zu:

»Wir machen jetzt die erforderlichen Kopien und Sie bekommen die Akten, übrigens mitnichten *Ihre* Akten, im Anschluss vollständig zurück! Und je eher wir damit beginnen können, desto eher sind Sie uns wieder los.«

»Ich warne Sie, wenn da hinterher irgendwas fehlt...« Er schaute ihnen fassungslos nach, während die Frau den beiden vorausging, um schließlich vor einem Raum stehenzubleiben.

»Hier ist es. Haben Sie schon eine Guthabenkarte?« Zahra verneinte.

»Die bekommen Sie an der Information in der Eingangshalle, Sie können bar oder mit Karte bezahlen.« Zahra bedankte sich vielmals und die Frau verschwand.

»Zahra, ich mach das schon. Ich kümmere mich um die Karte und du kannst hier so lange auf die Akten aufpassen.«

Sie verschafften sich einen groben Überblick und sortierten die Akten chronologisch. Vieles schien sich zu wiederholen und wirkte wenig informativ.

»Zahra, fahr ruhig nach Hause, ich kriege das alleine hin.«

»Kommt nicht in Frage! Was hältst du davon, wenn du entscheidest, was davon du haben möchtest, während ich die Kopien mache? Vorausgesetzt, ich werde mit dem Kasten hier fertig!« Coco wusste, Zahra würde nicht gehen, bis alles erledigt wäre, also erklärte sie ihr den Kopierer. Sie kannte das Modell aus der Uni.

»Ich bin so froh, dass du dabei bist! Du kamst genau im richtigen Augenblick!«

»Hat er dich belästigt?«

»Ist nichts passiert...«

Sie blätterten eine Weile, Coco war zu ihrer Säuglingszeit vorgedrungen:

Gesprächsnotiz:

Montag, 16.12.2002, 11:50

Gaspard B. Fabron, Vater des Kindes Coco Fabron, gibt an, die Kindsmutter, Eleana Ionescu, reagiere weiterhin nicht auf seine Versuche der Kontaktaufnahme. Kind weiterhin stationär. Nach Rücksprache mit dem betreuenden Arzt baldige Entlassung ins häusliche Umfeld möglich. Keine weiteren Angehörigen ermittelbar. Möglichkeiten der ambulanten Weiterversorgung erläutert. Nächsten Montag erneutes Gespräch.

Coco blätterte zurück.

<u>Gesprächsnotiz</u>:
Mittwoch, 4.12.2002, 14:25
Kindsvater, Gaspard B. Fabron, zum Termin nicht erschienen. Telefonisch nicht erreichbar. Zustand laut Stationsarzt zunehmend stabiler, jedoch vorerst weiterhin intensivmedizinische Betreuung. Mutter weiterhin im Ausland.

»Coco, ist alles in Ordnung?« Zahra hatte ihren Stapel abgearbeitet und wartete auf Nachschub. Coco hielt ihr das Blatt hin. »Na also, da hat es sich doch schon gelohnt, hierher gekommen zu sein! Oder wusstest du, dass du als Säugling im Krankenhaus lagst?« Coco schüttelte den Kopf.

»Ich schlage vor, du machst eine Pause und ich kopiere diese Akte hier einfach komplett. Was meinst du?« Coco zuckte gleichgültig mit den Schultern. Dann zeigte sie Zahra den automatischen Einzug des Kopiergerätes, über den sie den ganzen Stapel durchlaufen lassen konnte. Coco fühlte sich leer. Wie in Trance, ordnete sie die Kopien, die sich neben dem Gerät angesammelt hatten und heftete die Akten wieder zusammen. Ihr Kopf schmerzte, der Geruch des Kopiergerätes störte sie. Und ihr war plötzlich alles zu laut. Warum konnte sie nicht einfach ganz normal sein und eine halbe Stunde lang irgendetwas fotokopieren? Stattdessen ließ sie sich von einer alten Frau die Arbeit abnehmen! Petit erschien im Türrahmen.

»Und bringen Sie ja nichts durcheinander! Da will man helfen und das ist der Dank!« Zahra lächelte ihm freundlich zu und setzte ihre Arbeit fort, als sei alles in bester Ordnung.

»Ich habe ja schon viel erlebt in all den Jahren hier, aber sowas...«, schimpfte er weiter vor sich hin.

»Sie können einem wirklich leidtun!«, stellte Zahra ohne die geringste Zweideutigkeit fest. Petit wirkte überrascht und stutzte.

»Wieso denn das?«

»Nun, Ihr Beruf scheint Sie viel Kraft zu kosten, Sie wirken sehr überarbeitet.« Coco kam langsam wieder zu sich und schmunzelte. Ob er Zahras Hinweis verstand? Er drehte sich wortlos um und wollte wieder gehen, da stellte Zahra fest:

»Monsieur Petit, ich denke, wir haben es geschafft! Möchten Sie die Akten nicht gleich mitnehmen?« Sie heftete den Ordner zusammen und legte ihn auf den Stapel. »Das ist wirklich sehr freundlich von Ihnen, dass Sie das so schnell möglich gemacht haben, es ist alles andere als selbstverständlich!«, wiederholte sie ihren Dank. Er wirkte überfordert und zwang sich zu einem Lächeln, während er sich die Akten aufladen ließ. Coco vermied es, ihn anzuschauen und war erleichtert, als er verschwunden war. Zahra kramte einen Beutel aus ihrer Handtasche, in dem sie mit Cocos Hilfe die Kopien verstaute. Eine junge Frau betrat den Raum. Sie zog ihre Jacke aus und begann, die Kurzanleitung des Kopiergerätes zu studieren. Zahra legte ihr die Karte hin.

»Falls Sie sie brauchen, wir sind fertig. Es ist noch etwas Guthaben darauf.« Die junge Frau bedankte sich überschwänglich und Zahra warf Coco einen verschwörerischen Blick zu: »Ich hoffe, wir müssen nicht so schnell wiederkommen!« Coco nahm den Beutel und ging Zahra voraus zu den Aufzügen.

Sie traten auf die Straße und atmeten tief durch.

»Coco, bist du sicher, dass du direkt zur Uni willst?« Von Wollen konnte keine Rede sein! Coco hatte sich zwar fest vorgenommen, sobald sie hier fertig wäre, dort hinzufahren und alle Veranstaltungen zu besuchen – die arme Cécile würde sich bestimmt langsam ausgenutzt fühlen! Aber was gäbe es jetzt Schöneres, als sich mit dem Tagebuch in aller Ruhe in ihr kleines Gärtchen zurückzuziehen und die Kopien in Augenschein zu nehmen!

»Ich muss ja!«, beantwortete sie schließlich Zahras Frage. »Hab schon genug gefehlt in letzter Zeit, das kann nicht so weitergehen.«

»Das entscheidest du. Aber wenn ich dich so sehe, habe ich den Eindruck, du könntest eine Pause gebrauchen.«

»Eine Pause? Hinter mir liegt ein komplett freies Wochenende!«

»Und ein sehr belastender Termin.« Belastend? Sie hatten ein paar Kopien gemacht! »Coco, in dem Kopierraum wirktest du zwischendurch sehr abwesend. Ich weiß nicht, ob du es selbst bemerkt hast? Ich bezweifle, dass das aus reiner Langeweile geschehen ist.« Coco ertappte sich dabei, dass sie schon wieder zählte. Treppenstufen, Geländerstäbe, Wegplatten,... »Ich mische mich nicht ein in deine Entscheidung. Aber es täte mir leid, wenn du die nächste Panikattacke provozierst, indem du wieder über deine Grenzen hinausgehst.« Ja, daran hatte Coco auch eben gedacht. »Was hältst du davon: Wir setzen uns erst einmal in das Café dort vorne und stärken uns ein wenig? Und dann sehen wir weiter.«

Als sie ihre Schokolade ausgetrunken hatten, entschied Coco: »Ich fahre jetzt zur Uni. Und wenn es nicht geht, dann bin ich schon bald wieder bei dir!« Zahra bezahlte und sie verabschiedeten sich.

44

In der Métro überlegte Coco, was ihr helfen würde, die nächsten Stunden zu überstehen. Sie dachte erneut an das nächtliche Video-Telefonat mit Luc. Aber sollte sie sich hier vor allen Leuten aufs Brustbein klopfen? Ihr fiel die Übung ein, die Jacques mit ihr am Freitag gemacht hatte: Kontakt zum Boden spüren, rechte Hand auf die Herzgegend legen, lange ein-, noch länger ausatmen... Ja, das dürfte kaum auffallen. Sie schloss die Augen. Wie oft hatte sie Menschen beobachtet, die auf dem Weg zur Arbeit oder nach Feierabend mit geschlossenen Augen vor sich hin dösten oder gar eingeschlafen waren – ein vertrautes Bild in der U-Bahn! Kontakt zum Boden spüren, rechte Hand aufs Brustbein... Nach ein paar Atemzügen entspannten sich ihre Schultern etwas. Und plötzlich: Da war er, der magische Atemzug! Coco verspürte den spontanen Impuls, ihren Kopf nach vorne fallen zu lassen – wie jemand, der im Sitzen eingeschlafen ist. Sie war plötzlich bei Zahra im Garten, hörte das Vogelgezwitscher und spürte die warmen Sonnenstrahlen auf der Haut. Für ein paar Sekunden hatte sie vollkommen ausgeblendet, dass sie sich in der Métro befand. Der Zug blieb stehen und Passagiere drängten zu den Türen, um auszusteigen. Wie gut dieser Sekundenurlaub bei Zahra tat! Sie nahm sich vor, die Übung zu trainieren, um das Nervensystem immer schneller in diesen parasympathischen Zustand versetzen zu können. Sie müsste nur daran denken! Vielleicht würde sie eine Notiz im Handy einspeichern, die sie mehrmals am Tag daran erinnerte.

Schließlich war es Zeit auszusteigen und sie bahnte sich den Weg zur nächsten Tür. Zur Vorlesung kam sie gerade noch rechtzeitig. Cécile freute sich, sie wiederzusehen und erkundigte sich nach ihrem Befinden. Den Rest des Tages verbrachten sie gemeinsam. In den Pausen machte Coco die Übung aus der Métro, indem sie sich kurz absonderte, zur Toilette ging oder sich draußen die Beine vertrat. Wieso hatte sie das nicht schon viel eher getan? Vielleicht wäre es dann gar nicht so schlimm geworden mit den Panikattacken. Zwischendurch schweiften ihre Gedanken immer wieder zum Beutel mit den Kopien ab. Sie war gespannt, was sie dort entdecken würde! Gespannt wie angespannt... Sich nun doch erneut mit ihrer Vergangenheit zu beschäftigen, weckte gemischte Gefühle.

Die Uni war vorbei – ohne Panikattacken. Es ging ihr besser als erwartet. Coco machte sich auf den Weg zu Zahra. Sie hätte Zahra gerne in ihrer Nähe beim Durchsehen der Kopien und wollte nicht bis zum nächsten Wochenende damit warten. Nach einer kleinen Auszeit im Garten aßen sie zu Abend.

»Coco, meinst du, es ist eine gute Idee, vor dem Schlafengehen deine Akten zu sichten?« Ja, das hatte Coco sich auch gefragt.

»Die nächsten Tage habe ich von morgens bis abends Uni. Und ob ich morgens in aller Frühe aufstehe, um dann unkonzentriert in der Uni zu sein, oder ob ich spät abends grübelnd ins Bett gehe, ist vermutlich egal!« Sie setzten sich mit einer Kanne Tee und Gebäck ins Kaminzimmer und Coco nahm sich die Kopien vor, während Zahra ein Buch aufschlug.

Kurz nach Mitternacht war der Stapel abgearbeitet. Sie hatte sich auf tagelange Arbeit, erhellende Informationen und starke Emotionen eingestellt. Das Ergebnis ließ sich jedoch recht knapp zusammenfassen: Sie wurde als Frühgeburt aufgrund von Komplikationen während der Schwangerschaft notfallmäßig per Kaiserschnitt geholt und verbrachte die ersten Wochen ihres Lebens auf der Neugeborenen-Intensivstation im ›Brutkasten‹. Rund drei Wochen nach der Geburt verschwand ihre Mutter von heute auf morgen ins Ausland, ohne jemals wieder aufzutauchen. Versuche, sie ausfindig zu machen, blieben erfolglos und der Vater hatte Coco anfangs mit Unterstützung und schließlich alleine großgezogen. Den Besuchsprotokollen zufolge war er ein verantwortungsbewusster, liebevoller Vater gewesen. Coco versuchte, die Informationen einzuordnen. Frühgeburt, Kaiserschnitt, Intensivstation, Verlust der Mutter. Nach allem, was sie zum Thema Entwicklungs-/Bindungstrauma wusste, waren das ideale Bedingungen, um unter selbigem zu leiden! Der Vater verantwortungsbewusst und liebevoll? Hatte sie eine dermaßen verzerrte Wahrnehmung? Was sie jedoch am meisten beschäftigte, war die Frage, weshalb ihre Mutter verschwunden und nie wieder aufgetaucht war. War ihr etwas zugestoßen? Hatte der Vater möglicherweise etwas mit ihrem Verschwinden zu tun? Coco wusste nur allzu gut, wie brutal und übergriffig er werden konnte, wenn ihm etwas nicht passte oder wenn er wieder einmal betrunken war... Oder stimmten die so oft gehörten Worte des Vaters, die Mutter sei eine ›dreckige Schlampe und mit dem Erstbesten durchgebrannt, als sie feststellte, dass ein Kind Arbeit macht‹? Obgleich Coco sich kaum mit Zahra ausgetauscht hatte, gab ihr ihre Anwesenheit Sicherheit.

»Zahra, meine Mutter ist ein paar Wochen nach meiner Geburt ins Ausland verschwunden und nie wieder aufgetaucht. Da lag ich noch im ›Brutkasten‹ auf der Frühgeborenenstation im Krankenhaus. Meinst du, sie hatte kein Interesse an mir?« Zahra sah von ihrem Buch auf.

»Bevor wir uns in Spekulationen verlieren, warum versuchen wir nicht, das herauszufinden? Hast du den Namen des Krankenhauses in Erfahrung gebracht?«

»Ja, habe ich. Aber kannst du dir vorstellen, dass sich dort nach so vielen Jahren noch jemand an den Fall erinnert? Die meisten der Ärzte und Krankenschwestern von damals dürften inzwischen in Rente sein!«

»Ich kann mir vorstellen, dass es auch dazu noch irgendwo Akten gibt.« Ja, Coco würde sich darum kümmern...

45

Nach einer unruhigen Nacht wachte Coco durch die Weckfunktion ihres Handys auf. Sie erinnerte sich an Albträume und mehrere Situationen, in denen sie aus dem Schlaf hochgeschreckt war. Vermutlich hätte sie doch auf Zahra hören und mit ihren Recherchen bis zum Wochenende warten sollen! Da sie die Angelegenheit aber nun einmal losgetreten hatte, wollte sie das Weitere nicht künstlich aufschieben, solange ihre Kräfte mitspielten. Um 11:00 Uhr musste sie an der Uni sein. Sie schaute online nach, wie lange sie zu dem Krankenhaus brauchen würde: etwa eine halbe Stunde. Das ließe sich machen, wenn sie jetzt nicht viel Zeit verlor! Zahra hatte bereits den Frühstückstisch vorbereitet. Sie kannte Coco ausreichend, um zu sehen, dass es ihr nicht gut ging und sie nahm sie schweigend in den Arm.

»Zahra, ich fahr gleich ins Krankenhaus, bevor ich zur Uni gehe.« Wie erwartet, bot Zahra an, sie zu begleiten. »Danke. Aber ich glaube, du verschwendest da nur deine Zeit. Es wird wahrscheinlich sowieso nichts dabei herauskommen, ich mach das schon.« Zahra respektierte Cocos Wunsch und ließ es dabei bewenden. »Ich denke, ich komme nach der Uni wieder. Die Fahrerei nervt zwar, aber ich will später nicht alleine sein.« Salomé war erschienen und mit einem Satz auf Cocos Schoß gesprungen. Coco setzte sie nach einer kurzen Streicheleinheit auf den Boden, packte ihre Sachen und verabschiedete sich.

Der Pförtner verwies Coco an das Sekretariat der Kinderklinik. Schließlich fand sie es und erfuhr, dass die Akten regulär zehn Jahre lang aufbewahrt werden, allerdings in einem anderen Gebäudetrakt. Die Sekretärin erklärte ihr den Weg und wünschte ihr viel Erfolg. Coco war bereits auf dem Flur, da rief die Frau sie zurück:

»Um welches Jahr geht es eigentlich?« Coco legte ihr eine der Kopien aus den Jugendamtsakten vor und schilderte kurz die Situation.

»Frau Dr. Girard!«, rief die Sekretärin. »Wenn Sie Glück haben, kann sie Ihnen weiterhelfen! Die Ärzte hier in dem Protokoll sagen mir nichts. Aber wenn jemand aus dem heutigen Team damals schon hier war, dann Frau Dr. Girard! Sie gehört quasi zum Inventar.« Die Dame griff nach dem Hörer und wählte. Eine weibliche Stimme meldete sich. »Frau Doktor, hätten Sie fünf Minuten? Wir haben hier einen kleinen Notfall!« Coco konnte nicht verstehen, was die

Frau am anderen Ende der Leitung sagte. »Nein, nicht so einen Notfall. Ja, gut, danke! Ja, hier oben. Danke!« Sie legte auf.

»Wenn Sie ein paar Minuten Zeit haben, dann warten Sie gerne draußen auf dem Gang. Frau Doktor versucht, gleich kurz vorbeizukommen.« Coco bedankte sich und nahm auf einer unbequemen Bank auf dem Flur Platz. Oder sollte sie an einem anderen Tag wiederkommen? Ihr Plan war es weiterhin, diese Woche einmal ohne Verspätungen oder Ausfälle die Uni zu besuchen. Aber die Chance auf Informationen deshalb jetzt verstreichen zu lassen, wäre schade! Nach etwa zehn Minuten erschien eine Ärztin mit langem, grauem Haar und weißem Kittel.

»Sind Sie der Notfall?« Sie wirkte recht ernst und etwas erschöpft. Coco war aufgestanden, um sich vorzustellen und ihr Anliegen zu schildern. Die Ärztin hörte ihr aufmerksam zu und ließ sich den Zettel zeigen. »Ach, Dr. Roux! Er war ein toller Kollege! Er ist viel zu früh verstorben. Und Dr. Mercier ist inzwischen Klinikleiter in Marseille, habe ihn erst kürzlich auf einem Kongress wiedergesehen!« Sie überflog das Protokoll und holte ein Telefon aus ihrer Kitteltasche:

»Girard hier, ich brauche eine Akte: Coco Fabron. Bitte direkt in mein Büro. Nein, gleich. Ja, es ist dringend! Danke.« Sie lächelte Coco zu. »Die da unten im Archiv haben die Arbeit nicht erfunden… Haben Sie etwas Zeit?« Coco nickte. »Dann gehen Sie ruhig schon in den vierten Stock, Zimmer 4.17, das ist mein Büro. Davor stehen zwei Stühle, dort können Sie Platz nehmen, ich muss kurz in den Aufwachraum und bin gleich bei Ihnen.«

Coco fand das Zimmer und schaute auf die Uhr. Es war kurz vor halb zehn. Wenn es gut liefe, würde sie es noch rechtzeitig zur Uni schaffen. Nach einer Viertelstunde erschien ein Mann mit einem Rollwagen, der vor Zimmer 4.17 stehenblieb und an die Tür klopfte. Als niemand öffnete, drückte er die Klinke herunter – die Tür war nicht abgeschlossen. Er nahm eine Akte von dem Wagen und ließ sie im Büro der Ärztin zurück. Coco würdigte er keines Blickes und verschwand in dieselbe Richtung, aus der er gekommen war. Wenig später tauchte Frau Dr. Girard auf.

»Na, dann wollen wir mal sehen!« Sie lächelte Coco zu und bot ihr an, ihr zu folgen. »Die haben heute wohl einen guten Tag!« Sie lachte und schlug die Akte auf, während sie sich an den Schreibtisch setzte. Nach ein paar Minuten schaute sie zu Coco auf. »Wir kennen uns! Ich war damals noch Assistenzärztin und habe Sie in einem meiner Nachtdienste reanimiert!« Coco wusste nicht, was sie sagen sollte. Dann fuhr die Ärztin fort: »Das war meine erste Säuglings-Reanimation! Ich erinnere mich noch gut daran, sowas vergisst man nicht. Ich habe dann später aus reinem Interesse noch öfter nach Ihnen gesehen, um zu erfahren, ob ich alles richtig gemacht habe.«

»Ganz offensichtlich haben Sie das!« Beide mussten lachen. »Es ist eine schöne Überraschung, zu sehen, was aus Ihnen geworden ist! Waren Ihre Eltern nicht verschwunden damals?«

»Ja, meine Mutter ist verschwunden, bis heute.«

»Aber da war doch auch etwas mit Ihrem Vater, oder nicht? Ich meine, er war damals auch über mehrere Wochen nicht aufgetaucht und das Team diskutierte bereits, ob man einen gesetzlichen Vormund einsetzen müsse, kann das sein?« Den Aufzeichnungen des Jugendamtes zufolge gab es darauf keinen eindeutigen Hinweis. »Ja doch, ich bin mir ziemlich sicher, dass es so war!« Coco erzählte ihr schließlich, dass sie inzwischen studierte, da klingelte das Telefon.

»Ja, bin gleich da!« Sie entschuldigte sich, sie werde im Kreißsaal gebraucht und müsse sich leider verabschieden. »Machen Sie gerne Fotos oder Kopien, wenn Sie etwas aus der Akte interessiert. Aber mitgeben kann ich sie Ihnen leider nicht. Ziehen Sie, wenn Sie fertig sind, einfach die Tür hinter sich zu. Au revoir Coco, es hat mich sehr gefreut!« Coco war sprachlos. Was für eine menschliche, hilfsbereite Ärztin!

Sie schlug die Akte auf. Zuoberst war ihre Geburtsurkunde abgeheftet – danach hatte sie in den Dokumenten des Jugendamtes vergeblich gesucht! Sie fotografierte diese sowie weitere Seiten und legte die Akte schließlich auf den Schreibtisch zurück. Sie überlegte, wie sie sich bei der Ärztin bedanken könnte. Da fiel ihr die Dose mit Keksen ein, die Zahra ihr mitgegeben hatte. Wäre es unpassend, ihr diese dazulassen? Coco kramte ihren Block aus der Tasche und schrieb ein paar Zeilen. Den Zettel ließ sie zusammen mit der Keksdose auf dem Schreibtisch zurück und verließ das Büro.

An der Uni konnte sie sich, wie befürchtet, kaum konzentrieren. Immer wieder öffnete sie ihr Handy und schaute die Fotos durch, die sie im Krankenhaus gemacht hatte. Besonders interessierte sie sich für die Geburtsurkunde:

Mutter: Eleana Ionescu, geboren am 12.3.1971 in Mociu, Kreis Cluj/Rumänien.

Coco bemühte die Suchmaschine in ihrem Handy: *Die Gemeinde Mociu befindet sich in der Siebenbürgischen Heide im Osten des Kreises Cluj. Der Ort Mociu liegt am gleichnamigen Bach und an der Nationalstraße Nummer 16, etwa vierzig Kilometer östlich von der Kreishauptstadt Cluj-Napoca entfernt.*

Sie schaute sich den Ort auf einer Satellitenkarte an. Er sah nach einem recht trostlosen Fleckchen inmitten von Acker- und Weideflächen aus, durchzogen von einer Linie, der Nationalstraße 16.

Cocos Vater hatte nie Genaueres über die Mutter erzählt. Sie kam also aus Rumänien, war 1971 geboren und hieß Eleana. Was mochte sie wohl nach Paris verschlagen haben? Dass in dem kleinen Dorf das Angebot an Arbeitsstellen überschaubar sein dürfte, war anzunehmen. Aber hätte sie nicht in eine der größeren Städte in der Umgebung ziehen können? Coco wüsste nicht, dass der Vater Frankreich jemals verlassen hatte. Auch seinem abgelaufenen Reisepass war nichts dergleichen zu entnehmen gewesen. Wo hatten sie sich also kennengelernt?

Beim Abschied bemerkte Cécile: »Du scheinst gerade sehr viel um die Ohren zu haben. Mein Angebot steht: Wenn du mal nicht zur Uni kommen kannst, ich passe für uns beide auf!« Coco drückte sie und bedankte sich.

46

Als Coco in die Küche kam, stand ein dampfender Suppentopf auf dem Herd. Zahra saß am Tisch und polierte Besteck.

»Schön dich zu sehen, Coco! Wie war dein Tag?« Coco erzählte von dem Krankenhausbesuch und zeigte Zahra die Bilder, die sie von den Dokumenten gemacht hatte, sowie den Geburtsort der Mutter auf der Onlinekarte. »Hast du einmal nachgeschaut, ob es dort in der Nähe einen Flughafen gibt?«

»Einen Flughafen?« Was sollte sie… »Du meinst, es könnte sein, dass ich in der Heimat meiner Mutter noch etwas über sie erfahre?«

»Ja genau!« Aber es ist ein paar Jahrzehnte her, dass sie dort geboren ist! Wer weiß, ob sie da überhaupt aufgewachsen ist oder länger dort gelebt hat, überlegte Coco. Sie schaute nach: Der nächste internationale Flughafen war Cluj-Napoca. Sie recherchierte weiter: Nonstop-Flug von Paris Beauvais-Tillé, knapp drei Stunden Flugzeit. Und was würde sie dort machen? Durch die Straßen laufen und wildfremde Leute nach ihrer Mutter fragen? Würde dort jemand Englisch oder Französisch sprechen? Aber vielleicht war es da ja gar nicht so provinziell, wie sie annahm. Es klang, alles in allem, nach einer Schnapsidee! Noch dazu hatte sie weder Geld noch Zeit für eine solche Unternehmung… »Wenn dir das hilft: Ich biete dir an, dich zu begleiten. Es ist eine Ewigkeit her, seit ich das letzte Mal geflogen bin. Es wäre interessant zu sehen, was sich in dieser Branche so getan hat über die Jahre!« Cocos Antwort kam prompt:

»Das kommt auf keinen Fall in Frage! Abgesehen davon, dass diese Reise nichts als Zeit- und Geldverschwendung wäre, hätte ich den Ehrgeiz, meine Angst zu überwinden und diese Herausforderung alleine zu bewältigen!« Zahra schmunzelte:

»Warum wundert mich das nicht, mein kleiner Sturkopf?«

»Ach komm, wir wissen doch beide, dass du das nur mir zuliebe machen würdest! Nein, wenn, dann muss ich es selbständig schaffen! Aber vergessen wir die Sache einfach.« Zahra warf Coco einen schelmischen Blick zu und schwieg…

Sie aßen und unterhielten sich. Zahra erzählte, dass Bernard ihr vormittags vor dem Laden begegnet sei und er sich nach Coco erkundigt und die beiden zu einem weiteren Besuch eingeladen habe. Coco freute sich – sie hatte mehrmals an Dior und Chanel denken müssen. Jahrelang träumte sie davon, selbst einen Hund zu haben! Einen großen, der ihr nicht von der Seite wich – einen Gefährten, der immer bei ihr wäre! Die Vorstellung, ein Mensch wiche ihr nicht von der Seite, schreckte sie hingegen ab. Vor der Liaison mit Antoine hatte sie eine Beziehung gehabt, die keine sechs Wochen andauerte, bis sie das Ganze von heute auf morgen beendete. Sie fühlte sich zunehmend eingeengt. Marcel war ein lieber, anhänglicher Kerl, aber dieses Klammern war immer schlimmer geworden, bis Coco schließlich die Flucht ergriff. Wie Antoine, so versuchte auch er noch wochenlang vergeblich, sie zurückzugewinnen. Sie fragte sich wiederholt, wieso sie bisher nur Pech mit Männern hatte. Vor Marcel gab es den Versuch einer ›Beziehung‹ mit Damien – aus heutiger Sicht der Prototyp eines Mannes mit Angst vor echter Nähe! Kaum hatte sie sich ein Stück weit geöffnet und war auf ihn zugegangen, war er mindestens zwei Schritte zurückgewichen – mit allen möglichen Ausreden, die er selbst zu glauben schien. Da seine Angst vor Nähe offensichtlich noch größer war als ihre eigene, verspürte Coco bei ihm interessanterweise keinerlei Panik, wenn es enger wurde…

»Coco, was hältst du von einer Partie Backgammon und einem Stück Birnen-Streuselkuchen?« Dazu brauchte Coco keine weitere Einladung! Sie verbrachten einen munteren Abend und verputzten fast den halben Kuchen. Als Coco im Bett lag, stellte sie fest, wie gut es getan hatte, einmal die Uni und ihre Familiengeschichte zu vergessen! Salomé nahm ihren Stammplatz am Fußende ein und blinzelte hin und wieder in Cocos Richtung, die nach der unruhigen letzten Nacht und dem unerwartet anstrengenden Tag reichlich müde war.

47

Die restliche Woche verging rasch, es war schon wieder Freitag. Mehrmals hatte Coco versucht, Ordnung in den Wust an neuen Informationen und Gefühlen hinsichtlich ihrer Biografie zu bringen. Die Einsicht in die Akten hatte sie mehr aufgewühlt als erwartet. Zahras Vorschlag, dem Geburtsort ihrer Mutter einen Besuch abzustatten, arbeitete unterschwellig weiter in ihr und ließ sie nicht mehr los, obgleich sie sich kaum etwas davon erhoffte.

Am Mittwochabend hatte Antoine sich gemeldet – über eine Social-Media-Seite, da seine Nummer nach wie vor blockiert war. Coco musste sich eingestehen, dass sie sich über seine Nachricht freute und dass der Gedanke, mit ihm zu chatten oder sich wieder mit ihm zu treffen, durchaus reizvoll war. Aber sie wollte ihm keine Hoffnung machen und ihn erneut enttäuschen. Ach, wäre das doch nicht so kompliziert mit den Gefühlen, dieses Hin- und Hergerissensein war dermaßen anstrengend! Natürlich sehnte sie sich nach Nähe, nach einem Partner, einem Beschützer! Nach jemandem wie Antoine, der super aussah und nicht nur Humor, sondern noch dazu etwas im Kopf hatte. So gesehen war er, für Außenstehende ohne jeden Zweifel, ein idealer Kandidat! Aber jedes Mal, wenn sie dann genau das hatte, was sie sich so manchen Abend, wenn sie alleine im Bett lag, ausmalte und wünschte, regten sich Zweifel: Sollte es das wirklich schon gewesen sein? Wartete da vielleicht noch jemand Besseres auf sie? Das Alleinsein brachte auch seine Vorzüge mit sich! Niemandem etwas schuldig zu sein, keine Kompromisse einzugehen, keine Rücksicht nehmen zu müssen… Und je näher sie jemandem kam, desto mehr fiel ihr auf, was sie an ihm störte! Ihr letztes Urteil über sich war, beziehungsunfähig zu sein und am besten um jeden einen großen Bogen zu machen, der eine feste Partnerschaft wollte! Mit Antoine fing es ursprünglich so an, dass sie sich interessant fanden und beide der Meinung waren, eine herkömmliche Beziehung sei momentan nicht das, was sie suchten; sie würden sich unverbindlich spontan treffen, wenn ihnen danach sei. Ein paar Monate war das gut gegangen und sie hatten eine wunderbare Zeit. Bis Antoine begann, eifersüchtig zu werden und ihr eines Tages gestand, dass von seiner Seite aus mehr Gefühle im Spiel waren. Seitdem wurde es kompliziert. Coco konnte die Unternehmungen und die Nächte mit ihm nicht mehr richtig genießen und es wurde ihr zusehends zu eng. Sie zog sich immer mehr zurück, nahm sich kaum noch Zeit für ihn und war irgendwann regelrecht genervt, wenn er sich meldete. Sie hatte Luc schließlich ins Vertrauen gezogen, da sie nicht mehr weiter wusste. Das Fazit aus dem Gespräch mit ihm war gewesen, dass jeder an den Wunden aus seiner Kindheit arbeiten müsste, um aus dem Kindheitstrauma nicht automatisch ein Beziehungsdrama zu machen. Nur hatte sie zu dem Zeitpunkt noch nicht einsehen wollen, dass sie unter irgendeiner Form von Trauma litt! Erst seit Kurzem begann sie, seine Worte wirklich zu verstehen. Am Mittwoch hatte Antoine vorgeschlagen, sich freundschaftlich zu treffen und zusammen einen Spaziergang zu machen oder einen Kaffee trinken zu gehen – ganz ohne Erwartungen. Aber Coco ahnte, wie das enden würde, sie waren schon einmal an diesem Punkt gewesen…

Nach der Uni fuhr sie in die WG, um dort nach dem Rechten zu sehen und ihre Zimmerpflanzen zu gießen, ehe sie sich auf den Weg zur zweiten Therapiesitzung machte. Auf die Gruppe am Montag hatte sie verzichtet. Und wenn die Einzeltherapie weitergehen sollte, würde sie es auch dabei belassen. Aber jetzt musste sie erst einmal die ›Probezeit‹ bestehen! Jacques hatte gesagt, beide müssten zunächst für sich herausfinden, ob es passte. Sie selbst war sich längst sicher, dass sie keinen anderen Therapeuten wollte! Müsste sie sich jetzt als ›gute Patientin‹ geben? Dann wäre sie nicht echt, was sollte dabei herauskommen?

Coco saß keine zwei Minuten im Wartezimmer, als sie von Jacques aufgerufen wurde. Er begrüßte sie und entschuldigte sich, er käme gleich wieder, sie dürfe es sich gerne schon im Zimmer vom letzten Mal bequem machen. Coco zog ihre Jacke aus und setzte sich. ›Es sich bequem machen‹ meinte er vermutlich wörtlich! Sie probierte ein paar Sitzpositionen aus und stellte fest, dass sie angespannter war, als geahnt. Es war still. Ob Jacques Kollegen auch noch so spät arbeiteten? Sie legte die rechte Hand auf das Brustbein und machte ihre Übung. Sie hatte diese in den letzten Tagen oft ausprobiert und zunehmend den Eindruck, dass sich der Entspannungseffekt schneller und zuverlässiger einstellte. Jacques kam pünktlich zur Tür herein.

»Coco, möchtest du auch etwas trinken?« Er ging zum Sideboard und schaltete einen Wasserkocher ein.

»Nein, danke. Ich brauche nichts.« Jacques lächelte und hakte nach:

»Von Brauchen war auch nicht die Rede! Also, möchtest du?« Er hielt Coco eine Holzkiste mit diversen, einzeln verpackten Teebeuteln hin.

»Okay, ich lasse mich überraschen!« Das Wasser hatte gekocht und er kam mit den Tassen zurück, um diese auf dem Tischchen abzustellen. Dann setzte er sich auf den Platz vom letzten Mal. Der Tee duftete süßlich.

Jacques schaute Coco ein paar Sekunden lang aufmerksam an, zog die Schultern hoch und saß reglos da, ehe er die Haltung wieder auflöste und sagte: »Es würde mich ganz schön anstrengen, so meinen Alltag bewältigen zu müssen.« Coco verstand nun, dass er ihre Haltung imitiert hatte und versuchte, ihre Schultern fallen zu lassen, was ihr nicht recht gelang.

»Wenn du möchtest, versuche einmal, diese Haltung bis ins Extrem zu steigern.« Er machte es vor und seine Schultern befanden sich auf Höhe der Ohrläppchen. Coco folgte seinem Beispiel und saß ein paar Sekunden lang reglos da.

»Wie geht es dir dabei? Verändert sich etwas?«

»Ich glaube, mein Atem ist ins Stocken geraten und ich werde im Bauchbereich irgendwie unruhig.«

»Könnte es sein, dass sich das wie Angst anfühlt?« Coco spürte erneut in ihren Körper hinein.

»Ja genau! Woher weißt du das?«

»Wenn wir die Schultern hochziehen, dann schützen wir dadurch eine der empfindlichsten Regionen unseres Körpers – den Hals! Und so wie Angst dazu führen kann, dass wir unbewusst eine solche Schutzhaltung einnehmen, so kann eine solche Haltung umgekehrt auch die dazu passende Emotion auslösen! Und wo wir gerade dabei sind: Wie entspannt ist deine Bauchmuskulatur in diesem Moment?« Er stand auf und legte die flache Hand auf seinen Bauch. »Schau mal, wie weit die Hand nach vorne kommt, wenn ich die Bauchmuskulatur wirklich loslasse!« Coco stand ebenfalls auf und genierte sich etwas, ihren Bauch vollkommen zu entspannen. Als hätte Jacques ihre Gedanken erraten, erklärte er: »Unser derzeitiger Schönheitswahn führt in vielen Fällen dazu, dass Menschen sich angewöhnt haben, den Bauch permanent einzuziehen, was einer erheblichen Anspannung der Bauchmuskulatur bedarf. Der Solarplexus, wie ich ja bereits erwähnte, eines der wichtigsten Nervengeflechte des Körpers, stellt eine ähnlich empfindliche Angriffszone wie unser Hals dar. Ist es da nicht naheliegend, dass das Anspannen der Bauchmuskulatur, also das Bereitsein für Kampf oder Flucht, emotional einen ähnlichen Effekt auslöst wie das Hochziehen der Schultern?« Sie setzten sich wieder und Coco nahm sich vor, in den nächsten

Tagen bewusst darauf zu achten, wie es sich mit der Anspannung ihrer Schulter- und Bauchmuskulatur und den damit verbundenen Emotionen verhielt. Dann stellte sie die Frage, die sie bereits seit Tagen beschäftigte:

»Jacques, wenn ich jetzt zu dir als Patientin komme, muss ich dich da nicht eigentlich siezen?« Sie hatte seit der vergangenen Sitzung darüber nachgedacht, wie sie ihn korrekterweise ansprechen sollte. Schließlich war er nun nicht mehr der sympathische, junggebliebene Gruppenleiter, den alle der Einfachheit halber duzten, sondern Dr. Lenoir, ein ›richtiger‹ Therapeut! Jacques lächelte.

»Das wäre aber reichlich albern, oder nicht? Was meinst du?« Coco bemerkte, wie ihr die Röte ins Gesicht schoss. Hatte sie eine alberne Frage gestellt?

»Ich finde es vollkommen in Ordnung, wenn wir beim Du bleiben! Es kommt hier übrigens hin und wieder vor, dass man sich eines Tages auf das Du einigt. Schließlich geht es bei dieser Art der Arbeit wie gesagt ganz wesentlich um eine echte Beziehung von Mensch zu Mensch und nicht von Rolle zu Rolle. Und da kann durchaus der Moment kommen, an dem es sich künstlich anfühlen würde, sich weiterhin zu siezen. Künstlich trifft es vielleicht besser als albern, deine Frage ist absolut berechtigt!« Er stand auf und reichte Coco die Hand:

»Jacques!« Coco schüttelte ihm die Hand und musste lachen. »Angenehm, Coco!« Sie setzten sich wieder.

»Was ich letztes Mal schon fragen wollte: Sitzt du eigentlich immer auf demselben Platz?«

»Spannenderweise kommt es nur selten vor, dass ein Patient den Platz, den er sich beim ersten Mal ausgesucht hat, eines Tages ändert! Ich habe den Eindruck, dass es den Menschen ein Gefühl von Sicherheit gibt, wenn die äußeren Gegebenheiten weitgehend konstant sind. Mir persönlich ist es vollkommen egal, auf welchem Platz ich sitze. Ich versuche aber grundsätzlich einen Wechsel des Sprechzimmers zu vermeiden. Wir haben hier ja, je nach Uhrzeit, einige Räume zur Auswahl – jetzt gerade zum Beispiel wären alle anderen verfügbar – aber mir scheint, das führt zu unnötigem Stress beim Patienten.«

»Hast du es bemerkt?« Bemerkt? Was denn? Cocos Gesichtsausdruck schien für sich zu sprechen. »Du hast dich gerade zurückgelehnt. Weißt du, was dem vorausging?« Coco schüttelte den Kopf. »Ich hatte mich kurz davor ebenfalls zurückgelehnt und eine bequemere Haltung eingenommen.«

»Und das soll wirklich miteinander zusammenhängen? Ich kann das immer noch nicht ganz glauben.«

»Ja, wir unterschätzen in aller Regel, wie fein unser Nervensystem auf die geringsten Veränderungen reagiert! Und, wenn das hier gerade bereits einen solchen Einfluss hat, was meinst du, was es mit dem Nervensystem macht, wenn der Patient zum Beispiel nie weiß, in welchem Raum die Therapie stattfinden wird?« Jacques nahm den Teebeutel heraus und setzte sich mit seiner Tasse zurück in den Sessel. Coco holte die Mappe aus ihrer Tasche.

»Jacques, ich habe ein paar Seiten für dich kopiert. Ich war am Montag beim Jugendamt und hab meine Akte eingesehen. Daraus ergab sich ein Besuch in dem Krankenhaus, in dem ich geboren wurde. Dort konnte ich ebenfalls noch ein paar Dinge herausfinden und fotokopieren.« Jacques blieb unverändert in seinem Sessel sitzen.

»Das ist nett von dir, danke! Ist es dir wichtig, dass ich das jetzt lese?« Coco zögerte einen Augenblick.

»Naja, wenn du herausfinden willst, ob du mit mir arbeiten kannst und möchtest, brauchst du da nicht erst einmal Informationen von mir?« Jacques lächelte.

»Manchmal erfahren wir am meisten, wenn wir nicht sprechen. Erinnerst du dich noch: Mindestens achtzig Prozent der Kommunikation laufen nonverbal ab. Wenn ich als Therapeut zu viel bin oder will, zu viel Raum einnehme, zu sehr steuere, dann besteht die Gefahr, dass der Patient in den bereits erwähnten Funktionsmodus wechselt und brav das Verlangte erfüllt. Das tut der Therapie aber nicht gut!« Ja, das leuchtete Coco ein.

»Und was ist die Alternative?«

»Ich freue mich, wenn es mir gelingt, dass der Patient sich willkommen, gesehen, gehört, wertgeschätzt und unterstützt fühlt. Ich hatte es, glaube ich, schon einmal angedeutet: Ich könnte ganz viele Fragen stellen, mir ein Bild von deiner Lebensgeschichte und von deinem Umfeld machen und versuchen, all das in einen für mich sinnvollen Zusammenhang zu bringen, meine Schlüsse ziehen und eine Theorie entwickeln, warum was wie gekommen oder nicht gekommen ist, um dann eine Diagnose zu stellen, die ich nach einem bewährten Vorgehen behandle und so weiter. Damit würde ich eine sehr komplexe, sehr individuelle Geschichte so weit vereinfachen, dass sie für mich handhabbar und überschaubar wird. Die Frage ist jedoch, ob ich dir damit gerecht würde!« Coco musste an eine Vorlesung denken, in der es um Grundlagen der Psychotherapie ging. Es war eine Veranstaltung des sechsten Semesters gewesen, in die sie sich, sozusagen als Gasthörerin, gesetzt hatte, da sie neugierig war, was sie in ein paar

Semestern erwartete. Dort stellte der Dozent ein Schema vor, nach dem man im Erstgespräch vorgehen sollte, um alle wesentlichen Punkte wie Suizidalität, Suchtmittelkonsum, aktuelle Beschwerden und so weiter zu erfassen und eine erste Verdachtsdiagnose stellen zu können. Damals hatte sie dieses Vorgehen nicht weiter hinterfragt. Und es war im Prinzip genau das, was sie während der ersten beiden Therapieanläufe erlebt hatte. Coco trank einen Schluck. »Das Problem ist, wie gesagt: Mit dem Erinnern alter Bilder ruft man grundsätzlich immer auch die dazugehörigen Emotionen wach. Steht es mir als Therapeut zu, für den Patienten zu entscheiden, ob er diese nochmals durchleben möchte? Denn in dem Moment, in dem ich bemerke, dass ich den Patienten damit überfordere, ist es eigentlich schon zu spät! Abgesehen davon, sind besonders die früh traumatisierten Menschen oft wahre Meister darin, sich nichts anmerken zu lassen, auszuhalten und ihre gesellschaftlich akzeptierte Fassade zu wahren! Es bedarf allerhöchster Präsenz und ausgiebiger Erfahrung des Therapeuten, das rechtzeitig zu erkennen.« Ja, aushalten konnte Coco tatsächlich auch sehr gut! Vielleicht zu gut…

»Aber musst du denn nicht gewisse Dinge über den Patienten wissen, um ihm helfen zu können?«

»In der modernen Traumatherapie ist manches anders, als man es vielleicht aus der konventionellen Psychotherapie gewohnt ist. Ich bin kein Freund davon, den Patienten das Grauen von damals erneut durchleben zu lassen. Manchmal kann es besser sein, die Vergangenheit dauerhaft ruhen zu lassen und diese zarte Kruste, die sich auf die Wunden gelegt hat, nicht wieder aufzureißen. Häufig werden die belastenden Gefühle in einer konventionellen Therapie sogar noch verstärkt! Das kann darin münden, dass der Patient schließlich vom Therapeuten dafür kritisiert wird, dass er sich zurückzieht oder das Tempo reduziert und Sätze zu hören bekommt wie: *Wenn Sie hier nicht Ihren Teil beitragen, kommen wir nicht weiter, Sie sollten besser kooperieren. Das haben wir doch schon oft besprochen, darüber müssten Sie jetzt aber eigentlich längst hinweg sein.* Oder: *Reißen Sie sich mal zusammen!*«

»Aber muss man diese belastenden Szenen nicht analysieren, um die Vergangenheit nachhaltig aufzuarbeiten?« Jacques lächelte, wobei Coco nicht den Eindruck hatte, dass er sich über sie oder ihre Frage amüsierte.

»Das Verhalten eines Menschen oder sein Erleben der Welt ändert sich nicht dadurch, dass er vom Kopf her etwas verstanden hat! Wenn ein Mensch sich von seinen traumatischen Prägungen lösen will, dann kann er das nicht allein durch den Verstand tun. Er muss den Körper mit einbeziehen, den das Trauma gleichermaßen betrifft! Wie oft erleben Patienten nach mitunter jahrelanger Therapie das frustrierende Phänomen, dass sie ganz viele Ursachen und Zusammenhänge verstanden haben, ohne jedoch eine Besserung im Alltag zu erleben!«

»Ja, aber worum geht es denn dann?«

»Um es kurz zu machen: um Selbstregulation! Anstatt in Kategorien wie Symptom und Diagnose zu denken, können wir unser Augenmerk auch auf Regulation und Dysregulation richten.« So hatte Coco das noch nicht betrachtet. »Dass eine Therapie erfolgreich ist, erkennt man selten daran, dass jemand viel verstanden hat! Der Erfolg einer Therapie lässt sich jedoch äußerst zuverlässig daran ablesen, dass Veränderungen von außen, ganz objektiv, also auch für das Umfeld, sichtbar oder erlebbar sind!«, fügte Jacques hinzu. Er trank seinen Tee und schaute aus dem Fenster in die Dunkelheit. Coco hatte wieder das Gefühl, etwas sagen zu müssen. Es war immer noch seltsam, mit einem weitgehend Fremden schweigend in einem Raum zu sitzen und Zeit verstreichen zu lassen. »Informationen wie Suizidalität, Suchtmittelkonsum und so weiter erfrage ich übrigens grundsätzlich schon, aber ich mache keine Doktorarbeit daraus!«

48

Sie schwiegen... »Wie fühlt sich das an, wenn ich aus dem Fenster schaue?« Coco verstand nicht. »Verändert sich da bei dir körperlich irgendetwas, wenn ich den Blick abwende?« Coco war nicht sicher, was Jacques meinte. »Wollen wir es noch einmal bewusst ausprobieren?« Coco war einverstanden. Er schaute erneut weg.

»Ich glaube, ich werde plötzlich ruhiger, irgendwie lockerer.« Er sah sie wieder an.

»Ach, interessant! Ist doch spannend, was da alles permanent so unbemerkt in uns vorgeht, oder nicht?« Er saß ruhig da und schaute Coco abermals an. »Und wie fühlst du dich jetzt?«

»Wie vorher, glaub ich – vielleicht etwas mehr Anspannung insgesamt.«

»Die Menschen reagieren übrigens sehr unterschiedlich auf diese Übungen! Blicke sind etwas Hochenergetisches. Sie haben ganz viel mit Kontakt und Kontaktabbruch zu tun. Wenn ich zwischendurch aus dem Fenster schaue, dann überwiegend deshalb, weil ich dir Raum geben möchte. Es wäre sehr anstrengend, wenn man fünfzig Minuten lang Blickkontakt halten müsste! Wo wir gerade über Blicke sprechen, hast du Interesse an einer weiteren Übung?« Coco nickte. »Wir halten Blickkontakt und du spürst einmal, wann es dir reicht! Und dann wendest du deinen Blick ab.«

»Okay!« Es waren vielleicht zwei Sekunden vergangen, da spürte Coco bereits eine innere Unruhe. Sie hielt den Blickkontakt jedoch weiter aufrecht. Plötzlich verspannte sich ihr Nacken.

»Ist das immer noch angenehm? Die Idee ist nicht dieses Spiel, das die Kinder gerne spielen: Wer zuerst wegschaut, hat verloren!« Coco musste lachen.

»Nein, ehrlich gesagt, reichte es mir längst.«

»Ja, den Eindruck hatte ich auch. Hat man dir beigebracht, dass es sich gehört, Blickkontakt zu halten, wenn man mit dir spricht?«

»Ich weiß nicht genau. Aber irgendwie fühlt sich das verboten oder unhöflich an, einfach wegzuschauen.«

»Und deshalb machen wir diese Übung. Das hat etwas mit Abgrenzung zu tun! Wenn ich mit der Aufmerksamkeit sehr stark bei meinem Gegenüber bin, zum Beispiel durch einen intensiven Blickkontakt, dann ist es viel schwieriger, bei mir zu bleiben, mich zu spüren und gut für mich zu sorgen. Wollen wir es noch einmal probieren?« Sie schauten sich erneut an. Nach etwa drei Sekunden erlaubte sich Coco, den Blick abzuwenden. »Ja, ganz genau! Und, wie ist das?«

»Ungewohnt.«

»Du kannst ja mal zum Spaß in den nächsten Tagen darauf achten, wenn du mit Menschen zu tun hast. Und dann bewusst entscheiden, wieviel Blickkontakt du wirklich möchtest. Blickkontakt kann etwas sehr Intimes sein, diese Energie muss man bewältigen können! Übrigens gibt es auch Menschen, die einen nie aus den Augen lassen, da es ihnen ein Gefühl von Sicherheit gibt, alles im Blick und unter Kontrolle zu haben, das hat allerdings weniger mit Erziehung oder Höflichkeit zu tun. Und Blicke sind nicht gleich Blicke! Du kannst vermutlich einen Unterschied feststellen, ob ich so... Oder so... Oder zum Beispiel so... schaue. Ist dir etwas aufgefallen?« Coco hatte in der Tat das Gefühl, Unterschiede wahrzunehmen und suchte nach den passenden Worten.

»Am Anfang hast du interessiert geschaut. Anschließend wirkte es irgendwie entspannter, freilassender. Und am Ende wie skeptisch oder kontrollierend.«

»Ganz genau!« Coco fiel ihre Frage wieder ein, die sie Jacques heute hatte stellen wollen.

»Jacques, ich habe mich vorhin gefragt, ob ich mich authentisch verhalte, wenn ich weiß, dass wir ein paar Probesitzungen haben. Ich habe die Sorge, dass ich mich so verhalte, wie es vermutlich erwünscht ist, da ich unbedingt weitermachen will.« Jacques lächelte.

»Du möchtest weitermachen? Das freut mich! Demnach fühlst du dich wohl und traust mir zu, dass ich dir helfen kann.« Er machte eine Pause und blickte aus dem Fenster. Dann fuhr er fort: »Deine Frage ist durchaus berechtigt! Aber was wäre die Alternative? Dass ich dich im Glauben lasse, wir hätten eine Therapie begonnen, um dir womöglich nach ein paar Sitzungen mitzuteilen, dass wir uns nicht wiedersehen werden? Diese Frage ist bisher nie aufgekommen! Ich werde einmal darüber nachdenken, danke!« Coco beschäftigte zudem die Frage, die sie Zahra bereits gestellt hatte:

»Wie kommt es, dass es mir plötzlich schlecht geht, nachdem es mir jahrelang gut ging? Jetzt, da ich zu den Dingen, die in der Vergangenheit vielleicht nicht so gut gelaufen sind und die wahrscheinlich für meine aktuelle Situation mitverantwortlich sind, eigentlich mehr zeitlichen Abstand habe?«

Jacques Antwort kam prompt: »Die Psychologen nennen das auch ›Dekompensation‹. Wenn jemand ›dekompensiert‹, dann ist meistens etwas weggefallen, das ihn zuvor stabilisiert hat, oder es ist etwas hinzugekommen, das ihn belastet. Ein System, welches mitunter jahrzehntelang funktioniert hat, gerät dabei aus dem Gleichgewicht. Die scheinbare Ursache ist aber bei genauerem Hinsehen oft eigentlich nur der Auslöser – der berühmte letzte Tropfen, der das Fass zum Überlaufen bringt.«

»Ja, mir geht es schlechter, seitdem ich in die WG gezogen bin.« Coco fiel erneut auf, dass Jacques kaum Fragen stellte, die ihre Vergangenheit betrafen oder die ihm Informationen über ihre Beschwerden oder ihre Vorgeschichte lieferten. Ob sie ihm vielleicht von sich aus zumindest ein paar Eckdaten nennen sollte? Sie konnte sich nicht vorstellen, dass es etwas gäbe, das er fragen könnte, das sie aus der Bahn werfen oder emotional überfordern würde, es war doch alles vorbei! »Ich studiere Psychologie. Zweites Semester. Hab vorher bei der erwähnten Ersatzmutter gelebt. Da ging es mir irgendwann richtig gut! Jetzt hab ich immer wieder Panikattacken, die hatte ich früher nicht.«

»Danke für dein Vertrauen, Coco!« Vertrauen? Wenn das jetzt von Vertrauen zeugte, was war das dann bei den anderen beiden Therapieanläufen gewesen? Da musste sie in der ersten Sitzung sofort ihre ganze Lebensgeschichte wiedergeben und detailliert erklären, wann sie welche Probleme hatte und all das, ohne auch nur ansatzweise die Gelegenheit zu bekommen, die Therapeutinnen ein wenig kennenzulernen – und ohne zu wissen, ob es weitere Sitzungen geben würde! »In deinem Beispiel kommen beide eben erwähnten Faktoren zum Tragen: Es fällt etwas weg, das dich stabilisiert hat und es kommt etwas hinzu, das neu und bisweilen herausfordernd ist. Das ist übrigens ganz typisch für frühe Traumatisierungen: Sie durchwirken das Leben so grundlegend, dass man sie kaum noch wahrnimmt! Sie gehören so selbstverständlich zu uns und zu unserer Geschichte dazu, dass wir uns womöglich mit ihnen identifizieren und sie unser Welt- und Selbstbild prägen. Daher ist im Laufe einer Therapie übrigens zu klären, ob der Patient überhaupt bereit ist, sein Trauma beziehungsweise seine Identifizierung mit diesem wirklich aufzugeben!«

»Aber warum sollte er denn daran festhalten wollen?«

»Derjenige muss dann unter Umständen erst einmal für sich herausfinden, wer er außerdem noch ist als zum Beispiel das misshandelte oder vernachlässigte Kind. Es kann sich sogar wie Verrat an sich selbst beziehungsweise an dem verletzten Kind in uns anfühlen, wenn man beginnt, den Fokus auf das Positive im Leben zu richten! Der Mensch sucht und tut oft in erster Linie nicht das, was ihm hilft, sondern das, was ihm vertraut ist! In einer Therapie kann er in die Situation geraten, dass er sich entscheiden muss, ob er bereit ist, diesen vertrauten Bereich des Alten, Bekannten, wenngleich auch oft Schädlichen, zu verlassen. Das erfordert Mut!« Jacques warf einen Blick auf die Uhr. »Oh, unsere Zeit ist schon wieder zu Ende.« Er machte jedoch keine Anstalten aufzustehen, sondern fügte hinzu: »Wobei es auch nicht darum geht, die Vergangenheit zu löschen und sozusagen noch einmal neu, als unbeschriebenes Blatt zu beginnen... Es geht darum, die Vergangenheit Vergangenheit werden zu lassen. Es geht darum, das Erlebte zu integrieren und neue Pfade anzulegen, die wir dann, zunächst sehr bewusst, alternativ zu den ausgetretenen, gewohnten beschreiten können.« Coco fiel wieder die Sache mit dem Bindungshormon Oxytocin ein, welches beim Anlegen dieser neuen Pfade von besonderer Bedeutung zu sein scheint. Jacques fuhr fort: »Vielleicht hast du schon einmal von der alten japanischen Technik des Kintsugi gehört?«

»Ist das die Methode, bei der zerbrochenes Geschirr mittels Gold wieder zusammengefügt wird?«

»Exakt! Anstatt den Gegenstand wegzuwerfen oder zu versuchen, den Schaden zu kaschieren, hebt man diesen ganz bewusst hervor durch den Einsatz eines der teuersten und haltbarsten Materialien überhaupt! Ich finde, man kann diese Idee sehr schön auf unser Leben, auf unsere Seele übertragen: Wir bemühen uns, aus dem, was uns geprägt hat und was uns zur Verfügung steht, nicht nur das Beste, sondern etwas Einzigartiges zu erschaffen! Ich für meinen Teil kann zum Beispiel sagen, dass ich nichts von dem, was mir widerfahren ist, missen möchte – so unschön manches davon auch war. Denn ich wäre heute nicht der, der ich bin. Anstatt das Gebrochene zu reparieren, kann wirkliche Heilung auch bedeuten, das Ungebrochene wiederzuentdecken!« Coco musste daran denken, dass Narben in manchen Volksgruppen oder bei gewissen indigenen Stämmen regelrecht zelebriert werden und als Beweis für Mut gelten – als Beweis für Lebenserfahrung und Reife! Sie zögerte, da sie Jacques nicht zu nahe treten wollte, indem sie etwas fragte, das vielleicht zu persönlich wäre. Aber wenn sie es richtig verstand, dann hatte Jacques soeben eine ihrer wichtigsten Fragen beantwortet, ihre berufliche Orientierung betreffend! Sie wollte sichergehen:

»Das heißt, du bist ein besserer Therapeut, weil du hinsichtlich bestimmter Themen aufgrund deiner persönlichen Erlebnisse weißt, wovon du sprichst?«

»Ja, so kann man das sagen. Also nicht besser als andere«, lachte er, »aber besser, als ich es ohne diese Erfahrungen vermutlich wäre!« Coco war erleichtert. Erstens, weil ihre Frage offensichtlich nicht zu persönlich gewesen war und zweitens, weil damit die Zweifel bezüglich ihrer Eignung als Therapeutin abnahmen. Ihr gefiel die Vorstellung, dass all das durchgemachte Leid doch zu etwas gut gewesen sein könnte! Obwohl sie Vieles erst nach und nach als Leid erkannte, das ihr bis vor gar nicht langer Zeit als vollkommen selbstverständlich oder zumindest als nicht sonderlich schlimm erschienen war. Sie einigten sich auf den nächsten Freitag um 20:00 Uhr und verabschiedeten sich.

49

Coco war hungrig! Auf dem Weg zu Zahra legte sie an einem Schnellimbiss einen Zwischenstopp ein und aß eine Portion Pommes frites mit Ketchup. Fastfood reizte sie sonst wenig, aber nun hatte sie Lust darauf. Es schmeckte herrlich ungesund! Sie hatte ungefähr die Hälfte geschafft, da stellte ihr jemand eine Dose Cola auf den Tisch.

»Geht auf mich!« Coco sah auf und erkannte den jungen Mann, der sie bei ihrer Bestellung zuvor bedient hatte. Während er sich wieder hinter die Verkaufstheke zurückzog, sagte er grinsend: »Wenn schon Junkfood, dann richtig!« War das eine Flirtmasche oder war er einfach nur nett? Oder handelte es sich vielleicht um den Versuch, neue Kunden zu binden? Sie ließ es sich schmecken und schaute ihm möglichst unauffällig dabei zu, wie er weitere Kunden bediente. Er schien insgesamt ziemlich flirty unterwegs zu sein und um sein gutes Aussehen zu wissen. Coco konnte nicht leugnen, dass er ihr gefiel! Groß, muskulös, verwegener Blick, selbstbewusst. Immer wieder warf er Coco ein Lächeln zu und erwischte sie dabei, wie sie ihn beobachtete. Er schien sich seiner Sache sehr sicher zu sein! Sie hatte aufgegessen und warf den Pappteller in den Müll, da rief er sie zu sich heran:

»Hier, meld dich mal!« Er streckte ihr einen Zettel entgegen, auf den er eine Handynummer und seinen Namen gekritzelt hatte. Coco hoffte, jetzt nicht rot anzulaufen und bemühte sich, gelassen zu wirken.

»Danke für die Cola!« Sie drehte sich um und ging. Jérémy... Coco fühlte sich geschmeichelt. Dass ihr jemand seine Nummer gab und sie auf der Straße anbaggerte, kam gelegentlich vor. Dass ihr derjenige dann aber auch gefiel, war die absolute Ausnahme! Doch was sollte sie mit jemandem anfangen, der vermutlich jeder zweiten seine Nummer gab, die den Laden betrat? Nein, sie würde die Sache vergessen. Dennoch: nette Erinnerung!

Coco betrat die Küche, der Tisch war bereits gedeckt und Zahra hantierte am Herd.

»Salut Coco, hast du Hunger?« Coco plagte ihr schlechtes Gewissen Zahra gegenüber. Sie tat ihr leid, da sie sich offensichtlich viel Mühe mit dem Kochen gegeben hatte.

»Nicht so richtig. Ich hab eben in einem Imbiss etwas gegessen.«

»Ach, das macht gar nichts! Hat es denn geschmeckt?«

»So schnell brauch ich das nicht wieder. Aber ja, das war heute mal ›nötig‹!«

»Vielleicht hast du ja gleich noch etwas Platz für einen Nachtisch!« Coco gesellte sich zu Zahra an den Tisch und berichtete ihr, während Zahra aß, in groben Zügen von ihrem Tag. Nach dem Essen ging sie eine Runde durch den Garten und genoss die Abendstimmung. Die Tage wurden bereits spürbar kürzer und es war kühl, sobald die Sonne verschwand. Sie saß auf einer der Bänke unter den alten Zedern und dachte an die Therapiesitzung, da erschien Salomé und sprang ihr mit aller Selbstverständlichkeit auf den Schoß.

»Na, meine Schöne, was heckst du wieder aus?« Salomé miaute und sprang herunter. Sie ging ein paar Meter in Richtung des Hauses und blieb stehen, um sich nach Coco umzudrehen. »Ja, ich hab schon verstanden, ich komme gleich!« Salomé wusste bestens, sich verständlich zu machen und ihre Wünsche mitzuteilen. »Ja, von dir kann ich noch etwas lernen, Salomé!« Sie schaute Coco unverwandt an... Coco hätte gerne noch ein paar Minuten dort gesessen, aber Salomés aufdringlicher Blick machte das unmöglich. »Okay, du hast gewonnen!«, lächelte Coco und folgte Salomé ins Haus, um sie zu füttern.

»Coco, ich bin im Nähzimmer, falls du mich suchst. Sofern wir uns nicht mehr sehen: gute Nacht!«

»Was nähst du?« Coco ließ sich von Zahra ihr neuestes Projekt, einen sportlich-eleganten Hosenanzug, zeigen und steuerte ein paar Ideen bei. Dann zog sie sich, begleitet von Salomé, mit einem Buch zurück. Sie musste immer wieder an den süßen Imbissmann denken. Entgegen ihres Vorhabens konnte sie sich nicht recht dazu entschließen, den Zettel mit seiner Nummer wegzuwerfen. Sie hatte sich nach der Sache mit Antoine vorgenommen, erst einmal einen Bogen um die Männer zu machen, ihr Leben war bereits herausfordernd genug! Sie wollte die Panikattacken in den Griff kriegen und so stabil sein, dass sie keine Zweifel mehr haben musste, die Uni zu schaffen. Und dann war da noch die Sache mit dem Vater und allem, was sich daraus ergab. Beziehungsdramen oder Liebesabenteuer waren jetzt das Letzte, was sie brauchte! Aber das schien eine Art Gesetz zu sein: Wenn man am wenigsten damit rechnete und es am wenigsten wollte, dann standen die Kerle Schlange! Nein, sie würde sich nicht bei ihm melden. Was sollte er mit solch einem psychischen Wrack anfangen? Er konnte doch spielend jede andere haben... Würde er sie näher kennenlernen und einen Blick hinter ihre Fassade werfen, nähme er ohnehin Reißaus...

50

Nach einer wohltuenden halben Stunde auf ihren Meditationskissen in der Stille des Gewölbekellers gingen Zahra und Coco nach oben und kümmerten sich um das Frühstück.

»Coco, ich dachte, eine Brioche für uns zu backen. Magst du Bernard auch eine bringen? Dann backe ich zwei.«

»Klar, warum nicht!«

»Er würde sich auf jeden Fall sehr freuen, dich zu sehen. Er scheint einen Narren an dir gefressen zu haben und hat schon wieder nach dir gefragt!«

»Ja, ich gehe nachher zu ihm, ich freue mich vor allem auf die Hunde! Aber vorher schaue ich in Lucs Wohnung nach der Post.«

»Gut, dann bis später! Ich denke, so in gut zweieinhalb Stunden sollten die Brioches so weit sein.«

Als Coco den Hausflur betrat, bemerkte sie bereits, dass der Briefkasten erneut voll war. Den Pflanzen ging es gut. Auf dem Küchentisch lag weitere Post, die vermutlich die Nachbarin dort hingelegt hatte. Coco sah die Briefe durch und fotografierte diese wieder für Luc. Es war auch ein an sie adressierter Brief dabei. Er enthielt die Sterbeurkunde des Vaters sowie die Information, dass er anonym bestattet und die Wohnung geräumt worden sei. Sie wusste ja, dass das anstand. Doch nun, da es geschehen war, wurde ihr die Endgültigkeit all dessen nochmals in aller Konsequenz deutlich. Nach wie vor konnte sie nicht behaupten, um den Vater zu trauern. Aber nach allem, was sie zuletzt über ihre Vergangenheit herausgefunden hatte, schmerzte es sie umso mehr, dass keine Möglichkeit mehr bestand, etwas von ihm selbst zu erfahren.

»Coco, ist alles in Ordnung?« Es duftete herrlich! Zahra war gerade dabei, die Backutensilien zu spülen.

»Ja, alles okay.« Sie erzählte Zahra von dem Brief.

»Schau doch einmal, ob nächstes Wochenende ein Flug nach Rumänien geht, am Montag ist Feiertag. Für ein langes Wochenende kann sich solch eine Reise doch lohnen! Ich bezahle dir den Flug gerne.«

»Soll ich wirklich eine weitere Enttäuschung heraufbeschwören? Es ist das Beste, ich akzeptiere es, wie es ist, anstatt Zeit und Geld zu verschwenden!«

»Was ist denn besser zu ertragen? Eines Tages zurückzublicken mit der unbeantworteten Frage, ob du vielleicht die Chance versäumt hast, deiner Mutter oder den Umständen ihres Verschwindens auf die Spur zu kommen, oder ein Wochenende in der rumänischen Provinz zu verbringen?« Coco musste schmunzeln.

»Du und deine unanfechtbare Logik! Musst du es mir schwerer machen, als es ohnehin schon ist?« Sie lachten. »Gut, ich schaue nach einem Flug! Aber das wird jetzt viel zu kurzfristig sein, ich bräuchte ja auch noch eine Unterkunft… Am Wochenende werde ich dort vermutlich kaum etwas erreichen, wenn alle offiziellen Stellen geschlossen sind.« Doch Coco fand langsam Gefallen an dem Gedanken, ein Wochenende im Ausland zu verbringen und sie war noch nie geflogen, auch das reizte sie!

Zahra verpackte die Brioche für Bernard und verabschiedete Coco mit einem Gruß an ihn. Als Coco sich dem Anwesen näherte, sah sie einen Gärtner, um die sechzig Jahre alt, der im Vorgarten Laub zusammenharkte. Das Tor war verschlossen.

»Bonjour Monsieur, ich möchte zu…« Ihr fiel plötzlich auf, dass sie Bernards Nachnamen immer noch nicht wusste. »Ist Bernard zuhause?« Der Gärtner unterbrach die Arbeit und kramte in der Tasche seiner Latzhose, um kurz darauf eine Fernbedienung herauszuholen.

»Voilà, treten Sie ein, junge Frau!« Er lächelte ihr zu und hob seinen Strohhut. Sie hatte das Tor noch nicht passiert, da kamen ihr Chanel und Dior entgegen und begrüßten sie stürmisch. Dior verschwand kurz, um dann mit einem Tennisball zurückzukehren, den er Coco vor die Füße fallen ließ. Sie kickte ihn mit aller Kraft über den Rasen und ging zum Haupteingang des Hauses, als sie Bernards Stimme hörte.

»Coco, hier drüben!« Er legte die Zeitung beiseite und stand von der Gartenbank auf, um Coco entgegenzugehen.

»Das ist aber eine schöne Überraschung!«

»Salut Bernard! Die eigentliche Überraschung bin nicht ich, sondern das hier!« Sie hielt ihm Zahras Päckchen entgegen.

»Ein Gruß von Zahra. Am besten packst du das erstmal aus, es ist noch ganz warm und braucht vermutlich etwas Luft zum Abkühlen.«

»Eine Brioche? Wie wunderbar! Was sagst du da, abkühlen? Kommt nicht in

Frage!« Er lächelte und ging Coco voraus. Dann rief er nach Odette, die in ihrer tadellosen Uniform erschien.

»Odette, schneiden Sie uns bitte Zahras Meisterwerk auf und stellen Butter und Marmelade dazu? Das müssen wir feiern!« Er wandte sich an Coco: »Trinkst du auch einen Kaffee?« Coco bejahte und wollte Odette gerade ihre Hilfe anbieten, da stellte Bernard fest:

»Du kommst übrigens wie gerufen! Hast du Lust, mir kurz etwas zu helfen? Ich habe es eben schon vergeblich alleine versucht, den Gärtner oder Odette wollte ich nicht damit behelligen.« Coco folgte ihm in die Oldtimer-Scheune. Ein großer dunkelgrüner Wagen, der sich bei ihrem letzten Besuch noch in der Reihe zwischen den anderen Fahrzeugen befand, stand nun im Mittelgang mit offener Motorabdeckung und einem Hocker davor. »Bevor ich die Autos für den Winter einmotte, bringe ich sie alle nochmal auf Vordermann, indem ich die Flüssigkeiten nachfülle, den Luftdruck kontrolliere und so weiter. Dieser Lagonda hier will nicht so richtig rund laufen. Ich vermute, er bekommt nicht genug Sprit.« Coco betrachtete das riesige Cabriolet mit den großen Scheinwerfern und den elegant geschwungenen Kotflügeln. »Übrigens ist es unser Glück, dass er nicht läuft! Sonst wäre ich nämlich jetzt gar nicht hier.« Er lachte und kletterte hinter das Steuer. »Ich lasse den Motor an, du setzt dich auf den Fahrersitz. Wenn ich es sage, dann gibst du Gas.« Er zeigte Coco, was sie zu tun hatte und startete den Wagen. Eine schwarze Rußwolke kam aus dem Auspuff. Nachdem er ausgestiegen war, setzte Coco sich ans Steuer und wartete auf sein Kommando. »Sehr gut! Nochmal!... Und jetzt etwas länger!« Er verstellte irgendetwas und forderte Coco mehrmals auf, Gas zu geben. Schließlich wirkte er zufrieden. »Perfekt, so kann es bleiben!« Dann bat er Coco, auf den Beifahrersitz zu rutschen und setzte sich selbst hinters Lenkrad. »Schnurrt wie ein Kätzchen!« Wohl eher wie ein ausgewachsener Löwe, dachte Coco. Das Auto war ziemlich laut, die Luft war erfüllt von Abgasen. Bernard löste die Bremse und fuhr den Wagen im Schritttempo auf den Hof. In dem Moment, als er ihn abstellte, erschien Odette.

»Monsieur, es ist fertig!« Sie drehte sich um und verschwand wieder im Haus.

»Coco, ich muss gleich einmal kurz in die Firma. Was gibt es Schöneres, als an einem goldenen Oktobertag mit offenem Verdeck eine Spazierfahrt zu machen! Hast du Lust, mich zu begleiten?« Coco freute sich über das Angebot und willigte ein. ›In die Firma‹? Was meinte er damit?

Sie ließen sich die Brioche auf der Terrasse schmecken und Bernard betrachtete Cocos Outfit.

»Wir müssen dich noch etwas ausstatten, damit ich nicht später Ärger mit Zahra bekomme, wenn du krank wieder zurückkehrst!« Coco folgte ihm in die ›Belétage‹, wo er das Licht anschaltete und auf zwei verschiedene Vitrinen deutete. »Schau mal, ob dir davon was passt!«

»Moment! Hattest du nicht gesagt, dass das…«

»Ja richtig. Dinge, die deine Namensvetterin kreiert hat. Bitte, schau doch mal, ob davon etwas geeignet ist!«

»Du meinst, ich soll…«

»Sicher, warum denn nicht? Meinst du, die Sachen werden besser, wenn sie hier verstauben? Nur zu!« Coco wagte es nicht, etwas davon anzufassen. Er bemerkte ihr Zögern und griff beherzt nach einem Ledermantel mit hohem Kragen. »Hier, zieh den mal über!« Coco nahm den Mantel ehrfürchtig entgegen und zog ihn an. Er passte wie maßgeschneidert. »Wunderbar! Und vielleicht noch dieses Tuch dazu?« Er hielt ihr ein Seidentuch hin. »Macht sich bestimmt gut als Kopftuch gegen den Fahrtwind!« Coco verknotete es unter dem Kinn und Bernard betrachtete sie zufrieden: »Wie ein Filmstar! Jetzt fehlt nur noch… Na, welche nehmen wir denn… Ja, vielleicht diese!« Er reichte Coco eine Sonnenbrille. »Phantastisch! Schau mal, hier ist ein Wandspiegel.« Coco stellte sich davor und war begeistert.

»Bernard, du hast wirklich Geschmack!«

»Danke, den muss ich wohl geerbt haben…« Er lachte zufrieden und schloss die Vitrinen.

»Aber ich kann das doch jetzt nicht wirklich…«

»Du kannst und wirst! Komm, wir machen uns auf den Weg«, fiel er ihr ins Wort. Er schaltete die Lichter aus und folgte Coco ins Erdgeschoss.

Bernard hatte sich Mantel und Schal angezogen, dazu eine Rennfahrermütze, wie Coco sie von den Rallye-Bildern in Zahras Fotoalben her kannte.

»Mach es dir schon auf dem Beifahrersitz bequem, es geht gleich los!« Nach ein paar Handgriffen schloss er die Motorabdeckung und startete den Wagen. »Na also, geht doch!« Er nickte zufrieden und fuhr über den Hof in Richtung Ausfahrt, während Odette dafür sorgte, dass die Hunde ihnen nicht auf die Straße folgten. »Dann wollen wir mal!« Coco war froh über die Sonnenbrille und die zusätzlichen Kleidungsstücke, es war trotz der Windschutzscheibe recht kühl und windig.

Nach etwa zwanzig Minuten bogen sie in eine versteckte Einfahrt ein, die von Säulen mit steinernen Löwen gesäumt war. Sie fuhren eine kleine Allee entlang, bis vor ihnen ein altes, zweistöckiges Backsteingebäude auftauchte, welches äußerst gut erhalten und gepflegt wirkte. Kaum waren sie vorgefahren, kam ihnen aus dem mächtigen Eingangsportal ein Herr entgegen, der Bernard beim Aussteigen helfen wollte, was dieser jedoch nicht zuließ. Der Herr musterte Coco und nickte ihr freundlich zu, als Bernard anhob:

»Darf ich vorstellen, meine Adoptiv-Enkelin, Coco!« Der Herr lächelte ihr zu:

»Sehr erfreut!« Coco musste schmunzeln. Sie hatte sich oft vorgestellt, wie es wäre, Großeltern zu haben! Dass sie kurzerhand einen Adoptiv-Opa bekommen würde, hätte sie sich nicht träumen lassen. Naja, das war wohl seine Art von Humor. Aber die Idee gefiel ihr! Sie folgte den beiden Herren in die weitläufige Eingangshalle, in der, ähnlich einem Museum, alte, beschilderte Maschinen standen.

»Coco, hier liegen die Ursprünge unseres Familienunternehmens! Étiennes Vater hat diese Fabrik bauen lassen.«

»Ist sie denn noch in Betrieb?«

»Ja, zumindest ein kleiner Teil der Produktion findet noch hier statt. Es ist aber unterdessen eher ein Verwaltungsgebäude.«

»Und was stellt ihr genau her?«

»Inzwischen sind wir auf technische Gewebe für bestimmte industrielle Zwecke spezialisiert. Mit Stoffen für die Bekleidungsindustrie waren wir eines Tages nicht mehr wettbewerbsfähig, das Ausland kann sowas einfach deutlich günstiger anbieten.«

»Du arbeitest hier wirklich noch?« Der Herr mischte sich ein:

»Jeden Morgen, pünktlich um 9:00 Uhr beehrt er uns!« Die beiden besprachen Verschiedenes, während Coco sich die Ausstellung in der Eingangshalle ansah. Schließlich gesellte sich Bernard zu ihr:

»Coco, wir sind hier fertig!« Sie verließen das Gebäude und Coco kletterte wieder auf den Beifahrersitz. Dem Herrn zum Abschied winkend, fuhren sie die Allee entlang zurück auf die Hauptstraße, als Bernard sich erkundigte:

»Was ist eigentlich aus der Kino-Idee geworden?«

»Wir haben es noch nicht ins Kino geschafft.«

»Was hältst du davon, wenn wir heute Abend zusammen mit Zahra einen kleinen Filmabend veranstalten?« Coco musste nicht lange überlegen. Sie würde zu gerne sehen, wie er den alten Kinoprojektor in Betrieb nahm!

»Ich frage sie nachher, ob sie Lust hat.«

»Abgemacht!«

51

Zahra freute sich über den Vorschlag und Coco rief Bernard vom Handy aus an, um ihren Besuch für 19:30 Uhr anzukündigen. Bis dahin war noch etwas Zeit. Coco fiel ein, dass die Bewerbungsfrist für ein Stipendium, von dem Cécile ihr erzählt hatte, morgen endete. Sie wusste zwar nicht, weshalb ausgerechnet sie eine der zehn Auserwählten sein sollte, aber das Online-Formular für den ersten Bewerbungsschritt wollte sie wenigstens ausfüllen! Wer diese Hürde genommen hatte, würde zu einem Wochenende in einem Kongresshotel für die Endrunde eingeladen. Jeder Anwärter hätte dort ein Referat zu einem selbstgewählten Thema zu halten. Coco musste nicht lange überlegen: Ihr Thema wäre das, mit dem sie sich in letzter Zeit ohnehin intensiv beschäftigte: Entwicklungs-/Bindungstrauma! Sie hatte sich bereits einiges herausgeschrieben – würde es zum Referat kommen, bräuchte sie nur ihre Notizen durchzugehen und diese in eine allgemeinverständliche Präsentation umzuwandeln! Sie setzte sich an den Schreibtisch in ihrem Zimmer und widmete sich dem nächsten Kapitel des Buches.

Es waren etwa zwei Stunden vergangen und Coco bemerkte, dass die Konzentration nachließ. Sie las ihre Notizen nochmals durch, ehe sie sich für den Filmabend fertigmachen würde: Der Abschnitt handelte zunächst von der international einheitlichen Verständlichkeit der Basisemotionen Wut, Angst, Scham, Ekel, Trauer, Überraschung und Freude. Diese sind unabhängig von Erziehung, Sprache, Religion und kulturellem Kontext – im Gegensatz zu den kulturell geprägten und sozialisierten Gefühlen. Coco hatte sich bereits wiederholt gefragt, ob die Begriffe ›Emotion‹ und ›Gefühl‹ in dem Buch zufällig beziehungsweise synonym benutzt wurden, was demnach nicht der Fall war. Weiter ging es darum, dass das Gefühl, ein Außenseiter zu sein, unter Menschen mit frühen Traumatisierungen sehr verbreitet ist. Aufgrund der Einflüsse von chronischem Stress auf die Entwicklung des Nervensystems kommt es nicht selten zur Störung des emotionalen Ausdrucks, was Schwierigkeiten im sozialen Miteinander mit sich bringen kann und den Eindruck, anders zu sein und nicht dazuzugehören, weiter verstärkt. Zudem erfuhr Coco, dass es hilfreich sein kann, die individuelle Gewichtung der Basisbedürfnisse (Sicherheit, Abwechslung, Bedeutung, Liebe/Verbindung, Beitrag leisten, Wachstum) zu erkunden, um sich bzw. andere Menschen besser zu verstehen. Sie hatte versucht, für sich selbst eine Rangfolge festzulegen und vermutete, dass Sicherheit, Beitrag leisten sowie Abwechslung bei ihr auf den ersten Plätzen rangierten. Zum Schluss hatte sie einen Absatz zum Thema Resilienz gelesen – ein Begriff, der die psychische Widerstandsfähigkeit bezeichnet und ursprünglich aus der Werkstoffforschung stammt. Coco erfuhr, dass bisher vier Faktoren identifiziert wurden, welche die Resilienz eines Menschen fördern: Zugehörigkeit zu einer Gemeinschaft, Glaube an Selbstwirksamkeit, Rollenmodell und Sinn. Während die ersten drei Punkte bereits im Kindesalter von Bedeutung sind, kommt der vierte Punkt vor allem im Erwachsenenalter zum Tragen. Resilienz gilt als erlernbar und lässt sich ausbauen und sogar auf neurologischer Ebene messen und nachweisen. Kernstück von Resilienz bildet die Fähigkeit des Menschen, seine Emotionen und sein Erregungslevel zu regulieren. Da war sie also wieder, die Selbstregulation... Sofern Coco ihre ›Probezeit‹ bestehen sollte, wäre sie bezüglich des Erlernens dieser Fähigkeit bei Jacques gewiss in allerbesten Händen!

52

Bernard erwartete die beiden bereits auf der Straße und begrüßte sie herzlich. Chanel und Dior zogen an ihren Leinen und rissen ihn fast zu Boden, als sie Coco erkannten. Kaum war das Tor geschlossen, löste Bernard die Leinen und ließ die Hunde ihre Freundin begrüßen, als hätten sie sich eine Ewigkeit nicht mehr gesehen.

»Deine Brioche war absolute Spitzenklasse!«, lobte Bernard und strich sich zufrieden über den Bauch. »Aber übertreib es nicht mit solchen Überraschungen, sonst muss ich mir bald einen Diabetologen suchen!«

»Gut, dann beschränkst du dich gleich auf das salzige Popcorn!« Zahra hob ihre Tasche in die Höhe.

»Du hast doch nicht etwa Popcorn mitgebracht?«, staunte Bernard.

»Was hast du denn erwartet? Wenn Filmabend, dann richtig! Du steuerst den Film und das Kino bei und wir das Popcorn.«

»Klingt nach einer sehr ausgeglichenen Verteilung!«, mischte sich Coco lachend ein und warf den Tennisball, so weit sie konnte. Sie waren am Haus angekommen und Bernard hielt ihnen die Tür auf.

»Was schauen wir denn heute an?« Odette begrüßte sie in der Eingangshalle, diesmal in Zivil, und erkundigte sich nach ihren Getränkewünschen. Dann folgten sie Bernard in das Filmarchiv, wo er bereits ein paar Rollen zur Auswahl bereitgelegt hatte. »Ihr spracht letztes Mal von Charlie Chaplin. Wir hätten hier zum Beispiel neben dem neulich erwähnten Film ›City Lights‹ noch ›The Kid‹, ›Modern Times‹, ›The Circus‹ und ›Gold Rush‹ zur Auswahl.«

»Warum beginnen wir nicht mit ›Modern Times‹ und schauen, wie lange wir durchhalten?«, schlug Zahra vor. Coco kannte von den genannten Filmen nur ›Gold Rush‹ und freute sich, etwas Neues zu sehen. Bernard zeigte ihnen, worauf es beim Einlegen des Filmes in den Projektor zu achten galt und wirkte dabei wie ein kleiner Junge mit seinem Lieblingsspielzeug. Sie schenkten sich zu trinken ein, Zahra verteilte Popcorn und Bernard verschwand erneut im Projektorraum, um den Film zu starten. Sie lachten viel. Coco hatte besonders Gefallen an der Musik. Wie vollständig und unterhaltsam so ein aus heutiger Sicht ›primitiver‹ Film doch sein konnte! Schließlich schauten sie noch ›The Kid‹ an, um sich am Ende einig zu sein, dass sie diesem Vergnügen bald eine Fortsetzung folgen lassen würden.

»Wir können meinetwegen gerne jeden Abend hier zusammenkommen!«, bot Bernard an.

»Ich freue mich mehr darüber, wenn es etwas Besonderes bleibt, aber ihr könnt euch gerne hier die Nächte um die Ohren schlagen!«, bemerkte Zahra lachend. Coco und Bernard warfen sich einen verschwörerischen Blick zu, während er die Hunde anleinte, um seine Gäste auf die Straße zu begleiten.

»Es war mir ein Vergnügen, beehrt mich gerne jederzeit wieder!« Sie verabschiedeten sich und Zahra und Coco machten sich im Schein der Straßenlaternen auf den Heimweg. Als Coco sich nach Bernard umdrehte, der ihnen unverwandt nachschaute, empfand sie Mitleid mit ihm. Wie würde sie sich fühlen, ganz allein mit zwei Hunden in solch einem riesigen Anwesen? Da fiel ihr auf, dass Zahra praktisch in derselben Situation war, wenngleich sie statt der Hunde Salomé und allerlei andere Tiere bei sich hatte. Gut, Odette war zumindest tagsüber bei ihm! Aber ob das eine Familie oder eine Partnerin ersetzte? Oder war die Firma sein Familienersatz? Sollte sie selbst jemals dieses Alter erreichen, ihr wäre es vermutlich lieber, Kinder oder sogar Enkelkinder zu haben!

53

Coco schlief verhältnismäßig lange und dachte beim Aufstehen mit Freude an den Filmabend zurück. Das Handy meldete eine Nachricht von Luc, er erkundigte sich nach ihnen und schickte ein paar Fotos vom Meer – es sah aus wie im Katalog eines Reiseveranstalters! Coco hatte noch nicht viel gesehen von der Welt. Zahras Idee von dem Wochenendtrip nach Rumänien kam ihr in den Sinn... Nachdem Coco im Bad fertig war, ging sie in die Küche, wo es wunderbar duftete.

»Guten Morgen Zahra, was zauberst du da?«

»Guten Morgen! Ach, ich habe ein paar Brötchen gebacken. Hast du Lust, die Hühner rauszulassen und zu schauen, ob sie Eier gelegt haben?« Coco wollte sich gerade auf den Weg machen, da wurde sie von der miauenden Salomé aufgehalten.

»Hat Salomé noch nichts gefressen?« Zahra lächelte.

»Nein, ich sehe sie jetzt zum ersten Mal heute, sie scheint auf dich gewartet zu haben!« Coco füllte den Napf und ging zu den Hühnern. Die Bäume nahmen ihre Herbstfärbung an und immer mehr Laub bedeckte die Wege. Coco mochte das Rascheln, wenn sie hindurchlief! Die Hühner warteten schon darauf, ihren Morgenspaziergang anzutreten. Coco fand fünf Eier, von denen zwei noch warm waren. Nach dem Frühstück verkündete Zahra, sie habe einiges im Garten zu erledigen und wäre dort die nächsten Stunden beschäftigt. Coco bot ihre Hilfe an und zog sich um.

Sie arbeiteten mit kleinen Unterbrechungen bis zum frühen Nachmittag. Die Bewegung und die frische Luft taten gut! Hier, an diesem Ort, machte Coco damals zum ersten Mal die Erfahrung, wie es ist, wirklich zu genießen und sich zu entspannen. Bis heute litt sie darunter, dass sie in Situationen, die eigentlich perfekt sein könnten, überfordert war. Zum Beispiel, wenn sie einen Ausflug zu einem schönen Ort unternahm, auf den sie sich bereits tagelang gefreut hatte: In der Situation selbst nahm sie dann alles wie gedämpft wahr und kam nicht wirklich an ihre Gefühle heran – als wäre sie von dem Geschehen abgeschnitten. Dieses Phänomen, welches sie im Kontext früher Traumatisierungen nun besser zu verstehen begann, hatte sie oft zur Verzweiflung gebracht. Es war dermaßen frustrierend, das Glück eine Armlänge entfernt zu wissen, und doch nicht danach greifen zu können – zwei gleichpoligen Magneten entsprechend, deren Abstoßungskraft um so größer wird, je näher sie sich kommen. Zahra hatte ihr einen Trick verraten, den sie bei nächster Gelegenheit ausprobieren wollte: »Zoome heran, immer näher und näher, bis der betrachtete Ausschnitt eine Größe hat, die du in dem Moment verarbeiten kannst! Wenn du dich zum Beispiel darauf gefreut hast, an einem freien Sonntagvormittag einen Spaziergang durch den Jardin des Tuileries zu unternehmen und dir ausgemalt hast, wie schön es sein würde, in einem Café eine Kleinigkeit zu essen und anschließend in aller Seelenruhe durch den Park zu schlendern, dem Gesang der Vögel zu lauschen und die warmen Sonnenstrahlen auf der Haut zu genießen, in dem betreffenden Augenblick jedoch feststellst, dass die Vorstellung davon viel erfüllender war als die Realität: Dann suche dir ein Detail aus! Eine Ameise zum Beispiel, die einen Holzsplitter, der doppelt so groß ist wie sie selbst, geschickt nach Hause trägt. Oder eine Hummel, die geschäftig von Blüte zu Blüte fliegt, um Pollen zu sammeln. Du wirst feststellen, dass dich das entspannt! Wenn du den Effekt noch verstärken möchtest, dann legst du die Handflächen aneinander oder die rechte Hand aufs Brustbein und atmest lange ein und noch länger aus. Ein Mensch, der nicht gelernt hat, sich zu entspannen, ist vollkommen überfordert, wenn er plötzlich glücklich sein soll!«

Im Zusammenhang mit dem Heranzoomen hatte Zahra ihr einen weiteren Trick erklärt, bei dem es ebenfalls um das bewusste Verändern von Nähe und Distanz ging:

»Schaffe Abstand, betrachte dich aus der Ferne – wie ein Adler, der hoch oben seine Kreise zieht und auf das Geschehen auf der Erde herunterschaut! Entferne dich im Geist so weit von der Situation, dass du einen Überblick bekommst und diese in einem größeren Kontext steht. So relativiert sich alles und erscheint plötzlich in einem anderen Licht! Das ist im Prinzip das Gegenteil des Heranzoomens. Auch hierbei wirken der Kontakt der Handflächen oder die Hand auf dem Brustbein unterstützend. Neben dem räumlichen Abstand kannst du übrigens auch zeitlichen Abstand schaffen, indem du zum Beispiel die aktuelle Situation in Relation zu deiner Biografie oder zur Menschheitsgeschichte stellst!« Ja, Coco würde es versuchen... Erfahrungsgemäß kamen ihr diese Übungen allerdings besonders dann, wenn sie am dringendsten vonnöten waren, am wenigsten in den Sinn... Interessant, dass Zahra auch um die Sache mit der Hand auf dem Brustbein wusste!

Salomé spazierte die meiste Zeit zwischen ihnen herum oder suchte sich ein Plätzchen, um die Herbstsonne zu genießen. Das Gefühl, etwas geschafft zu haben, war sehr erfüllend! Sie bekamen Hunger und entschieden sich für eine einfache Brotzeit, um dann abends etwas zu kochen. Nach dem Essen machte Coco es sich in ihrem Zimmer gemütlich und suchte im Internet nach Flügen und Hotels. Die wenigen Unterkünfte, die sie auf die Schnelle in Mociu finden konnte, waren ausgebucht beziehungsweise ›derzeit nicht zur Buchung freigeschaltet‹. Sie fand eine Busverbindung von Cluj Napoca nach Mociu, Fahrtzeit gut eine Stunde. Zwischen Flughafen und Busbahnhof verkehrten verschiedene Buslinien. Eine kleine Pension in der Nähe des Busbahnhofes schien freie Zimmer zu haben. Sollte sie das wirklich wagen? Es wirkte alles plötzlich so einfach! Wovor hatte sie eigentlich Angst?

Coco musste immer wieder an die Szene mit dem Imbissmann denken. Es nervte sie, die Begegnung nicht schon längst ad acta gelegt zu haben.Sie war neugierig, wer sich hinter diesem selbstbewussten Don Giovanni verbarg! Da sie seinen Nachnamen nicht wusste, würde sie im Internet wohl kaum etwas über ihn finden. Sie suchte nach der Website des Imbissladens, in der Hoffnung, dass sich die Mitarbeiter dort präsentierten – Fehlanzeige. Wieso interessierte sie dieser Kerl plötzlich? Hatte sie nicht entschieden, sich auf Wichtigeres zu konzentrieren? Sie fühlte sich innerlich unruhig. Eigentlich war sie körperlich erschöpft von der Gartenarbeit. Doch ihr fehlte die Gelassenheit, sich auszuruhen oder etwas zu lesen. Bis zum Abendessen blieb ihr noch etwas Zeit und sie entschied, ihr Zimmer und das dazugehörige Bad zu putzen. Was machte sie dermaßen nervös? War es die Idee der Rumänienreise mit den sich möglicherweise daraus ergebenden Konsequenzen? Oder das Fliegen? Während des Abendessens fragte Zahra, ob Coco irgendetwas bedrücke. Coco äußerte ihre Bedenken und kam sich albern dabei vor, da machte Zahra einen Vorschlag:

»Was hältst du davon, den Flug und die Unterkunft jetzt erst einmal zu buchen. Und wenn du in den nächsten Tagen feststellst, dass du partout nicht dort hinreisen willst oder die Sache doch lieber mit gründlicherer Vorbereitung und Planung angehen möchtest, dann bleibst du einfach hier!« Ja, wenn Coco es so betrachtete, hatte sie nichts zu verlieren! Andererseits, warum musste das jetzt alles so schnell hintereinander stattfinden? Tod des Vaters, Besuch der Wohnung, Akteneinsicht beim Jugendamt und im Krankenhaus... War sie denn in Eile? Nein, aber sie war ungeduldig!

»Ja, du hast Recht!« Sie räumten gemeinsam den Tisch ab und kümmerten sich um den Abwasch, ehe Coco in ihr Zimmer ging, um die Buchungen vorzunehmen. Als sie den Flug auswählte, war der Preis um fast vierzig Euro gestiegen. Was für eine Frechheit, dachte sie. Naja, Zögern hat eben seinen Preis! Sie sprach sich Mut zu und bezahlte. Ihr fiel ein Satz ein, den sie irgendwo gelesen hatte: *Wenn es dich begeistert und du zugleich Angst davor hast, dann solltest du es höchstwahrscheinlich wagen!*

Sie würde es wagen! Höchstwahrscheinlich... Coco stöberte ziellos in den Apps auf ihrem Handy herum und landete schließlich bei einem Social-Media-Beitrag, der sich mit dem Zusammenhang zwischen Trauma und Schuldgefühlen des Traumatisierten beschäftigte. Die Grundbotschaft war: Wenn ich als Opfer annehme, in irgendeiner Form Schuld an dem zu tragen, was geschehen ist, dann schließe ich implizit daraus, dass mir nichts passieren kann, wenn ich beim nächsten Mal ›alles richtig‹ mache! Das Schuldgefühl suggeriert mir gewissermaßen, ich hätte etwas beeinflussen können. Ein Trick, um retrospektiv das Gefühl von Kontrolle über die Situation zu erlangen, in der ich ausgeliefert und machtlos war: ›Hätte ich nicht gelächelt, einen weniger kurzen Rock oder einen unauffälligeren Lippenstift getragen, dann wäre der Mann nicht auf mich aufmerksam geworden und es wäre nichts passiert...‹ Das ist also der Grund, weshalb viele Opfer sich selbst die Schuld an dem Ereignis geben, anstatt zum Beispiel wütend auf den Täter zu sein? Coco würde darüber nachdenken! Sie öffnete einen weiteren Beitrag. Hier ging es darum, dass der unter Traumatisierten weit verbreitete Selbsthass unter Umständen eine Form von ›Selbstfürsorge‹ sein kann. Die Erklärung der Bloggerin war folgende: Wenn die Liebe, die ein Kind seinen Bezugspersonen bedingungslos entgegenbringt, nicht entsprechend erwidert wird, kann sich hieraus die Grundüberzeugung ergeben: ›Mit mir stimmt etwas nicht!‹ Das Kind nimmt dann eine schonungslose Selbstabwertung vor, um sich unbewusst vor dem tiefen Schmerz des Nichtgeliebtseins zu schützen. Es versucht gewissermaßen, sich vor diesem Schmerz zu bewahren, indem es sich diesen ›vorsichtshalber‹ selbst zufügt, also zusätzlich auch die Rolle des ›Täters‹ (gegen sich selbst) einnimmt und so vermeintlich ein Stück weit die Kontrolle (wieder)erlangt.

Coco war müde. Eigentlich wollte sie den Abend gemeinsam mit Zahra verbringen, aber morgen musste sie früh aufstehen und hatte einen anstrengenden

Uni-Tag vor sich. Sie ging in die Küche, um sich einen Kräutertee zu kochen und verschwand damit in ihrem Zimmer, nachdem sie Zahra eine gute Nacht gewünscht hatte. Dort freute sie sich über die Sauberkeit und das wunderbare Gefühl, sich in ihr frisch bezogenes Bett fallen zu lassen.

54

Spruch des Tages:

Wenn jemand sagt, du seist nicht normal, dann bist du höchstwahrscheinlich auf dem richtigen Weg!

Aber wie oft hatte Coco sich genau das gewünscht: einfach nur normal zu sein! Sich nicht mehr wie von einem anderen Stern zu fühlen; in der Masse unterzugehen, anstatt die Masse zu meiden!

Es war bereits Freitag. Die Woche über war Coco oft sehr angespannt gewesen. Sie hatte täglich die Uni besucht und die Nächte bei Zahra verbracht. An der Uni oder auf dem Weg dorthin entging sie knapp der einen oder anderen Panikattacke. Sie versuchte dann, sich auf die Körperempfindungen zu konzentrieren und ihre Übungen zu machen. Céciles Anwesenheit half ihr in mehreren Situationen – Coco hatte das Gefühl, sich bei ihr wenig abgrenzen zu müssen. Cécile ging ihr, im Gegensatz zu den meisten anderen Menschen, bisher nicht auf die Nerven. Aber das würde sie ihr wohl kaum so sagen – obgleich es sich, aus Cocos Perspektive, um eines der größten Komplimente handelte!

Nach der Uni fuhr Coco in die WG, um ein paar Dinge zu holen und sich um die Pflanzen zu kümmern, ehe sie sich auf den Weg zu Jacques machte.

Als sie die Praxis betrat, begegneten sie sich bereits auf dem langen Gang und Jacques bat sie sofort in sein Sprechzimmer. Coco hatte es sich auf dem Sessel bequem gemacht, als er kurz nach ihr den Raum betrat und die Tür schloss.

»Ich habe einen neuen Tee entdeckt, ›Oase der Entspannung‹ – wollen wir es wagen?« Coco nickte. Es war bereits dunkel draußen, eine Kerze brannte auf dem Tischchen. Der Tee duftete würzig. Nun fehlten nur noch die Weihnachtsplätzchen, dachte Coco. Feine Dampfschwaden stiegen von den Tassen auf und verflüchtigten sich im Licht der Kerzenflamme. Jacques saß einfach nur da. Keine Frage, keine Initiative für ein Gespräch. Coco kämpfte gegen ihren Impuls an, die Stille zu durchbrechen. Er hatte gesagt, es sei eine seiner Lieblingsübungen, einfach nur miteinander zu sein… Wie schwer das war! Sie versuchte, das Bewusstsein in die Wirbelsäule zu schicken und ihre Körperposition im Raum wahrzunehmen. Sie spürte dem Halt durch den Sessel nach…

»Aha! Da war es. Bist du angekommen?« Jacques lächelte.

»Ja, ich glaub, jetzt bin ich da! Hab auch fleißig geübt... Aber besonders erfolgreich war ich wohl nicht, ich hatte mehrmals fast eine Panikattacke diese Woche.«

»Fast! Und wo ist der Misserfolg?«

»Naja, erfolgreich wäre gewesen, nichts in der Richtung zu erleben, oder?« Jacques grinste:

»Ja, du als Übermensch solltest das nach ein bis zwei Sitzungen aber wirklich draufhaben! Was machst du überhaupt noch hier?« Coco musste lachen. Wieder ernster, sagte sie:

»Ich war ›leer‹ nach dem letzten Termin – irgendwie einsam…«

»Und was spürst du, wenn du an diese Situation zurückdenkst? Ich meine *jetzt*, in diesem Augenblick, körperlich.« Coco versuchte, ihre Aufmerksamkeit auf den Körper zu richten. »Viele Menschen sind wahre Meister darin, zu *denken*, was sie fühlen. Nun wollen wir jedoch üben, zu *fühlen*, was wir fühlen!«

»Vielleicht ist da so eine Art Druck auf dem Brustkorb. Oder eine Unruhe hier oben drin.« Sie deutete auf die Herzgegend.

»Spür diesem Gefühl einmal nach, wenn es geht!« Coco schloss die Augen für ein paar Sekunden, kam sich aber komisch dabei vor und öffnete sie wieder. »Gibt es auch etwas Angenehmes in diesem Augenblick in deinem Körper?« Coco dachte an Céciles Übung. »Es ist eine weit verbreitete Unart geworden, seinem Körper nur noch dann Aufmerksamkeit zu schenken, wenn er Probleme macht! Dass etwas angenehm ist, nehmen wir oft gar nicht mehr wahr. Dabei sind die angenehmen Körperempfindungen in aller Regel die vorherrschenden – wir betrachten sie jedoch als so selbstverständlich, dass wir sie nicht bewusst registrieren! Und schließlich brauchen wir einen stärkeren Reiz, um etwas als angenehm wahrzunehmen.« Coco versuchte, etwas Positives in ihrem Körper zu finden. »Wie ist denn die Temperatur hier im Raum für dich jetzt?«

»Angenehm!«

»Und woran merkst du das?«

»Ich friere nicht und ich schwitze nicht.«

»Okay, wir wissen nun, dass die Temperatur angenehm ist und dass du nicht frierst oder schwitzt – das ist doch schon ein Anfang! Lass uns für heute festhalten: Es können angenehme und unangenehme Empfindungen *gleichzeitig* existieren und wahrgenommen werden, wir müssen uns nicht nur für eine der beiden Qualitäten entscheiden!« Ja, warum eigentlich nicht, dachte Coco. Das war also wieder dieses traumatypische Schwarz-Weiß-Denken... »Zurück zu deinem Leeregefühl nach der letzten Sitzung«, fuhr Jacques fort. »Wenn du diese Situation nochmals wachrufst, geht dir dabei irgendetwas durch den Kopf oder kommt ein Gefühl auf?« Jacques drückte mit dem Löffel seinen Teebeutel aus und lehnte sich wieder zurück. Coco stellte sich vor, wie sie in der Métro gesessen hatte. Da bemerkte sie plötzlich, wie ihr Gesicht heiß wurde.

»Mir kommt der Gedanke, dass du mich nicht weiter behandeln könntest; dass ich eine Belastung bin. Und dass ich nur eine von vielen Patientinnen hier bin und für dich nicht annähernd so wichtig, wie du für mich.« Jacques trank und ließ eine kleine Pause entstehen.

»Ja, sich jemandem anzuvertrauen und eine Bindung zuzulassen, kann mit großen Ängsten einhergehen! Mit der Angst, fallengelassen zu werden, mit der Angst, nicht wichtig zu sein. Und je mehr Freundlichkeit und Zuwendung wir erfahren, desto bewusster wird uns der einstige Mangel! Das kann so weit führen, dass Patienten das Positive abwehren und die Therapie abbrechen, möglicherweise ohne recht zu wissen, warum. Oder sie haben Angst, diese Nähe und die damit verbundenen Glücksgefühle wieder verlieren zu können und verschließen sich deshalb vorsichtshalber von vornherein davor. Es kommt aber ebenso häufig vor, dass jemand sich in diese neuen, positiven Erfahrungen stürzt und dann zum Beispiel das Gefühl hat, sich in seinen Therapeuten oder seine Therapeutin verliebt zu haben.« Coco war es, als leuchte ihr Gesicht spätestens jetzt knallrot auf.

»Für viele Menschen ist es eine selten oder nie erlebte Situation, dass sich jemand Zeit für sie nimmt und ihnen Raum gibt für ihre Gedanken und Gefühle. Es ist vollkommen in Ordnung, wenn das passiert mit dem Verliebtsein – ja mehr noch, man kann es sogar für die Therapie nutzen!« Coco beschäftigte sich mit ihrer Teetasse, bemüht, sich nichts anmerken zu lassen. Jacques fuhr fort: »Es gibt natürlich gewisse Regeln und Grenzen, die wir als Therapeuten, zum Schutz der Patienten, strikt einhalten! Und es ist gut, dass es diese Regeln gibt.« Coco wusste ungefähr, was er meinte. Es war an der Uni einmal das Gespräch darauf gekommen, wie wichtig es ist, dass der Therapeut stets um seine Verantwortung weiß und sich keine Vorteile dadurch verschafft, dass ein Patient sich ihm gegenüber mit teilweise sehr vertraulichen und intimen Informationen, Gedanken und Gefühlen öffnet und verletzbar macht.

»Und wie soll das der Therapie nützen, wenn man sich in seinen Therapeuten verliebt hat?«

»Mit dem Thema könnten wir ganze Sitzungen füllen! Wäre das etwas, das dir heute wichtig ist?« Coco zögerte nicht lange:

»Nein, bis ins letzte Detail muss ich das jetzt nicht wissen. Und vielleicht kommt das Thema ja auch irgendwann mal an der Uni vor.« Jacques schmunzelte.

»Das würde mich sehr freuen! Aber ich wäre wenig überrascht, wenn das nicht der Fall ist. Wie gesagt, ich habe eine Weile als Dozent gearbeitet und weiß ungefähr, was vermittelt wird. Mein Eindruck ist, dass vieles davon überholt ist und Wesentliches mitunter nur angeschnitten wird.« Das konnte Coco bis jetzt leider nur bestätigen. Wie oft hatten sie und Cécile sich in den letzten Wochen gefragt, wozu sie dieses oder jenes lernten! Jacques stellte seine Tasse ab. »Aber nun zurück zu deiner Frage: Verliebt zu sein, ist ein wunderbares, energiereiches Gefühl, das kann jeder bestätigen, der es erlebt hat! Und wie du weißt, haben Menschen mit Entwicklungs-/Bindungstrauma oft Schwierigkeiten, Glück und Freude zuzulassen, da dieses hohe Erregungsniveau dem Erregungsniveau ihrer belastenden Erfahrungen ähneln kann und das Nervensystem den Unterschied nicht unbedingt erkennt. Hohe Erregung, positiv wie negativ, kann dann mit Ängsten und Gefahr assoziiert und entsprechend abgewehrt werden.«

»Und man nutzt diese Gelegenheit, um daran zu arbeiten, solche energiegeladenen Gefühle zuzulassen, ohne in seinen Schutzmodus zu wechseln?«

»Ja, das ist eine der Möglichkeiten, die das Verliebtsein in der Therapie bietet.«

»Aber das muss doch sehr enttäuschend und frustrierend sein, wenn ich als Patient oder Patientin weiß, dass daraus prinzipiell nicht mehr werden kann!«

»*Deine Liebe gehört dir, sie kann dir niemand nehmen – auch, wenn diese nicht erwidert wird!* Dieser Satz, womöglich nicht ganz wortgetreu, stammt aus einem meiner Lieblingsfilme...«

»Aus ›Monsieur Ibrahim und die Blumen des Koran‹, richtig?«

»Du kennst den Film?« Jacques wirkte ehrlich überrascht.

»In- und auswendig! Naja, fast...«, übertrieb Coco lachend. Jacques fuhr fort:

»Das Gefühl des Verliebtseins gestatten sich bindungstraumatisierte Menschen mitunter erst im Kontext einer stabilen therapeutischen Beziehung mit den dazugehörigen ›Schutzmaßnahmen‹! Der sichere Rahmen ermöglicht es ihnen, die oft tief verborgenen Gefühle, Wünsche und Sehnsüchte (wieder) zuzulassen. Die Möglichkeit, echte Gefühle von Verbundenheit, Wertschätzung und Resonanz mit einem echten Menschen ›risikoarm‹ erfahren und üben zu können, kann eine wunderbare Vorbereitung sein, diese im ›realen Leben‹ nach und nach zu erleben und zu integrieren. Es ist mitunter, als würde ein Patient in dem geschützten Vertrauensverhältnis an Gefühle und Sehnsüchte erinnert, die er, aus welchen Gründen auch immer, vollkommen verdrängt und vergessen oder, gar nicht so selten, nie kennengelernt hat! Daher warne ich meine Patienten zu Beginn auch, dass die Therapie unter Umständen bestehende Beziehungen kosten kann! Denn sind Sehnsucht oder Erinnerung an besagte Gefühle erst einmal geweckt, kann das Fortsetzen einer Beziehung, die diese Bedürfnisse nicht befriedigt, unerträglich werden, sofern der Partner nicht bereit ist, sich mit zu entwickeln!«

Jacques machte eine Pause und saß einfach nur da. Coco war überrascht, wie gelassen sie nun dabei bleiben konnte, ohne dem altbekannten Gefühl nachzugeben, etwas sagen oder ihren Gesprächspartner unterhalten zu müssen, was ihr sonst eigentlich nur bei Zahra oder Luc gelang. Ihr fiel ein Podcast ein, den sie kürzlich in der Métro auf dem Weg zur Uni gehört hatte. Dort ging es darum, dass der Prozess der seelischen Heilung es als Nebeneffekt mit sich bringen kann, dass man mit zunehmender Abgrenzungskompetenz beginnt, immer wählerischer zu werden, wen man wie nah an sich heranlässt – nicht aus Arroganz, sondern aus dem unbedingten Bedürfnis heraus, sich die hart erarbeitete, friedvolle und dramafreie Grundstimmung zu bewahren. Wer einmal die Luft eines selbstbestimmten Lebens geschnuppert hat, der reagiert entsprechend ›allergisch‹ auf alles, was diesen Zustand gefährden könnte.

»Häufig nimmt das Verliebtsein übrigens ohnehin früher oder später deutlich ab!«, erklärte Jacques weiter. »Nach und nach erkennt der Patient, dass der Therapeut auch nur ›mit Wasser kocht‹, wie man sagt – also auch ein Mensch mit Stärken und Schwächen ist. Er verliert nach und nach den Status des unfehlbaren Retters, den die Patienten ihm zu Beginn der Therapie oft unbewusst zuteilen. Wichtig ist nur, dass man als Therapeut klar ist und mit offenen Karten spielt und dem Patienten keine falschen Hoffnungen macht. Das kann ein schmaler Grat sein. Denn letztendlich haben wir es, wie gesagt, mit zwei echten Menschen zu tun! Je authentischer und stabiler die Verbindung ist, die Patient und Therapeut miteinander einzugehen wagen, desto besser und nachhaltiger heilt das Bindungstrauma. Ein solches Trauma kann nur im Kontakt geheilt werden – durch das bewusste Erfahren neuer, positiver Bindungserlebnisse!« Coco musste erneut an ihre abgebrochenen Therapieversuche zurückdenken. Hätte sich dort jemals auch nur annähernd eine Beziehung entwickelt, die diese Heilung ermöglichte? Jacques fuhr fort:

»Wie ich schon einmal sagte: Wir nehmen überwiegend Bekanntes wahr. Wenn diese neuen Erfahrungen nicht bewusst gemacht werden, gehen sie weitgehend unbemerkt an uns vorbei und wir bleiben weiterhin bei unseren Grundannahmen wie zum Beispiel der Überzeugung, dass wir immer alleine sein werden, dass wir nie bekommen, was wir ersehnen oder dass wir uns die Liebe verdienen müssen. Bindungsmuster gehören zu den stabilsten Verhaltensmustern überhaupt! Es ist also reichlich Geduld gefragt, wenn wir hier etwas nachhaltig verändern wollen. Letztendlich ist es immer erfolgreicher, neue positive Erfahrungen hinzuzufügen als hinderliche Verhaltensweisen zu unterdrücken. Dabei ist es wichtig, dass der Mensch sich zu dem Zeitpunkt in einem entspannten Zustand befindet, denn nur dann ist bewusstes Lernen möglich. Dagegen kann sich aufgrund des damit verbundenen sehr hohen Stresslevels und der daraus folgenden Notfallabläufe im zentralen Nervensystem bereits eine einzige negative Erfahrung nachhaltig in unser Nervensystem einprägen – Stichwort Schocktrauma! Ein hoher Cortisolspiegel bewirkt das sofortige Einsortieren des Erlebnisses in unsere ›Erfahrungs-Bibliothek‹. Erfahrungen, die mit Angst oder Bedrohung verbunden sind, werden vorsichtshalber für das nächste Mal abgespeichert, damit wir dann schneller reagieren können! Solche Erlebnisse werden übrigens im Stammhirn abgelegt, einer der entwicklungsgeschichtlich ältesten Hirnregionen, die die basalen Überlebensfunktionen wie Atmung, Herzschlag und so weiter reguliert. Dieser Teil des Gehirns ist dem Bewusstsein, von ein paar erfahrenen Yogis vielleicht abgesehen, nicht zugänglich. Aus diesem Grund bedarf die Therapie eines Traumas einer besonderen Herangehensweise. Selbst mit der größten Vernunft komme ich nicht gegen einen durch das Stammhirn ausgelösten Überlebensreflex an!« Ja, so ähnlich hatte Zahra das auch schon erklärt…

»Ist es richtig, dass das vom Verstand ausgehende Steuern einer Reaktion den Nachteil hat, viel Willenskraft und Konzentration zu kosten und nicht lange aufrechterhalten werden zu können – insbesondere dann, wenn es besonders vonnöten wäre?«, wollte Coco wissen.

»Ja, absolut! Der Ansatz, den ich stattdessen mit meinen Patienten in der Therapie zu erarbeiten versuche, ist eine deutlich weniger kraftaufwändige Form der Selbstregulation. Der einzige Haken ist: Sie erfordert ein sehr kleinschrittiges Vorgehen und verlangt den Patienten etwas ab, womit sie sich oft schwertun: Geduld! Mittel- bis langfristig macht der Mensch sich diese neuen Muster nachhaltig zu eigen und eine gewisse Leichtigkeit und Unbeschwertheit halten Einzug in sein Leben. Die Selbstregulations- und Beziehungsfähigkeit sowie das Vermögen, echte, tiefe Emotionen zuzulassen und zu halten, nehmen spürbar zu.«

»Kannst du mir ein Beispiel nennen für beide Varianten?«

»Nehmen wir beispielsweise einen Menschen, der Panik bekommt in Situationen mit zu viel Nähe: Verstandesgesteuerte Regulation würde bedeuten, sich, wenn es zu einer entsprechenden Situation kommt, ins Bewusstsein zu rufen, dass von dem Anderen keine Gefahr ausgeht, dass er einem nichts antun wird, dass man nicht mehr das kleine, wehrlose Kind von damals ist und so weiter. Der Verstand kämpft dabei sozusagen gegen den Körper an; gegen den Impuls, die Flucht zu ergreifen, sich zu unterwerfen, zu dissoziieren oder was auch immer dieser Mensch für eine Strategie hat. Diese Art der Regulation hat meines Erachtens vor allem in der Übergangsphase ihre Berechtigung, bis man in der Lage ist, sich wirklich selbst zu regulieren. Echte Selbstregulation, wie ich sie mit meinen Patienten anstrebe, setzt dagegen viel basaler an. Hier geht es weniger um das Ausführen vordefinierter Verhaltensmuster für diese oder jene Situation. Es geht darum, geerdet zu bleiben, in seinem Körper voll und ganz präsent zu sein und auf der Körperempfindungsebene zu spüren: Was geschieht jetzt ganz konkret in mir, welche Gefühle und Gedanken leite ich daraus ab und was kann ich tun, um mein aktuelles Erregungsniveau in einen für mich erträglichen und beherrschbaren Bereich zu bringen, um nicht davon überwältigt zu werden?«

»Ein bisschen wie Standardtanzen versus Tango Argentino!«, stellte Coco fest. Jacques sah sie fragend an. »Ich hab in der Schulzeit mal ein paar Monate lang einen Tanzkurs besucht – Standardtanzen. Wir haben bestimmte Figuren eingeübt, die wir beliebig kombinieren oder hintereinander reihen konnten. Die Dame erkannte idealerweise, für welche Figur der Herr sich jeweils entschieden hatte und jeder führte die entsprechenden Schritte und Bewegungen aus. Später habe ich mich von meiner Freundin Leni zu einem Kurs für argentinischen Tango überreden lassen. Da haben wir stundenlang nichts anderes gemacht, als als Paar gemeinsam zu gehen. Vorwärts, rückwärts, seitwärts, gedreht... Schneller, langsamer, mit Beschleunigung oder langsamer werdend, mit stärkeren und schwächeren Impulsen... Es ging, kurz gesagt, darum zu lernen, die Musik wahrzunehmen, den Partner wahrzunehmen, zu führen und sich führen zu lassen. Obwohl wir noch keinen Grundschritt, geschweige denn irgendeine Figur beherrschten, tanzten wir bereits und hatten wunderschöne Momente! Der Kopf war dabei weitgehend ausgeschaltet. Ja, mehr noch: Je mehr wir den Kopf einschalteten, desto schlechter klappte es! Der Trick bestand darin, so präsent wie möglich im Körper anwesend zu sein.«

»Das klingt wundervoll, ich denke, das trifft es wirklich gut!« Coco dachte mit etwas Wehmut an diese Zeit zurück. »Und was ist geschehen, dass du nicht mehr tanzt?«

»Meine Freundin Leni ist, so lieb ich sie habe, in gewissen Dingen etwas...«, Coco suchte nach dem passenden Wort. Sie wollte nicht schlecht über sie reden oder ihr Unrecht tun. »Naja, sie ist sehr begeisterungsfähig! Und es kann passieren, dass sie sich für so Vieles interessiert, dass sie Prioritäten setzen muss. Da ist der Tango auf der Strecke geblieben und ich hatte keine Lust, den Kurs alleine weiterzumachen. Inzwischen ist Leni im Ausland.«

»Wie schade... Dieser Tango scheint therapeutische Qualitäten zu haben – dass mich da noch keiner drauf gebracht hat!«

55

Nach einer kurzen Lüftungspause saßen sie wieder in ihren Sesseln und Jaques fragte: »Wo bist du gerade?«

»Äh, entschuldige. Ich dachte gerade an etwas.«

»Magst du es mit mir teilen?«

»Ach, ist wahrscheinlich nicht so wichtig. Ich hab für das Wochenende einen Kurztrip nach Rumänien gebucht und weiß nicht, was mich da erwartet und wie es ist, zu fliegen. Will schauen, ob ich etwas über meine Mutter herausfinden kann, die dort geboren ist.«

»Verstehe. Hast du eine Idee, wo du eben warst, als ich dich angesprochen habe?« Coco überlegte kurz.

»Keine Ahnung. Nicht ganz bei mir, glaub ich.«

»Dein Blick wirkte abwesend. Hätte ich dich nicht angesprochen, wärst du vielleicht jetzt noch dort. Dissoziation nennt man das, aber das weißt du sicherlich.« Coco nickte. »Dissoziation ist grundsätzlich erst einmal nichts Schlechtes. Im Gegenteil, sie ist eine wertvolle Einrichtung der Natur, um uns vor unerträglichen Situationen, überwältigenden Gefühlen aber auch vor Eintönigkeit zu schützen. Ich habe grundsätzlich nichts dagegen einzuwenden. Es gibt jedoch Menschen, die leben in einer Art Dauer-Dissoziation und verpassen gewissermaßen ihr eigenes Leben! In solchen Fällen kann es sogar schwierig sein, die Dissoziation zu erkennen, da sie nicht, wie bei dir eben, plötzlich beginnt beziehungsweise irgendwann klar erkennbar vorüber ist. Ein Ziel in der Therapie wäre zum Beispiel, eine gewisse Kontrolle über die Dissoziation zu erlangen und darauf hinzuarbeiten, dass sie dich nicht überkommt, sondern dass du lernst, sie aktiv als bewusste Strategie einzusetzen; oder, dass ich dich dorthin begleiten darf und du nicht mehr allein sein musst, wenn das geschieht.« Coco verstand nicht recht. War das nicht widersprüchlich?

»Aber macht nicht genau das die Dissoziation aus, dass sie einfach passiert und wir währenddessen gar nicht bemerken, dass wir dissoziiert sind?«

»Jein! Wir können uns bewusst machen, wo sich dieser Ort befindet, den wir dann aufsuchen; wie es dort aussieht, wie es sich dort anfühlt, wie wir dort hingelangen, wie wir von dort zurückkehren und so weiter! Damit erlangen wir ein Stück weit Kontrolle über diesen Vorgang. In der körperorientierten Traumatherapie geht es ja ganz wesentlich darum, im Körper eine Heimat zu finden; im

Hier und Heute ganz und gar anzukommen, präsent und wach zu sein, anstatt uns im Schmerz der Vergangenheit, in den Sorgen und Ängsten der Zukunft oder den tröstenden Weiten unserer Phantasie zu verlieren!« Coco spürte einen inneren Widerstand, als er das sagte.

»Ist denn etwas schlecht daran, wenn man offene, feine Sinne hat und mehr wahrnimmt als andere? Wenn man sich auch in geistigen Welten zuhause fühlt und dort einen gewissen Trost findet?«

»Eine sehr berechtigte Frage! Ich denke, die Antwort darauf kann sehr einfach ausfallen: Es ist gar nichts schlecht daran! Und ich möchte auch niemandem diese Gaben oder Eigenschaften nehmen. Aber es darf beides sein – das Eine muss das Andere nicht ausschließen!« Ja, warum eigentlich nicht aus beiden Welten das Beste nutzen? »Aha, wunderbar! Da war er wieder, der reflektorische Atemzug«, kommentierte Jacques. »Unter hochsensiblen Menschen herrscht nicht selten die Angst, einen Teil ihrer Identität aufzugeben, sobald sie ganz und gar im Irdischen ankommen.« Coco wusste sofort, was er meinte! Sie schwiegen. Schließlich meinte Coco, ihm doch ein paar Informationen aus ihrer Biografie schuldig zu sein:

»Mein Vater ist vor Kurzem gestorben. Ich erhielt einen Brief, in dem mir das mitgeteilt wurde. Wir hatten in den letzten Jahren keinerlei Kontakt mehr. Er hat viel getrunken und mich oft verprügelt und andere Sachen mit mir gemacht. Ich hab aber wie gesagt eine tolle Ersatzmutter gefunden, die meine Eltern mehr als würdig ersetzt, kann mich also nicht beschweren!« Jacques hatte ihr aufmerksam zugehört und stellte fest:

»Während ich dich so beobachte und reden höre, fällt mir auf, dass du vollkommen unbeteiligt wirkst – als würdest du über ein triviales Thema sprechen.« Coco verstand nicht. »Wenn Menschen über ein traumatisierendes Ereignis oder eine traumatisierende Phase in ihrem Leben sprechen, dann wirken sie, so wie du jetzt, in aller Regel entweder emotional unbeteiligt, oder sie sind kaum in der Lage, darüber zu sprechen, da sie davon völlig überwältigt werden. Eine dritte Variante ist, dass sie sich in Smalltalk und dergleichen flüchten, um das Thema zu umschiffen. Alles Andere spricht eher für ein schreckliches Ereignis, aber nicht für ein wirkliches Trauma. Gehörtest du übrigens der zweiten Kategorie an, so würde ich dich sehr früh unterbrechen und dir helfen, am Rande dieses Wirbelsturms zu bleiben, indem wir zusammen eine Entspannungsübung machen oder zu einer deiner Ressourcen pendeln. Nicht, da ich unhöflich bin oder es mich nicht interessiert, sondern weil ich mit dir üben wollte, die Kontrolle darüber zu erlangen und die Erfahrung von Co- und Selbstregulation zu machen!«

»Du meinst also, meine Vergangenheit belaste mich bis heute?«

»Ja, das ist naheliegend. Übrigens ist es nützlich für mich zu wissen, dass dein Vater nicht mehr lebt. Denn solange Kontakt zu einem Täter besteht, ist eine Traumatherapie nicht sehr aussichtsreich. Das solltest du im Hinterkopf haben, für den Fall, dass es weitere Täter gibt, die noch eine Rolle in deinem Leben spielen.« Täter? Ihr Vater als Täter... So hatte Coco das bisher nie benannt. War er ein Täter, dann war sie ein Opfer! Diese Begriffe irritierten sie. Jacques fuhr fort: »Und übrigens: Dass man zum Beispiel seine Mutter nicht vermisst, nur weil man sich nicht explizit an sie erinnern kann, ist ein weiterer, sehr verbreiteter Irrtum. Die Mutter ist die wichtigste Bezugsperson für ein Kind, das die ersten neun Monate seiner Entwicklung in ihrem Bauch verbracht hat. Ihre Stimme, ihr Geruch, ihre Anwesenheit wirkt beruhigend und regulierend auf das Nervensystem des Kindes. Was meinst du, was es für ein Drama ist für einen Säugling, wenn die vertrauteste Person von heute auf morgen einfach nicht mehr da ist! Es ist ein Fehler, anzunehmen, ein Säugling brauche lediglich eine saubere Windel, zu essen beziehungsweise zu trinken und ein Dach über dem Kopf! Es gab grausame Experimente, die mit dieser absurden Annahme eigentlich endgültig aufgeräumt haben sollten! Weißt du, was mit Säuglingen geschieht, die keine menschliche Zuwendung, Interaktion und Liebe bekommen? Sie verkümmern und sterben! Denn der Mensch ist auf Resonanz, Beziehung und Interaktion angewiesen und braucht das Gefühl, als Individuum wahrgenommen zu werden. So wie wir uns nicht ausschließlich um die Seele kümmern können, so können wir uns auch nicht ausschließlich um den Körper kümmern, um gesund zu bleiben! Sie sind eine Einheit – ob uns das passt oder nicht! Und danke übrigens für dein Vertrauen! Es ist nicht selbstverständlich, dass du das mit mir teilst.« Coco verstand nicht ganz.

»Das mit meinen Eltern?«

»Ja, genau.«

»Aber was ist denn schon dabei? Ich erzähle es selten. Aber nicht, weil ich nicht darüber reden kann. Eher, weil es vermutlich niemanden interessiert. Oder, weil ich niemanden damit belasten oder in eine unangenehme Lage bringen will.«

»Was meinst du mit unangenehmer Lage?«

»Ich hab manchmal den Eindruck, die Leute wollen sowas nicht hören. Weil sie nicht wissen, wie sie damit umgehen sollen. Sie wirken dann irgendwie verspannt und unnatürlich. Als dürften sie zum Beispiel plötzlich nicht mehr lachen oder ihre Witze machen. Oder als müssten sie mich trösten! Sie scheinen mitunter mehr darunter zu leiden als ich selbst und das will ich nicht.«

»Ja, ich denke, ich weiß, was du meinst. Dass es niemanden interessiert, kann ich mir allerdings nicht vorstellen! Ich vermute eher, dass die meisten Leute es einfach nicht wagen, so etwas anzusprechen. Aus Angst, es könnte unangenehm werden – für dich, für sie oder für euch beide.« Jacques warf einen Blick auf die Uhr. »Wir haben schon wieder überzogen. Hast du es eilig, dann hören wir hier für heute auf. Ich mag solche abrupten Enden in der Therapie nicht und bemühe mich normalerweise um einen gewissen Ausklang. Aber bei diesen interessanten Gesprächen habe ich wieder nicht auf die Zeit geachtet.« Er stand auf und kam mit einem kleinen Wecker zurück, der auf dem Fensterbrett gestanden hatte. »Vielleicht lassen wir den in Zukunft einfach hier gut sichtbar auf dem Tisch stehen!«

»Nein, ich habe Zeit. Muss nur morgen pünktlich am Flughafen sein!« Jacques lachte:

»Keine Sorge, so lange werden wir wohl beide nicht durchhalten!«

»Darf ich noch eine letzte Frage stellen?« Jacques nickte.

»Wie viele Patienten hat man eigentlich so am Tag als Psychotherapeut?«

»Das kommt auf den Therapeuten an! Und ein bisschen auf die Patienten... Diese Arbeit erfordert sehr viel Konzentration und Präsenz. Wenn ich nicht voll und ganz da bin, spürt das der Patient sofort. Und anstatt ihm eine Hilfe zu sein, wiederholt sich im ungünstigsten Falle etwas, das für ihn eine der schmerzhaftesten Erfahrungen schlechthin war: Er fühlt sich wieder alleingelassen und nicht gesehen – also genau das Gegenteil von dem, was er braucht, um sein Bindungstrauma zu heilen! Eine Sitzung dauert fünfzig Minuten, zwischen zwei Patienten habe ich zehn Minuten Zeit zur Dokumentation. Ich selbst behandle höchstens fünf Patienten am Stück, danach brauche ich erst einmal eine ausgedehnte Pause, um später eventuell nochmal zwei bis drei Sitzungen zu machen.« Er stand auf und öffnete das Fenster, um sich dann wieder hinzusetzen. »Bevor wir zum Schluss kommen: Darf ich dir auch noch eine Frage stellen? Vielleicht nimmst du sie mit nach Hause und wir sprechen beim nächsten Mal darüber.«

Coco war einverstanden. »Ich habe mich gefragt, was dich das alles hat überleben lassen!« Was meinte er genau? Er wusste doch kaum Näheres! Er bekam hier doch sicherlich viel schlimmere Geschichten zu hören als ihre!

»Also… Ich kannte ja nichts anderes.«

»Ja, wenn man selbst keinen Abstand und keine Vergleichsmöglichkeiten hat, erscheint Vieles normal. Meine Frage zielt auf deine Ressourcen ab.« Coco dachte an den Gruppentermin vor ein paar Wochen, als das Thema ebenfalls aufgekommen war. »Ich würde sagen, wir belassen es für heute dabei und du sammelst einmal, wenn du magst, was dein Leben in schwierigen Momenten lebenswert gemacht und was dir Kraft und Mut gegeben hat, weiterzumachen! Du kannst auch einfach im Alltag spontan Notizen dazu sammeln, wenn dir etwas einfällt und wir schauen uns diese beim nächsten Mal an!«

»Na gut, ich werde mal sehen…« Jacques verschwand für einen Moment und kehrte kurz darauf mit einer Postkarte in der Hand zurück.

»Die möchte ich dir gerne schenken, vielleicht ist sie dir einmal eine Hilfe!« Er überreichte Coco die Karte, welche eine Lotusblüte zeigte. Coco hatte davon gehört, dass manche Therapeuten sogenannte „Anker" einsetzen, die ihren Patienten im Alltag in schwierigen Situationen einen gewissen Halt geben und sie an die Therapie beziehungsweise die therapeutische Beziehung erinnern sollen. Verfolgte Jacques mit der Karte eine solche Absicht?

»Die Lotusblume gilt in manchen Kulturen oder Religionen als Sinnbild für Transformation und Neubeginn. Sie wächst auf schlammigem Untergrund in Teichen und Seen und gedeiht selbst unter schwierigsten Bedingungen, wobei sie sich stets ihre unversehrte Reinheit und Anmut bewahrt. Bereits im alten Ägypten wurde der Lotus verehrt, von dem es heißt, seine getrockneten Samen könnten sogar nach über tausend Jahren noch eine neue Pflanze hervorbringen!« Coco bewunderte die Perfektion der abgebildeten Blüte, welche etwas Surreales, Künstliches hatte. »Die Knospe erhebt sich in den frühen Morgenstunden aus dem Wasser und öffnet die, dank ihrer besonderen Oberflächenbeschaffenheit immer makellos sauberen Blütenblätter, um sich bei Sonnenuntergang wieder zu schließen und zurückzuziehen. Am nächsten Morgen beginnt diese ›Auferstehung‹ aufs Neue. Mir gefällt dieses Bild besonders im Zusammenhang mit meiner Arbeit aufgrund der offensichtlichen Gemeinsamkeiten mit früh traumatisierten Menschen, deren unglaubliche Resilienz mich nach wie vor sehr beeindruckt, wenn sie die widrigsten Umstände nicht nur überleben, sondern erstaunlich stark daraus hervorgehen!« Coco bedankte sich für die schöne Karte, die sie in ihrer Tasche verstaute. Sie vereinbarten einen weiteren Termin für nächsten Freitag um 18:00 Uhr, nachdem Jacques Coco eine gute Reise gewünscht und ihr Mut für ihr Vorhaben zugesprochen hatte. Während Coco die Jacke anzog, fügte er hinzu: »Und falls du einen Notfall hast, kannst du mich gerne anrufen! Wenn ich nicht gleich drangehen sollte, ich rufe zurück, sobald es geht!« Coco wusste sein Angebot zu schätzen, konnte sich jedoch nicht vorstellen, davon tatsächlich Gebrauch zu machen. »Passend zum Lotus fällt mir ein, dass du neulich eine Katze erwähntest!«, hob er erneut an. »Auch Katzen können im Zusammenhang mit frühen Traumatisierungen für die eine oder andere Parallele herhalten – nicht umsonst heißt es, eine Katze habe sieben Leben, da sie selbst die abenteuerlichsten Situationen oft unbeschadet übersteht.«

»Oh ja!«, lachte Coco, »ich will gar nicht wissen, was Salomé auf ihren Streifzügen durch die Stadt schon so alles zugestoßen ist, da reichen sieben Leben vermutlich kaum aus. Ihr verdanke ich übrigens die Begegnung mit Zahra – sie war damals mein vierbeiniger Schutzengel!«

56

Coco schlief kaum und wachte vor Tagesanbruch auf. Sie versuchte, sich mit allen möglichen Aktivitäten abzulenken und war dankbar für jede Aufgabe, die Zahra ihr gab. Schließlich aßen sie eine Kleinigkeit, obwohl Coco wenig Appetit hatte. Immer wieder spielte sie mit dem Gedanken, die Reise abzublasen. Letztendlich entschied sie, zumindest zum Flughafen zu fahren, um, wenn sie auch nicht einstiege, wenigstens einmal ein Flugzeug aus der Nähe zu sehen. Der einzige Grund, das Vorhaben nicht abzubrechen, war die Tatsache, dass schon alles durch Zahra bezahlt war. Zahra verkündete, sie habe für Coco ein Taxi zum Flughafen organisiert. Auf die Frage, wie sie das ohne Internet oder Telefon angestellt hätte, lächelte sie nur geheimnisvoll und erklärte: »Unterschätz die Senioren nicht! Wir mögen über die Jahrzehnte die eine oder andere Muskel- und Gehirnzelle eingebüßt haben, das machen wir aber locker mit unserer Lebenserfahrung und einer gesunden Portion Waghalsigkeit wett, denn was haben wir schon zu verlieren?« Ja, das passte zu Zahra... Sie beendeten das Essen und Coco ging in ihr Zimmer, um zum x-ten Mal das Gepäck zu überprüfen und sicherzustellen, dass auch nichts fehlte. Sie hatte sich ein Notfallkärtchen für die Jackentasche geschrieben mit ein paar Affirmationen und Übungen, das gab ihr etwas Sicherheit.

Zahra begleitete Coco auf die Straße, wo sie freudig von Bernard begrüßt wurden, der in seinem Anzug aus kariertem Wollstoff und der dazu passenden Schiebermütze wie ein englischer Lord vor seinem Bentley stand.

»Bernard, was machst du denn hier? Ich muss jetzt leider los, bin aber schon bald wieder zurück, dann komme ich dich auf jeden Fall besuchen! Mein Taxi wird jeden Moment da sein…« Bernard und Zahra warfen sich einen verschwörerischen Blick zu, während Bernard Coco den Rucksack abnahm und hinter dem Beifahrersitz verschwinden ließ.

»Du musst wohl mit dieser alten Kiste hier vorliebnehmen!«, lachte Bernard.

»Coco, das ist dein ›Taxi‹!«, bestätigte Zahra.

»Ernsthaft? Ihr seid unglaublich!« Sie drückte Zahra lange zum Abschied. Salomé war ebenfalls erschienen und holte sich ihre Abschieds-Streicheleinheit bei Coco ab. Zahra winkte ihnen nach, bis sie an der nächsten Kreuzung abbogen. Coco war heilfroh, mit keinem richtigen Taxi fahren zu müssen! Sie hasste die Gerüche in den Taxis – insbesondere, wenn darin geraucht worden war...

Bernard war wie immer bester Laune und wirkte sehr zufrieden, für Coco den Chauffeur spielen zu dürfen. »Das alte Schätzchen hier braucht dringend noch etwas Bewegung vor der Winterpause, da kam Zahras Anfrage gerade recht! Übrigens, du hättest mich ruhig fragen können, ob ich dich zum Flughafen fahre, ich bin doch kein Unmensch!«, lachte er. Ehrlich gesagt, wäre Coco selbst nie auf diese Idee gekommen! Und wenn, so hätte sie bestimmt nicht gewagt, ihn zu fragen.

»Okay, nächstes Mal! Vielleicht magst du mich ja vom Flughafen abholen, falls du Zeit hast?« Bernard grinste breit.

»Falls ich Zeit habe? Die nehme ich mir! Leute, die behaupten, keine Zeit zu haben, sind nicht ehrlich. Denn dann würden sie sagen, dass ihnen etwas anderes wichtiger ist!«

»Okay, würdest du dir die Zeit nehmen, mich am 1.11....«

»...dich am 1.11. um 14:30 Uhr am Flughafen abzuholen? Aber sicher, ist fest eingeplant!«, fiel er Coco ins Wort.

»Ihr habt bereits...«

»Natürlich! So habe ich einen wunderbaren Grund, zumindest bis zum Mittag des 1.11. am Leben zu bleiben!« Er lachte herzhaft und zog sich seine Mütze in die Stirn. Coco war dankbar für diese liebevollen Menschen in ihrem Leben! Zugleich setzte sie deren Fürsorge nun jedoch unter Druck – wie könnte sie jetzt noch ernsthaft in Erwägung ziehen, das Flugzeug im letzten Moment doch nicht zu besteigen? Aber vielleicht war das genau die Portion Druck, die sie brauchte...

Sie hatten kaum vor dem Terminal angehalten, da scharte sich eine Menschentraube um den Wagen.

»Coco, deine Fans erwarten dich!«, scherzte Bernard. Ja, wenn man ein Problem damit hat, im Zentrum der Aufmerksamkeit zu stehen, sollte man nicht mit einem solchen Auto fahren, dachte Coco. Sie verabschiedeten sich und Coco machte sich mit einem mulmigen Gefühl in der Magengegend auf den Weg zum Haupteingang. Sie brauchte kein Gepäck aufzugeben und hatte bereits online eingecheckt – ein Tipp von Luc, der ihr versichert hatte, im Standby-Modus für sie da zu sein, wenn sie irgendwelche Fragen hätte. Sie war angespannt und tastete zwischendurch in der Jackentasche nach ihrem Notfallkärtchen.

Der Flug verlief viel besser als befürchtet. Coco saß am Fenster und bekam mithilfe ihrer Übungen mehrere Male die aufkommende Panik relativ schnell in den Griff. Der Start stellte die größte Herausforderung dar. Als das Flugzeug schließlich die Reisehöhe erreichte, war sie abgelenkt durch die wunderschönen Wolkenfelder, die sie überflogen.

In Cluj herrschte verhältnismäßig mildes, trockenes Oktoberwetter. Coco brachte die Passkontrolle hinter sich und wechselte Geld am Flughafen. Es klappte alles reibungslos, keine Stunde nach der Landung stand sie bereits vor der Pension. Sie klingelte an der Tür, worauf eine alte, gebeugte Frau erschien, die kein Wort Englisch oder Französisch zu verstehen schien. Coco folgte ihr eine schmale, steile Holztreppe empor zu einem Zimmer, das zwar sehr einfach und in die Jahre gekommen, aber äußerst sauber und gepflegt wirkte. Auf dem Kopfkissen lag ein Schokoladentäfelchen, auf dem kleinen Couchtisch stand eine Flasche Wasser mit zwei Gläsern. Die Vermieterin überreichte Coco den Schlüssel und zeigte ihr einen Zettel an der Tür, auf dem das WLAN-Passwort stand, ehe sie sich verabschiedete und Coco mit ihrem sanierungsbedürftigen Gebiss, welches nur noch ein paar einzelne Zähne zeigte, zulächelte. Coco war überrascht über das WLAN. Vielleicht hatte die Hauswirtin Kinder oder Enkelkinder, die dafür verantwortlich waren? Wie dem auch sei, Coco war froh, dass bisher alles so gut verlaufen war! Sie duschte und zog sich etwas Gemütliches an. Körperlich war sie ziemlich erschöpft und freute sich darauf, es sich auf dem Sofa bequem zu machen. Andererseits war sie völlig aufgedreht und wäre am liebsten eine Runde spazieren gegangen, um die Stadt zu erkunden. In Anbetracht des bevorstehenden Tages verbrachte sie den Abend jedoch in ihrem Zimmer und legte sich zeitig schlafen.

57

Cocos Nacht war traumreich, sie fühlte sich jedoch insgesamt gut erholt. Im Erdgeschoss hatte die Hauswirtin einen Tisch gedeckt und begrüßte sie freundlich – Coco schien der einzige Gast zu sein. Sie verständigten sich mit Händen und Füßen, was sehr lustig war. Schließlich gab die fürsorgliche Oma ihr eine Kunststoffdose mit Deckel und ermutigte sie, diese mit Proviant zu füllen, nachdem Coco erklärt hatte, sie fahre nach Mociu.

Zwei Frauen saßen bereits im hinteren Bereich des Busses und führten ein angeregtes Gespräch, ansonsten war das Fahrzeug leer. Coco nahm in der ersten Reihe Platz und freute sich, so viel von der Gegend sehen zu können. Als sie die Stadt verließen, tauchten hier und da Gehöfte auf, die wie aus einer vergangenen Zeit wirkten. Coco stellte sich vor, dass die Mutter womöglich dieselbe Tour gefahren war – oder noch fuhr? Es hatte etwas Unwirkliches, ihrer Heimat, oder zumindest ihrem Geburtsort, so nah zu sein! Eigentlich war ihre Mutter eine Fremde für sie. Aber in Cocos Vorstellung existierte sie als liebevolle, fürsorgliche Frau. Vielleicht war dieses Bild vollkommen konträr zu ihrem wahren Wesen, aber Coco hatte es nie aufgeben wollen.

Der Fahrer gab Coco schließlich ein Zeichen, auszusteigen. Im Ort sah es in etwa so aus, wie in ihrer Vorstellung – abgesehen von der überraschend hügeligen Umgebung. War es ein Fehler gewesen, sonntags hierher zu kommen? Alles wirkte wie ausgestorben! Die sicherste Möglichkeit, etwas über ihre Mutter zu erfahren, wäre vermutlich die Post oder die Bank gewesen. Doch da würde sie heute wohl nichts erreichen. Wenn sie Glück hatte, öffnete zumindest eines der Lebensmittelgeschäfte – aber es war ohnehin noch zu früh dafür. Sie schlenderte ziellos umher und bekam bald Gesellschaft von einem Hund, der sehr mager und ungepflegt wirkte. Coco verließ die Hauptverkehrsstraße und entdeckte ein Stück Wiese mit ein paar Bäumen und einer Parkbank, auf der sie sich niederließ. Der Hund setzte sich vor sie und beobachtete jede ihrer Bewegungen. Es war nicht schwer zu erraten, was er wollte. Coco holte die Dose aus dem Rucksack und gab ihm etwas von ihrer Wegzehrung. Er schlang dermaßen, dass sie gar nicht hinterherkam mit dem Füttern. Es dauerte nicht lange, da hatte er alles restlos verputzt.

Coco lehnte sich zurück und schloss die Augen, um mithilfe ihrer vielgeübten Mini-Meditation die Nervosität zu vertreiben: *Ich spüre den Kontakt zum Boden. Ich spüre meine Wirbelsäule, mein Zentrum. Ich beobachte meinen Atem. Mit jedem Einatmen nehme ich auf, was ich jetzt, in diesem Augenblick, brauche. Mit jedem Ausatmen lasse ich los, was ich nicht mehr benötige oder was mich belastet…* Sie dachte an Zahra und Bernard. Der erleichternde Atemzug ließ nicht lange auf sich warten. Als sie so dasaß und in ihren Körper hineinspürte, fühlte sie plötzlich etwas Warmes auf ihrem Oberschenkel. Der Hund hatte seinen Kopf dort abgelegt und schaute Coco mit seinen treuen Augen an, als wolle er sagen: Du bist nicht alleine! Coco war gerührt. Sie streichelte seinen Kopf und kraulte ihn hinter den verfilzten Ohren, was er offensichtlich genoss – mit geschlossenen Augen saß er regungslos da. Coco stellte sich vor, wie es ihm hier im Winter ergehen würde. Seinem Fell nach zu urteilen, gab es niemanden, der ihn pflegte oder der sich für ihn verantwortlich fühlte. Sie unterbrach das Streicheln, um im Rucksack nach ihrem Handy zu suchen, da schaute er zu ihr auf und legte seine Pfote auf Cocos Knie. »Ja, warte doch, es geht gleich weiter!« Sie fand das Handy und machte ein Selfie mit ihrem neuen Freund, welches sie Luc schickte. Sie musste an das Bild denken, das sie als Kind für den Vater gemalt und das sie längst vergessen hatte, bis sie neulich beim Öffnen der Metallkassette darauf gestoßen war.

Coco betrachtete die Gelb- und Brauntöne der Bäume und überlegte, wie sie auf ihrer Suche weiter vorgehen sollte. Es war kurz vor 11:00 Uhr. Sie öffnete die Onlinekarte und suchte nach den Kirchen beziehungsweise Friedhöfen, vielleicht würde sie dort jemandem begegnen. Könnte ein Pfarrer eventuell weiterhelfen? Sie fand neben zwei orthodoxen Kirchen eine evangelische, eine katholische, eine Adventisten- sowie eine Baptistengemeinde. Zudem entdeckte sie auf Anhieb drei Friedhöfe. Ganz schön viel für solch einen kleinen Ort, dachte sie. Zu viel… Sie war überfordert! Wenn sie zumindest wüsste, welcher Religion ihre Mutter angehörte, könnte sie die Auswahl eingrenzen! Sie beschloss, die Friedhöfe aufzusuchen und dort nach jemandem Ausschau zu halten, der den Sonntagvormittag nutzte, um ein Grab zu pflegen. Und sie würde sich die Grabsteine anschauen, vielleicht stieß sie dabei auf den Namen ihrer Mutter? Der Hund sprang auf und schien sich zu freuen, dass etwas passierte. Munter lief er neben Coco her und begleitete sie mit aller Selbstverständlichkeit. Sie waren ein paar Minuten gegangen und Coco hatte erfolglos ein paar Leute angesprochen, da kamen ihnen eine alte Frau und ein junger Mann entgegen. Cocos Puls raste unverändert vor Anspannung. Sie bemühte sich um ein Lächeln und hob an:

»Excuse me...« Ihr fiel plötzlich der Zettel ein, den sie vorbereitet hatte. Dort stand auf Rumänisch: »Guten Tag, ich suche Eleana Ionescu. Können Sie mir weiterhelfen? Danke!« Als sie ihn aus dem Rucksack herauszog, fielen verschiedene Dinge auf die Straße, die sie eilig aufsammelte, während der junge Mann ihr dabei zusah, ohne Anstalten zu machen, ihr zu helfen. Sie entschuldigte sich und hielt den beiden den Zettel hin. Die Dame versuchte, das Geschriebene zu entziffern, schien aber schlecht zu sehen. Coco glaubte zu verstehen, dass sie ihren Begleiter, bei dem sie eingehakt war, fragte, was es mit dem Zettel auf sich habe. Sie wechselten ein paar Worte, da sagte der Mann in relativ gutem Englisch:

»My grandmother says, Eleana is dead.« Coco war, als mache ihr Herz einen Aussetzer. Alles um sie herum wirkte plötzlich wieder ganz weit weg... Hatte sie ernsthaft geglaubt, ihrer Mutter hier auf der Straße zu begegnen oder von ihr zum Kaffee eingeladen zu werden? Die beiden waren im Begriff, weiterzugehen, da fragte sie, um Fassung bemüht:

»When did she die?« Der Mann tauschte sich erneut mit seiner Großmutter aus und erklärte:

»She died a long time ago, perhaps I was not even born!«

Der Hund spürte Cocos Traurigkeit offenbar und leckte ihre Hand, als wolle er sie aufmuntern. Sie erkundigte sich, auf welchem Friedhof die Mutter liege, woraufhin die Frau nach Übersetzung durch ihren Enkel in die entsprechende Richtung zeigte. Coco bedankte sich und sah den beiden nach. Der Hund ließ sie nicht mehr aus den Augen und schien zu sagen: ›Komm weiter, was stehst du hier herum?‹ In Cocos Kopf herrschte Chaos! Zugleich war sie dankbar, so schnell, oder überhaupt, Auskunft bekommen zu haben. Wie gelähmt ließ sie sich auf einer Mauer nieder.

Sie wusste nicht, wie lange sie bereits dort saß. Jacques hätte sie vermutlich längst gefragt, wo sie gerade sei... Sie ärgerte sich, nicht richtig geschaltet und die Frau nach weiteren Einzelheiten gefragt zu haben! Vielleicht hätte sie ihr sagen können, in welchem Haus ihre Mutter gelebt hatte, woran sie gestorben oder was sie für ein Mensch gewesen war? Der Hund lag inzwischen vor Coco auf der Erde und döste – sein Anblick tröstete sie. Ach, wäre sie doch einfach zuhause geblieben! Dann hätte sie weiterhin in der heimlichen Hoffnung gelebt, ihre Mutter würde eines Tages unerwartet auftauchen und Coco erzählen, wie sich alles zutrug und warum sie damals so plötzlich verschwand.

Nach dem anfänglichen Leeregefühl überkam Coco eine tiefe Traurigkeit. Sie weinte. Sowohl Luc als auch Jacques hatten vermutlich genau diese Situation kommen sehen und ihr deshalb angeboten, sich jederzeit zu melden. Aber ihr war jetzt absolut nicht danach zumute. Den tränenverschwommenen Blick auf den Boden gerichtet, der Hund inzwischen schlafend zu ihren Füßen, sah Coco aus dem Augenwinkel, wie sich jemand näherte. Erschöpft drehte sie den Kopf in die entsprechende Richtung, da hielt ihr eine Frau, sie mochte Ende vierzig sein, schüchtern lächelnd ein strahlend weißes, akkurat gefaltetes Stofftaschentuch entgegen. Coco wischte sich die Tränen mit dem Ärmel ab und zögerte, das Taschentuch anzunehmen. Sie hätte selbst Papiertaschentücher im Rucksack, aber ihr fehlte der Antrieb, danach zu suchen. Die Frau wiederholte das Angebot, welches Coco schließlich, wie mechanisch, annahm. Der Hund war aufgestanden und beschnupperte die Frau, die ihn streichelte und etwas auf Rumänisch zu ihm sagte. Coco ging der Gedanke durch den Kopf, auch ihr den Zettel hinzuhalten, verwarf die Idee aber wieder. Sie hatte keine Kraft mehr für weitere Enttäuschungen. Sie würde sich, sobald sie die Energie dafür aufbrachte, auf den Weg nach Cluj machen und – zurück in Paris – die Angelegenheit ein für alle Mal vergessen. Es war zumindest ein kleiner Trost, die Reise so kurzfristig unternommen zu haben, anstatt diese monatelang akribisch zu planen, Adressen und Öffnungszeiten der rumänischen Behörden zu recherchieren und dergleichen, um dann zu demselben ernüchternden Ergebnis zu gelangen!

Die Frau setzte sich neben Coco auf die Mauer und holte ein Stück Brot aus ihrer Handtasche, womit ihr die Aufmerksamkeit des Hundes sicher war, der den ihm angebotenen Teil des Brotes hastig verschlang. Ein paar Vögel kamen eilig herbeigeflogen, um ebenfalls etwas abzubekommen. Coco war es, als würden sich die Frau und die Tiere kennen – alles wirkte sehr vertraut und eingespielt. Die Ablenkung tat gut und sie war nun doch froh, nicht ganz allein zu sein. Die Tatsache, dass die Frau ihre Sprache nicht sprach, kam ihr gelegen!

Einfach nur miteinander sein, ohne Ziel und Absicht... Co-Regulation durch eine Unbekannte an einem Sonntagvormittag, irgendwo in der rumänischen Provinz... Die Anwesenheit der Frau wirkte beruhigend – vielleicht war es die Tierliebe, die beide verband? Coco bekam Hunger. Sie überlegte, zurück zur Hauptstraße zu gehen, um zu sehen, ob dort inzwischen ein Geschäft geöffnet hatte, auch wenn das die falsche Richtung war, sofern sie vor ihrer Rückfahrt noch den Friedhof aufsuchen würde. Sie war kraftlos und hätte noch stundenlang einfach auf dieser Mauer sitzen können. Aber sie wollte, wenn sie nun einmal hier war, die Gelegenheit nutzen, um zumindest das Grab zu finden. Sie kramte in ihrem Rucksack nach der Wasserflasche und trank. Die Frau hatte das Brot verfüttert und klopfte sich die Krümel von der Kleidung, auf die sich die Vögel eifrig stürzten. Coco musste schon wieder weit weg gewesen sein, da bemerkte sie, wie die Frau ihr etwas reichte – es handelte sich um eine Dose mit akkurat aufgeschichtetem Gebäck. Sie nickte Coco aufmunternd zu und forderte sie auf, zuzugreifen. Coco hatte von der Gastfreundschaft der Rumänen bereits gelesen – es war also nicht nur ein Klischee! Die Frau nahm ebenfalls eines der Gebäckstücke heraus und sagte lächelnd etwas zu Coco, das vermutlich so viel wie ›guten Appetit‹ bedeutete. Bei dem Gebäck handelte es sich um mit Käse gefüllten Blätterteig. Die Frau war sichtlich erfreut über Cocos Appetit und bot ihr eine weitere Portion an, die Coco zu ihrer eigenen Verwunderung ohne zu zögern annahm.

Cocos Kräfte kehrten langsam zurück. Sie verstaute die Flasche im Rucksack und überlegte, wie sie mit dem Stofftaschentuch der Frau verfahren sollte. War es unhöflich, es einfach einzustecken? Oder wäre es noch unhöflicher, es ihr benutzt zurückzugeben? Sie entschied sich für die zweite Variante, worauf die Frau abwinkte und ihr zu verstehen gab, sie solle es behalten. Coco bedankte sich mit einem Lächeln und wollte aufbrechen, da hielt ihr die Frau erneut die Dose hin. Coco war eigentlich satt, aber es schmeckte wirklich ausgezeichnet und sie wollte die Frau nicht enttäuschen, also griff sie ein weiteres Mal zu – sie würde es sich für später aufheben. Die Navigations-App wies Coco den Weg zum Friedhof.

Der Friedhof war größer als erwartet. Coco schien die einzige Besucherin zu sein. Sie ging durch die Gräberreihen und suchte nach dem Namen der Mutter. Letztendlich fand sie zwei Gräber mit dem Namen Ionescu, doch die Vornamen waren andere. Ob es sich um dieselbe Familie handelte und man ihre Mutter vielleicht dazugelegt hatte, ohne ihren Namen zu ergänzen? Oder lag sie womöglich auf dem anderen Friedhof? Aber dann hätte die Dame sie sicherlich nicht mit aller Selbstverständlichkeit hierher geschickt! Es gab auch einige Gräber ohne Stein oder mit einem kleinen Kreuz ohne Inschrift. Coco setzte sich auf eine Bank und fühlte wieder diese bleierne Schwere. Sie hätte einfach auf ihren Verstand hören und zuhause bleiben sollen! Nun wusste sie zwar definitiv, dass die Mutter tot war, aber half ihr das irgendwie weiter? Sie war lediglich um eine Illusion ärmer.

Es war bereits Mittag. Sie schaute nach, wann der nächste Bus zurück in die Stadt fahren würde. Ablenkung wäre jetzt vermutlich das Beste, um diesen traurigen Vormittag schnell zu vergessen, der, das musste Coco sich spätestens jetzt eingestehen, mit einer stillen Hoffnung begonnen hatte. In knapp zehn Minuten fuhr der nächste Bus. Wenn sie ihn erreichen wollte, musste sie sich beeilen! Jenseits der Friedhofsmauer sah sie die Frau, die ihr das Taschentuch gereicht hatte. Sie stand unter einem Baum und schien zu weinen. Der Baum war Coco bereits auf dem Hinweg aufgefallen: Darunter befand sich eine kleine, aus Holzresten improvisierte Bank, daneben war eine Art Blumenbeet angelegt, welches sehr gepflegt wirkte und auch im Herbst noch Blüten hervorbrachte. War dort vielleicht ein Haustier beerdigt, um das sie trauerte?

Coco erreichte die Bushaltestelle eine Minute vor Abfahrt. Der Bus stand mit laufendem Motor da und der Fahrer, ein anderer als auf der Hinfahrt, rauchte und unterhielt sich auf der Straße mit einem älteren Herrn. Während der Rückfahrt musste Coco immer wieder an die letzten Stunden denken. An den Hund, die Oma mit ihrem Enkel und die freundliche Frau... Hätte sie doch noch bleiben sollen, um mehr über ihre Mutter oder deren Familie herauszufinden? Vielleicht hatte sie ja weitere Verwandte in dem Ort? Sie ärgerte sich, letztendlich so wenig Energie in ihre Recherchen gesteckt zu haben. Andererseits: Woher hätte sie die Kraft dafür nehmen sollen, erschöpft wie sie war? Ihr kam der Gruppentermin bei Jacques in den Sinn, bei dem er die Sache mit dem Erregungstoleranzfenster und dem Durchfallen nach unten erklärt hatte. Das war dann jetzt wohl ein solcher Kollapszustand...

Als sie in Cluj ankam, ging Coco auf direktem Weg zurück in ihre Unterkunft und legte sich, wie sie war, aufs Bett. An einen Stadtbummel war nicht zu denken, selbst der Rückflug am nächsten Tag erschien ihr unbewältigbar.

58

Nach einer sehr unruhigen Nacht wurde Coco um 7:30 Uhr durch den Wecker geweckt. Am Abend hatte sie noch lange wach gelegen und in ihr Tagebuch geschrieben, um das Chaos an Gedanken und Gefühlen etwas zu ordnen. Sie konnte es nun kaum erwarten, wieder bei Zahra zu sein! Die ganze Unternehmung strengte sie schon jetzt viel mehr an als angenommen. Dabei war bisher alles relativ gut verlaufen – ohne Panikattacken oder andere Katastrophen! Sie nahm ihren Rucksack mit nach unten und brach nach dem Frühstück und dem herzlichen Abschied von der rührenden Wirtin direkt auf. Am Flughafen hatte sie über zwei Stunden Zeit – zwei Stunden, die ihr unglaublich lang erschienen! Eigentlich hätte es sie interessiert, die Flugzeuge und das Treiben auf dem Rollfeld zu beobachten, aber dafür fehlte ihr jetzt die Energie. Stattdessen lenkte sie sich mit ihrem Smartphone ab und stieß auf den Spruch des Tages, ein afrikanisches Sprichwort:

Viele kleine Leute schaffen an vielen kleinen Orten in vielen kleinen Schritten viele kleine Veränderungen, die am Ende Großes bewirken!

Coco fragte sich, ob sie selbst jemals wirklich etwas bewirkt hatte oder bewirken würde! Oft kam sie sich einfach nur schwach und minderwertig vor...

Kurz vor dem Start schrieb sie Bernard eine Nachricht, dass sie aller Voraussicht nach pünktlich ankäme. Diesmal saß sie am Gang. Das Flugzeug war weitgehend ausgebucht, es wäre nicht ohne Weiteres möglich gewesen, auf einen Fensterplatz zu wechseln – und sie hätte es vermutlich auch nicht gewagt.

Als Coco das Flughafengebäude verließ, brauchte sie nicht lange nach Bernard zu suchen – sie musste nur nach der entsprechenden Menschenansammlung Ausschau halten! Wenn dort nicht gerade jemand reanimiert wurde, dann waren es vermutlich Autofans, die sich um ihn und sein Gefährt versammelt hatten. Und genauso war es! Sie bahnte sich den Weg zwischen den Menschen hindurch und sah Bernard, der sich angeregt unterhielt und allerlei Fragen beantwortete. Als er Coco erblickte, strahlte er:

»Da ist ja meine Rettung! Ich komme mir vor wie ein Museumsangestellter...

Schön, dass du zurück bist!« Er schloss die Beifahrertür hinter ihr und nahm auf dem Fahrersitz Platz. »Na, erzähl schon, wie ist es dir ergangen?« Er musterte Coco einen Augenblick lang und wurde plötzlich ernst. »Es war enttäuschend? Ach, jetzt komm erstmal in aller Ruhe an und wenn dir danach sein sollte, dann erzählst du mir Näheres.«

»Meine Mutter ist tot. Mehr hab ich nicht erfahren.«

»Ach je!« Bernard tat Coco leid, er wirkte plötzlich so unsicher.

»Ist schon okay, dann brauche ich mir keine Hoffnungen mehr zu machen!« Bernard schien in Gedanken zu sein und deutete ein Nicken an. Der Rest der Fahrt verlief weitgehend schweigend und Coco erlaubte sich in Anbetracht ihrer Erschöpfung, Bernard nicht im Gegenzug für seinen Fahrdienst zu unterhalten. Sie waren fast angekommen, da fiel ihm ein:

»Ach Coco, ich habe entzückende Neuigkeiten! Nachdem ich dich vorgestern zum Flughafen gebracht hatte, kam der Tierarzt vorbei – ein Freund von mir. Er bestätigte meinen Verdacht: Chanel ist trächtig! Er hatte ein mobiles Ultraschallgerät dabei. Ist schon verrückt, was es heutzutage alles gibt! Wenn er richtig gezählt hat, dann sind es mindestens sieben Welpen!« Coco freute sich sehr über die Nachricht.

»Und wann ist es so weit?«

»In etwa fünf Wochen! Rund vier Wochen sind bereits vergangen.«

»Sie wird bestimmt eine großartige Hundemama sein!«

Als Bernard den Wagen anhielt, war Zahra gerade auf dem Trottoir mit einer Frau ins Gespräch vertieft. Die Frau zog ihres Weges, während Zahra Coco mit einer innigen Umarmung begrüßte, deren Dauer anzeigte, dass Zahra ihr ihre Verfassung sofort angesehen hatte... Es tat so gut, wieder zurück zu sein! Coco fiel ihr Souvenir für Bernard ein. Sie hatte am Flughafen liebevoll verzierte Eierbecher entdeckt, die nach rumänischer Tradition von Hand aus Ton gefertigt worden waren. Da sie sich nicht entscheiden konnte, hatte sie letztendlich alle acht Ausführungen gekauft – vier für Bernard und vier für Zahra.

Coco verabschiedete sich von Bernard, der sich sehr über das Mitbringsel freute, und ging ins Haus, während die beiden noch etwas besprachen. Wenig später kam Zahra nach. Coco hatte sich umgezogen und saß in der Küche, Salomé auf ihrem Schoß. Zahra kochte Tee und stellte einen Teller auf den Tisch.

»Schau mal, deine Reise hat mich inspiriert, etwas Neues auszuprobieren! Ich hab in einem meiner Kochbücher ein Rezept für ›Sarmale‹ gefunden – Kohlrouladen, eine Art Nationalgericht der Rumänen. Das ist eine vegetarische Variante. Und hier so etwas wie Polenta, ›Mamaliga‹ genannt.« Sie stellte ein rundes Holzbrett auf den Tisch, auf dem ein Fladen aus goldgelb leuchtendem Maisbrei lag. »Genau genommen soll das besonders typisch für die Republik Moldau sein, habe ich herausgefunden.« Coco trank ihren Tee und kostete ein wenig von den Speisen. Sie hatte keinen Appetit, es hätte ihr aber leidgetan für Zahra, wenn sie nichts davon anrührte. Zahra freute sich ebenfalls sehr über Cocos Mitbringsel und bedankte sich vielmals dafür.

»Zahra, meine Mutter ist schon seit vielen Jahren tot.« Zahra nickte ernst. Sie setzte sich neben Coco und schwieg mit ihr – es gab gerade einfach nicht viel zu sagen. Salomé schnurrte und drehte sich auf den Rücken, damit Coco ihren Bauch kraulen konnte.

»Hast du schon gehört, Chanel wird Mutter!«, wechselte Coco schließlich das Thema.

»Ach, das ist ja eine schöne Überraschung! Ich war noch nie bei einer Hundegeburt dabei – wie wäre es, wenn wir mit Bernard vereinbaren, dass er uns anruft, wenn es losgeht?« Coco schmunzelte:

»Hast du ihm denn schon deine Telefonnummer gegeben?«

»Ist ja gut, ich gebe zu: Für solch einen Anlass wäre ein Telefon wirklich praktisch! Aber ist es möglich, dass du uns dieses eine Mal noch mit deinem Handy rettest?«

Coco dachte an die Uni und bekam schlagartig schlechte Laune. »Zahra, wollen wir heute Abend etwas spielen oder zu Bernard gehen und einen Film schauen? Ich glaub, ich brauche ein bisschen Ablenkung.« Zahra war mit beidem einverstanden und sie einigten sich auf den Film. Sie waren neugierig, die werdende Hundemama zu sehen und herauszufinden, ob man ihr schon etwas ansah. In einem kurzen Telefonat verabredeten sie sich für 19:00 Uhr bei Bernard.

Sie entschieden sich für den Film ›Roman Holiday‹, mit Audrey Hepburn und Gregory Peck von 1953, nachdem sie Chanel eingehend begutachtet hatten und sich einig waren, dass sie ihr die Trächtigkeit, zumindest was den Bauchumfang betraf, allenfalls mit reichlich Phantasie ansehen konnten. Zahra verteilte wieder Popcorn und Bernard ließ Odette drei große Eisbecher servieren, deren Zutaten er nach dem letzten Filmabend hatte besorgen lassen. Als Odette hörte, welchen Film sie anschauen würden, nahm sie Bernards Einladung erfreut an und erschien wenig später pünktlich zu Vorstellungsbeginn umgezogen mit einer kleinen Portion Eis, deren bescheidene Größe sie mit ihrer Figur rechtfertigte. Coco kannte den Film noch nicht und mochte ihn sehr – diese Leichtigkeit war nun genau das Richtige!

Auf dem Heimweg stellte Coco fest, dass sie rückblickend doch froh war, die Reise nach Rumänien unternommen und endgültig für Klarheit gesorgt zu haben, wenngleich das Ergebnis sie nach wie vor traurig stimmte.

59

Coco war vom Instituts-Sekretariat per E-Mail informiert worden, dass die Morgenvorlesung ausfiel. Nach dem Frühstück setzte sie sich mit den Trauma-Büchern an den Schreibtisch, ehe sie gegen 12:00 Uhr aufbrechen würde. Ob sie es in die engere Auswahl der Anwärter für das Stipendium geschafft hatte, wusste sie noch nicht. Sie wollte jedoch unabhängig von dem Referat ihre Notizen fortsetzen.

Das Kapitel handelte davon, dass die ›Heilung‹ der Folgen des Entwicklungs- beziehungsweise Bindungstraumas darin besteht, als Erwachsener die damalige Ohnmacht des Kindes aufzulösen. Dies bedarf eines ausreichend großen Erwachsenenanteils, der es ermöglicht, die dazu erforderliche Metaebene einzunehmen, was Coco nicht neu war. Weiter wurde auf den ›Orientierungsreflex‹ eingegangen: Während es bei der ›explorativen Orientierung‹ um ein neugieriges Erkunden der Welt geht, wie es beispielsweise bei einem sicher und behütet aufwachsenden Kleinkind zu beobachten ist, findet der ›defensive Orientierungsreflex‹ im Wesentlichen in Gefahrensituationen statt. Hört der Mensch zum Beispiel ein verdächtiges Geräusch, erstarrt er für einen Augenblick, richtet sich auf und orientiert sich in die entsprechende Richtung, um eine mögliche Gefahrenquelle zu identifizieren. Dabei wird eine hohe Energie zurückgehalten, welche dann im Zweifelsfall für Kampf oder Flucht bereitsteht. Entpuppt sich die Geräuschquelle als harmlos, so kommt es zur Entladung der Energie und der Körper entspannt sich wieder. Das Ausbleiben der Entwarnung und damit der Energieentladung bewirkt eine andauernde Habachthaltung, bei der das gesunde Aussortieren von weniger relevanten Reizen immer schwieriger wird. Der Mensch lebt so fortwährend in dem Grundgefühl, die Welt sei ein unsicherer, gefährlicher Ort. Und die hohe Energie wird, anstatt sie durch Bewegung abzubauen, in muskulären Spannungsmustern festgehalten. Das Ergebnis ist neben Verspannungen, welche mittel- bis langfristig zu chronischen Schmerzsyndromen etc. führen können, ein andauerndes unterschwelliges Bedrohungsgefühl. Wenn es sich um ein Kind handelt, fehlen ihm in aller Regel die Möglichkeiten, die Situation aufzuklären oder dieser zu entkommen, so dass Dissoziation und parasympathischer Kollaps den einzigen Ausweg darstellen. Später können auch chronische Erschöpfung, Unruhe, Konzentrationsprobleme, Angst- und

Panikstörungen, Depressionen sowie ein tiefgehendes Gefühl von Getrenntsein daraus resultieren. Eine Abspaltung des Körpers und des damit verbundenen Leides sind naheliegend! Diese Menschen geraten bei anstehenden Entscheidungen schnell unter Stress, da ihnen die erforderlichen Körpersignale für die Entscheidungsfindung nicht mehr ausreichend zugänglich sind und sie Angst haben, etwas Besseres zu verpassen oder einen Fehler zu machen, den sie sich hinterher nicht verzeihen würden.

Die erwähnten Entscheidungsschwierigkeiten kannte Coco nur allzu gut! Und sie wusste sofort, was mit dem unterschwelligen Bedrohungsgefühl gemeint war... Interessant war, dass die Organe in diesem totstellreflexartigen Zustand unterversorgt sind und nur auf Sparflamme arbeiten, was einer gesunden Entwicklung, besonders in der Wachstumsphase, entgegensteht! Die Aktivierung des auch als ›Stressachse‹ bezeichneten Zusammenspiels aus Hypothalamus, Hypophyse und Nebennieren sowie den entsprechenden Hormonen bewirkt in diesem Zustand ein Herunterfahren der Verdauungs- und Sexualfunktionen. Die Haut wird blass, der Blick wirkt starr und die kognitiven Fähigkeiten sind auf ein eher reflex- oder instinktartiges Niveau reduziert. Die Daueraktivierung dieses Systems kann letztendlich zu einer Überlastung der Nebennieren führen, welche die im Alltag erforderlichen Aktivierungs- beziehungsweise ›Stresshormone‹ dann in unzureichender Menge ausschütten, was wiederum zu bleierner Erschöpfung führt. So ähnlich, wenn auch weniger detailliert, hatte Coco das bereits andernorts gelesen. Wäre mancher Patient mit chronischen Rücken- oder Gelenkbeschwerden vielleicht besser beim Psychotherapeuten als beim Orthopäden aufgehoben, oder zumindest bei beiden, wenn es um eine nachhaltige Lösung seiner Beschwerden ging?

Schließlich las sie noch einen Abschnitt zur sogenannten ›namenlosen Furcht‹, welcher an das Thema des unterschwelligen Bedrohungsgefühls anknüpfte. Gemeint war damit eine ängstliche Grundstimmung, die oft sehr diffus und schwer fassbar ist. Eine unbewusste Strategie, diese zu kanalisieren, bestand dem Buch zufolge darin, sich auf konkrete Inhalte zu fokussieren, die dem Betroffenen grundsätzlich lösbar erscheinen und welche auch als ›identifizierte Probleme‹ bezeichnet werden. Derjenige ist fest davon überzeugt, dass sein Leben schlagartig entspannt und glücklich verlaufen würde, wenn er nur sein quälendstes Problem wie zum Beispiel den Haarausfall oder die Allergien in den Griff bekäme. Das Lösen dieser Themen kann zum Mittelpunkt seines Lebens werden und unendlich viel Zeit, Geld und Energie verschlingen, was natürlich nicht bedeutet, dass grundsätzlich jeder, der sich gesünderes Haar oder Allergiefreiheit wünscht, dies aus den erwähnten Gründen tut. Besonders interessant erschien Coco an dieser Strategie das Folgende: Würde man das Problem lösen, bräuchte der Betroffene Ersatz dafür, da dieses stabilisierend wirkt und ihm unbewusst als plausible Erklärung für seine negativen Grundgefühle dient!

Zahra klopfte, um zu fragen, ob Coco etwas essen wolle, ehe sie sich auf den Weg zur Uni machen würde. Sie einigten sich auf einen Salat und Zahras obligatorisches Proviantpaket. Coco las noch ein paar Seiten und stattete anschließend ihrem Gärtchen einen Besuch ab.

60

Die Woche verging, vermutlich auch wegen des freien Montags, ungewöhnlich schnell. Es war Freitag. Coco hatte die Nächte in der WG verbracht und kam relativ gut zurecht, auch wenn die Sache mit ihrer Mutter sie nach wie vor mehr als erwartet beschäftigte.

Nach der Uni traf Coco sich mit Cécile in der Bibliothek, um einen Lernplan für die anstehenden Klausuren zu erarbeiten. Nun musste sie sich beeilen, um rechtzeitig zu ihrer Therapiesitzung zu kommen. In der Métro freute sie sich über eine Filzstift-Schmiererei, die ausnahmsweise einmal nach ihrem Geschmack war und nicht, wie üblich, eine Liebeserklärung oder eine politische Gesinnung darbot:

Ich hab's dir doch gesagt! Viele Grüße, deine Intuition...

Jacques schenkte beiden Tee ein und stellte die Kanne auf ein Stövchen. Coco war es, als sehe er sie musternd an – vermutlich auf der Suche nach einer Antwort auf die naheliegende Frage...

»Ja, ich war in Rumänien! Und meine Mutter ist tot.«

»Das tut mir leid.«

»Braucht es nicht. Jetzt weiß ich wenigstens Bescheid, ist schon okay.« Jacques sah Coco ungläubig an:

»Also einmal abgesehen davon, dass du sehr stolz auf dich sein kannst, diese Reise unternommen zu haben: Könnte es passen, dass ich jetzt gerade Traurigkeit wahrnehme?«

»Weiß nicht, kann schon sein – vielleicht ein bisschen. Und in meinem Alter mal einen Wochenendtrip zu machen, sollte ja wohl eine Selbstverständlichkeit sein!«

»Ja, für jemanden mit einer anderen Vorgeschichte mag das durchaus zutreffen! Wenn du eine junge Frau mit exakt denselben Grundvoraussetzungen findest, dann kannst du dich mit ihr vergleichen, wenn du das unbedingt brauchst, aber alles andere ist unfair.« Jacques schaute durchs Fenster in die Dämmerung und trank einen Schluck. »Wie geht es dir jetzt gerade, in diesem Moment?« Coco wusste sofort, worauf er hinauswollte.

»Okay, ist ja gut! Moment…« Sie musste schmunzeln und versuchte, eine bequeme Position zu finden. Es dauerte eine Weile, bis sie sich wohlfühlte. Und da war er, der magische Atemzug…

»Aha! Das wirkt schon ganz anders!«, freute sich Jacques. »Wir brauchen die Reise nicht zu vertiefen und können es dabei belassen, wenn das jetzt so für dich passt.« Coco nickte zustimmend. Es tat ihr leid, womöglich schroff zu wirken, aber Jacques hatte ja für Authentizität plädiert… »Stattdessen können wir einmal schauen, ob wir gemeinsam in deinem Nervensystem kleine Oasen der Organisation kultivieren können! Hast du daran gedacht, ein paar deiner Ressourcen zu sammeln?« Ja, Coco hatte daran gedacht, aber nichts aufgeschrieben, ihr war die Aufgabe irgendwie unangenehm.

»Da gibt's eigentlich nicht viel. Es hätte sich nicht gelohnt, das Wenige aufzuschreiben.«

Jacques lächelte und schlug einen Schreibblock auf.

»Wollen wir einmal mit den externen Ressourcen beginnen? Das ist meistens einfacher, weil die internen mitunter Komplimentcharakter haben können, das magst du möglicherweise nicht.« Da lag er goldrichtig! »Was hilft dir denn heutzutage, wenn es dir einmal nicht gut geht?« Coco überlegte einen Moment lang.

»Ich liebe Tiere! Und Natur… Und Musik. Und ich mag es, bei Zahra zu sein.«

»Wunderbar, da haben wir ja schon einiges!« Er schrieb das Genannte auf. »Was passiert zum Beispiel, wenn du in der Natur oder mit Tieren zusammen bist?« Coco versuchte, eine entsprechende Situation wachzurufen.

»Ich werde ruhiger, glaub ich.«

»Sehr gut! Echte Ressourcen erkennst du daran, dass sie körperlich wirken. Es nützt nichts, wenn sie nur als Idee oder als Bild im Kopf existieren. Sie müssen fühlbar sein!« Ja, das hatte Coco bereits gehört. »Fallen dir auch interne Ressourcen ein?« Coco schwieg. »Also ohne dich lange zu kennen, könnte ich schon jetzt eine ganze Reihe nennen!« Käme nun wieder das Beispiel mit dem Hören und dem Gehen? »Wir brauchen nur die offensichtlichen Tatsachen zu betrachten, um auf einige davon zu stoßen! Du verfügst zum Beispiel ganz offensichtlich über Mut, Intelligenz und enormes Durchhaltevermögen! Und würden wir Menschen fragen, die dich näher kennen, sie wüssten mit Sicherheit jede Menge aus dem Ärmel zu schütteln, was sie an dir zu schätzen und zu lieben gelernt haben!« Coco bezweifelte das... »Wenn du mutig bist, dann fragst du bis zu unserem nächsten Termin einmal ein paar Leute aus deinem näheren Umfeld danach!« Coco graute davor, etwas Derartiges zu hören! Und wenn, dann würde sie das Gesagte vermutlich als reine Höflichkeit abtun.

Gegen Ende der Sitzung klärten sie Cocos Frage nach dem Abreagieren von Wut, die sie in den letzten Tagen beschäftigte. Jacques erzählte, dass er hin und wieder Übungen mit Patienten mache, die ihnen die Erfahrung ermöglichten, ihre Wut einmal zuzulassen. Viele von ihnen fürchteten regelrecht, diese nicht mehr beherrschen zu können, so dass sie sie pauschal unterdrückten. Während der Übungen entlüden sich dann mitunter über Jahrzehnte angestaute Energien, die sich häufig in schweren muskulären Spannungs- und chronischen Schmerzzuständen manifestiert hätten. Und er erklärte: »Wut ist, wie jede andere Emotion, grundsätzlich erst einmal nichts Schlechtes! Jede Emotion hat einen Grund. Ziel ist es nicht, ›neutral‹ sein Leben zu leben, denn das würde bedeuten, abgespalten oder emotional taub zu sein – mit einem regulierten Zustand hat das nichts zu tun! So darf es durchaus auch vorkommen, dass wir einmal ›einfach wütend‹ sind, ohne deshalb sofort etwas ›heilen‹ oder ›in Ordnung bringen‹ zu müssen! Nicht alles ist ein ›Trigger‹, manchmal fühlen wir einfach ein Gefühl, welches gerade zu unserer Situation passt.« Das zu hören, erleichterte Coco. Jedes aufkommende Gefühl grundsätzlich zunächst eines traumatischen Ursprungs zu verdächtigen und entsprechend zu hinterfragen, erschien ihr nicht nur mühsam, sondern realitätsfern, auch wenn ihr einleuchtete, dass es sich lohnte, die eine oder andere Gefühlsregung auf Angemessenheit zu überprüfen und gegebenenfalls neu zu bewerten beziehungsweise in den passenden Kontext zu stellen.

Sie vereinbarten einen weiteren Termin für nächsten Freitag. Coco stand bereits in der Tür, da wagte sie ihre Frage: »Jacques, wenn du sagst, wir würden versuchen, in Zukunft 18:00 Uhr als regelmäßigen Termin festzuhalten, heißt das, ich habe meine Probezeit bestanden?« Jacques musste lachen:

»Also wenn du unbedingt von ›Probezeit‹ sprechen möchtest, dann müsste es korrekterweise heißen: *Wir* haben die Probezeit bestanden! Schließlich beruht die Kennenlernphase auf Gegenseitigkeit. Also an mir soll es nicht liegen, ich denke, das passt sehr gut!« Coco fiel ein Stein vom Herzen.

Sie war hungrig. In den letzten Tagen hatte sie immer wieder den Zettel mit der Handynummer des ›Imbissmanns‹ in der Hand gehabt und mit sich gerungen, ihm entgegen aller Vernunft zu schreiben. Sie überlegte, auf dem Weg zu Zahra dort erneut einen Zwischenstopp einzulegen. Es gab allein in der nächsten Umgebung mindestens eine Handvoll Alternativen – musste es wirklich wieder dieser Laden sein? Die Pommes frites waren nicht schlecht gewesen, aber auch nicht herausragend. Und darauf angewiesen, eventuell erneut zu einem Getränk eingeladen zu werden, war sie auch nicht!

Als sie sich dem Imbiss näherte, war sie drauf und dran, wieder umzudrehen und direkt zu Zahra zu fahren – so lange würde sie nun auch noch warten können mit dem Essen! Ein junges Pärchen bestellte gerade. Cocos Puls raste. Sie schaute sich um – von Jérémy keine Spur. Vielleicht war er mit irgendeiner Tätigkeit im Hintergrund beschäftigt?

»Bitte, was darf's sein?«

»Äh, eine kleine Pommes mit Ketchup.« Während die Verkäuferin das Wechselgeld zählte, rang Coco mit sich: Sollte sie nach ihm fragen? Sie warf einen Blick hinter sich – keine weiteren Kunden.

»Ist noch was?« Die Verkäuferin deutete auf den Teller mit dem Rückgeld. Coco wusste genau, sie würde sich ärgern, wenn sie jetzt ging, ohne ihre Frage zu stellen. Sie war nach wie vor die einzige Kundin. Schließlich nahm sie ihren Mut zusammen:

»Ist Jérémy da?« Das Herz schlug ihr bis zum Hals.

»Der hatte gestern seinen letzten Tag – schreibt eine Masterarbeit oder sowas, hat wohl keine Zeit mehr.« Coco versuchte, sich ihre Enttäuschung nicht anmerken zu lassen. Masterarbeit... Von wegen einfacher Pommesverkäufer! Sie hasste sich für ihre Vorurteile. Ihr war der Appetit vergangen. Eine Gruppe junger Leute betrat den Imbiss, sie diskutierten lauthals, was sie bestellen würden. Coco nutzte die Gelegenheit und warf mit schlechtem Gewissen das kaum angerührte Essen in den Müll, um auf schnellstem Wege den Laden zu verlassen. Hatte sie sich erhofft, Jérémy würde ihr den Hof machen, um dann anschließend von ihr abgewiesen zu werden? Brauchte sie das wirklich, um ihr Selbstwertgefühl aufzupolieren?

61

Am Samstagvormittag half Coco Zahra wieder mit dem Laub im Garten. Ständig ging ihr die Sache mit Jérémy durch den Kopf. Um die Angelegenheit endgültig abzuhaken, entschied sie, wenn sie fertig waren, den Zettel zu vernichten.

Beim Duschen fiel ihr das Vorhaben wieder ein. Während sie im Bademantel auf dem Bett saß und Jérémys Nummer betrachtete, griff sie, wie in Trance, nach dem Handy und rief ihn mit unterdrückter Nummer an. Nach dreimaligem Läuten meldete sich eine junge Frauenstimme. Cocos erster Impuls war, sofort wieder aufzulegen. Die Frau wiederholte ihre Frage: »Hallo? Wer ist da?«

»Äh, salut… Entschuldigung, hab mich wohl verwählt, wollte Jérémy sprechen.«

»Schatz, Telefon für dich!« Coco war wie versteinert und legte panisch auf. Was hätte sie denn sagen sollen? ›Hallo, ich bin die mit der Cola aus dem Imbiss, die nicht weiß, was sie will und die dich jetzt, da du dich nicht nur als gutaussehend, selbstbewusst und charmant, sondern zudem als vergebener Akademiker entpuppt hast, doch für würdig hält!‹ zum Beispiel? Sie saß ein paar Minuten lang reglos auf dem Bett und starrte ins Leere. Schatz, Telefon für dich… Er war also liiert! Wollte er Coco ohnehin nur nebenbei haben? Oder war er mit seiner Masche in der Zwischenzeit bei einer anderen, weniger zögerlichen Frau gelandet? Wenn er solch ein Casanova war, wäre er doch ohnehin uninteressant, versuchte Coco sich zu trösten. Aber insgeheim war ihr klar, dass sie sich etwas vormachte, um ihre Niederlage als weniger hart zu empfinden. So unerreichbar wirkte er besonders attraktiv – immer dasselbe Spiel! Sie zog sich straßentauglich an und verabschiedete sich von Zahra, ohne etwas zu Mittag zu essen.

Bernard prüfte gerade den Reifendruck an einem Auto, als Coco den Hof betrat. Er hatte ihr den Code für das Tor per SMS geschickt, sodass sie nicht mehr zu klingeln brauchte. »Da ist ja meine Rennfahrerin!« Nun erschienen auch die Hunde, die Coco neugierig beschnupperten. Jetzt, da der Wagen nicht mehr in der Scheune zwischen den anderen Fahrzeugen stand, konnte sie ihn ausgiebig bestaunen. Sie stellte sich vor, wie Zahra und Étienne damit ihre romantischen Abenteuer an der Côte d'Azur unternahmen. »Na, dann kann es ja losgehen!« Bernard brachte den Kompressor zurück in die Scheune und schlug Coco vor, sich in der Zwischenzeit den Sitz einzustellen. Als er zurückkam, bat Coco schüchtern:

»Kannst *du* nicht das erste Stück fahren und mir alles zeigen? Ich bin mir ohnehin nicht sicher, ob das eine gute Idee ist!«

»Was haben wir denn zu verlieren außer unserem Leben?«

»Ich dachte mehr an das Auto!«

»Das Auto? Das alte Ding... Mir gehört es ohnehin nicht und Zahra will davon nichts wissen; es würde also niemand ernsthaft vermissen! Aber gut, ich kann ja die erste Etappe übernehmen.« Coco war klar, dass das ein kläglicher Versuch war, ihr die Hemmungen zu nehmen. Bernard schickte die Hunde auf den Rasen und schloss das Gartentörchen, damit die beiden ihnen nicht nachliefen, wenn sie vom Hof fuhren. Er hielt Coco die Beifahrertür auf und nahm anschließend auf dem Fahrersitz Platz. Dann erklärte er ihr die Armaturen, verschiedene Knöpfe und Schalter und startete den Motor. »Na, was sagst du? Das ist doch Musik in den Ohren!« Er kurbelte das Fenster ein wenig herunter. »Riechst du das?« Er schloss die Augen. »Einfach wundervoll!« Coco freute sich, dass er solchen Spaß hatte – sie selbst konnte das alles jedoch nicht richtig genießen. Die Vorstellung, ihn gleich abzulösen, machte sie nervös. Das Tor öffnete sich und sie fuhren los.

»Wir wollen den Motor erst einmal anständig warmfahren, ehe ich dir zeige, was der Wagen draufhat!« Sie waren etwa zehn Minuten unterwegs und es lag ein gerader Abschnitt vor ihnen. »Also los!« Bernard schaltete einen Gang runter und trat das Gaspedal durch. Die Reifen quietschten und der Wagen schoss nach vorne, dass es Coco in den Sitz drückte. Sie musste an das Gefühl denken, als das Flugzeug gestartet war, nur dass es hier deutlich rustikaler zuging. »Na, hab ich zu viel versprochen?« Er fuhr die Gänge aus und brachte den Motor auf Drehzahl.

»Bernard, ist das nicht etwas schnell für...« Sie hatte den Satz noch nicht beendet, da trat Bernard schlagartig auf die Bremse und rief:

»Alter Mann, halt doch die Augen auf!« Es war bereits zu spät und er lachte: »Ein Erinnerungsfoto unserer ersten gemeinsamen Ausfahrt mit dem Maserati, das ist doch wunderbar!« Coco schaute ihn ungläubig an.

»Hast du denn keine Angst, deinen Führerschein zu verlieren?«

»Angst? Ganz im Gegenteil! Dann hätte ich einen triftigen Grund, dich als Chauffeurin zu engagieren!«

»Klar, ich hab ja sonst nichts zu tun…« Bernard stoppte den Wagen, schaltete das Getriebe in den Leerlauf und zog die Handbremse an.

»So, beim nächsten Foto möchte *ich* mal auf der Beifahrerseite sitzen, jetzt bist du dran!« Er stieg aus und schaute zu, wie Coco den Sitz und die Spiegel auf sich einstellte, ehe er auf dem Beifahrersitz Platz nahm. Coco gab das Ziel in ihrer Navigations-App ein und suchte nach einer Möglichkeit, um ihr Handy einigermaßen stabil zu platzieren, bis Bernard vorschlug: »Komm, sag mir einfach, wo du hinwillst, ich bin dein Navigator. Oder gib mir das Ding und ich halte es für dich!« Coco entschied sich für die zweite Variante, dann würde das Handy sie warnen, wenn sie zu schnell fuhr – sie konnte sich keines dieser Luxus-Fotos erlauben!

Es ging besser als gedacht! Bernard kommentierte hier und da eine Kleinigkeit, wirkte aber sehr zufrieden. »Du hast den Job!«, stellte er fest und warf Coco einen aufmunternden Blick zu. Der Verkehr wurde dichter, je mehr sie sich dem Stadtzentrum näherten. »Verrätst du mir langsam, was du vorhast?«, wollte Bernard schließlich wissen. »Ich hätte nämlich Hunger! Wie sieht's bei dir aus? Es gibt hier in der Nähe ein gutes Restaurant.« Coco fühlte sich zunehmend überfordert: Autofahren, Anweisungen befolgen, der Verkehr und dann auch noch Bernards Fragen beantworten…

»Lass dich überraschen!« Inzwischen standen sie mehr, als dass sie fuhren. Und es war ihr unangenehm, dass sich fast jeder nach ihnen beziehungsweise nach dem Auto umsah. Der eine oder andere zückte sein Smartphone, um ein Foto oder Video zu machen.

Vor dem Geschäft war noch Platz. Khalil achtete stets darauf, dass dort niemand länger parkte, so dass seine Kunden direkt vor der Tür halten konnten, um kurz in den Laden zu gehen und nicht lange nach einem Parkplatz suchen zu müssen. Der Klang des Motors schien ihn herausgelockt zu haben – er erschien in der Tür und betrachtete skeptisch den Wagen.

»Wir sind da! Der Mann da mit dem Kittel ist mein Freund Khalil. Wir lassen das Auto hier stehen. Ich versichere dir, es gibt keine bessere Alarmanlage, ihm entgeht absolut nichts!« Sie stiegen aus und amüsierten sich über Khalils Reaktion, als er Coco erkannte.

»Coco! Was ist das denn für ein Auftritt?« Er betrachtete sie von oben bis unten. »Du siehst toll aus! Wie schön, dass du den alten Khalil nicht vergessen hast!« Bernard und Khalil schüttelten sich die Hand und stellten einander vor. »Was verschafft uns die Ehre?« Nun kam auch sein Sohn Ibrahim heraus und begrüßte die beiden. Dieser bewunderte das Auto und erkundigte sich bei Bernard nach allerlei Details. Er war vernarrt in alles, was mindestens zwei Räder und einen Motor hatte! Seit er das Geschäft des Vaters betrieb, hatte er seine Anstellung als Busfahrer aufgegeben. Coco musste daran denken, wie er sie damals zur Schule mitnahm, nachdem sie die Lungenentzündung überstanden hatte. Sie waren sich auf Anhieb sympathisch gewesen und Coco mochte seine humorvolle, stets heitere Art. Khalil bediente einen Kunden, um sich kurz darauf wieder an Coco zu wenden:

»Also, was habt ihr vor?«

»Wir gehen etwas essen!«, beantwortete Ibrahim die Frage und klopfte seinem Vater liebevoll auf die Schulter. »Er ist immer heilfroh, wenn er den Laden für sich alleine hat und ich ihm nicht dazwischenfunke! Nur, wenn es darum geht, das schwere Zeug zu schleppen, dann bin ich plötzlich wieder gern gesehen.«

»Ach, rede nicht solchen Unfug!« Coco versprach, ihm etwas mitzubringen. Sie hatte bereits in der Vergangenheit mehrmals erfolglos versucht, ihn zum Essen einzuladen und probierte es inzwischen nicht mehr. Das kleine Lebensmittelgeschäft war sein Leben. Auch wenn er stets behauptete, sein Sohn wolle ihn rauswerfen und ihm den Laden wegnehmen, so war es offensichtlich, dass er dankbar war, dass Ibrahim sein Lebenswerk weiterführte und er seine Tage wie eh und je hier verbringen konnte, ohne jedoch für alles verantwortlich zu sein.

Keine fünf Gehminuten entfernt, kehrten sie in einem kleinen orientalischen Restaurant ein und suchten sich einen Tisch in der Ecke aus, an dem sie ungestört waren. Ibrahim nahm die Bestellungen auf und rief seinem Freund auf Arabisch ihre Wünsche zu. Bernard wirkte äußerst zufrieden und fachsimpelte mit Ibrahim über verschiedene Autos, bis das Essen serviert wurde.

»Was für eine tolle Idee, dass wir uns mal wieder treffen, Coco!«, stellte Ibrahim fest. »Und schäm dich, dass du mir Bernard nicht schon viel eher vorgestellt hast!«

»Das ist unfair!«, protestierte Coco. »So lange kenne ich ihn ja auch noch nicht. Beschwer dich lieber bei Zahra!«

»Richtig!«, bestätigte Bernard lachend. »Wir kennen uns schon ein Weilchen. Obwohl wir uns ein bisschen aus den Augen verloren hatten. Aber unsere treue Coco hält den Kontakt jetzt zuverlässig am Leben!« Sie begannen zu essen und Bernard schien im siebten Himmel zu sein. »Coco, du musst uns definitiv nachher auch wieder zurückfahren, ich passe gleich beim besten Willen nicht mehr hinters Lenkrad!«

»Moment! *Du* bist den Wagen gefahren?« Ibrahim unterbrach das Essen und schaute Coco ungläubig an.

»Sie macht das richtig gut!«, lobte Bernard.

»Hast du ein Glück! Ich habe seit über zwanzig Jahren meinen Führerschein und nicht einmal davon zu träumen gewagt, jemals hinter dem Steuer solch einer Ikone zu sitzen!«

»Bernard hat halt nur so alte Gefährte, er muss nehmen, was da ist!«, scherzte Coco.

»Wie jetzt, Sie haben noch mehr davon?« Bernard lächelte. »Mein Lieber, jetzt hör mal endlich auf mit diesem Sie! Und ja, das ist nicht der einzige Wagen. Aber wir wollen mal bei der Wahrheit bleiben: Er gehört ja gar nicht mir.«

»Stimmt, er gehört Zahra, die will aber nichts davon wissen!«, bestätigte Coco.

»Und deshalb lernt Coco ihn jetzt kennen, damit sie in Zukunft einen fahrbaren Untersatz hat!« Coco schaute Bernard irritiert an. »Ja, was hast du denn gedacht! Dass ich dir den Code für das Tor gebe, um das Ding dann wieder bis zum Sanktnimmerleinstag in der Garage verschwinden zu lassen? Du hast ja eine hohe Meinung von mir!«

»Aber ich kann doch nicht...«

»Aber warum denn nicht?«, fiel Bernard ihr ins Wort.

»Eure Probleme hätte ich auch gerne!«, mischte sich Ibrahim ein. »Also Coco, bevor du das Angebot endgültig ausschlägst, nimm mich unbedingt eine Runde um den Block mit!«, bat Ibrahim.

»Geht in Ordnung!« Coco hatte nicht ernsthaft angenommen, dass Bernard ihr den Wagen überlassen würde. Aber so gut es auch gemeint war, das kam nicht in Frage! Sie tranken zum Abschluss einen Kaffee, ließen sich etwas für Khalil einpacken und Bernard und Ibrahim stritten sich, wer die Rechnung übernehmen durfte. Schließlich einigten sie sich darauf, dass Ibrahim beim nächsten Mal bezahlen würde und dass sie nicht lange warten wollten mit dem erneuten

Besuch. Coco hätte Zahra heute gerne dabei gehabt, aber sie wollte sich erst sicher fühlen mit dem Wagen, damit die Überraschung dann auch wirklich gelang. Nun waren keine heimlichen Fahrstunden mehr nötig und Zahra würde bei ihrer nächsten Zusammenkunft definitiv dabei sein!

Als sie um die Ecke bogen, erblickten sie Khalil neben dem Oldtimer, umringt von einem guten Dutzend Leute. Er gestikulierte lebhaft und schien die Aufmerksamkeit zu genießen. Wie sie ihn so in seinem Kittel vor dem kleinen Geschäft stehen sah, musste Coco wieder an den kürzlich von Jaques zitierten Film ›Monsieur Ibrahim und die Blumen des Koran‹ mit Omar Sharif denken. Sie hielt Ibrahim den Autoschlüssel hin:

»Hier!« Ibrahim lachte, begrüßte die Leute vor dem Laden und überreichte seinem Vater die Tüte mit dem Essen. Coco hielt ihm erneut den Schlüssel hin: »Hast du plötzlich Angst bekommen?« Ibrahim schaute sie mit großen Augen an.

»Ernsthaft?« Er ließ sich kein weiteres Mal bitten und schloss den Wagen auf, um sich hinter dem Steuer einzurichten.

»Ihr solltet mich jetzt täglich besuchen. Es kamen in der kurzen Zeit so viele Kunden, wie sonst an einem ganzen Tag nicht!«, übertrieb Khalil.

»Ich fürchte, den Wagen kennen die Leute spätestens nach ein paar Wochen. Wir müssten die Attraktion schon hin und wieder wechseln!«, wandte Bernard geschäftstüchtig ein.

»Bernard, Ibrahim will eine Runde um den Block fahren. Möchtest du ihn begleiten?«, fragte Coco.

»Macht ihr das mal, ich bleibe lieber so lange bei Khalil!«

Als sie zurückkamen, saßen Khalil und Bernard vor dem Laden auf der Bank und tranken Tee, als säßen sie schon seit Jahren regelmäßig so beisammen – alles wirkte sehr vertraut! Sie hatten den Wagen kaum abgestellt, da kamen bereits die nächsten Passanten mit ihren Smartphones angelaufen.

»Da seid ihr ja schon wieder! Ihr hättet ruhig noch ein Weilchen fahren können, wir haben uns gerade so gut unterhalten!«

»Ibrahim, wir sind hier unerwünscht!«

»Wenn es nach mir ginge, wäre ich gar nicht erst ausgestiegen!« Ibrahim strahlte. Bernard stand auf und schüttelte Khalil die Hand:

»Bis morgen, mein Freund, und danke für den Tee!« Bis morgen? Coco und Ibrahim sahen sich verwundert an. Da schienen sich ja zwei gefunden zu haben! Khalil war allgemein ein freundlicher Mensch, aber er war nicht dafür bekannt, im Nu Freundschaften zu schließen! Bei Coco war es damals etwas anderes gewesen, als sie mit Zahra vor rund zehn Jahren das erste Mal hierhergekommen war, um ein paar Lebensmittel zu besorgen: Er hatte sie wie Zahras Enkelin akzeptiert und auf Anhieb mit aller Selbstverständlichkeit in sein Herz geschlossen.

»Coco, wir machen es wieder so wie heute: Schreib mir einfach spontan eine Nachricht, wenn du Zeit hast. Und danke für den Ritt auf der Kanonenkugel!«, verabschiedete sich Ibrahim.

»Der elegantesten Kanonenkugel der Stadt!«, fügte Bernard lachend hinzu.

Auf dem Rückweg sagte Bernard: »Das war ein sehr schöner Ausflug; was für wundervolle Menschen du mir da heute vorgestellt hast! Es mag dich vielleicht überraschen, aber ehrlich gesagt war ich in den letzten Jahren sehr viel allein und hin und wieder ein bisschen einsam. Wer vermögend ist, der hat es nicht immer leicht, echte von unechten Freunden zu unterscheiden. Ich freue mich darauf, diese Leute wieder zu treffen! Sie nehmen einen, wie man ist – unabhängig von Status und Namen!« Coco verstand ihn gut. In der Tat herrschte bei Khalil und seiner Familie meistens ausgelassene Stimmung und ihre kleine Welt schien auf geheimnisvolle Weise stets in Ordnung zu sein. »Und da wir gerade davon sprechen: Ich verdanke dir sehr viel, Coco! Ich bin kein Mann vieler Worte, aber das muss ich jetzt mal loswerden: Du hast wieder Leben in mein Leben gebracht! Ich denke, so muss es sich anfühlen, wenn man Vater oder Großvater ist und die Tochter zu Besuch kommt!« Coco freute sich über das Gesagte, wenngleich sie nicht recht verstand, was sie Besonderes bot, das ihn so glücklich machte.

Die Hunde waren völlig aus dem Häuschen, als sie zurückkehrten. Bernard wies Coco ein und half ihr durch Handzeichen, den Wagen rückwärts auf seinen Platz in der Scheune zu rangieren. Sie verabredeten, sich am Abend erneut bei Bernard zu treffen. Coco wollte ihm und Zahra den erwähnten Film mit Omar Sharif zeigen, den Bernard noch nicht kannte. Zu Cocos Überraschung war sein kleiner Kinosaal auch mit einem Beamer ausgestattet, den er an seinen Laptop anschließen konnte. In Sachen Technik lagen zwischen ihm und Zahra

Welten! Das mochte nicht zuletzt damit zu tun haben, dass er nach wie vor in seinem Unternehmen aktiv war und es sich nicht leisten konnte, den Anschluss zu verpassen, wenn er weiterhin ernst genommen werden und nicht als seniler Greis belächelt werden wollte.

Es war spät geworden und sie hatten nach der Filmvorführung noch in einem der Wohnzimmer gesessen und sich über den Film unterhalten. Auf dem Heimweg stellte Zahra fest:

»Das ist wirklich ein schöner Film, herzlichen Dank, dass du ihn mit uns geteilt hast! Ich frage mich, ob Khalil den Film oder das Buch kennt, es wäre ansonsten ein schönes Geschenk für ihn.«

»Er würde sich bestimmt beschweren, man habe sein Leben verfilmt, ohne ihn am Erfolg zu beteiligen!«, lachte Coco.

62

Nach dem Frühstück zog Coco sich in ihr Zimmer zurück – begleitet von Salomé, die ihren Platz auf dem Sessel einnahm und, ab und zu mit einem Auge blinzelnd, vor sich hin döste. Coco setzte sich mit der Trauma-Literatur an den Schreibtisch. Das Thema Bindungstrauma betreffend, war sie wiederholt auf den Nervus vagus gestoßen, der eine zentrale Rolle zu spielen schien. Und sie erinnerte sich daran, dass Jacques im Zusammenhang mit Dissoziation von einem *hinteren* Ast des Vagusnervs und von der *Polyvagal-Theorie* gesprochen hatte. Sie recherchierte im Internet und fand eine Zusammenfassung, die sie für ihr eventuelles Referat herausschrieb:

Das vegetative Nervensystem, welches traditionell in Sympathikus und Parasympathikus gegliedert wird, lässt sich dieser Theorie zufolge differenzierter betrachten. Ganz wesentlich ist es der Nervus vagus, der den parasympathischen Teil des vegetativen Nervensystems ausmacht. Sein hinterer Anteil ist maßgeblich für Prozesse wie Verdauung etc. zuständig und bewirkt im Falle von Bedrohung, Furcht oder Stress Schutzreaktionen wie Dissoziation und Erstarrung. Der vordere Anteil, der auch als ›soziales Nervensystem‹ bezeichnet wird, wirkt auf Mund, Rachen, Kehlkopf, Mittelohr, Herz etc. ein und hat eine wesentliche Funktion im Bereich des sozialen Miteinanders. Er nimmt Einfluss auf Stimme, Mimik, das Erkennen von Gesichtern, das Herausfiltern menschlicher Stimmen aus Hintergrundgeräuschen usw. und ermöglicht eine gesunde, soziale Interaktion und Bindung. Eine zentrale Rolle spielt er im Zusammenhang mit Selbstregulation. Von besonderer Bedeutung ist der folgende Umstand: Während der hintere Anteil des Nervus vagus aufgrund seiner essentiellen Bedeutung für basale Überlebensfunktionen des Körpers unverzichtbar und somit bereits bei der Geburt relativ gut ausgebildet ist, muss der vordere Anteil weiter ausreifen, wozu es bestimmter Voraussetzungen bedarf – im Wesentlichen mindestens einer Bezugsperson, die mittels Co-Regulation diesen Teil immer wieder anspricht, fördert und wie einen ›sozialen Muskel‹ trainiert. Coco dachte an ein Video, das in der Uni gezeigt worden war. Es ging dabei um das ›Still-Face-Experiment‹, welches eindrücklich veranschaulichte, was passiert, wenn eine Mutter für kurze Zeit sämtliche Mimik einstellt und ihrem Säugling keinerlei Rückmeldung und Resonanz mehr bietet: Die Kinder geraten schon nach wenigen Sekunden unter

Stress, versuchen zunächst, die Mutter durch entsprechendes Verhalten zu erreichen und brechen schließlich zutiefst verunsichert in Tränen aus. Coco fragte sich, welche Auswirkungen es auf ein Kind habe, wenn die Mutter depressiv und diese Erstarrung an der Tagesordnung sei. Und ihr leuchtete umso mehr ein, dass eine ›eingestimmte‹ Kommunikation, wie sie normalerweise zwischen Bezugsperson und Kind im Rahmen der gesunden neuronalen Reifungsphase stattfindet, in der Traumatherapie wahre Wunder bewirken kann! Es lag auf der Hand, dass eine aufmerksam zugewandte, bedingungslos annehmende, nicht wertende und absichtslose Grundhaltung des Therapeuten Voraussetzung für eine erfolgreiche Therapie ist. Der Therapeut muss demnach für den Patienten berechenbar sein, das heißt Mimik, Körpersprache, Augenkontakt, Stimmlage etc. sind eindeutig und klar erkennbar, sodass das Nervensystem des Patienten über alle Sinneskanäle die nötigen Informationen empfängt, die ihm vermitteln, dass die Situation sicher ist! Patient und Therapeut geraten miteinander in Resonanz und der erwähnte Anteil des Nervus vagus, das ›soziale Nervensystem‹, kann nachreifen.

Sie kümmerten sich gemeinsam um das Mittagessen – Coco hatte wieder Crêpes ›bestellt‹. Während Zahra den Teig zubereitete, deckte Coco den Tisch und schnitt ein paar Äpfel, die Zahra zuvor im Garten aufgelesen hatte, um diese zu Apfelpüree zu verarbeiten. Das Wetter war – ungewöhnlich für die Jahreszeit – nach wie vor mild. Beim Essen fragte Coco, um Beiläufigkeit bemüht:

»Hast du noch etwas vor heute?«

»Nichts Dringendes.« Coco wollte nicht bis zum Frühjahr warten mit ihrer kleinen Überraschung.

»Dann sei in einer halben Stunde draußen auf der Straße!«

»Dresscode?«

»Sportlich-elegant.«

Sie erledigten rasch den Abwasch, ehe Coco sich auf den Weg zu Bernard machte. Sie trug das Outfit ihrer Namensvetterin, das zurückzunehmen Bernard sich geweigert hatte. Unterwegs rief sie Bernard an und kündigte ihr Kommen an. Als sie das Anwesen erreichte, stand der Wagen bereits mit laufendem Motor auf dem Hof und Bernard erwartete sie am Tor – die Hunde an der Leine, die Coco überschwänglich begrüßten.

»Salut Coco, wir freuen uns, dich zu sehen!«

»Dass es Zahra eine Freude ist, das Auto gleich zu sehen, wage ich allerdings zu bezweifeln…«

»Keine Sorge, sie wird sich schon zu benehmen wissen!« Coco stellte den Sitz ein Stück zurück, die Spiegel waren vom Vortag unverändert. Sie verabschiedete sich von den Hunden und Bernard und bat ihn, für alle Fälle in Reichweite des Telefons zu bleiben. »Du hast doch Zahra dabei, sie kennt den Wagen in- und auswendig, also keine Sorge!«

»Sehr witzig, Bernard!«

Coco war etwas nervös, zugleich aber auch neugierig auf Zahras Reaktion. Sie fuhr zunächst sehr vorsichtig. Mit Bernard an ihrer Seite hatte sie sich deutlich sicherer gefühlt!

Zahra trug ihren neuen Hosenanzug und einen Mantel. Als Coco den Wagen zum Stehen brachte, schüttelte Zahra lächelnd den Kopf. Coco war erleichtert und öffnete das Fenster.

»Ich hatte da schon so einen Verdacht! Aber bis zuletzt hoffte ich, mich zu irren. Muss ich da jetzt wirklich nochmal einsteigen? Ich weiß, du meinst es gut, aber all das ist für mich längst abgeschlossen!«

»Wir wärmen nichts auf, Zahra, wir schreiben ein neues Kapitel! Rein zufällig ist das Auto dasselbe, ein anderes kann ich nicht bieten.« Hätte Zahra partout nicht gewollt, hätte sie bereits zuvor ihren Verdacht geäußert und Coco die Mühe erspart. Oder sie würde es, spätestens jetzt, klipp und klar sagen. Sie war nicht der Typ, der sich anderen zuliebe verbog. Nun stand sie aber hier in ihrem mondänen Outfit, vom Scheitel bis zur Sohle bewaffnet, um die Seniorenwelt gehörig aufzumischen.

»Diesen Geruch hatte ich längst vergessen, der Wagen riecht exakt wie damals... Also, dann mal los! Hauptsache du weißt, wo die Bremse ist, das genügt mir schon!« Coco programmierte ihr Smartphone und startete. Hin und wieder warf sie Zahra unauffällig einen Blick zu, die alles andere als unzufrieden wirkte. Der Verkehr war überschaubar und das Herbstwetter einmalig! Coco dachte über Zahras Bemerkung bezüglich der Bremse nach und musste schmunzeln:

»Das mit der Bremse ist gut! Eine schöne Parallele zum Trauma-Thema: Das ist doch ein wesentliches Problem traumatisierter Menschen, sie können flüchten, kämpfen, Gas geben, aber sie können sich nicht mehr selbst herunterregulieren. Während der Schocktraumatisierte vergessen hat, wo die Bremse ist beziehungsweise wie man diese benutzt, hat der Entwicklungstraumatisierte oft gar nicht erst gelernt, diese zu bedienen beziehungsweise weiß nicht, wo sie sich befindet.«

»Da ist durchaus etwas dran…« Sie fuhren eine Weile.

»Das sollten wir öfter machen!«, schwärmte Coco.

»Ja, es ist wirklich schön! Und ich muss sagen, du fährst sehr gut – Étienne wäre äußerst zufrieden mit dir!«

Der Parkplatz war erstaunlich voll. Coco hatte angenommen, zu dieser Jahreszeit sei hier weniger los. Ihr letzter Besuch – damals mit dem Bus, ebenfalls in Zahras Begleitung, war lange her.

»Versailles ist und bleibt ein Touristenmagnet! Man meint immer, irgendwann müsste es jeder gesehen haben, aber offensichtlich ist das ein Irrtum!«, stellte Zahra fest.

»Oder die Leute sind genauso ›unverschämt‹ wie wir und erlauben sich einen Wiederholungsbesuch!« Sie gingen in den Park, das Laub der Bäume zeigte die schönsten Farben!

Nach dem Spaziergang ließen sie sich auf der Terrasse des Schlosscafés Kaffee und Kuchen schmecken und machten sich einen Spaß daraus, die Leute zu beobachten und sich absurde Geschichten zu ihnen auszudenken. Es dämmerte bereits und sie beschlossen, den Rückweg anzutreten. Coco hatte eigentlich geplant, vor Einbruch der Dunkelheit zurück zu sein, aber es wäre zu schade gewesen, deshalb den schönen Ausflug vorzeitig zu beenden!

Sie erreichten Zahras Anwesen ohne größere Vorkommnisse.

»Coco, ich hätte nicht für möglich gehalten, dass ich das sagen würde, aber es war wirklich eine wunderbare Überraschung, herzlichen Dank dafür!«

»Naja, Überraschung ist wohl etwas übertrieben! Aber es freut mich, dass es dir gefallen hat. Ich bring den Wagen zurück und bin auch gleich da. Und danke, dass ich dein Auto fahren durfte!«, neckte sie Zahra.

»Also wenn das Auto irgendjemandem gehören sollte, dann dir! Ihr passt hervorragend zueinander. Und Bernard hat schon genug Spielsachen herumstehen.« Sie schlug die Tür zu und winkte Coco nach. Nein, sie würde ein solches Angebot keinesfalls annehmen, aber Zahras Vertrauen schmeichelte ihr!

63

Die Veranstaltungen an der Uni waren in den letzten Tagen erfreulich interessant. Gemeinsam mit Cécile hielt Coco trotz aller Hemmungen ein Referat über Persönlichkeitsstörungen und organisierte eine Gruppenarbeit, die nächste Woche dann richtig beginnen würde.

Coco saß in der Métro auf dem Weg zu Jacques. Um sich von ihrem Hunger abzulenken, kramte sie ihr Handy aus der Tasche. Die Sprüche-App hielt eine neue Weisheit parat:

Vielleicht bist du ja längst gut, so wie du bist, und hast es einfach noch nicht bemerkt!

Sie musste an einen Blog-Beitrag denken, auf den sie neulich gestoßen war. Dort ging es um das Gleichnis, dass Schmetterlinge, in diesem Fall waren die Insekten und nicht die Hochsensiblen gemeint, wenn sie ihre eigenen Flügel aus der gleichen Perspektive wie wir Menschen sehen könnten, erkennen würden, wie unglaublich schön sie sind! Und dass es dem einen oder anderen Menschen guttäte, sich einmal mit einer gesunden Distanz aus dem Blickwinkel eines anderen zu betrachten. Denn je näher wir dran sind, desto mehr ›Fehler‹, ›Makel‹ und ›Schwächen‹ erkennen wir. So sehen die Leben anderer mit einem gewissen Abstand oft großartig und perfekt aus! Das mag auf Menschen in besonderem Maße zutreffen, die, wie viele Hochsensible, einen ausgeprägten Perfektionismus und einen überdurchschnittlichen Blick für Details an den Tag legen, dachte Coco…

Die Métro war, wie üblich zu dieser Zeit, sehr voll. Coco bahnte sich ihren Weg zur Tür und stieg aus. Sie folgte dem Menschenstrom in Richtung Ausgang, als sie neben sich plötzlich ein heftiges Klopfen hörte. Sie erkannte in dem anfahrenden Zug Jérémy, der wild gestikulierte und versuchte, auf Cocos Höhe zu bleiben, indem er sich an den dicht gedrängt stehenden Passagieren vorbeischob, den Blick auf Coco gerichtet. Sie hatte das Gefühl, das Herz schlage ihr bis zum Hals. Er bat sie unmissverständlich, ihn anzurufen. Sie gab ihm zu verstehen, dass sie seine Nummer nicht mehr hatte. Mehrmals wurde Coco von hinten angerempelt oder Leute fluchten, sie solle nicht im Weg herumstehen. Seine letzte Geste schien zu bedeuten: Warte hier, ich komme zurück! Das war keine Option, sie würde zu spät zur Therapie kommen. Und warum sollte sie ihre Zeit mit einem liierten Mann vergeuden?

Sie brachten die Begrüßungs- und Teeauswahlphase hinter sich, da lenkte Coco das Gespräch auf das Thema ihres sonntäglichen Selbststudiums: den Nervus vagus. Jacques erläuterte Verschiedenes und erklärte:

»Die Rolle des vegetativen Nervensystems wird leider bis heute von vielen Therapeuten massiv unterschätzt. Zahlreiche Therapien sind so konzipiert, dass sie überwiegend *die* Teile des Gehirns ansprechen, welche für Sprache, Kognition und explizites Gedächtnis zuständig sind – also Funktionen, die dem Säugling noch gar nicht in dem Maße zur Verfügung stehen! Auch Emotionen und Gefühlen wird oft sehr viel Raum gegeben, der Körper wird dabei jedoch weitgehend vernachlässigt. Das Problem ist: In einer der prägendsten Entwicklungsphasen überhaupt, der Zeit der Schwangerschaft bis etwa zum 18. Lebensmonat, spielen genau diese Gehirnanteile lediglich eine untergeordnete Rolle! In dieser Phase haben vor allem diejenigen Gehirnstrukturen das Sagen, welche Atmung, Herzschlag, Blutdruck, Verdauung und so weiter steuern, um das Überleben zu sichern. Das bewusste Denken, der Verstand, die Logik, all das kommt erst nach und nach hinzu. In dieser frühen, vorsprachlichen Phase, in der leider eine Vielzahl an Traumatisierungen stattfindet, werden Erfahrungen, zum Beispiel Panik oder Todesängste, körperlich abgespeichert. Um diese therapeutisch zu erreichen und zu heilen, genügt es somit nicht, sie auf einer Ebene anzusprechen, die zum Zeitpunkt ihrer Entstehung in der Form noch gar nicht ausgereift war!«

»Ja, das klingt logisch! Und warum setzt es sich nicht durch, dass man die Therapien entsprechend reformiert und anpasst?«

»Eine berechtigte Frage. Es wäre ja schon ein Fortschritt, wenn allgemein bekannt würde, dass ein aus Erwachsenenperspektive möglicherweise harmloses Ereignis beim Kind ein Trauma bewirken kann!« Jacques schenkte beiden Tee nach und entschuldigte sich lachend für seinen langen Vortrag: »Eigentlich wollte ich ja freitags nicht mehr als Dozent arbeiten!« Coco war jedoch dankbar für seine ausführlichen Erklärungen und fragte weiter:

»Ist es richtig, dass ein späteres Trauma, zum Beispiel ein einzelnes Ereignis wie ein Flugzeugabsturz oder eine Naturkatastrophe, einfacher zu behandeln ist als ein frühes, schleichendes Trauma, weil bezüglich des erstgenannten bereits ein Bewusstseinsraum für das Ereignis existiert, auf den der Betroffene mehr oder weniger bewusst zugreifen kann?«

»Ja, durchaus! Das heißt nicht, dass das Schocktrauma für den Betroffenen weniger schlimm wäre, aber in diesem Fall können auch die gängigen, weniger körperbasierten Therapieansätze gewisse Erfolge erzielen. Patienten mit frühen Traumatisierungen hingegen erleben tragischerweise oft, dass sie mitunter jahrelange Therapien ohne wesentliche Erfolge hinter sich bringen und gar nicht in der Lage sind, das Besprochene im Alltag umzusetzen. Häufig wissen sie ja nicht einmal von ihrer Traumatisierung! Sie fühlen sich dann wie die größten Versager, denn niemand sagt ihnen, dass ihr Körper und ihr Nervensystem zu gewissen Dingen noch gar nicht in der Lage sind und zunächst ganz Wesentliches nachzuholen ist! Da kann ein Patient sich noch so motiviert vornehmen, beim nächsten Mal ›nein‹ zu sagen – wenn die Situation eintritt, läuft wieder genau das Muster ab, welches sein Körper einst als Überlebensstrategie abgespeichert hat! Zum Beispiel: *Wenn ich mich wehre, werde ich zurückgewiesen oder gedemütigt; oder: Alles, was mit Wut, Trotz oder Aggression zu tun hat, kann mich meine überlebensnotwendige Zugehörigkeit zur Familie kosten, also ertrage ich es und füge mich widerstandslos.* Ist es da verwunderlich, dass der Patient eines Tages beginnt, an sich zu zweifeln? Übrigens gibt es auch körperliche Zustände, gewisse Stoffwechselstörungen beispielsweise, die gehäuft bei hochsensiblen und traumatisierten Menschen anzutreffen sind. Solange sie unbehandelt sind, stehen diese einer wirksamen Traumatherapie im Wege, da der Körper zunächst in einen einigermaßen gesunden Zustand versetzt werden muss, um die mit einer erfolgreichen Therapie einhergehenden Veränderungen des Nervensystems auch auf zellulärer Ebene wirklich zuzulassen. Bei Gelegenheit können wir, wenn es dich interessiert, näher darauf eingehen.«

»Sehr gerne! Aber mir kam gerade noch folgende Frage: Wenn diese frühen Traumata dermaßen tiefgreifende Auswirkungen auf die gesamte Entwicklung des Körpers, des Nervensystems und des Selbst- und Weltbildes haben, glaubst du, dass eine Heilung überhaupt möglich ist?«

»Eine gute Frage! Wie ich schon einmal erwähnte, bedeutet Heilung diesbezüglich aus meiner Sicht nicht, etwas ungeschehen zu machen. Ich bin für mich zu dem Ergebnis gekommen, dass es keinen Sinn ergeben würde, dass die Natur ein hochintelligentes und extrem belastbares System entwickelt, das unser Überleben auch unter den unmöglichsten Umständen sichert, um uns anschließend qualvoll unter den Traumafolgen leiden und ein kaum lebenswertes Dasein fristen zu lassen. Wer das Trauma überlebt hat, der verfügt meiner Erfahrung nach auch über die Ressourcen, den Heilungsprozess zu überleben!« Coco kam das Bild der Lotusblüte in den Sinn… »Wäre ich nicht überzeugt, dass man ein Trauma *in Ordnung bringen* kann, würde ich diese Arbeit nicht machen! Und in Ordnung bringen meine ich wörtlich: Es geht darum, Ordnung in einem chaotischen, von übermäßigem Stress durcheinander gebrachten (Nerven-)System herzustellen.« Jacques trank einen Schluck Tee und schaute in die Dunkelheit. Dann huschte ein Lächeln über sein Gesicht. »Merkst du, wir machen genau das, was ich eben verurteilt habe: Wir reden und reden.«

»Stimmt! Aber ich bin ja selbst schuld, wenn ich solche Fragen stelle. Und außerdem bin ich vielleicht insofern ein Sonderfall, als dass mich diese Dinge auch im Hinblick auf mein Studium interessieren.«

»Ja, Psychoedukationseinheiten haben grundsätzlich auch ihre Berechtigung! Stell dir einmal vor, wir würden jedes Mal eine ganze Sitzung lang nur körperzentrierte Übungen machen – du würdest mir spätestens nach dem dritten Termin einen Vogel zeigen.« Jacques warf einen Blick auf die Uhr, dann betrachtete er Coco einen Moment lang schweigend. »Wie geht es dir jetzt gerade, in diesem Augenblick, körperlich?« Coco fiel auf, dass sie gar nicht bemerkt hatte, wie verspannt sie schon wieder dasaß. Sie spürte dem Kontakt mit dem Boden und dem Sessel nach und versuchte, Kiefer und Schultern loszulassen. Kurz darauf entfuhr ihr der erleichternde Atemzug. »Aha!« Jacques lächelte ihr zu. »Weißt du übrigens, dass dieses unwillkürliche, lange Ausatmen nicht nur ein Indikator für das Aktivwerden des parasympathischen Systems im Sinne von Entspannung ist?« Coco sah ihn fragend an. »Viele Menschen denken, die Sympathikus-Aktivität zu drosseln, indem sie zum Beispiel Stress vermeiden et cetera, sei die einzige Möglichkeit, mehr Ruhe und Entspannung in ihrem Leben einkehren zu lassen. Es gibt aber eine weitere Option: und zwar das gezielte Aktivieren des Parasympathikus. Hierzu existieren etliche Techniken, im Internet wimmelt es nur so davon! Ob diese im Einzelnen etwas taugen, ist eine andere Frage… Eine der definitiv wirksamen Methoden betrifft auch das Ausatmen: Und zwar atmest du dazu bewusst lange aus. Wenn du es noch verstärken möchtest und nicht gerade in der Métro oder in der Vorlesung sitzt, lässt du dabei mithilfe der Stimmbänder einen Ton entstehen.« Er atmete tief ein und dann lange aus, während ein Geräusch entstand, das Coco an das Muhen einer Kuh erinnerte. Sie mussten lachen. »Ja, hohes Peinlichkeits-Potential!« Er wiederholte die Übung ein paarmal, bis Coco sich überwand, es ebenfalls auszuprobieren. Sie hatte in der Tat das Gefühl, dabei etwas ruhiger zu werden.

»Und was gibt es noch für Möglichkeiten, den Parasympathikus zu unterstützen?«

»Grundsätzlich kann zum Beispiel positive Interaktion mit geeigneten Menschen, der Aufenthalt in der Natur oder bestimmte Musik das parasympathische System aktivieren – da hat jeder Mensch seine Vorlieben. Für mich persönlich ist kaum etwas entspannender als ein Spaziergang im Wald! Gezieltere Methoden sind zum Beispiel verschiedene Massage- und Klopftechniken, die man an sich selbst durchführen kann. Einen gesund arbeitenden Parasympathikus kann man übrigens unter anderem an der messbaren Herzfrequenzvariabilität erkennen!«, ergänzte Jacques. Coco war fasziniert von der Idee, ihren Parasympathikus gezielt ansprechen zu können. »Erinnerst du dich noch? Du kannst durch die Körperhaltung Einfluss nehmen auf deine Gefühle!« Coco dachte an das Experiment mit den hochgezogenen Schultern und dem eingezogenen Bauch. »Und mehr noch: Auch die Gedanken lassen sich letztendlich dadurch beeinflussen! So, wie man in bestimmten Haltungen oder bei bestimmten Aktivitäten gewisse Gefühle kaum fühlen kann, so kann man in bestimmten Haltungen oder bei bestimmten Aktivitäten auch gewisse Gedanken kaum denken! Magst du es ausprobieren?« Coco war neugierig, worauf er hinaus wollte und nickte. »Dann denke jetzt einmal sehr detailliert an eine unschöne Begebenheit oder an einen Umstand, der dich belastet.« Ihr kam der Besuch in der Wohnung des Vaters in den Sinn, den sie sich mit all den dazugehörigen Sinneseindrücken lebendig ins Bewusstsein rief. »Wie fühlst du dich jetzt?«

»Ging mir schon besser.«

»Ja, das ist kaum zu übersehen. Achte zum Beispiel einmal auf deine hochgezogenen Schultern und den flachen Atem. Und jetzt machen wir, jeder für sich, ein paar Kniebeugen oder du läufst das Treppenhaus rauf und runter!« Coco entschied sich für das Treppenhaus. Als sie keuchend zurückkam, schloss Jacques die Tür hinter ihr und bat sie, ein künstliches Lächeln, wie eine Grimasse, aufzusetzen und erneut an dieselbe Situation zu denken. Sie nahmen wieder Platz und führten die Übung aus.

»Ist es jetzt immer noch genauso belastend? Zumindest deine Körperhaltung lässt vermuten, dass es da einen Unterschied gibt.« Coco stimmte ihm zu. »Du siehst also, es ist etwas dran an dem Sprichwort, wir würden die Dinge nicht so sehen, wie *sie* sind, sondern wie *wir* sind!« Coco konnte kaum fassen, dass diese scheinbaren Kleinigkeiten einen solchen Unterschied machten, aber das war ganz offensichtlich der Fall! Sie kam sich albern vor mit ihrer Grimasse. Dass Jacques sein Gesicht gleichermaßen verzogen hatte, machte die Situation etwas erträglicher. Er löste das Grinsen schließlich auf und erkundigte sich, ob es ein weiteres Thema gäbe, das ihr heute wichtig sei. Coco musste nicht lange überlegen:

»Ich habe mir ja ursprünglich nicht nur Hilfe gesucht, um auf Kosten der Krankenkasse mein Studium durch Privatunterricht von einem ausgewiesenen Experten abrunden zu lassen, sondern weil es da dieses Problem mit den Panikattacken gibt, das übrigens in den letzten Tagen kaum eine Rolle spielt!«

»Das mit den Panikattacken freut mich sehr!«, stellte Jacques fest. »Allerdings warne ich dich vor: Die Entwicklung in einer Therapie verläuft in den seltensten Fällen linear! Situationen, die sich wie ein Rückschritt anfühlen können, gehören dazu. So wie in der Natur alles polar angelegt ist und ›pulsiert‹ , so gibt es auch in der Psychotherapie Phasen der Expansion, des Wachstums und des rasanten Fortschritts, denen Phasen der Kontraktion, des Rückzugs und des Zurückfallens in bekannte Muster folgen. Die gute Nachricht ist, dass man aus diesen scheinbaren ›Rückschrittphasen‹ immer leichter und immer schneller wieder herauskommt. Und letztendlich ist es manchmal sogar ganz heilsam, hin und wieder daran erinnert zu werden, an welchem Punkt man sich einst befand und wo man inzwischen steht, indem man nochmals eine kleine Kostprobe der Vergangenheit serviert bekommt! Sollte es also wieder mehr werden mit den Panikattacken, dann lass den Mut nicht sinken! Aber zurück zu deinem Thema: Damit können wir ohne Weiteres ein paar Sitzungen füllen. Wollen wir heute noch damit anfangen?«

»Ehrlich gesagt bin ich ziemlich erschöpft.«

»Wunderbar, dass es dir auffällt! Vielleicht schließen wir die Sitzung mit einer entspannenden Mini-Übung?« Er erklärte diese rasch und Coco schloss die Augen. Sie versuchte, in ihren Körper hineinzuhorchen. Da war eine Art Leere im Brustkorb. Und der Impuls, den Kopf und die Schultern nach vorne fallen zu lassen. »Und nun kannst du an etwas Schönes denken und beobachten, ob es eine Veränderung gibt im Körper.« Coco dachte an Dior und Chanel, die sie morgen früh besuchen würde. Sie war neugierig, ob man Chanel ihre Trächtigkeit inzwischen ansah. Sie legte die rechte Hand aufs Brustbein und atmete bewusst.

»Es weitet sich etwas hier oben, glaub ich.« Kurz darauf entfuhr ihr der reflektorische Atemzug.

»Herzlichen Glückwunsch, du hast gerade Einfluss auf deine Gefühle genommen! Übrigens, ein kleiner Nebeneffekt dieser Übung: Sie kann dir helfen zu erfahren, wer du wirklich bist!« Coco verstand nicht. »Bist du dein Körper?«

»Nein!«

»Bist du deine Gedanken?«

»Nein!«

»Bist du deine Gefühle?«

»Nein!«

»Aber wer bist du dann?«

»Das ist aber eine schwierige Frage!«

»Ja, durchaus! Wenn du die Übung wiederholen solltest, dann achte einmal darauf, wer das ist, die da diese inneren Bilder beobachtet! Das bist du in deiner reinsten Form – nicht dein Körper, nicht dein Ego, nicht deine Gedanken,...«

»Wow, das muss ich erstmal sacken lassen! Da verlassen wir jetzt aber das Terrain der klassischen Psychotherapie, oder?«

»Das haben wir längst verlassen!«, lachte Jacques.

»Zum Schluss hätte ich noch eine kurze Frage, die mich seit Tagen beschäftigt: Gibt es unter den Traumapatienten auch hoffnungslose Fälle?«

»So krass würde ich es nicht ausdrücken. Einmal abgesehen von Menschen, die einer stationären Behandlung bedürfen, gibt es Patienten, mit denen ich, zumindest zu einem gewissen Zeitpunkt, nicht arbeite, da die Aussichten auf eine Traumaheilung gering sind. In Anbetracht des knappen Angebotes an Psychotherapieplätzen widme ich meine Zeit vorzugsweise denen, die ihr Leid wirklich lindern oder auflösen wollen.«

»Will das denn nicht jeder, der einen Therapeuten aufsucht?«

»Das mag man annehmen! Aber es gibt vereinzelt Menschen, die es sich richtig ›kuschelig‹ gemacht haben in ihrem Leid und die sich dermaßen mit ihrer Traumavergangenheit identifizieren und darauf regelrecht ›ausruhen‹, dass sie den Therapeuten lediglich benutzen, um diesen Zustand aufrechtzuerhalten.

Sie sind zufrieden, wenn sie regelmäßig eine ›Bühne‹ bekommen, wo sie nach Herzenslust klagen und in allen Einzelheiten darstellen können, wie übel ihnen das Leben mitspielt. Für den Fall, dass ihnen das selbst nicht bewusst ist, teile ich ihnen meinen Eindruck mit und empfehle ihnen, anderweitig nach Hilfe zu suchen – was sie, wie du dir vorstellen kannst, zumeist nicht gerne hören. Hin und wieder kommt es vor, dass ein solcher Mensch mit einigem zeitlichen Abstand erneut Kontakt zu mir aufnimmt und so weit ist, wirklich mit mir arbeiten zu wollen.«

»Jammere ich auch zu viel?«, erkundigte sich Coco unsicher.

»Du?« Jacques musste lachen. »Du gehörst, was das betrifft, zu den zurückhaltendsten Patienten, die mir bisher begegnet sind!« Coco war erleichtert – sie wollte auf gar keinen Fall zu diesen ›Klageweibern‹ gehören!

Sie verabschiedeten sich und Coco machte sich auf den Weg zu Zahra. Immer wieder ging ihr die Szene mit Jérémy durch den Kopf. Ob er zurückgefahren war, um sie zu treffen?

Zahra hatte ein aufwendiges Abendessen gekocht und erwartete Coco bereits. Zum Nachtisch gab es Esskastanien aus dem Garten, die sie über dem Herdfeuer röstete. Den Rest des Abends verbrachten sie musizierend. Zahra hatte Noten der Sonate für zwei Klaviere in D-Dur, KV 448 von W.A. Mozart besorgt. Da sie das Stück noch nicht kannte, war Coco hoch konzentriert und mit dem Notenlesen beschäftigt. Sie genoss es, einmal nicht in ihre quälenden Gedankenschleifen abzutauchen, die an diesem Abend vermutlich erneut der Jérémy-Geschichte gegolten hätten.

»Coco, wusstest du übrigens, dass in zahlreichen Untersuchungen nachgewiesen werden konnte, dass das Musizieren Einfluss auf diverse Vorgänge im Körper hat?«

»Ja, es soll zum Beispiel Auswirkungen auf die Atmung, die Herzfrequenz, den Hormonhaushalt und die Muskelspannung haben, richtig?«

»Ganz genau. Und was mich besonders fasziniert hat: Sogar die Verbindung zwischen rechter und linker Großhirnhälfte, der sogenannte ›Balken‹, wird bei Menschen, die regelmäßig musizieren, deutlich stärker ausgebildet, was man mit entsprechenden Bildgebungsverfahren darstellen kann!«

»Demnach sollte jeder Traumatisierte ein Musikinstrument lernen oder singen, meinst du nicht auch?«

»Stimmt! Vielleicht magst du dich ja eines Tages für den Posten der Gesundheitsministerin aufstellen lassen und kannst die häufig belächelte Musiktherapie auf Kosten der Krankenkassen einführen…«

»Nein, aber ernsthaft: Musik scheint in genau den Bereichen zu wirken, wo die meisten Traumapatienten Auffälligkeiten zeigen! Ich hätte mich vielleicht doch lieber für das Musikstudium entscheiden sollen. Wenn ich das nicht bestehen würde, dann hätte zumindest mein kaputtes Hirn einen kleinen Nutzen davon gehabt.« Zahra legte den Arm um Coco und drückte sie liebevoll an sich.

»Na, wer will denn da schon wieder so hart zu sich sein…« Schließlich löschten sie die Lichter und verabschiedeten sich in ihre Zimmer.

64

Coco fühlte sich bestens ausgeruht, mit Freude dachte sie an die Stunden mit Zahra im Musiksaal zurück. Zahra hatte bereits gefrühstückt und saß an der Nähmaschine.

»Guten Morgen meine Liebe, hast du gut geschlafen?«

»Oh ja, vor allem lange!«

»Dann war es wohl nötig.«

»Was nähst du da?«

»Mir fiel während unseres Besuches in Versailles ein Kleid ein, dass ich einmal gesehen habe und das mir seit Jahren im Kopf herumspukt. Ich dachte, ich wage mal einen Versuch…«

»Damit haben wir einen triftigen Grund für eine weitere Ausfahrt, schließlich will so ein Kleid auch etwas sehen von der Welt!«

»Ich fürchte, das ist eher ein Kleid für eine Kutschfahrt!«

»Kein Problem, wir engagieren Bernard als ›Kutscher‹ mit seiner ›Kaffee-Kutsche‹, ich werde ihn gleich fragen.« Zahra winkte ab.

»Jetzt übertreib mal nicht! Wer weiß, ob das Ergebnis überhaupt tragbar ist.«

»Du Tiefstaplerin. Als hättest du jemals etwas genäht, das nicht zu gebrauchen gewesen wäre!«

»Wir werden ja sehen…« Sie nahm ihre Arbeit wieder auf.

»Zahra, ich esse eine Kleinigkeit und gehe anschließend zu Bernard. Warte nicht auf mich mit dem Mittagessen, ich hab keine Ahnung, wie lange ich wegbleibe.«

»In Ordnung, viel Vergnügen!«

Als Coco das Anwesen betrat, kamen ihr die Hunde wie immer stürmisch entgegen. Chanel hatte in der Tat zugelegt. Das hielt sie jedoch, zumindest bisher, nicht vom Spielen ab. Odette klopfte gerade auf dem Hof einen Teppich aus, als sie Coco kommen sah.

»Guten Morgen, Mademoiselle! Monsieur ist mal wieder bei seinem Freund.«

»Guten Morgen! Bei seinem Freund?« Coco verstand nicht.

»Bei dem Araber. Er war diese Woche auch nicht arbeiten, das habe ich noch nie erlebt in all den Jahren!« Die beiden hatten sich also wirklich angefreundet…

Coco fuhr den Maserati aus der Scheune und ließ den Motor warmlaufen, während sie ein Selfie mit dem Wagen im Hintergrund machte, das sie Luc schickte: ›Hey Luc, komm endlich wieder zurück! Die Australier haben deine Anwesenheit jetzt lange genug genießen dürfen, jetzt sind wir mal wieder dran. Dann machen wir eine kleine Tour und ich kann ein bisschen mit meinen Fahrkünsten angeben!‹

Odette rollte den Teppich zusammen und rief die Hunde zu sich, die ihr nur widerwillig folgten und sich immer wieder nach Coco umsahen, als sie sich auf den Weg zu Khalil und Bernard machte…

Am Sonntag regnete es in Strömen. Salomé lag zu Cocos Füßen und schlief seelenruhig. Sie schien gar nicht daran zu denken, aufzustehen. Coco schaltete ihr Handy ein, um zu sehen, ob Luc geantwortet hatte, wann er zurückkäme. Nach einer Reihe Fotos und einem Video folgte eine kurze Nachricht: ›Salut! Ihr seid doch vollkommen übergeschnappt!‹, kommentierte er Cocos Auto-Selfie. ›Ich wurde hier mit einer weiteren Aufgabe betraut und hoffe, spätestens zu Weihnachten zurück zu sein. Aber ihr scheint ja bestens ohne mich klarzukommen! Einen schönen Sonntag euch, L.‹

Coco döste noch eine Weile, bis der Hunger sie schließlich aus dem Bett trieb. Zahra war, wie üblich, längst wach. Für sie gab es keine Sonn- und Werktage. Sie hatte seit Jahrzehnten ›täglich Urlaub‹, wie sie sagte – auch wenn Coco kaum jemanden kannte, noch dazu in diesem Alter, der so fleißig war! Sie probierte gerade ihr Kleid an und freute sich über Cocos Erscheinen:

»Salut meine Liebe, du kommst wie gerufen! Hast du dich gut erholt?«

»Und wie!«

»Magst du mir helfen, in der Taille den Stoff etwas zusammenzuraffen und abzustecken? Ich möchte das noch etwas figurbetonter haben.« Sie reichte Coco die Nadeln und betrachtete kurz darauf das Ergebnis im Spiegel.

»Ja, so kommen wir der Sache schon näher, ich danke dir!«

Coco verbrachte den Tag im Haus, bis der Regen gegen Abend nachließ. Es dämmerte bereits, da klingelte Cocos Handy: ›Mein Freund ist mit dem Ultraschallgerät da, kommst du rüber?‹, fragte Bernard. Coco ließ sich nicht zweimal bitten und machte sich auf den Weg.

Der Tierarzt kommentierte konzentriert das Geschehen auf dem Bild: »Die

Kleinen wirken putzmunter, die Hündin dürfte Anfang Dezember werfen!« Chanel nutzte die erstbeste Gelegenheit und machte sich aus dem Staub, gefolgt von Dior, der die Szene aufmerksam beobachtet hatte. Während er den Ultraschallkopf reinigte, bemerkte der Tierarzt Cocos Anwesenheit: »Du musst Coco sein! Bernard redet von früh bis spät von dir. Ich bin sicher, er verdankt dir ein paar zusätzliche Lebensjahre!« Der Mann reichte Coco die Hand. »Ich bin Émile, freut mich!« Bernard mischte sich ein:

»Nimm Coco doch mal mit auf Hausbesuchstour!« Émile gab Coco seine Visitenkarte.

»Nächstes Wochenende fahre ich raus aufs Gestüt, das könnte interessant werden!«

65

Es war Freitag, Coco fühlte sich sehr erschöpft. Äußerlich gesehen war die Woche recht unspektakulär verlaufen – abgesehen von der erfreulichen E-Mail mit der Einladung zur Endrunde im Auswahlverfahren für die Stipendienvergabe. Nun hatte sie bis Mitte Januar Zeit, ihr Referat vorzubereiten. Der Gedanke, vor anderen Leuten zu sprechen, machte sie allerdings weiterhin nervös...

Die Métro war sehr voll. Sie stand dicht gedrängt an einer der Haltestangen, als sie plötzlich zusammenschreckte. Mit forscher Stimme wurde sie zum Vorzeigen ihrer Fahrkarte aufgefordert. Sie drehte sich nach dem Kontrolleur um, der direkt hinter ihr zu stehen schien und schaute in Jérémys breit grinsendes Gesicht.

»Da ist ja die geheimnisvolle Namenlose!« In Coco ging es drunter und drüber, sie kam sich unsicher und klein vor. Oft hatte sie sich in den letzten Tagen ausgemalt, wie ein zufälliges Wiedersehen mit Jérémy ablaufen könnte – jetzt brachte sie kaum einen Satz heraus.

»Äh, ich hatte letzte Woche einen wichtigen Termin und konnte nicht warten.« Er lachte.

»Dann bin ich beruhigt, dass es nicht an mir lag!« Coco fielen sein männliches Gesicht mit den markanten Wangenknochen und die tadellos weißen, perfekt stehenden Zähne auf. Er schaute ihr tief in die Augen und wusste darum, seine Flirtkünste mit jeder Faser seines Körpers einzusetzen. »Ich dachte, du würdest dich mal melden!« Schlagartig stieg so etwas wie Wut in Coco auf.

»Das hab ich! Aber ich wollte dich und deinen Schatz nicht stören!« Er wurde ernst und die Farbe wich für ein paar Sekunden aus seinem Gesicht.

»Meinen Sch...« Er schien angestrengt nachzudenken. »*Du* warst das neulich am Telefon? Meine Schwester und ich haben uns schon den Kopf zerbrochen! Falls du das meinst, das ist unser Running Gag! Wir machen uns immer darüber lustig, dass gefühlt 95% der liierten Leute ›Schatz‹ heißen, was womöglich hier und dort praktische Gründe zu haben scheint, da man sich beim Partnerwechsel nicht jedes Mal umgewöhnen muss.« Er schaute Coco an und musste lachen. »Und du dachtest, sie sei meine Freundin? Ich war gerade in der Küche, sie hilft mir bei der Korrektur meiner Masterarbeit.« Coco bemerkte, dass der Zug abbremste und sie aussteigen musste. Hastig versuchte sie, sich den Weg zur Tür zu bahnen und gegen die einströmenden Passagiere anzulaufen, die den Waggon fluteten, als hätte man ein Schleusentor geöffnet. Jérémy, der die Lage sofort erfasste, rief mit lauter Stimme:

»Vorsicht, Achtung, zur Seite, Notfall, Achtung!« In der Tat drängten sich die Leute an den Rand und machten mit neugierigen Blicken Platz. Coco schaffte es im letzten Augenblick auf den Bahnsteig, da schlossen sich die Türen. Bis auf eine: Dort stand Jérémy triumphierend und blockierte sie, worauf eine Lautsprecherdurchsage erklang und ihn aufforderte, die Tür freizugeben. »Da können die lange warten. Erst, wenn ich deine Nummer habe!« Er grinste und schien, sein Smartphone in der Hand, die Ruhe selbst zu sein. Die ersten Passagiere begannen zu fluchen. Erneute Lautsprecherdurchsage. Coco stieg die Röte ins Gesicht – was für ein Albtraum, dermaßen im Mittelpunkt zu stehen! Sie diktierte ihm rasch ihre Nummer, so dass er endlich die Tür räumte. Zufrieden lächelte er ihr zum Abschied zu und verschwand hinter der sich schließenden Tür. Coco wäre am liebsten im Boden versunken! Sie machte sich auf den Weg in Richtung Ausgang. Kaum war der erste Schreck verflogen, beschäftigte sie der Gedanke, in der Eile womöglich einen Zahlendreher eingebaut zu haben. Dann tröstete sie sich damit, dass das vielleicht auch besser wäre, er würde sie so nicht belästigen können. Insgeheim musste sie sich jedoch eingestehen, dass sie gerne ein bisschen von ihm ›belästigt‹ würde.

Als sie die Praxis erreichte, war sie noch vollkommen durcheinander. Das schien so offensichtlich zu sein, dass Jacques sie erst einmal ankommen ließ und sie bat, eine angenehme Sitzposition zu finden, tief zu atmen und sich im Raum zu orientieren, während er sich der Tee-Zubereitung widmete.

»Es scheint gerade ganz schön viel los zu sein in deinem Leben!«, bemerkte er schließlich, als er die Tassen auf dem Tischchen abgestellt und in seinem Sessel Platz genommen hatte. Er saß einfach nur da und atmete in aller Ruhe. Das schien ansteckend zu wirken! Coco beobachtete, wie auch sie sich nach und nach entspannte.

»Eigentlich ist gar nichts Dramatisches passiert!« Wenn sie jedoch an die Szene in der Métro vorhin dachte, diese hatte durchaus das Potential zum Dramatischen… »Ich hab den Eindruck, dass meine Gefühle irgendwie mehr werden. Das ist manchmal echt anstrengend. Kann das sein?«

»Und ob das sein kann! Ich bin zwar überrascht, dass das schon jetzt der

Fall ist, aber gerechnet habe ich früher oder später damit! Und ja: Gefühle zu halten und ihnen Raum zu geben will gelernt sein und kann viel Kraft kosten! Die Gefühle, die du da wahrnimmst, waren vorher auch da, doch sie haben dich weniger erreicht, sie blieben eher unter der Oberfläche. Vielleicht bist du in nächster Zeit auch öfter sehr erschöpft, ohne dass du zwingend sehr viel erledigt oder getan hast! Das ist eine innere Arbeit, die da vonstatten geht. Mit zunehmendem Kontakt zu deinem Körper und deinen Empfindungen tut sich auch die Welt der Gefühle immer mehr für dich auf. Ich verspreche dir, es wird nach und nach leichter! Dabei werden dir die Übungen helfen, die wir hier gemeinsam machen und von denen du einige auch für dich in den Alltag integrieren kannst. Übrigens verlieren viele Gefühle bereits dadurch an Schrecken, dass wir sie benennen!« Coco wärmte ihre Hände an der Tasse.

»Ich hab mich in den letzten Tagen gefragt, ob ich zu wenig für die Therapie tue. Es gibt Tage, da denke ich kaum an das Besprochene oder an die Übungen.«

»Das begrüße ich in deinem Fall sogar! In der Traumatherapie gibt wie gesagt der Patient, sein Körper, sein Nervensystem das Tempo vor. Und weniger ist hier oft mehr! Ich beobachte in letzter Zeit eine aus meiner Sicht sehr bedenkliche Tendenz in der rasant wachsenden Coaching-Szene, in der täglich neue Social-Media-Kanäle selbsternannter Experten aus dem Boden sprießen, von denen, das will ich gar nicht schmälern, einige wirklich hervorragende Arbeit machen und echten Mehrwert bieten. Das Problem, welches ich zunehmend zu erkennen meine, ist die Tatsache, dass das Leistungskonzept unserer Gesellschaft dort ebenfalls Einzug hält: höher, schneller, weiter, mehr... Wie du weißt, ist Sucht ein Thema, das sehr eng im Zusammenhang mit Trauma beziehungsweise einem dysregulierten Nervensystem steht. In der breit gefächerten Coaching- und Lebenshilfe-Szene scheinen manche Menschen eine Art Suchtersatz zu finden, indem sie wie besessen Kurse belegen, meditieren, tanzen und ich weiß nicht was alles machen, um zu heilen, was Jahre oder Jahrzehnte lang im Argen lag. Ich habe gegen diese Aktivitäten im Einzelnen gar nichts einzuwenden! Aber die Dosis macht bekanntlich das Gift. Anstatt nach und nach bei sich und ihrem Körper anzukommen, bewirken die Leute damit genau das Gegenteil und reinszenieren gewissermaßen den altbekannten sympathikotonen Erregungszustand, der ihrem traumatisch dysregulierten Nervensystem entspricht!« So hatte Coco das noch nicht betrachtet...

»Ich darf also auch mal zwischendurch einfach nur leben und meinen alltäglichen Dingen nachgehen, ohne ein schlechtes Gewissen zu haben?«, kam sie auf ihre Frage zurück.

»Unbedingt! In deinem Fall habe ich wie gesagt eher die Sorge, dass du dich übernimmst. Veränderung geschieht nicht von jetzt auf gleich, nur, weil ich etwas verstanden habe! Das Nervensystem ist bis ins hohe Alter wandlungs- und anpassungsfähig, das hat man lange unterschätzt – wir haben also Zeit!«

»Und wie macht sich eine erfolgreiche Therapie konkret bemerkbar? Du sagtest ja, dass es das sicherste Indiz für echte Entwicklung sei, wenn die Veränderungen objektiv, also auch für das Umfeld sichtbar sind!«

»Ganz genau. Oft bekomme ich von Patienten zum Beispiel die Rückmeldung, dass sie ihrem Umfeld unbequem werden und nicht mehr so unkompliziert wie früher sind – aus meiner Sicht eines der größten Komplimente! Mehr Raum einzunehmen, kann von den Mitmenschen, die eventuell von den vorherigen Defiziten profitierten, als lästig empfunden werden. Denn häufig sind diese gar nicht daran interessiert, dass sich für den Patienten wirklich etwas verändert – sie müssten sich nämlich ebenfalls umstellen oder das eine oder andere hinterfragen und ändern! Wie schon einmal erwähnt, warne ich meine Patienten mitunter davor, dass eine Therapie ›gefährlich‹ sein kann für ihre bestehenden sozialen Kontakte. Übrigens finden auch genau dann Therapieabbrüche statt, wenn ein Patient gewahr wird, dass er seine bisherigen sozialen Strukturen kritisch zu betrachten beginnt und ahnt, dass diese nicht mehr tragbar sein werden, wenn er den eingeschlagenen Weg konsequent weitergeht.«

»Ist das nicht frustrierend für dich als Therapeut?«

»Es wäre übergriffig, eine solche Entscheidung zu verurteilen. Ich mache lediglich Angebote, aber entscheiden darf und soll der Patient immer selbst! Vielleicht braucht er diese Erfahrung, um eines Tages erneut mit mir Kontakt aufzunehmen und schließlich aus voller Überzeugung dort anzuknüpfen, wo wir einst aufgehört haben!« Ja, das leuchtete Coco ein. »Es gibt jedoch auch zahlreiche Fälle, in denen die Menschen positives Feedback von ihrem Umfeld bekommen, indem sie zum Beispiel die Rückmeldung erhalten, sie hätten eine heiterere Ausstrahlung, eine selbstbewusstere Haltung oder sie machten einen insgesamt gesünderen Eindruck!«, ergänzte Jacques. Sie schauten eine Weile schweigend in die Kerzenflamme, da fuhr er fort: »Und wo wir gerade von einem Zuviel an Therapie-Eifer sprechen: In diesem Zusammenhang fällt mir noch etwas ein, das insbesondere Menschen mit dysreguliertem Nervensystem beziehungsweise Trauma-Vorgeschichte häufig schadet. Und zwar sind viele Therapeuten der Meinung, die Patienten müssten, beispielsweise wenn es um Ängste geht, ihre Komfortzone verlassen, um sich wirklich entwickeln zu können. Das Problem ist: Bei Menschen, in deren Nervensystem ohnehin schon ein Dauerchaos herrscht, bewirke ich damit genau das Gegenteil von dem, was sie eigentlich bräuchten! Das ist wie das berühmte Löschen eines Feuers mit Benzin und es schmälert den Therapieerfolg eher.« Coco war überrascht, das zu hören.

»Ist es aus deiner Sicht also nie richtig, den Patienten einmal aus seiner Komfortzone herauszulocken?«

»So pauschal würde ich das nicht sagen. Im Falle von Traumafolgestörungen tut man demjenigen jedoch in aller Regel keinen Gefallen damit, wenn er gerade dabei ist, seinem Nervensystem Selbstregulationsfähigkeiten beizubringen! Ich gebe dem Patienten lieber Zeit, sanftere – deshalb aber nicht weniger effektive – Werkzeuge zu entwickeln.«

»Apropos Werkzeuge: Wir wollten heute über meine Panik sprechen, schaffen wir das noch?« Er warf einen Blick auf die Uhr.

»Ja richtig, dann lass uns doch die restliche Zeit dazu nutzen!« Er betrachtete Coco, sein Blick hatte etwas Durchlässiges. »Angst, oder ihre heftigere Ausprägung, Panik, ist häufig der alternative Kanal für Wut. Wut und Angst beziehungsweise Panik sind meistens austauschbar! Während Angst eher nach innen gerichtet ist, richtet sich Wut eher nach außen. Es handelt sich dabei oft um eine Art Ventil hoher Anspannung. Wie ein Vulkan, dessen Kräfte lange unter der Oberfläche brodeln – bis die Energie so hoch ist, dass es zur Eruption kommt. Viele Menschen haben Angst vor ihrer eigenen Wut; Angst, diese Energie nicht mehr kontrollieren zu können oder dadurch bloßgestellt zu werden. Das kann ein Grund sein, weshalb sie versuchen, diese zu unterdrücken. In zahlreichen Familien ist es so, dass Wut ein Tabu ist oder nur bestimmten Personen, häufig dem Familienoberhaupt, vorbehalten ist. Wenn jemand anderes es wagt, selbst einmal wütend zu sein, wird er in seine Schranken verwiesen und bekommt deutlich zu spüren, dass dieses Verhalten inakzeptabel ist – sei es durch Strafen oder durch Verachtung beziehungsweise Aufmerksamkeitsentzug. Dabei muss man festhalten: Ohne Wut und Aggression wäre die Menschheit längst ausgestorben!«

»Verstehe. Der Mensch erlaubt sich anstelle der Wut dann eher Angst oder Panik, was ich gut nachvollziehen kann, denn Wut und Aggression führen am Ende meistens zu Leid und Vernichtung.« Coco dachte dabei an Kriege und dergleichen.

»Ja, in einer unzivilisierten, respektlosen Ausprägung ist das der Fall! Grundsätzlich dienen sie jedoch erst einmal dazu, sich im sozialen Miteinander zu behaupten, die eigenen Bedürfnisse einzufordern und sich Raum und Gehör zu verschaffen. Hast du einmal einen Säugling beobachtet, der etwas nicht bekommt, was er will? Er wird immer lauter, kriegt einen knallroten Kopf, sein Schreien wird ohrenbetäubend, er ballt die Fäustchen und der gesamte Körper befindet sich in höchster Anspannung. Ein solches Verhalten zu ignorieren, ist für eine gesunde Bezugsperson nahezu unmöglich. Hätte der Säugling diese Möglichkeiten nicht, müsste er sich selbst immer wieder verleugnen beziehungsweise darauf hoffen, dass jemand aufmerksam und gnädig genug ist, ihm das Nötige zu bieten – das wäre auf Dauer sehr unsicher! Wir können also festhalten: Aggression ist grundsätzlich, in respektvollem Maße, etwas höchst Wertvolles! Wurde ein Kind jedoch jedes Mal dafür gedemütigt oder bekam negative Rückmeldung – da genügt bereits ein entsprechender Blick oder eine ausbleibende positive Reaktion – so verinnerlicht es eines Tages den Glaubenssatz: *Wut/Aggression führt dazu, dass ich nicht geliebt werde!* Ich brauche dir nicht zu sagen, was das für das weitere Leben dieses Menschen bedeutet. Selbst wenn er will, er kann dann kaum noch wütend werden, seine Bedürfnisse einfordern, einem anderen Menschen seine Grenzen aufzeigen oder Nein sagen! Denn hierzu ist ein Mindestmaß an aggressiver Energie erforderlich, von der er sich tragischerweise aus einer Überlebensstrategie heraus selbst abgeschnitten hat.« Jacques schwieg. Coco bemerkte, wie sich ihr ganzer Körper verspannt hatte. Sie versuchte, den Kontakt zum Boden und zum Sessel zu spüren und tief und lange zu atmen. »Wie ist das in deiner Familie mit Wut?« Daran hatte Coco gerade auch gedacht.

»Meine Familie bestand aus meinem Vater und mir. Wut war bei ihm an der Tagesordnung! Und diese war in der Tat ausschließlich ihm vorbehalten...«

»Kannst du denn inzwischen wütend sein?«

»Eher stellvertretend für andere – zum Beispiel, wenn jemand ungerecht behandelt wird.«

»Gibt es etwas, wofür du gerne einmal Wut gehabt hättest oder wofür diese heute brauchbar wäre?« Coco musste nicht lange überlegen:

»Ja, ich hätte mir von meinem Vater nicht alles bieten lassen…«

»Wo bist du gerade?«

»Äh, ich hatte an einen Vorfall gedacht. Neulich, als ich beim Jugendamt war. Da hat mich ein Sachbearbeiter angefasst. Frage mich, warum ich ihm nicht sofort eine gescheuert hab!«

»Verstehe. Wie geht es dir jetzt in diesem Moment körperlich, während du davon erzählst?«

»Ich habe eine hohe Muskelspannung in den Armen und Händen. Und im Nacken. Und so ein unruhiges Gefühl im Brustkorb.«

»Magst du dir einmal erlauben, diesem Gefühl Raum zu geben?« Coco schaute ihn fragend an.

»Jetzt bist du nicht alleine. Und es kann niemandem etwas Schlimmes passieren, wenn du deine Wut zulässt.« Coco zögerte einen Moment lang.

»Ich glaub, heute lieber nicht.«

»Okay!« Er lächelte freundlich. »Hat dir Wut einmal etwas genützt in der Vergangenheit?«

»So spontan fällt mir nichts ein.«

»In Ordnung.«

»Oder doch! Ich hab mal einen Jungen aus der Parallelklasse angeschrien, der mich immer wieder gehänselt hat. Der war so erschrocken, dass er ganz blass und kleinlaut wurde und seine Kumpel ihn ausgelacht haben. Er hat mir nie wieder etwas getan danach. Im Gegenteil, er hat sogar später versucht, Kontakt mit mir aufzubauen. Aber das hätte er sich eher überlegen sollen.«

»Aha, du hast dir also Respekt verschafft!«

»Ja, so kann man das auch sehen.«

»Und was passiert genau, wenn dich diese Panik überkommt?« Coco dachte an das letzte Ereignis zurück.

»Es wird plötzlich eng im Brustkorb. Ich habe das Gefühl, keine Luft mehr zu bekommen. Mein Herz rast, ich schwitze. Mein Körper ist extrem angespannt. Ich will weg, weiß aber nicht, wohin. Die ersten Male dachte ich wirklich, ich würde sterben! Ich konnte den Ärzten nicht glauben, dass es ›nur‹ eine Panikattacke gewesen sein soll und war überzeugt, dass sie einfach nicht gewissenhaft genug nach der körperlichen Ursache geforscht hatten.«

»Stimmt, das kann wirklich sehr beängstigend sein und sich anfühlen, als würde man nicht ernst genommen! Was interessant ist: Die Symptome, die bei einer Panikattacke auftreten, sind erst einmal, nüchtern betrachtet, nichts weiter als Körperempfindungen. Man kann ja zum Beispiel auch beim Sport Herzrasen und eine hohe Körperspannung haben. Und tatsächlich gibt es Menschen, die die mit dem Sport natürlicherweise einhergehenden Körperempfindungen dann als beängstigend erleben!«

»Und wie kann man diese Panikattacken nun loswerden?«

»Eine gute Frage! Es ist hilfreich, auf der Ebene der Körperempfindungen zu bleiben, ohne diese weiter zu interpretieren oder mit Gefühlen zu verbinden: Ich nehme den Reiz auf der körperlichen Ebene wahr und beobachte, ob sich etwas verändert, wenn ich anders darauf reagiere als gewohnt. So kann ich Reaktionsmuster neu bewerten und alte Konditionierungen nach und nach auflösen. Grundsätzlich ist auch hier wieder unser Allheilmittel von großer Bedeutung: Selbstregulationsfähigkeit ausbauen, den Parasympathikus stärken und Ordnung ins Nervensystem bringen!« Coco schmunzelte:

»Ähnliches hat meine Kommilitonin mir auch geraten! Sie hat das in der Klinik gelernt, es klingt total simpel.«

»Das ist es im Prinzip auch! Die meisten Maßnahmen und Übungen sind ja sehr einfach, wie du inzwischen sicherlich bestätigen kannst. Die Herausforderung besteht vor allem darin, im entscheidenden Augenblick daran zu denken, geduldig dran zu bleiben und wohlwollend sich selbst gegenüber auch die kleinsten Fortschritte zu schätzen!« Er schaute auf die Uhr. »Meinetwegen kann es nächste Woche auch bei Freitag um 18:00 Uhr bleiben. Wie sieht es bei dir aus?« Coco war einverstanden. »Ich hätte ein paar Ideen für Übungen zum Thema Abgrenzung. Das würde wunderbar an unsere heutigen Inhalte anknüpfen. Aber schauen wir einmal, was du bis dahin an Themen mitbringst! Und noch etwas: Ich bin heute auf einen schönen kleinen Artikel zum Thema Ressourcen gestoßen. Wir hatten das Thema ja schon angeschnitten und dann nicht weiter vertieft. Wenn du magst, schicke ich ihn dir per E-Mail.« Coco fiel die Aufgabe wieder ein, andere Leute danach zu befragen, worin sie bei ihr Stärken sahen und was sie besonders an ihr mochten. Den Artikel würde sie gerne lesen! Sie verabschiedeten sich und Coco machte sich auf den Weg zu Zahra.

In der Métro las sie den Ressourcen-Artikel. Dort hieß es: Eine Ressource ist alles, was dem Menschen dabei hilft, mit sich und seiner Fähigkeit zur Selbstregulation in Kontakt zu kommen; alles, was Gefühle von Wohlbefinden und Sicherheit fördert. Das Repertoire an Ressourcen kann im Laufe des Lebens stetig wachsen und aktiv ausgebaut werden. Neben ›inneren‹ Ressourcen, wie individuellen Fähigkeiten, Stärken, positiven Erinnerungen und bestimmten Eigenschaften, gibt es ›äußere‹ Ressourcen, wie erfüllende Tätigkeiten, Arbeit, Hobbys, Natur, Musik, finanzielle Sicherheit, Orte, positive Erfahrungen etc. Darüber hinaus gibt es ›relationale‹ Ressourcen, beispielsweise soziales Engagement, Partnerschaft, Freundschaften, Bekanntschaften, Haustiere usw. Besonders für Menschen mit Trauma in der Vorgeschichte ist es wichtig, ihre Ressourcen bewusst zu pflegen und auszubauen, um ein Gegengewicht zu schaffen, das den Organisationsgrad ihres Nervensystems erhöht. Ihr Nervensystem ist darauf ausgerichtet, permanent für Sicherheit zu sorgen und dementsprechend in Richtung Bedrohung und Gefahr orientiert, wodurch ihm vieles Positive und Beruhigende schlichtweg entgeht. In der Therapie dienen Ressourcen dazu, einen Rückzugsort zu schaffen, zu dem man bewusst hinpendeln kann, um die Relikte des Traumas nicht erneut die Oberhand gewinnen zu lassen. Coco erinnerte sich an Situationen, in denen Jacques das mit ihr geübt hatte.

66

Das Wochenende war fast vorüber und Coco hatte unzählige Male auf ihr Handy geschaut in Erwartung einer Nachricht oder eines Anrufes von Jérémy. Es störte sie, dass sich ihre Gedanken erneut dermaßen um ihn drehten! War sie so einfach herumzukriegen? Ein paar nette Worte, eine Cola, ein süßes Lächeln... Sie kannte ihn überhaupt nicht! Und sie hatte doch gerade eigentlich gar kein Interesse an einer Beziehung oder dergleichen. Jetzt fühlte es sich so an, als gäbe es kaum etwas Wichtigeres! Was war geschehen, dass er sich nicht meldete, nachdem es ihm vorher gar nicht schnell genug gehen konnte und er sich seiner Sache so sicher zu sein schien? Hatte sie ihm womöglich tatsächlich eine falsche Nummer genannt? Hatte er selbst im Eifer des Gefechtes einen Zahlendreher eingebaut? Oder war ihm etwas zugestoßen? Sie hatte Zahra das Wochenende über bei allerlei Haus- und Gartenarbeiten geholfen. Zahra war, wie konnte es anders sein, rasch aufgefallen, dass sie etwas beschäftigte. Coco schämte sich, wie besessen zu sein von diesem Mann. Sie bereute inzwischen, den Zettel mit seiner Nummer nicht aufgehoben zu haben. So hätte sie wenigstens von sich aus klären können, was los war, um einen Schlussstrich zu ziehen. Sie dachte sogar darüber nach, ›seine‹ U-Bahn-Strecke rauf und runter zu fahren, in der Hoffnung, ihm dort zu begegnen – statistisch gesehen in einer Millionenstadt keine sehr aussichtsreiche Option. Also versuchte sie sich immer wieder einzureden, dass er ihr nicht wichtig sei, dass es einfach nicht sein solle, dass er vielleicht doch in einer Beziehung sei und eigentlich auch gar nicht ihrem Typ entspreche.

Am Sonntagnachmittag ging sie zu Bernard, um auf andere Gedanken zu kommen. Der Herbst hielt inzwischen Einzug, draußen wurde es ungemütlich. Chanels Trächtigkeit war jetzt unübersehbar und sie spielte nun nicht mehr. Stattdessen lag sie viel und schien mehr Ruhe zu brauchen. Coco hatte Bernard eingeschärft, nicht zu vergessen, sie anzurufen, wenn es mit der Geburt losginge, sie wollte unbedingt dabei sein!

Beim Abschied fragte sie ihn: »Wie machst du das, dass dich die Leute auf Anhieb mögen?«

»Dass ich wirklich so beliebt bin, wage ich zu bezweifeln! Wenn mir dazu etwas einfällt, dann das: Um interessant zu sein, ist es hilfreich, interessiert zu sein!

Je mehr Interesse du anderen Menschen entgegenbringst, desto wahrscheinlicher ist es, dass sie sich auch für dich interessieren. Aber du brauchst es damit auch nicht zu übertreiben. Menschen kommen und gehen und die meisten mögen sich nicht einmal selbst! Am Ende zählt, dass du dir treu bleibst.« Er warf Dior den Ball, während Chanel ihren Kopf an Cocos Oberschenkel schmiegte, als wolle sie sagen: ›Bleib doch noch ein bisschen bei uns!‹. Bernard fügte hinzu: »Im Übrigen gibt es mit Sicherheit reichlich Leute, die mich nicht mögen! Was andere von mir halten, geht mich nichts an. Ich werde lieber für etwas gehasst, das ich bin, als für etwas geliebt, das ich nicht bin!« Coco wünschte, diesbezüglich ebenso gelassen zu sein! Was man von ihr hielt, war ihr viel wichtiger, als ihr lieb war. Würde sich das mit zunehmendem Alter ändern?

Am Abend sorgte Bernard für Unterhaltung, nachdem Zahra und Coco sich bei ihm eingefunden hatten. Er hatte eine Reihe an Kurzfilmen zusammengestellt, die sehr unterschiedlich waren, und Coco konnte für ein paar Stunden ihre Jérémy-Obsession vergessen…

67

In den darauffolgenden zwei Wochen gab es viel für das Studium zu erledigen, wofür Coco dankbar war, da ihr die Sache mit Jérémy immer noch nachging. Tagsüber war sie überwiegend mit Cécile an der Uni, abends lernten sie gemeinsam in der Bibliothek für die anstehenden Klausuren. Zu den regulären Freitagsterminen bei Jacques kamen zwei weitere Termine hinzu, die sich kurzfristig ergaben, da eine Patientin diese nicht wahrnehmen konnte. Sie hatten, wie geplant, das Thema Abgrenzung in Angriff genommen und es schien Coco, als sei dies aktuell ihr Thema schlechthin! Sie musste Jacques jedoch Recht geben und sich nach diesen zwei intensiven Wochen eingestehen, dass eine solch hohe Therapiefrequenz sie deutlich mehr erschöpfte als erwartet und den Prozess nicht unbedingt beschleunigte. Jacques hatte Coco immer wieder in ihrer Ungeduld gebremst und sie dazu angehalten, sich Zeit für die Übungen zu lassen, damit der Körper die neuen Erfahrungen nachhaltig verinnerlichen könne.

Angefangen hatten sie damit, dass sie voreinander standen und sich anschauten. Die Übung sollte dazu dienen, Cocos Bindungsmuster zu erforschen. Ihr kam dabei die Aufgabe zu, darauf zu achten, was an Gedanken und Gefühlen in ihr aufstieg und vor allem, was sie körperlich dabei wahrnahm, wenn sie den Abstand zwischen sich veränderten, den Blickkontakt abbrachen oder diesen verstärkten. Es zeigte sich, dass sie bei zunehmender Nähe immer wieder zu lächeln begann – eine Geste der Unterwerfung, wie Jacques feststellte; eine unterbewusste Strategie, um das Gegenüber gnädig zu stimmen. Während Coco bisher glaubte, in aller Regel einfach nur freundlich zu sein, musste sie Jacques nun Recht geben, dass es sich dabei um eine verhältnismäßig passive ›Strategie‹ handelte, auf zu viel Nähe zu reagieren.

Sie hatten eine weitere Übung daran angeschlossen: Coco blieb an Ort und Stelle stehen und spürte, wann es ihr zu nah wurde und woran sie dies konkret körperlich festmachte, während sich Jacques ihr in winzigen Schritten näherte. Zu ihrer Verwunderung stellte sich das altbekannte Unwohlsein sehr rasch ein – eine Art Beklemmungsgefühl, einhergehend mit Unruhe im Brust- und Bauchbereich, Verspannung im Nacken sowie dem Eindruck leichter Atemnot. Dass sich dieser Zustand bereits durch eine solch banale, scheinbar harmlose Körperübung auslösen ließ, erschreckte Coco – insbesondere da sie annahm, Jacques zu vertrauen. Diese Reaktionen schienen also tatsächlich auf einer körperlichen Ebene abzulaufen und wenig mit ihrer Meinung oder Einstellung bezüglich ihres Gegenübers zu tun zu haben! Sie fragte sich, ob sich das Gefühl bei einer Frau als Übungspartnerin ähnlich schnell einstellen würde und ob es zum Beispiel einen Unterschied machte, ob der/die Andere größer oder kleiner war als sie selbst. Sie hatte sich vorgenommen, im Alltag in nächster Zeit darauf zu achten.

Der nächste Teil der Übung bestand darin, jedes Mal, wenn sie bemerkte, dass es ihr zu nah wurde, Jacques ein Zeichen zu geben, um an dieser Grenze zu verweilen und zu einem angenehmen Thema zu pendeln, unterstützt durch ihre inzwischen recht zuverlässig funktionierenden Atem- und Entspannungsübungen, bis sich das Unwohlsein gelegt hatte. Es war erstaunlich, dass sich der Körper nach ein paar Wiederholungen bereits deutlich schneller entspannte und Jacques ihr sogar mit jedem Mal ein paar Zentimeter näherkommen konnte. Sie hatte nicht damit gerechnet, dass der Effekt so deutlich spürbar und sich dermaßen schnell einstellen würde! Weiter hatte Jacques sie gebeten, ihre eigenen Körpergrenzen einmal zu erkunden – angefangen mit einem ganz einfachen Sich-Abtasten. Dann hatte er ihr ein Seil gegeben mit dem Vorschlag, dieses auf dem Boden so hinzulegen, dass es einen Bereich abgrenzte, der Coco als geeigneter eigener Raum erschien – groß genug, dass dieser sie nicht einengte und klein genug, dass sie ihn ›beschützen‹ konnte. Sie hatte ein wenig herumprobiert und dann einen Kreis gelegt, der keine fünfzig Zentimeter Durchmesser maß. Diese Version erwies sich jedoch auf Jacques kritisches Nachfragen hin als viel zu eng. Daraufhin hatte sie einen deutlich weiteren Kreis gelegt – hier passte zwar der Abstand besser, wenn Jacques sich näherte, aber es fühlte sich komisch an, fast wie verboten, so viel Raum für sich zu beanspruchen.

In weiteren Sitzungen übten sie, dass Coco ihren Raum und ihre Grenzen aktiv verteidigte, indem sie Jacques durch Kommandos wie ›Nein‹, ›Stopp!‹ oder ›Das will ich nicht!‹ untersagte, diesen zu betreten und Jacques nach vorheriger Absprache sogar mit voller Kraft herausschubste, wenn ihre Worte oder Gesten nicht die erwünschte Wirkung erzielten. Ähnlich war die Übung, bei der sie vereinbarten, dass Jacques sie am Oberarm berührte und sie ihm dies verbal und nonverbal untersagte. Anfangs tat Coco sich sehr schwer damit und brachte das ›Nein‹ kaum oder nur halbherzig und wenig glaubwürdig über die Lippen – von der dazugehörigen Körpersprache ganz zu schweigen! Schließlich fand sie jedoch regelrecht Gefallen daran, Jacques in seine Schranken zu weisen. Nach dieser letzten Sitzung fühlte sie auf dem Weg zur Métro einen Anflug von Unverwundbarkeit – ein bisschen wie die Heldin in einem Actionfilm, die mit aller Selbstverständlichkeit jeden ihre Fähigkeiten spüren lässt, der sich ihr in den Weg stellt. Rückblickend betrachtet war Coco froh, dass sie nicht genau gewusst hatte, wie die Übungen konkret aussehen würden – sie hätte sich gewiss geschämt und nicht den Mut aufgebracht, sich darauf einzulassen! Da sich diese jedoch allesamt wie natürlich in den Prozess einfügten und Jacques nie etwas forderte, sondern lediglich Angebote machte, war die Hemmschwelle jedes Mal überraschend gering gewesen!

68

Coco erzählte niemandem von der Sache mit Jérémy, auch Jacques und Cécile nicht. Sie kam sich albern vor bei dem Gedanken, jemanden dazu um Rat zu fragen und war der Meinung, es sei an der Zeit, die Angelegenheit mit einer erwachsenen Distanz zu betrachten und nüchtern abzuhaken. Ihr kam ein Spruch in den Sinn, der auf Jérémy bestens zuzutreffen schien, sofern er sich aus Vorsatz oder Gleichgültigkeit so verhielt: *Warum schämen sich eigentlich dermaßen viele Menschen für ihren Körper, aber so wenige für ihren Charakter?*

Es war Samstagvormittag und sie saß mit einer Kanne Tee in ihrem Zimmer am Schreibtisch, um die Gedächtnisprotokolle zu den vergangenen Therapiesitzungen noch einmal anzuschauen, während Zahra für Erledigungen in die Stadt gegangen war. Coco hatte es sich zur Gewohnheit gemacht, in der Métro auf dem Rückweg von der Therapie die wichtigsten Erkenntnisse, Gesprächsinhalte und Übungen in ein dafür angeschafftes Notizbuch zu schreiben. Um den Zuhörern ihres Referates einen persönlichen Mehrwert für ihren eigenen Alltag zu bieten, hatte sie sich überlegt, einen Schwerpunkt auf das Abgrenzungsthema zu legen, wenn es am Ende ihres Vortrages um mögliche Lösungsansätze für Betroffene ging.

Mit Vorfreude dachte sie immer wieder an die bevorstehende Hundegeburt. Sie hatte Bernard in den letzten Tagen mit Nachrichten und Fragen regelrecht überschüttet und ihn wiederholt ermahnt, sie nicht zu vergessen. Insgeheim, so ihr Eindruck, schien Bernard dieses ständige Sich-Melden zu genießen. Er hatte bereits vor ein paar Wochen ein eigenes Zimmer für Chanel und die Welpen hergerichtet, in das sie sich in den letzten Tagen häufig zurückzog. Alles war vorbereitet und der Tierarzt in Rufbereitschaft. Bernard hatte zahlreiche Bücher und Videos verschlungen und wollte alles richtig machen! Es war rührend, ihn, der sonst stets gelassen wirkte und einen Scherz auf den Lippen hatte, plötzlich so besorgt zu sehen. Er kontrollierte regelmäßig Chanels Temperatur und ließ sie kaum noch aus den Augen – sogar die Besuche in der Firma stellte er ein! Er war bereits nervös geworden, als der Tierarzt ein paar Tage zuvor an einem grippalen Infekt erkrankte, der ihn vorübergehend aus dem Verkehr zog und der auch der Grund gewesen war, weshalb die angekündigte Tour mit Coco verschoben wurde.

Sie konnte sich kaum konzentrieren. Immer wieder schaute sie auf ihr Handy, ob es bereits eine Nachricht von Bernard gab. Schließlich nahm sie einen weiteren Anlauf und widmete sich erneut dem Buch. Es ging darum, dass Grenzen zu setzen oder Nein zu sagen für Menschen mit Entwicklungs-/Bindungstrauma oft unvorstellbar ist, da es für das wirksame Aufzeigen von Grenzen einer gesunden Präsenz im Körper bedarf, wie Jacques bereits erklärt hatte. Während bei Schocktrauma Grenzen überschritten oder eingerissen werden, werden diese bei Entwicklungstrauma häufig nicht ausreichend ausgebildet. Die daraus resultierenden Dissoziationszustände führen zu einem Teufelskreis, denn die im dissoziierten Zustand fehlende Körperpräsenz macht anfälliger für weitere Grenzverletzungen. Vor diesem Hintergrund leuchtete es Coco ein, dass traumatisierte Menschen weitere Traumata nicht selten regelrecht ›anziehen‹, was nach außen hin mitunter wie Pech oder ›schlechtes Karma‹ wirkt.

Interessant war auch zu lesen, dass es oft schon genügt, wenn das Umfeld in den ersten Lebensjahren wenig Feingefühl im Umgang mit Grenzen an den Tag gelegt hat, sodass man später unter unsicheren Grenzen leidet: *›Kommt es in jungem Alter zu Grenzüberschreitungen, so kann es passieren, dass das Kind mit seiner Aufmerksamkeit und Energie gewissermaßen in der Peripherie, in den ›Weiten des Universums‹ verortet bleibt. Es entwickelt zwar ein extrem feines Gespür dafür, was ›in der Luft‹ liegt, findet jedoch keinen Zugang zur eigenen Körperlichkeit, wodurch die nötige Erdung und Verwurzelung ausbleibt. Diese Menschen werden von den unentwegt auf sie einströmenden Reizen regelrecht überflutet, da ihnen der Körper als Widerlager nicht ausreichend zur Verfügung steht‹*. Coco fühlte sich an die Beschreibung eines Hochsensiblen erinnert. Beim Thema Erdung musste sie an eine Empfehlung denken, die sie irgendwo aufgeschnappt hatte: nämlich dass der Aufbau von Muskelmasse dabei helfen könne, die eigene Körperlichkeit besser wahrzunehmen. Überraschend war auch, dass Menschen, die sich vermehrt stoßen, häufig das realistische Gefühl für ihre Körperdimensionen fehlt – also ebenfalls ein Hinweis auf gestörte Grenzen.

Coco schaute auf ihr Handy – nach wie vor nichts von Bernard. Wenn er sich nicht innerhalb der nächsten Stunde meldete, würde sie sich auf den Weg zu ihm machen. So nervös, wie er jetzt war, traute sie ihm wirklich zu, sie zu vergessen im Eifer des Gefechts!

Sie erfuhr weiter, dass Grenzen nicht nur das Körperliche betreffen, sondern dass ebenso Blicke oder verbale Aspekte eine nicht zu unterschätzende Rolle spielen. Neben der rein körperlichen Abgrenzung, das heißt Haltung, Gestik und Mimik, geht es bei Abgrenzung zudem um energetische und sprachliche Grenzen, womit man wieder beim Neinsagen landete. *Wie ein Ja, so bedarf auch ein Nein keiner Erklärung oder Rechtfertigung,* hieß es. *Das Nein zum Anderen ist oft das Ja zu sich selbst,* hatte Coco einmal gehört. Und sie musste an das Sprichwort denken: *Nein ist ein vollständiger Satz!* Erst kürzlich war ihr klar geworden: Nein bedeutet nicht grundsätzlich Negativität oder Ablehnung, es kann einfach Ausdruck von Zielorientiertheit sein! Auf energetischer Ebene konnten, dem Buch zufolge, auch übermäßige Empfindlichkeit gegenüber Umweltreizen, Allergien und dergleichen Ausdruck geschwächter Grenzen sein. Der Autor schloss das Kapitel damit, dass es naiv sei, anzunehmen, andere würden unsere Grenzen respektieren, weil wir sie darum bitten oder weil wir die ihren wahren. Das sei wie bei den Bedürfnissen: Man könne diese äußern, dürfe aber als Erwachsener nicht davon ausgehen, ein Recht darauf zu haben, dass das Umfeld sie selbstverständlich erfülle! Coco fiel ein Spruch der letzten Tage aus der App ein:

Wer glaubt, von seinen Mitmenschen gut behandelt zu werden, nur weil er selbst diese gut behandelt, der glaubt vermutlich auch, im Zweifelsfall nicht vom Hai angegriffen zu werden, da er selbst keine Haie jagt!

Zudem kam ihr ein Blogbeitrag in den Sinn, den sie kürzlich überflogen hatte. Man konnte ihn auf die Formel bringen: *Ohne Grenzen, kein Raum; ohne Grenzen, keine Sicherheit; ohne Grenzen, keine Begegnung. Begegnung findet an Grenzen statt – alles andere ist Symbiose oder ein Sich-im-Anderen-Verlieren. Ohne Du, kein Ich.* Die Bloggerin hatte erklärt, die Annahme, Beziehungen und soziale Kontakte müssten stets harmonisch sein, sei typisch für unsicher gebundene Menschen. Mehr für sich selbst da zu sein, müsse nicht automatisch bedeuten, schlechter für andere zu sorgen! Es mache uns nicht zu Helden, die eigenen Grenzen zu opfern oder faule Kompromisse einzugehen. Und empathisch oder besonders sensibel zu sein, bedeute nicht, sich alles gefallen zu lassen.

Coco hatte neulich mit Jacques darüber diskutiert, dass Grenzen flexibel sein müssten, um alltagstauglich zu sein: Was an einem Tag genau richtig ist, kann am nächsten Tag viel zu nah sein. Sie hatten festgestellt, dass traumatisierte Menschen oft über nur wenige, sehr rigide Abgrenzungsstrategien verfügen, von denen eine der radikalsten, wirksamsten und einfachsten der totale Kontaktabbruch ist. Allerdings geht dieser häufig mit einem sehr hohen Preis einher – dem Preis der Einsamkeit. Jacques hatte Coco gewarnt, es könne auch unbequeme Nebeneffekte haben, an seinen Abgrenzungsfähigkeiten zu arbeiten: ›Leute, die froh waren, dass du keine stabilen Grenzen hattest, können unzufrieden reagieren, wenn du beginnst, ihnen Grenzen aufzuzeigen!‹

69

Zahra und Coco aßen zu Mittag und unterhielten sich angeregt, bis Coco kurzerhand beschloss, nicht länger auf Bernards Anruf zu warten und sich auf den Weg zu ihm zu machen. Sie zog ihre Jacke an, da meldete das Handy eine Nachricht: ›Temperatur gefallen! B.‹ Coco wusste, was das im Normalfall hieß: Die Geburt würde spätestens innerhalb der nächsten zwölf bis vierundzwanzig Stunden beginnen! Also war keine Eile geboten. Aber sie wollte alles von Anfang an miterleben und sagte Zahra Bescheid, dass sie spät oder vielleicht auch erst am nächsten Tag käme und wünschte ihr einen schönen Restsamstag, sofern sie nicht noch folgte.

Ping! Eine weitere Nachricht... Unbekannte Nummer: ›Salut, geheimnisvolle Namenlose! Heute Abend treffen? J.‹

Es nieselte leicht und war kühl. Bis eben hatte Coco sich nur noch auf die bevorstehende Geburt gefreut und die Jérémy-Geschichte endlich hinter sich gelassen. Just in dem Moment, als das Leben sich auch ohne ihn wieder vollständig anfühlte, meldete er sich! Was bildete er sich eigentlich ein? Erst konnte es nicht schnell genug gehen, dann ließ er sie zwei Wochen lang zappeln und schrieb nun wie aus dem Nichts, ohne Erklärung oder Entschuldigung! Sie hatte keine Lust mehr auf Spielchen. Er hätte schon Tage zuvor wenigstens mit einem einzigen Satz reagieren können! Sowas wie: ›Sorry, ist grad viel los, melde mich, wenn es passt.‹ Was für eine Unverschämtheit! Sie überlegte, seine Nummer zu blockieren und gar nicht zu antworten. Ihr fiel keine akzeptable Entschuldigung ein, die sein Verhalten rechtfertigte und es ärgerte sie, dass sie sich überhaupt darüber ärgerte!

Als sie bei Bernard ankam, saß dieser neben Chanel und studierte ein weiteres veterinärmedizinisches Fachbuch, das Émile ihm dagelassen hatte. Chanel hatte es sich auf dem Wurflager bequem gemacht, welches sich plötzlich in der anderen Ecke des Raumes befand.

»Coco, wie schön, dass du da bist! Schau mal, Chanel hat entschieden, wo sie die Welpen zur Welt bringen will, sie hat die Wurfbox samt Decken selbst da rüber gezogen!« Er war aufgestanden, um Coco zu begrüßen.

»Ja, das passt zu ihr. Du sagtest doch, sie wusste schon immer genau, was sie will! Aber stimmt etwas nicht mit ihr? Sie wirkt so nervös!«

»Das soll normal sein, ich habe Émile eben deshalb schon angerufen! Er sagt, in ein paar Stunden müssten wir darauf gefasst sein, dass sie anfängt, stärker zu hecheln, rastlos zu sein oder sogar zu zittern. Die Temperatur wird sich wieder normalisieren und etwa eine halbe Stunde nach dem klaren Ausfluss können wir mit dem ersten Welpen rechnen.« Odette kam kurz herein und erkundigte sich nach ihren Getränkewünschen. Sie unterhielten sich über Verschiedenes – stets mit gedämpfter Stimme, um Chanel nicht zu stören. Alles verlief so, wie Émile es vorhergesagt hatte! Bernard hielt wiederholt Rücksprache mit ihm, bis er schließlich bei ihnen eintraf und sich ein Bild von der Situation machte.

»Auf die Natur ist Verlass, das wirkt alles vollkommen normal! Wir greifen nur ein, wenn es wirklich nötig sein sollte.« Als Bernard ihm einen Schluck Kamillentee anbot, verzog er das Gesicht: »Coco, sag nicht, er hat dich dazu überreden können, das Zeug mit ihm zu trinken!«

»Das brauchte er nicht«, lächelte Coco.

Es tat sich etwas. Als hätte man die Uhr danach stellen können, begann Chanel eine halbe Stunde nach dem Ausfluss mit dem Herauspressen des ersten Welpen. Émile und Coco warfen sich einen Blick zu, sie sorgten sich mehr um Bernard als um die Hundemama und ihren Nachwuchs – er wirkte extrem angespannt!

»Bernard, anstatt Kamille empfehle ich dir Baldrian!«, lachte Émile und klopfte ihm auf die Schulter. »Du kannst dich zurücklehnen, Chanel hat alles im Griff, mach dir keine Sorgen!« Bernard bemühte sich um ein Lächeln und entgegnete:

»Sorgen? Ich bitte dich...«

Plötzlich glaubte Coco, ein Welpengesicht ausmachen zu können. Wenig später fiel das hilflose Geschöpf in einem Rutsch heraus. Es war faszinierend zu beobachten, mit welcher Selbstverständlichkeit Chanel das Neugeborene von der Fruchtblase befreite und die Nabelschnur durchbiss. Bernard wollte sofort aufspringen und schauen, ob der Kleine, es schien sich um einen Rüden zu handeln, auch atmete. Aber Émile hielt ihn zurück:

»Entspann dich mal, du machst die beiden noch ganz verrückt!« Während

Chanel den Welpen sauber leckte, machte dieser den ersten Atemzug.

»Na, siehst du? Das läuft doch wie am Schnürchen!«, freute sich Émile. Es war 20:12 Uhr – Bernard führte Protokoll und notierte jede Kleinigkeit. Chanel fraß die Plazenta auf, was ebenfalls schriftlich festgehalten wurde. Odette servierte in der Zwischenzeit Abendbrot und schaute sich das Geschehen ein paar Minuten lang an, um sich bis zum nächsten Tag zu verabschieden. Zwischen den Welpen lagen immer etwa zwanzig bis sechzig Minuten, in denen Chanel sich ausruhte – das Ganze strengte sie ziemlich an. Ab der vierten Plazenta hörte sie auf, diese zu fressen. »Wenn die Pause zwischen den Welpen mehr als zwei Stunden beträgt, müssen wir aktiv werden, dann stimmt etwas nicht!«, erklärte Émile.

Beim sechsten Welpen wurde Émile plötzlich unruhig. Er beobachtete das Geschehen eine Weile, bis er schließlich aufsprang und Coco bat: »Hol ein warmes Frottier-Tuch aus dem Backofen!« Er kniete sich neben den Welpen und entfernte die Reste der Fruchtblase. Daraufhin fasste er ins Schnäuzchen der kleinen Hündin, um zu prüfen, ob dort etwas die Atemwege blockiere. Coco brachte das gewünschte Tuch, mit dem er die Kleine kräftig abrieb. Chanel schien sich wenig darum zu kümmern und war sehr erschöpft. Émile war weiterhin unzufrieden mit der Situation und schaute sich den Welpen genauer an. »Ich fürchte, mit ihr ist etwas nicht in Ordnung.« Er legte Coco das feuchte Tier in den Schoß und erklärte: »Das kommt vor! Wir konzentrieren uns jetzt lieber auf den letzten Welpen und sehen zu, dass alle anderen wohlauf sind und die Zitzen finden.« Coco wollte nicht wahrhaben, dass die Kleine es nicht schaffen sollte. Sie rieb sie immer wieder, strich ihr über die Nase und übte leichten Druck auf ihren Brustkorb aus, wie sie es einmal in einem Video gesehen hatte. »Coco, mach dich nicht verrückt, das gehört dazu!«, versuchte Émile sie zu trösten. Coco war den Tränen nahe, ihr tat die Kleine so leid.

»Komm schon, atme doch!« Als hätte sie auf diese Aufforderung gewartet, zuckte die Kleine plötzlich und tat, begleitet von einem quietschenden Geräusch, ihren ersten Atemzug. Coco schossen die Tränen in die Augen. Sie drückte sie vorsichtig an ihr Gesicht und küsste sie. »Siehst du, manche brauchen einfach etwas länger!« Bernard und Émile hatten die Szene nicht mitbekommen, sie waren mit den anderen Welpen beschäftigt. Coco legte die Hündin, deren linkes Ohr etwas schief gewachsen zu sein schien, zwischen ihre Geschwister an eine freie Zitze, da fuhr Émile sie an:

»Na, na, was machst du denn da? Das hilft ihr jetzt auch nicht...« Er brach den Satz ab und schaute Coco mit offenem Mund an: »Wie hast du das denn geschafft?« Coco strahlte:

»Ich hab sie einfach nicht aufgegeben und an sie geglaubt!« Es kam ihr ein wenig kitschig vor, als sie das sagte – aber genauso war es! Der siebte Welpe war inzwischen geboren. Dem grünlich-braunen Ausfluss folgte die letzte Plazenta. Bernard machte seine Notiz, während Émile das Ultraschallgerät startete, um wenig später festzustellen:

»Alle da!« Er tätschelte die erschöpfte Chanel anerkennend und kündigte an, sie müsse gleich einmal nach draußen begleitet werden, um ihr Geschäft zu verrichten. Und so geschah es. Mehr noch, sie erbrach sich heftig und die Plazentas kamen wieder heraus. Dior, der in den vergangenen Stunden immer wieder vorsichtig zur Tür hereingeschaut hatte, um sich bald darauf wieder zurückzuziehen, zeigte großes Interesse an dem Erbrochenen und schnupperte ausgiebig daran. Dann folgte er Chanel ins Welpenzimmer. Die Kleinen gaben herzerweichende Laute von sich und kletterten wild übereinander, als Chanel sich zu ihnen legte. Bernard hatte in der Zwischenzeit die Decken gegen saubere Laken ausgetauscht und wirkte sehr zufrieden mit dem Gesamtergebnis. Die Welpen waren alle putzmunter und machten sich eifrig am Gesäuge ihrer schläfrigen Mama zu schaffen.

Mitternacht war längst verstrichen. Coco entschied, noch zu bleiben – sie war so aufgedreht, an Schlaf war nicht zu denken! Émile war bereits gegangen, wenig später verabschiedete sich auch Bernard:

»Danke für deine Hilfe, Coco!« Er drückte sie.

»Danke, dass ich das miterleben durfte! Und ich warne dich, du wirst mich jetzt öfter sehen!«

»Das hoffte ich!« Lachend verließ er das Zimmer.

Coco war glücklich – was für ein Erlebnis! Es waren einige Stunden vergangen seit ihrer Ankunft, in denen sie keine Sekunde an die Jérémy-Angelegenheit gedacht hatte. Jetzt fiel ihr die Nachricht wieder ein. Sollte sie wirklich so hart sein und ihm nicht zumindest die Chance für eine Erklärung geben? Sie würde es sich noch überlegen. Es tat ihr leid, dass Zahra die Geburt nicht miterlebt hatte, da sie sich um eine kranke, alleinstehende Nachbarin kümmerte. Aber Coco würde ihr ausführlich davon berichten!

70

Donnerstag, 23.12.2021

Coco hatte die vergangenen Wochen bei Zahra übernachtet und war nur zwischendurch in die WG gefahren, um sich um die Pflanzen zu kümmern. Nach der Uni ging sie täglich zu Bernard. Die Welpen waren nun fast drei Wochen alt und allesamt wohlauf. Coco konnte ihnen stundenlang zuschauen, wie sie herumkletterten und tollpatschig ihre kleine Welt erkundeten. Eine besondere Zuneigung verspürte sie zu dem schiefohrigen Hundemädchen, das insgesamt etwas zarter geraten war und weniger schnell zu wachsen schien. Sie hielt sich meistens zurück und ließ den anderen den Vortritt.

Coco antwortete Jérémy schließlich doch – einen Tag nach seiner Nachricht. Sie schlug vor, sich nachmittags, wie ein ›echtes Date‹, unter dem Eiffelturm zu treffen und sie würde ihm ihren Namen verraten. Den ganzen Vormittag lang wartete sie auf seine Antwort. Und so auch die nächsten Tage. Vier Tage waren vergangen, da schrieb er: ›Geht klar, wieviel Uhr?‹ Sie war erneut enttäuscht! Hatte er sich nicht einmal die Mühe gemacht, auf das Datum ihrer Nachricht zu schauen? Oder war das Methode? Wollte er ihr demonstrieren, wie nebensächlich sie war? Dabei hatte sie ihm doch eine weitere Chance gegeben, ihr zu beweisen, dass er nicht der war, der er zu sein schien! Und wieder quälte sie sich mit den Gedanken an ihn herum und fragte sich zugleich, warum sie sich das antat... In den folgenden Tagen tauschten sie vereinzelt Nachrichten aus. Diese wirkten teilweise so widersprüchlich, dass Coco sich ernsthaft fragte, ob sie von ein und derselben Person verschickt worden waren! Im einen Moment flirtete er, was das Zeug hielt, dann wirkte er wieder nüchtern und sachlich, als ginge es um eine Geschäftsangelegenheit. Und der gesamten Kommunikation lag das lästige Muster zugrunde: ›Ich antworte dir nie schneller als du mir!‹ War das alles Zufall? Interpretierte sie zu viel in diese Details hinein? Oder war es wirklich das Teenager-Niveau, nach dem es aussah? Dieses Verhalten wollte so gar nicht zu dem scheinbar selbstbewussten und zielstrebigen Mann passen! Sie verabredeten sich schließlich nach zähem Hin und Her für ein Date, welches einen Verlauf nahm, der Coco noch lange im Gedächtnis bleiben würde. Treffpunkt war ein Café in der Nähe von Cocos Uni. Coco hatte diesen Ort ausgesucht, da sie nach all dem Frust nicht das Risiko eingehen wollte, durch die halbe Stadt zu fahren, um dann erneut enttäuscht zu werden, wenn er kurzfristig absagte oder einfach nicht auftauchte. Sie hatte etwa fünfzehn Minuten lang in dem Café gesessen und den Kellner bereits zweimal vertröstet mit der Bestellung, da tauchte Jérémy schließlich auf – breit grinsend und bestens gelaunt, ohne irgendeine Entschuldigung für seine Verspätung. Kaum hatte er Platz genommen, stürmte eine junge Frau in das Café und knallte eine Plastiktüte auf den Tisch, die sie kurz darauf über Jérémys Kopf ausleerte. Allerlei Briefe, vertrocknete Blumen und kleinere Gegenstände, vermutlich Geschenke, sowie ein paar Fotos und eine Zahnbürste waren darunter. Jérémy bekam einen knallroten Kopf und noch ehe er etwas sagen konnte, schaute sie ihn mit verächtlichem Blick an, um sich dann Coco zuzuwenden:

»Ganz ehrlich: Du wirkst viel zu schade für ihn! Ich hab euren Chatverlauf in seinem Handy gesehen.« Ohne eine Reaktion abzuwarten, drehte sie sich wortlos um und ging in Richtung Ausgang. Alle Gäste waren verstummt und verfolgten, heimlich amüsiert, die Szene.

»Und pass auf, wenn er von seiner ›Schwester‹ anfängt, die gibt's nämlich nicht!«, rief sie, ohne sich erneut umzusehen. Coco hatte ihre Jacke angezogen und war im Begriff aufzustehen, da fasste Jérémy sie am Handgelenk und beteuerte, das sei alles nicht so, wie es aussehe und die Frau sei total irre; sie hätte nie verkraftet, von ihm verschmäht worden zu sein und versuche seitdem, ihm in ihrem Eifersuchtswahn jede andere Frau zu vergraulen, indem sie ihm auflauere und dergleichen. Es interessierte Coco nicht mehr, wer die Frau war. Auf ihre Aufforderung, sie loszulassen, reagierte er nicht. Mehr als je zuvor, spürte sie in diesem Moment, dass Jacques' Übungen Früchte trugen: Nach einer weiteren energischen Aufforderung befreite sie ihr Handgelenk aus seinem Griff und befahl ihm in voller Lautstärke, ohne Rücksicht auf die sensationslustigen Gäste, ihr aus dem Weg zu gehen und sie nie wieder zu kontaktieren. Er brachte kein weiteres Wort heraus, im Nachhinein tat er ihr fast ein bisschen leid. Was sie später am meisten beschäftigte, war die Frage, wieso sie wieder dermaßen Pech gehabt hatte und wie es passieren konnte, dass sie wochenlang von ihm auf Trab gehalten worden war. Wie war das noch? *Manchmal gewinnen wir, manchmal lernen wir!* Ja, sie würde hoffentlich daraus lernen... Luc hatte einmal gesagt, Menschen, die während des Heilungsprozesses aus unserem Leben verschwinden, seien nicht für die geheilte Version von uns bestimmt und wir täten gut daran, sie loszulassen. Ja, Loslassen wäre nun das einzig Vernünftige! Nach dieser letzten Szene dürfte ihr das deutlich leichter fallen… Coco hatte schließlich auch Cécile von dem Erlebnis berichtet, deren Analyse ziemlich nüchtern ausfiel: ›Was erwartest du denn? Wenn du von klein auf gelernt hast, dass du für Liebe und Zuwendung kämpfen musst, glaubst du, dann ziehst du einen Mann in dein Leben, der dir mit aller Hingabe den roten Teppich ausrollt?‹ Coco wollte das zunächst nicht wahrhaben, zumal sie Cécile eigentlich kaum von ihrer Vergangenheit erzählt hatte und der Meinung war, die Jahre bei Zahra hätten das meiste wieder wettgemacht. Schließlich musste sie sich jedoch eingestehen, dass an Céciles Theorie etwas dran sein könnte und Coco nahm sich vor, das Thema bei Gelegenheit in der Therapie anzusprechen.

71

Jacques zündete Kerzen an und stellte neben die obligatorische Teekanne einen Teller mit Weihnachtsgebäck auf das Tischchen. Er schaute Coco lächelnd an, nachdem sie ihren Platz eingenommen hatte und sagte:

»So, letzte Sitzung vor Weihnachten! Ich habe mal grob überschlagen, was wir in den vergangenen Wochen so alles gemeinsam erlebt und bearbeitet haben – da kommt ganz schön was zusammen! Ehrlich gesagt, habe ich etwas Sorge, dass wir es übertreiben.« Coco musste lachen.

»Übertreiben? Moment! Hast du nicht gesagt, in der Traumatherapie gebe der Patient das Tempo vor?«

»Ja, schon. Das war allerdings eher in die andere Richtung gemeint!«

»Da hast du die Rechnung aber ohne mich gemacht! Übrigens, deine ›Selbstverteidigungstechniken‹ funktionieren einwandfrei. Ich hatte kürzlich Gelegenheit, davon Gebrauch zu machen.« Jacques stutzte kurz, schien dann aber zu begreifen:

»Du hast eine Grenze aufgezeigt?«

»Allerdings!«, bestätigte Coco zufrieden. Jacques nahm sich einen Lebkuchen und bot Coco erneut an, sich zu bedienen. Jetzt entdeckte sie das Duftlämpchen auf dem Sideboard, von dem zarte Dampfschwaden aufstiegen, die sich im Raum verflüchtigten und die Quelle des würzigen Duftes sein mussten, der ihr bereits beim Betreten des Raumes aufgefallen war.

»Gefällt's dir? Hab ich mir vorzeitig zu Weihnachten geschenkt!« Sie tranken Tee und schwiegen – das Schweigen fühlte sich inzwischen sehr natürlich an! »Bei der Durchsicht der Dokumentation unserer bisherigen Termine ist mir aufgefallen, dass wir noch nicht näher auf die Themen Nährstoffmangel und körperliche Störungen als mögliche Ursache für kognitive Defizite oder psychische Beschwerden eingegangen sind, kann das sein?«

»Stimmt, nicht dass ich wüsste! Und was hat es damit auf sich?«

»Die Kurzfassung: Zahlreichen Beschwerden, die häufig Anlass für eine Psychotherapie sind, können Mangelzustände bestimmter Vitamine, Mineralien und Spurenelemente oder auch Aminosäuren zugrunde liegen. Spätestens wenn man das Gefühl hat, dass es nicht so richtig vorwärts geht in der Therapie, sollte man hier einmal genauer hinschauen und entsprechende Laboruntersuchungen veranlassen – vermutlich, da ich bei uns beiden nie den Eindruck hatte, nicht weiterzukommen, habe ich es bisher nicht thematisiert. Man kann im Fall des Vorliegens solcher Mangelzustände der motivierteste Patient sein und den fähigsten Therapeuten haben – wenn der Körper nicht mitspielt und dessen Ressourcen erschöpft sind oder ein so mächtiger Botenstoff wie das Histamin permanent dazwischenfunkt, kann dieser die Prozesse, die eine wirksame Therapie idealerweise anstößt, nicht nachhaltig verankern!«

»Du meinst sowas wie Vitamin-D-Mangel?«

»Ja, ein gutes Beispiel, das inzwischen erfreulicherweise den meisten bekannt ist, genau wie der Einfluss der Schilddrüse auf die Psyche.«

»Okay, hast du weitere Beispiele?«

»Sehr sensiblen Menschen fehlt es oft an der bioaktiven Form des Vitamins B6, welches ihr Körper aus irgendeinem Grund nicht ausreichend aus der ursprünglichen, inaktiven Form umwandelt. Dieses aktivierte Vitamin B6 kann man in spezialisierten Labors über eine Blutprobe bestimmen lassen.«

»Und das bioaktive Vitamin B6 ist so wichtig?«

»Ja, es ist an unzähligen Stoffwechselprozessen beteiligt und ein Defizit kann Beschwerden verursachen, die gerne fälschlicherweise als ›psychisch‹ oder ›psychosomatisch‹ abgetan werden.«

»Bessern sich die Beschwerden denn, wenn man das behandelt?«

»Ganz genau, das ist der Punkt! Zumindest kommt es zu einer deutlichen Linderung, deshalb ist es so entscheidend, das nicht zu übersehen.«

»Verstehe. Gibt es noch andere Stoffe, die hier wichtig sind?«

»Allerdings! Ich bin kein ausgesprochener Experte auf dem Gebiet, aber ich habe mal einen Kongress zu dem Thema besucht und so einiges ist da erfreulicherweise hängengeblieben. Man sollte das Thema zumindest im Hinterkopf behalten und den Patienten im Zweifelsfall an einen Fachmann zur weiteren Diagnostik überweisen.«

»Und was macht dieser Fachmann dann genau?«

»Er bestimmt, anders als bei den weit verbreiteten Serum-Analysen, Werte aus dem *Voll*blut, um auch Mangelzustände *innerhalb* der Zellen zu erfassen. Da werden alle möglichen Mineralstoffe und Spurenelemente untersucht, die mit dem Nervensystem und dem Neurotransmitterstoffwechsel zusammenhängen.«

»Wie zum Beispiel?«

»Zink, Mangan, Magnesium, Kupfer und einige andere beispielsweise.«

»Klingt kompliziert!«

»Ja, das ist es auch. Eine der Herausforderungen besteht darin, ein Labor zu finden, das die bioaktive Form des Vitamins B6 überhaupt zuverlässig bestimmen kann. Es gibt allerdings auch einfache, orientierende Untersuchungen, die man als Privatperson bequem von zuhause aus machen kann.«

»Und zwar?«

»Eine Möglichkeit ist ein Urintest, der kostengünstig online für jedermann bestellbar ist. Dieser misst sogenannte Pyrrol-Komplexe – das sind Nebenprodukte aus der Häm-Synthese. Häm ist dir vielleicht im Zusammenhang mit Hämoglobin, dem roten Blutfarbstoff, ein Begriff. Menschen, die vermehrt solche Komplexe ausscheiden, was auch als Pyrrolurie bezeichnet wird, haben in aller Regel zu wenig der besagten aktivierten Form des Vitamins B6 und meistens zudem einen Mangel an Zink und Mangan. Die Ursache und die genauen Mechanismen dieser Pyrrolurie sind allerdings noch nicht geklärt, hier besteht einiger Forschungsbedarf!«

»Aber das ist nicht dasselbe wie HPU oder KPU?«

»Doch, genau darum geht es! Die Amerikaner, die in dem Bereich schon etwas weiter zu sein scheinen als wir, so mein Eindruck, unterscheiden kaum noch zwischen HPU oder KPU und nennen Betroffene einfach ›Pyrroliker‹ - was meines Erachtens legitim ist, da die Behandlung im Prinzip immer mehr oder weniger die gleiche ist. Es gibt allerdings auch Leute, die die Relevanz des Phänomens dieser Pyrrol-Komplexe und der damit einhergehenden Mangelzustände anzweifeln. Tatsache ist: Menschen, die diese Komplexe über den Urin vermehrt ausscheiden, sind sich, ihre Symptome und ihr Wesen betreffend, oft sehr ähnlich und leiden praktisch alle unter einem eindeutig nachweisbaren Mangel der erwähnten Stoffe – und wenn man diese Defizite nach einem bestimmten Schema ausgleicht, geht es ihnen in der Regel besser! Ich selbst habe zahlreiche solcher Fälle miterlebt und kann zweifelsfrei sagen: Das Phänomen ist keine Einbildung!« Coco hatte darüber gelesen und sich gefragt, ob sie womöglich selbst davon betroffen sei, da sie sich bei der Auflistung typischer Symptome und Merkmale der ›Pyrroliker‹ in zahlreichen Punkten wiederfand.

»Das heißt, wenn ich wissen will, ob ich eine Pyrrolurie habe, bestelle ich den Urintest und wenn er auffällig ist, mache ich spezielle Blutuntersuchungen?«

»Ganz genau.«

»Und was macht man, wenn sich diese Mangelzustände bestätigen – einmal unabhängig von diesen Pyrrolkomplexen?«

»Neben der Substitution ist es natürlich wichtig herauszufinden, an welcher Stelle die Stoffe verlorengehen beziehungsweise vermehrt verbraucht werden, sofern es nicht an einer unzureichenden Aufnahme über die Nahrung liegt. Und hier schließt sich der Kreis zwischen Körper und Psyche beziehungsweise Trauma! Die meisten Patienten mit derlei Mangelerscheinungen haben nämlich in irgendeiner Form ein Problem mit dem Darm – in aller Regel eine Entzündung, häufig sogar ein ›leaky gut‹, der sogenannte ›löchrige Darm‹. Ursache dafür ist nicht selten eine bakterielle Fehlbesiedelung des Dünndarms, die auch als ›SIBO‹ abgekürzt wird: Aufgrund eines Defizits an Magensäure und Verdauungssäften, meist infolge der unzureichenden Versorgung mit dem besagten bioaktiven Vitamin B6, wandern Bakterien, welche als natürliche Darmflora ausschließlich im Dickdarm vorkommen sollten, in den Dünndarm, wo sie eine Entzündung verursachen, da die Dünndarmschleimhaut nicht dafür ausgelegt ist, diese Massen an Bakterien mit ihren erheblichen Mengen an Ausscheidungsprodukten und Gasen zu bewältigen. Das Resultat ist eine Flutung des Körpers mit dem bereits erwähnten Histamin, welches dann unter anderem wie ein Angst- und Stresshormon das Nervensystem und den Schlaf stört und Betroffenen den Alltag zur Hölle machen kann. Histamin wird nach wie vor, insbesondere was seine Auswirkungen auf die Psyche betrifft, extrem unterschätzt! Besonders Ängste, Schlafprobleme, Nervosität oder sogar depressive Symptome können einen Histaminüberschuss als Hauptursache haben! Das Tückische: Dieser wird meistens übersehen, da die Standard-Untersuchung zum Ausschluss einer ›Histaminintoleranz‹, wie der Volksmund es oft fälschlicherweise nennt, nämlich die Bestimmung des Enzyms DAO (Diaminoxidase), zumeist unauffällig oder nur marginal auffällig ist.« Mit Histamin hatte Coco sich bisher kaum befasst, aber das würde sich demnach lohnen! Sie war gedanklich jedoch noch bei der Darmentzündung:

»Und aufgrund dieser Entzündung kann der Körper die Nährstoffe dann noch schlechter aufnehmen, womit der Teufelskreis komplett ist?«

»Exakt! Dem Histamin kommt dabei als Entzündungsmediator eine Schlüsselrolle zu.«

»Aber was hat das jetzt mit Trauma zu tun?«

»Ach ja, richtig, das wollte ich sagen: Trauma bedeutet, wie du weißt, Kampf, Flucht oder Erstarrung – in allen Fällen ist der parasympathische Anteil des Nervensystems, das heißt in erster Linie der Nervus vagus, in seiner Funktion gestört beziehungsweise gebremst. Und dieser Nerv ist nun einmal der wichtigste, wenn es um Verdauung und den Darm geht!«

»Verstehe. Und kann man das Histamin irgendwie senken?«

»Abgesehen davon, dass man die Ursachen für den Histaminüberschuss behandeln sollte: Ja, es gibt ein höchst wirksames, nebenwirkungsarmes Mittel, um Histamin im Darm spürbar zu senken: das gemahlene Vulkanmineral Zeolith! Man kennt zahlreiche andere Stoffe, die auch zur Histaminsenkung beitragen können, sogenannte Mastzellstabilisatoren, aber nichts wirkt so schnell wie das Zeolith!«

»Das heißt, mit Zeolith am Abend habe ich eine ruhigere Nacht?«

»Oh ja!«

»Und was ist mit Antihistaminika?«

»Gute Frage: Die blockieren leider nur die Histaminrezeptoren, senken das Histamin jedoch nicht!« Ja, Coco sollte sich wirklich einmal damit beschäftigen! Sie versuchte, den Zusammenhang zwischen diesen Nährstoffdefiziten und Trauma besser zu begreifen und überlegte laut:

»Mangelzustände sind also mitunter auch *Folge* eines dysregulierten Nervensystems – aber können sie ein Entwicklungstrauma auch *auslösen*? Trauma heißt doch letztendlich, dass ich unter einem mein Nervensystem überfordernden Stresslevel mit fehlenden Bewältigungsmöglichkeiten leide – und ich kann mir vorstellen, dass der Mangel an, wie du sagst, so lebensnotwendigen Stoffen, puren Stress für Körper und Nervensystem bedeutet!«

»Du solltest dich schnellstmöglich habilitieren!«, scherzte Jacques. »Lustigerweise zerbreche ich mir in den letzten Wochen genau darüber den Kopf – im Gegensatz zu dir brauchte ich allerdings Jahre, um auf diesen, wie ich bis eben dachte, genialen Einfall zu kommen!« Coco freute sich über das Kompliment. »Ich erkläre mir den Zusammenhang zwischen chronischen Mangelzuständen und Entwicklungstrauma so: Ein Kind wird, wie du weißt, mit verschiedenen Grundbedürfnissen geboren, deren Erfüllung Voraussetzung für eine gesunde Entwicklung ist. Vielleicht nochmal kurz zur Erinnerung, diese Bedürfnisse sind: erstens Sicherheit/Willkommensein, zweitens Sattwerden/Einstimmung der Bezugspersonen auf die aktuellen Bedürfnisse des Kindes, drittens Hilfe annehmen, viertens Verbundenheit versus Selbständigkeit und fünftens Liebe/Sexualität. Besonders den ersten und den zweiten Punkt betreffend, kommt es meines Erachtens aufgrund solcher Mangelzustände zu Störungen. Dem Nervensystem fehlen dann, auch indirekt aufgrund der meistens damit einhergehenden Darmentzündung, einerseits ganz elementare Stoffe, um die erforderlichen Neurotransmitter zu bilden. Und andererseits wird es permanent durch das übermäßig vorhandene Histamin gereizt. Ein Mensch mit einem dermaßen dysregulierten Nervensystem kann sich unmöglich sicher fühlen, da sich dieses praktisch dauerhaft im Alarm- oder Überlebensmodus befindet! Und was den zweiten Punkt angeht: Eltern, die sich nicht in ihr betroffenes Kind hineinversetzen können, da sie selbst nicht unter derartigen Zuständen leiden, oder auch Eltern, die sich strikt an den gesellschaftlichen Standards in Sachen Erziehung, Kindergarten, Ernährung etc. orientieren, werden in einem solchen Falle ihrem Kind mit seinen anders gelagerten Bedürfnissen und seiner oft extrem geringen Frustrationstoleranz schlichtweg nicht gerecht! Das Kind erlebt so immer wieder massive Überforderung und Hilflosigkeit und macht permanent die Erfahrung: Ich bin anders, mit mir stimmt etwas nicht! Es ist naheliegend, dass dieses Kind unter einem enormen Stresspegel leidet, der sich, bis die Nebennieren eines Tages gänzlich erschöpft sind, in messbar hohen Cortisol-Spiegeln usw. äußerst. Das verstärkt das Selbstregulationsdefizit letztendlich und führt dazu, dass das ohnehin ums Überleben kämpfende Nervensystem weitere Einschränkungen erleidet, die eine gesunde Entwicklung sabotieren.«

»Das Thema habe ich tatsächlich unterschätzt!«

»Ja, mir ging es ähnlich. Übrigens, ebenfalls interessant: Es gibt von Mensch zu Mensch Unterschiede in der Aktivität eines Enzyms namens COMT, welches unter anderem für den Abbau von Stresshormonen zuständig ist. Man kann auch diesen sogenannten ›COMT-Polymorphismus‹ durch eine Blutuntersuchung testen. Menschen mit einer niedrigen COMT-Aktivität fallen oft positiv durch eine schnelle Auffassungsgabe und eine gesteigerte Sinneswahrnehmung auf. Andererseits können sie sich aufgrund der verlängerten Wirkung bestimmter Neurotransmitter schlecht entspannen oder haben Schlafstörungen und einen erhöhten Nährstoffbedarf, beispielsweise bestimmte Aminosäuren und B-Vitamine betreffend, was eine Überschneidung mit der eben erwähnten HPU darstellt.«

»Auch davon habe ich nie gehört! Ist es möglich, dass diese Pyrrolurien wie HPU oder KPU reversibel sind?«

»Grundsätzlich nicht auszuschließen! Oxidativer Stress scheint hier eine ganz entscheidende Rolle zu spielen. Aber wie gesagt: Die genauen Zusammenhänge sind noch nicht wirklich verstanden. Ich kann jedoch definitiv anhand verschiedener Beispiele bestätigen, dass Betroffene von der Substitution gewisser Stoffe subjektiv und objektiv profitieren und sich so manche Psychotherapie damit erübrigt oder deutlich abkürzen lässt!«

»Okay, ich bestelle mir mal so einen Urintest!«

»Ach, und da wir gerade von diesen leider doch nicht so seltenen, gleichwohl gerne übersehenen Ursachen für kognitive und psychische Probleme sprechen: Es lohnt sich, einmal einen kritischen Blick auf die Körperhaltung, insbesondere der Halswirbelsäule beziehungsweise des Genicks, zu werfen – gegebenenfalls mit Unterstützung eines fähigen Physiotherapeuten oder Osteopathen! Es gibt nämlich verblüffende Zusammenhänge, die so komplex wie naheliegend sind und die zu übersehen ebenfalls frustrierende Therapieversuche aller möglichen Beschwerden nach sich ziehen kann.«

»Und was sind das für Zusammenhänge?«

»Im Bereich des Genicks verlaufen zahlreiche, lebensnotwendige Strukturen in unmittelbarer Nachbarschaft. Kommt es, beispielsweise aufgrund eines Schleudertraumas oder einer Fehlhaltung, die nicht nur durch häufiges Sitzen, sondern eben auch in Entwicklungs-/Bindungstrauma, Depressionen, Angststörungen und dergleichen begründet sein kann, zu Dysbalancen und Verspannungen in dieser Region, so kann dies weitreichende Folgen für alle möglichen Organsysteme und Körpervorgänge haben. Zu nennen wäre da beispielsweise eine gestörte Zirkulation des Gehirnwassers, eine Unterbrechung des Lymphabflusses aus dem Kopfbereich, eine verminderte Durchblutung des Kopfes sowie aller darin enthaltenen Strukturen und, besonders interessant in unserem Kontext: eine Irritation des vegetativen Nervensystems, genau genommen des Parasympathikus, welcher ja zu einem Großteil aus dem Nervus vagus besteht, der im Bereich des Genicks derlei Verspannungen massiv ausgesetzt ist und entsprechend in Mitleidenschaft gezogen werden kann – letztendlich mit Auswirkungen auf alle möglichen Vorgänge.«

»Wie zum Beispiel?«

»Wie zum Beispiel auf den Herzrhythmus, die Verdauung, die Darmtätigkeit und die Darmflora, was auch Einfluss auf die Nährstoffaufnahme hat, womit sich der Kreis zur erwähnten Darmentzündung beziehungsweise Dünndarmfehlbesiedelung und den Mangelzuständen wieder schließt!«

»Und was macht man, wenn man feststellt, dass da etwas nicht stimmt mit der Halswirbelsäule oder dem Genick?«

»Man könnte Übungen erlernen, die die Normalisierung der Haltung unterstützen, Yoga machen und was weiß ich nicht alles, ich bin diesbezüglich kein Experte.« Es leuchtete Coco ein, dass ein frühes seelisches Trauma, welches ja bekanntlich aufgrund der fehlenden Kampf- und Fluchtmöglichkeiten und der daraus resultierenden ›Erstarrung‹ im Sinne von Totstellreflex und Dissoziation zu massiven muskulären Verspannungen und Dysbalancen führt, auch die Statik der Halswirbelsäule und des Genicks beeinflusst! Sie nahm sich vor, sich bei Gelegenheit genauer damit zu befassen. Vielleicht hingen ihre Kopfschmerzen und der wiederkehrende Schwindel damit zusammen und besserten sich unter entsprechenden Maßnahmen?

»Das waren jetzt ganz schön viele neue Informationen und ich kann mir vorstellen, dass dir der Kopf qualmt!«, lachte Jacques. »Was hältst du davon, eine kleine Pause zu machen und einmal durchzulüften?«

»Gute Idee, ja!«

72

Sie hatten wieder Platz genommen und Jacques erkundigte sich: »Hast du eigentlich für heute ein eigenes Thema mitgebracht, das dir wichtig wäre?« Coco dachte an die peinliche Aktion mit ihrem Möchtegerncasanova, hatte aber keine Lust, erneut daran zu rühren. Also stellte sie die Frage, die sie schon eine ganze Weile beschäftigte und die sie normalerweise längst mit Luc diskutiert hätte, wenn er nicht so weit weg wäre.

»Ich frage mich erstens, ob es einen kausalen Zusammenhang zwischen Entwicklungs-/Bindungstrauma und Hochsensibilität gibt. Und zweitens: Wenn ich bedenke, was alles zu einem Entwicklungs-/Bindungstrauma führen kann, dann ist es doch ein Wunder, dass nicht die gesamte Menschheit traumatisiert ist! Wieso leidet zum Beispiel der eine nach einer Geburt per Kaiserschnitt oder nach ein paar Wochen auf der Frühgeborenen-Intensivstation unter Umständen bis ins hohe Alter darunter, während der andere relativ wenig Schaden nimmt?«

»Was für spannende Fragen! Meines Erachtens geht es in unserer Gesellschaft leider inzwischen weniger darum, *ob* ein Entwicklungs-/Bindungstrauma vorliegt, sondern in welchem Ausmaß – und mit welchen Folgen beziehungsweise wie gut es gelungen ist, dieses zu integrieren! Meine Wahrnehmung mag hier allerdings etwas verzerrt sein, denn es liegt auf der Hand, dass mir berufsbedingt überdurchschnittlich viele traumatisierte Menschen begegnen! Zudem bin ich, wie du weißt, davon überzeugt, dass Traumata sich addieren. Warum soll das nicht auch für solche gelten, die unsere Vorfahren durchgemacht und in ihrem Erbgut an uns weitergegeben haben? Es gibt immer mehr Anhaltspunkte, die diese Hypothese stützen. Ziemlich grausame Experimente mit Nagetieren haben gezeigt, dass nicht nur Körpermerkmale wie Augenfarbe und so weiter vererbt werden, sondern auch Verhaltensweisen, die sich bewährt haben. Dadurch sollen den Nachkommen gewisse Vorteile verschafft werden, wenn sie selbst einmal in eine vergleichbare Situation geraten. Lästig wird es nur, wenn diese Reaktionsmuster ›anspringen‹, ohne dass die dazugehörige Gefahr tatsächlich (noch) besteht. Und die Frage, weshalb der eine mehr und langfristiger unter einem Trauma leidet als der andere, hat sicherlich wieder viel mit Resilienz und Ressourcen zu tun.« Coco hatte erst kürzlich etwas über das Thema der transgenerationalen Traumatisierung gelesen und sich gefragt, weshalb an der Uni bisher nie die Rede davon gewesen war.

»Und nun zu deiner ersten Frage! Vielleicht schauen wir zunächst einmal, worin Gemeinsamkeiten beziehungsweise Unterschiede zwischen Hochsensibilität und Entwicklungs-/Bindungstrauma bestehen – ich denke, so können wir uns einer Antwort am besten nähern. In meiner bisherigen Tätigkeit haben sich zwei grundsätzliche Kategorien herauskristallisiert, denen sich die hochsensiblen und/oder traumatisierten Patienten zuordnen lassen:

Erstens gibt es die mehr oder weniger gut regulierten Hochsensiblen im ursprünglichen Sinne. Man spricht auch von ›natürlicher‹ Hochsensibilität. Sie sind weitgehend zufrieden mit sich und ihrem Leben und meistern die typischen Herausforderungen der Hochsensibilität – mal besser und mal schlechter. Menschen dieser Kategorie sind allerdings die Ausnahme in meiner Praxis, da sie höchstens hier und da einmal eine Coaching-Einheit wünschen, um eine konkrete Frage oder Situation gemeinsam zu betrachten. Sie wurden also mit dem Persönlichkeits-/Wesensmerkmal der Hochsensibilität geboren und haben dieses oft gut in ihr Leben integriert. Die Hochsensibilität ist für sie zumeist eine Selbstverständlichkeit, die sie kaum thematisieren. Übrigens unterscheiden einige Kollegen zunehmend Unterarten der Hochsensibilität und grenzen beispielsweise eine erhöhte *sensorische* Sensibilität von einer erhöhten *emotionalen* sowie einer erhöhten *kognitiven* Sensibilität ab. Andere wiederum unterscheiden zwischen Hoch*sensibilität* und Hoch*sensitivität* – der letztgenannte Begriff betont eine überdurchschnittliche Empathie, Medialität oder die Gabe des Hellfühlens, Hellsehens oder Hellhörens.« Ja, davon hatte Coco bereits gehört.

»Kann man annehmen, dass hochsensible Menschen grundsätzlich anfälliger sind für Traumatisierungen?«

»Aus dem Bauchgefühl heraus würde ich sagen: ja! Ein Nervensystem, das feiner reagiert, dürfte auch Stress deutlich intensiver wahrnehmen. Andererseits wissen wir, dass hochsensible Menschen oft eine starke Verbundenheit erleben, zum Beispiel mit der Natur oder mit anderen Wesen. Wie vielleicht auch weitere ihrer Eigenschaften, so dient ihnen dieses Verbundenheitsgefühl möglicherweise als Ressource und hat gewissermaßen eine protektive Wirkung im Falle potentiell traumatisierender Erlebnisse.«

»Und was ist die zweite Kategorie?«

»Das sind Menschen, bei denen sowohl eine Hochsensibilität als auch ein Trauma vorliegt. Sie leiden in aller Regel sehr unter ihrer Hochsensibilität! Es macht jedoch einen Unterschied, ob es sich um traumatisierte Hochsensible handelt oder um Traumatisierte, bei denen die ›Hochsensibilität‹ Traumafolge ist. Bei Letzteren würde ich von ›*Hyper*sensibilität‹ sprechen. ›Hyper‹ bedeutet ›zuviel, übermäßig‹ – denn das ist es letztendlich: eine in Anbetracht der nicht mehr existenten Bedrohungs- oder Belastungssituation übermäßige Wachsamkeit und Offenheit für alle möglichen Sinnesreize, um eine erneute Gefahr rechtzeitig wahrnehmen zu können. Ihre erhöhte Sensibilität ist so gesehen im Wesentlichen ein Teil der Überlebensstrategie ihres traumabedingt dysregulierten Nervensystems! Auf den ersten Blick können sie für den Unerfahrenen tatsächlich den Eindruck eines Hochsensiblen erwecken. Und nicht selten glauben sie selbst, hochsensibel zu sein! Manche Kollegen sprechen auch von ›erworbener Hochsensibilität‹, was mir jedoch irreführend erscheint. Besonders in der Kategorie der Hypersensiblen ist mir bereits der eine oder andere begegnet, der sich regelrecht auf seiner vermeintlichen ›Hochsensibilität‹ ausruht und diese, in aller Regel unbewusst, als Ausrede nutzt, um sich nicht ernsthaft mit sich und den Traumafolgen auseinandersetzen zu müssen. Teilweise idealisiert er seine erhöhte Sensibilität und trägt diese als ›Besonderheit‹ vor sich her, als wollte er damit seine Mitmenschen beeindrucken oder unangenehme Verhaltensweisen und Eigenarten rechtfertigen. Das mag jetzt verurteilend oder abwertend klingen, so ist es jedoch nicht gemeint! Diese Menschen wissen in aller Regel nicht, dass sie traumatisiert sind und einer speziellen Therapie bedürfen. Denn es könnte ihnen geholfen werden und ihre erhöhte Sensibilität würde, im Gegensatz zur ›natürlichen‹ Hochsensibilität, unter erfolgreicher Therapie abnehmen! Unbehandelt nehmen ihre Beschwerden hingegen typischerweise mit der Zeit zu. Sie fallen fast alle früher oder später durch psychische und irgendwann auch körperliche Beschwerden auf. Diese reichen von Depressionen oder Angst- und Panikstörungen bis hin zu Zwangserkrankungen, dissoziativen Störungen und, den Körper betreffend, chronischen Schmerzerkrankungen und dergleichen.«

»Kannst du konkrete Beispiele nennen, worin Gemeinsamkeiten und Unterschiede zwischen Hochsensiblen und Traumatisierten bestehen?«

»Wenn du noch kannst, gerne! Grundsätzlich fallen Hochsensible wie dysregulierte Traumatisierte durch eine schnelle Überreizbarkeit auf, da die Filterfunktion für Sinneseindrücke bei ihnen weniger selektiv oder weniger zuverlässig arbeitet. Außerhalb ihrer Komfortzone reagieren sie sehr ähnlich. Während die Hochsensiblen den gesunden Bereich ihres Erregungstoleranzfensters dank wirksamer Selbstregulationstechniken und Ressourcen relativ schnell wieder erreichen, kommt es bei den dysregulierten Traumatisierten zu emotionalen ›Explosionen‹ oder zum totalen Kollaps und es dauert deutlich länger, ehe sie wieder einigermaßen reguliert sind. Beide haben eine ausgeprägte Empathiefähigkeit, wobei diese bei den dysregulierten Traumatisierten selektiv der reinen Selbsterhaltung dient und gewissermaßen egozentrisch ausgebildet ist: Blitzschnell erkennen sie, was in ihrem Gegenüber vorgeht, um entsprechend reagieren zu können. Ihre Aufmerksamkeit ist überwiegend nach außen gerichtet und der Zugang zum eigenen Körper und den eigenen Gefühlen weitgehend verkümmert. Hochsensible hingegen zeichnen sich häufig durch eine besonders differenzierte Körperwahrnehmung aus. Ihre Empathiefähigkeit ist deutlich weitreichender ausgebildet und macht sie oft zu wunderbaren Eltern, Partnern oder Freunden, was jedoch absolut nicht bedeutet, dass sie immer einfache und unkomplizierte Zeitgenossen sind – verlangen sie ihrem Umfeld doch einiges an Rücksichtnahme ab, zum Beispiel Geräusche, Gerüche oder Rückzugsmöglichkeiten betreffend!« Ja, wiederholt hatte Coco sich im Umgang mit Gleichaltrigen geschämt, zu ihren auf andere übertrieben wirkenden Bedürfnissen zu stehen und stattdessen versucht, auszuhalten und sich nichts anmerken zu lassen... Jacques fuhr fort:

»Während der dysregulierte Traumatisierte häufig unter Bindungsproblemen leidet und Schwierigkeiten hat, anderen Menschen zu vertrauen, sucht und pflegt der Hochsensible zumeist tiefgründige, beständige Beziehungen und Kontakte. Der Hochsensible schätzt den Rückzug und die Ruhe, wenngleich sich hierunter auch Menschen finden lassen, die, zumindest phasenweise, durchaus nach Abwechslung und Abenteuer streben! Der dysregulierte Traumatisierte hingegen erträgt Ruhe kaum und versucht durch ständige Ablenkung oder Stimulation, seine innere Unruhe zu unterdrücken. Er ist permanent in Bewegung und findet sich, wie eine Nussschale auf hoher See, zwischen Über- und Untererregung hin- und hergeworfen. Oft sind Schlafstörungen bei ihm anzutreffen. Obgleich er starke Emotionen nur schlecht regulieren und ertragen kann, sind Dramen, beispielsweise in der Partnerschaft oder im Beruf, meistens an der Tagesordnung. Anders Hochsensible: Sie können intensive Emotionen, zum Beispiel ausgelöst durch Musik oder durch Erlebnisse in der Natur, sehr genießen! Nicht selten greifen dysregulierte Traumatisierte zu Selbstmedikationsmaßnahmen wie Alkohol, Drogen, Nikotin und so weiter, während Hochsensible auf diese Stoffe in aller Regel sehr empfindlich reagieren und sie dementsprechend eher meiden. Das Alleinsein verstärkt beim dysregulierten Traumapatienten das Gefühl von Einsamkeit und Leere bis hin zu Sinnlosigkeit tendenziell, während der Hochsensible in Momenten des Alleinseins intensive Verbundenheitsgefühle erleben kann und von einem tieferen Sinn des Lebens überzeugt ist. Er ist dann höchst zufrieden, genügt sich selbst und ist im positiven Sinne ›all-ein‹ – eins mit dem All. Diese Auszeiten helfen ihm, sich zu regenerieren und Kraft für den Alltag zu schöpfen. Im sozialen Umgang ist der dysregulierte Traumatisierte eher nervös und emotional teilnahmslos, während der Hochsensible durch emotionale Präsenz auffällt und sein Gegenüber sich verstanden und gesehen fühlt. Dysregulierte Traumapatienten haben in aller Regel, wie gesagt, kein gesundes Gespür für die eigenen Grenzen sowie die Grenzen anderer – hochsensible Menschen hingegen verfügen typischerweise über ein sehr feines Grenzempfinden, achten die Grenzen anderer jedoch meistens deutlich respektvoller als die eigenen, worin eine ihrer größten Herausforderungen besteht!« Coco wusste genau, was Jacques damit meinte...

»Was sind denn erste Anzeichen, in welche der Kategorien ein Patient fällt?«

»Bereits bei der Anamnese fällt auf, dass die Erinnerung bei Hochsensiblen oft zuverlässig und detailliert bis in die frühe Kindheit zurückreicht, während Menschen mit frühem Trauma häufig massive Erinnerungslücken aufweisen oder sich kaum an Ereignisse erinnern können, die vor der Grundschulzeit liegen. Den Patienten während einer Sitzung zu beobachten, kann deutliche Hinweise geben. So ist ein hochsensibler Mensch tendenziell achtsam, während der dysregulierte Traumapatient zu Tagträumen und Dissoziation neigt, was man mit etwas Übung recht schnell erkennt. Und es gibt viele weitere Hinweise, beispielsweise Mimik und Gestik betreffend, die nützliche Indizien liefern können. Hilfreich kann auch die Frage sein, wie derjenige sich in Konfliktsituationen mit anderen verhält: Während der Hochsensible eher auf Abstand geht und seine Grenzen neu auszuloten beginnt, neigt der dysregulierte Traumatisierte zu heftigem, destruktivem Verhalten.«

»Sehr interessant! Ist die Unterscheidung zwischen Trauma und Hochsensibilität immer so eindeutig, wie es jetzt gerade erscheint?«

»Nein, natürlich hat meine Darstellung etwas Abstraktes. Im wahren Leben gibt es ein breites Spektrum an Abstufungen und Nuancen. Um dem Patienten gerecht werden zu können, halte ich es aber für essentiell, möglichst sauber zu klären, ob eine Traumatisierung vorliegt oder nicht! Denn der dysregulierte

Traumatisierte braucht, wie erwähnt, Therapie, während es beim Hochsensiblen neben allgemeiner Ressourcen- und Selbstregulationsoptimierung vor allem um Akzeptanz geht!«

»Mir wird erst jetzt wirklich bewusst, wie gravierend die Unterschiede zwischen Hochsensibilität und Entwicklungs-/Bindungstrauma sind, während sich auf den ersten Blick beides zum Verwechseln ähneln kann!«

»Ja, in der Tat! Auch diesbezüglich gibt es noch einiges zu erforschen und die allgemeine Verbreitung dieses Wissens ist leider entsprechend begrenzt, was sich durch deine Psychologen-Generation gewiss ändern wird!« Er warf Coco einen aufmunternden Blick zu.

»Naja, ob ich eine dieser Hoffnungsträgerinnen bin, bleibt abzuwarten! Erstmal muss ich irgendwie das Studium schaffen, die Panikattacken haben mich ganz schön ausgebremst.« Coco nahm ein Kissen von dem freien Sessel und legte es sich in den Rücken, der zunehmend angespannt war. Dann erkundigte sie sich: »Fällt dir noch etwas ein zu den Unterschieden zwischen Entwicklungs-/Bindungstrauma und Hochsensibilität?«

»Willst du vielleicht zunächst noch einmal ein wenig für dich sorgen? Wenn man mit solchem Interesse in ein Thema einsteigt, kann man schon mal vergessen, dass man einen Körper hat. Das sind ja wirklich herausfordernde Inhalte heute!«

73

Jacques legte die rechte Hand auf sein Brustbein und atmete ein paarmal bewusst ein und aus. Coco folgte seinem Beispiel und bemerkte erst jetzt, wie nötig diese Übung nun war! Schließlich nickte sie Jacques zu, der fortfuhr:

»Also gut! Es mag etwas haarspalterisch wirken, macht aber einen entscheidenden Unterschied: Der dysregulierte Traumapatient fühlt sich in aller Regel *falsch*, der Hochsensible dagegen fühlt sich *anders*!«

»Ich denke, ich weiß, was du meinst. Ich frage mich allerdings, ob der dysregulierte Traumatisierte sich nicht auch falsch *und* anders zugleich fühlen kann, ich kenne nämlich beides!« Sie dachte an einen Spruch, den sie auf einer Postkarte gesehen hatte, der sinngemäß hieß:

Wenn du in einer Welt gelandet bist, in der du dich nicht wohlfühlst, dann vielleicht deshalb, weil du geboren wurdest, um daran mitzuwirken, eine bessere Welt zu erschaffen!

»Was ist eigentlich, wenn ein Hochsensibler im Laufe seines Lebens ein Trauma erfährt und dann aus der ersten in die zweite Kategorie rutscht; was wird in dem Fall zum Beispiel aus seiner Empathiefähigkeit?«, überlegte Coco weiter…

»Eine berechtigte Frage! Meiner Erfahrung nach bewahren sich diese Menschen zumeist ihre Empathiefähigkeit und werden nicht in dem Maße egozentrisch, wie es bei reinen Traumapatienten, vielleicht etwas klischeehaft, oft beobachtet werden kann. Ihre Hochsensibilität scheint diese Menschen an der einen oder anderen Stelle davor zu schützen, die klassischen Eigenschaften und Verhaltensmuster eines nicht hochsensiblen Traumapatienten voll auszubilden. In dem Zusammenhang fällt mir eine Kollegin ein, die die Vermutung geäußert hat, dass Hochsensibilität Traumatisierte möglicherweise sogar zu einem gewissen Grad davor schützt, eine der nicht selten mit Entwicklungs-/Bindungstrauma einhergehenden Persönlichkeitsstörungen wie Narzissmus oder Borderline-Persönlichkeit auszubilden. Spannend ist auch: Während Narzissten und Borderline-Patienten die Folgen ihres eigenen Traumas üblicherweise in irgendeiner Form an ihre Nachkommen weitergeben, indem sie beispielsweise selbst ebenfalls gewalttätig werden, emotional instabil sind und so weiter, scheint die Hochsensibilität die Traumakette eher zu beenden! Denn so sehr die Hochsensiblen auch unter ihrem Anderssein leiden mögen, es gelingt ihnen oft, vielleicht ein Stück weit ihrem Ethik- und Moralcodex geschuldet, eine gute Mutter oder ein guter Vater zu sein.«

»Heißt das, dass eine bestehende Hochsensibilität denjenigen vor Persönlichkeitsstörungen bewahren kann? Oder ist gemeint, dass sich die Hochsensibilität, gewissermaßen als das ›kleinere Übel‹, anstatt einer Persönlichkeitsstörung als Traumafolge ausbildet?«

»Das ist das Problem: Wenn man sich genauer damit befasst, stößt man rasch an die Grenzen unseres derzeitigen Wissens! Die Frage nach ›Henne‹ und ›Ei‹ ist hier, meinem Kenntnisstand nach, nicht eindeutig geklärt. Worin sich die Experten einigermaßen einig zu sein scheinen, ist die Annahme, dass sich bei rund der Hälfte der Hochsensiblen ein Trauma in der Biographie finden lässt. Ich persönlich würde die Zahl allerdings deutlich höher einschätzen und vermute, dass das Trauma in vielen Fällen lediglich nicht eindeutig identifiziert wurde! Um das Thema vorerst abzuschließen: Es existieren noch viele Fragezeichen, die Zusammenhänge und Unterschiede zwischen frühen Traumatisierungen und Hochsensibilität betreffend! Für mich hat es sich im Alltag als nützlich erwiesen, folgende Frage zu klären: Ist der Patient gut mit sich in Kontakt? Dann handelt es sich eher um eine ›unkomplizierte‹ Hochsensibilität oder ein bereits integriertes Trauma. Ist er wenig oder kaum mit sich, das heißt mit seinen Körperempfindungen und Gefühlen in Kontakt, so liegt höchstwahrscheinlich eine unbearbeitete Traumatisierung vor! Lass uns vielleicht für heute festhalten: Hochsensibilität und Trauma sind extrem oft miteinander vergesellschaftet! Ganz gleich, was nun ›Henne‹ und ›Ei‹ ist, es hilft allen Betroffenen, an ihrer Selbstregulation zu arbeiten – im einen Falle bewirkt dies eine gewisse Optimierung des Alltags, im anderen Falle Heilung!« Coco freute sich über Jacques pragmatischen Vorschlag, welcher dem Chaos in ihrem Kopf zu etwas Ordnung verhalf.

Sie beschäftigte eine letzte Frage: »Wenn ich erlebe, wie mühsam es ist, die angesammelten Traumata zu integrieren, frage ich mich, ob die Zeitspanne eines Menschenlebens ausreichen kann, um all das einigermaßen zu heilen!«

»Diesbezüglich kann ich dich vielleicht ein Stück weit beruhigen. Es muss nicht jedes Ereignis *einzeln* bearbeitet werden – Traumata bilden Cluster, die sich mitunter gegenseitig beeinflussen. Wenn ich das eine Thema bearbeite, dann kann es durchaus sein, dass ich damit weitere wie ›zufällig‹ mitbehandle.« Das war in der Tat ein Trost!

Weihnachten stand vor der Tür und Coco hatte tagelang mit sich gerungen, ob sie Jacques zum Ausdruck ihrer Dankbarkeit eine Kleinigkeit schenken solle. In einem kleinen Geschäft gab es eine wunderschöne Teekanne, von der sie sehr angetan war. Schließlich entschied sie sich jedoch dagegen, da sie nicht sicher war, ob das in diesem Kontext in Ordnung wäre. So verabschiedeten sie sich geschenklos bis zum nächsten Jahr und wünschten einander ein gesegnetes Weihnachtsfest.

74

Freitag, 24.12.2021

Nach ein paar Stunden Schlaf war Coco hellwach und sprang voller Energie und Vorfreude auf den bevorstehenden Heiligabend aus dem Bett, während Salomé, die seelenruhig am Fußende lag, nur schläfrig aufsah. Im Gegensatz zu früher, liebte Coco diesen Tag inzwischen mehr als jeden anderen des Jahres! Wie erwartet, traf sie Zahra in der Küche an. Überall standen Töpfe, Schüsseln und allerlei Küchengerät herum und auf den Tischen kühlte auf zahlreichen Metallrosten das Weihnachtsgebäck ab, welches einen wunderbaren Duft verströmte – ach, wie sehr hatte Coco all das herbeigesehnt!

»Guten Morgen, Coco, du bist früh wach!« Zahra trocknete sich die Hände ab und nahm Coco in den Arm.

»Und du vermutlich *immer noch*!« Zahra musste lachen:

»Ja, ich kam noch nicht dazu, mich hinzulegen.«

»Du bist mir ja ein tolles Vorbild!«, scherzte Coco und probierte eines der noch warmen Plätzchen.

»Hast du Lust mir zu helfen, wenn du fertig bist mit deinem Frühstück?«, erkundigte sich Zahra, während sie einen Kupferkessel spülte.

»Das Frühstück fällt heute in weiser Voraussicht aus – also, was kann ich tun?«

»Diese Plätzchen sind noch zu verzieren, du kannst ja mal schauen, wie weit du kommst!« Nichts lieber als das! Coco ließ sich von Zahra die nötigen Zutaten zeigen und machte sich an die Arbeit. Was hatte sie doch für ein wunderbares Leben! Die letzten Monate waren recht turbulent verlaufen, aber das spielte jetzt keine Rolle. Sie wollte dieses Fest ungestört genießen und an nichts Belastendes denken! Es war seit Jahren Tradition, dass Zahra für all die Menschen, für die ihr kleiner ›Laden‹ zum sozialen Lebensmittelpunkt geworden war, eine Weihnachtsfeier ausrichtete. Wer mochte, brachte etwas mit – der eine zu essen oder zu trinken, der andere ein Weihnachtslied, ein Gedicht oder irgendeine andere kleine Darbietung. Die Menschen fieberten immer schon auf dieses Ereignis hin und auch die, die kein Zuhause hatten, und das wurden jedes Jahr mehr, erschienen, sofern möglich, herausgeputzt und frisch gewaschen in ihren besten Kleidern. Es herrschte stets eine besondere Stimmung. Auf den meisten

Gesichtern lag ein Lächeln, das sogar diejenigen ansteckte, die an diesem Tag ihre Lieben vermissten oder einem Verstorbenen nachtrauerten. In den ersten Jahren bestand die Festgesellschaft, wie Zahra erzählte, nur aus einer Handvoll Leuten. Inzwischen kamen auch Nachbarn vorbei, überwiegend wohlhabende Herrschaften, die sich unter die ›Sozialfälle‹, wie sie sich selbst mit einem Augenzwinkern bezeichneten, mischten und mit ihnen anstießen und auf dem Gehweg Musette-Walzer tanzten, wenn Richard, ein ehemaliger Postbote, sein Akkordeon auspackte. Wurde das Geschehen einst kritisch von der Polizei beobachtet, waren die Streifenwagen inzwischen zum festen Bestandteil der Veranstaltung geworden und man holte sich seine Tasse Glühwein ab – offiziell natürlich in der alkoholfreien Version… Als Coco den Laden aufschloss, standen bereits die ersten Gäste davor, die ihre Hilfe anboten. Nach und nach brachte Coco all die Köstlichkeiten, die Zahra in stundenlanger Arbeit zubereitet hatte, und stellte sie auf einen langen Tisch, der mit einem roten Leinentischtuch und ein paar Stechpalmenzweigen aus dem Garten geschmückt war. Überall standen Bienenwachskerzen, die sie später anzünden würden.

Die Zeit verging im Handumdrehen und es war bereits später Nachmittag. Gut dreißig Leute hatten sich versammelt und unterhielten sich angeregt, fassten hier und da mit an oder hielten sich abseits und betrachteten das Treiben. Jeder wartete auf den Moment, da Zahra das Fest einläuten würde. Und das tat sie wenig später – im wahrsten Sinne des Wortes! Mit einem hell klingenden Glöckchen stand sie in ihrem wunderschönen neuen Kleid und einem eleganten Mantel auf der obersten Stufe der Treppe, die in den Laden führte – umringt von all den dankbaren Menschen. Auch der Weihnachtsbaum durfte natürlich nicht fehlen! Er wurde von Jahr zu Jahr größer, was daran lag, dass er in einem Kübel wuchs und von Zahra liebevoll gepflegt und gegossen wurde. Vermutlich würde es das letzte Jahr sein, ehe er in den Garten gepflanzt werden müsste, da er für den Kübel zu groß geworden war. Die Anwesenden hatten den Baum zuvor gemeinsam geschmückt – jeder nach seinem Geschmack. Das Ergebnis war abenteuerlich und hätte es unter ästhetischen Gesichtspunkten kaum in den Katalog eines Möbelherstellers geschafft, aber es waren reichlich Herzblut und Kreativität zu erkennen! Zahra begrüßte alle feierlich und hielt eine kleine Ansprache, in der sie der nicht mehr unter ihnen Weilenden gedachte und das vergangene Jahr in ein paar Sätzen zusammenfasste, um schließlich das Buffet zu eröffnen. Anstatt jedoch das Buffet zu stürmen, drängten sich auch in diesem Jahr zuerst alle um Zahra. Vielen war es ein Anliegen, sich bei ihr für ihre Hilfe und Fürsorge und nicht zuletzt für dieses Fest zu bedanken. Manch einer überreichte ihr ein kleines Geschenk, eine Weihnachtskarte oder eine Blume. Inzwischen war es dunkel geworden und die Windlichter und Kerzen sorgten für eine heimelige Stimmung. Richard spielte ein Weihnachtslied an, in das viele einstimmten. Auch Khalil und Ibrahim waren der Einladung, wie in den vergangenen Jahren, gerne gefolgt! Coco erinnerte sich noch gut daran, wie sie Khalil damals gefragt hatte, ob er mit ihnen Weihnachten feiern würde. Sie hatte sich ein wenig gescheut – um so mehr überraschte sie seine Reaktion, als er lachend erklärte: ›Selbstverständlich kommen wir! Soll denn ein Moslem nicht den Geburtstag eines seiner wichtigsten Propheten feiern? Bilde dir bloß nicht ein, Jesus sei nur den Christen vorbehalten!‹

Plötzlich ertönte Zahras Glöckchen erneut. Die Musik verstummte und alle schauten gespannt zu ihr empor. »Ich glaube, dahinten in der Ferne den Weihnachtsmann mit seinem ›Schlitten‹ zu erahnen!« Sie wies in die entsprechende Richtung. Es näherte sich eine Kutsche mit kitschig verkleidetem Weihnachtsmann – einen überdimensionalen Kartoffelsack neben sich. Kutschlaternen erleuchteten ihm den Weg, die Seiten des Fahrzeugs waren mit Tannenzweigen und Efeu geschmückt. Das Einzige, das das Bild etwas störte, waren die nicht vorhandenen Zugtiere! Bernard hatte sich nach Rücksprache mit Zahra einen Scherz erlaubt und seinen De Dion-Bouton weihnachtstauglich dekoriert. Es war das erste Mal, dass er an dem Fest teilnahm. Und großzügig wie er war, wollte er nicht mit leeren Händen kommen. Er hatte sich etwas ganz Besonderes einfallen lassen: Aus einem ultraleichten Hightech-Textil seines Unternehmens hatte er nach Zahras Muster ein paar Dutzend Herren- und Damen-Winterjacken nähen lassen, das von Coco entworfene Logo schmückte die Brust eines jeden Kleidungsstückes. Bernard wurde mit Begeisterung empfangen und verteilte die Jacken, die hier und da herumgereicht oder ausgetauscht wurden, bis jeder ein passendes Exemplar sein Eigen nennen konnte. Er freute sich, dass sein Geschenk so gut ankam und dass es sich schon in der nächsten kalten Nacht im Freien für den einen oder anderen bewähren würde. Er selbst war so begeistert von dem Projekt, dass er eine der Jacken behalten hatte, die er nun unter seinem Weihnachtsmannoutfit trug – schwitzend, da das Thermometer ein paar Grad über Null zeigte. Sein Gefährt war, wie zu erwarten, eine Attraktion und er kam nicht umhin, ein paar Rundfahrten anzubieten.

So sehr sie sich auf das Fest gefreut und dieses bisher genossen hatte, Coco reichte es langsam! Sie musste an Jacques denken und an ihre gestrige Übung, die ihr half, in Gesellschaft anderer Menschen bei sich zu bleiben. Sie hoffte, im nächsten Jahr besser darin zu sein und länger durchzuhalten. In dem Moment kam Bernard zu ihr und fragte, ob sie ihn zu den Hunden begleiten wolle, um diese nicht länger unbeaufsichtigt zu lassen. Sie besprach sich kurz mit Zahra, die später nachkommen würde, und war gerade im Begriff, auf den ›Nikolausschlitten‹ zu klettern, da fasste sie jemand von hinten an der Schulter. Als sie sich umdrehte, machte ihr Herz einen Freudensprung:

»Luc! Du hast es doch noch geschafft! Du alter Geheimniskrämer! Gib's zu, du wusstest seit Wochen, dass du zu Weihnachten kommen würdest!« Er grinste vielsagend und umarmte Coco.

»Der Weihnachtsmann hier ist übrigens Bernard, mein ›Adoptiv-Opa‹! Bernard, das ist Luc!« Die beiden schüttelten einander erfreut die Hände und stellten fest, dass sie sich schon einmal flüchtig begegnet waren.

»Luc, du bist herzlich eingeladen, uns zu begleiten oder nachher dazuzustoßen! Wir wollen noch ein bisschen bei mir zusammensitzen.« Luc bedankte sich für die Einladung und entschuldigte sich, er wolle zunächst die anderen Gäste begrüßen und Zahra ein wenig unterstützen, käme aber gerne später nach!

75

Zahlreiche Windlichter erleuchteten Bernards Hof und einige Büsche waren mit Lichterketten geschmückt. Als sie auf das Grundstück fuhren, kamen ihnen Dior und Chanel freudig entgegengelaufen und nahmen Cocos obligatorisches Mitbringsel entgegen.

»Chanel, du bist mir ja eine Mutter! Solltest du nicht bei deinen Kleinen sein?«, lachte Bernard. Er stellte das knatternde Gefährt vor dem Haupteingang ab und erklärte, er würde Zahra später damit abholen. Coco wollte gerade ins Haus gehen, da wäre sie fast auf einen Brief getreten, der auf der Türschwelle lag. Eine violettfarbene Schleife schmückte den Umschlag, auf dem in goldenen Lettern ›COCO‹ stand. Sie sah Bernard fragend an, der nur mit den Schultern zuckte, als wisse er von nichts. Sie öffnete den Brief und zog ein kräftiges Büttenpapier heraus, auf dem mit schwarzer Tinte in Schönschrift stand: ›Wollen wir für immer zusammenbleiben?‹ Coco verstand nicht. Sie steckte das Papier zurück in den Umschlag, da entdeckte sie in der Eingangshalle eine weitere Schleife auf dem Boden… und noch eine… und noch eine… Die Spur führte ins Welpenzimmer. Als sie dieses betrat, kamen ihr ein paar der tollpatschigen Zwerge entgegen, die sie neugierig beschnupperten und allerlei Geräusche von sich gaben. Wie gewohnt, hielt Coco als erstes Ausschau nach Piúpiú, die sie aufgrund ihrer kükenartig zarten Piep-Laute so getauft hatte. Diese hatte sich unter einer Decke verkrochen und nur ihr Gesicht war zu erahnen, welches Coco inzwischen auch ohne das markante Ohr sofort erkannte. Als sie Coco bemerkte, kam sie verschlafen aus ihrem Versteck heraus und… Coco musste zweimal hinsehen: Sie trug eine violettfarbene Schleife um den Hals! Coco liefen die Tränen, als sie Piúpiú auf den Arm nahm und sie zärtlich an sich drückte.

»Ob ich mit dir für immer zusammenbleiben will? Was für eine Frage!« Sie setzte die Kleine wieder zurück zu ihren Geschwistern und umarmte Bernard.

»Na, na, brich mir nicht die Rippen, ich muss gleich noch Weihnachtslieder singen!«

»Danke Bernard, ich weiß nicht, was ich sagen soll!« Er lachte.

»Bedank dich bei Chanel!« Plötzlich verdüsterte sich Cocos Laune.

»Aber ob Zahra einverstanden sein wird?« Bernard lachte:

»Alles längst geklärt!« Coco wusste nicht, wohin mit ihren Gefühlen… Sie verbrachte die nächsten zwei Stunden im Welpenzimmer und konnte ihr Glück nicht fassen – es überforderte sie regelrecht! Das war wohl damit gemeint, wenn es hieß, Glück könne anstrengender sein als Depression! Schließlich erschien Bernard:

»Coco, willst du der Bande nicht mal eine Pause gönnen? Ich hole jetzt Zahra ab, wenn du magst, kannst du in der Zwischenzeit die Kerzen anzünden.«

Der geschmackvoll geschmückte Baum stand inmitten des Wohnzimmers, darunter entdeckte sie eine vermutlich uralte Holzkrippe mit liebevoll geschnitzten Figuren. Jetzt sah sie die überall im Raum verteilten Kerzen – hier und da mit kleinen Engeln arrangiert. Der Esstisch war für fünf Personen gedeckt: mit einem strahlend weißen Tischtuch, feinem Porzellan, tadellos poliertem Silberbesteck und in der Mitte einem großen Strauß weißer Lilien, die süßlich dufteten. Es dauerte eine Weile, bis Coco alle Kerzen angezündet hatte. Unentwegt musste sie an Piúpiú denken und konnte es kaum erwarten, zu ihr zurückzugehen und mit ihr zu spielen – Piúpiú war für sie der wundervollste Hund der Welt!

Bernard kam herein, gefolgt von Zahra, die den Baum und das festliche Ambiente bestaunte, welches sie Bernard nicht zugetraut zu haben schien.

»Ist Luc nicht dabei?«, fragte Coco enttäuscht.

»Luc kommt gleich nach! Er war vom Flughafen aus direkt zu uns gefahren und wollte nun erst einmal nach Hause, um seine Sachen abzustellen«, erklärte Zahra. Dann erkundigte sie sich nach Odette und erfuhr von Bernard, dass diese nachmittags den Tisch hergerichtet und ein kleines Festmahl für sie zubereitet hatte. Anschließend sei sie in die Kirche gefahren, um danach den Abend bei ihrem Neffen und dessen Kindern zu verbringen. Coco zählte nochmals durch: vier Leute, fünf Gedecke. Sie fragte Bernard, für wen das fünfte Gedeck sei. Seine Erklärung gefiel ihr:

»Das zusätzliche Gedeck steht für den unerwarteten Gast bereit – sei es ein Nachbar oder ein Freund, der allein ist, ein Reisender oder ein Fremder. Ein altes polnisches Sprichwort sagt: *Wenn ein Gast im Haus ist, so ist Gott im Haus!* Und wann wäre das passender als an Heiligabend? Im alten Russland lebten die Menschen übrigens in dem Glauben, dass Christus als armer Bettler verkleidet durch die Lande zieht. So gab es an den langen Tafeln der Bauernhöfe stets ein zusätzliches Gedeck, für den Fall, dass ein armer Landstreicher zu später Stunde an die Tür klopfte und um Essen oder Herberge bat.«

Coco und Zahra brachten die Speisen aus der Küche und stellten diese auf den Esstisch. Odette hatte alles andere als ein ›kleines Festmahl‹ gezaubert! Allein mit dem Garnieren der Speisen musste sie viel Zeit verbracht haben! Im Kühlschrank gab es mehrere Nachspeisen, darunter helles und dunkles Mousse au Chocolat, Obstsalat sowie Crème brûlée. Coco und Zahra waren sich einig: »Erstens hättest du uns vorwarnen können, vorher weniger zu essen, und zweitens wirst du weitere Gäste organisieren müssen! Es wäre eine Schande, wenn das meiste davon übrig bliebe...«

Es klingelte. Zahra saß bereits am Tisch und Coco setzte sich neben sie. Ihr Handy meldete eine Nachricht:

›Hey Süße, frohe Weihnachten! Lass uns mal treffen, bin ein paar Tage in der Stadt! Kuss, Leni.‹ Leni... Dass sie überhaupt noch an sie dachte! Coco freute sich und schickte ihr eine kurze Antwort, da hörte sie Lucs Stimme aus dem Flur. Es dauerte ein paar Minuten, ehe er sich zu ihnen an den Tisch setzte. Coco wäre am liebsten sofort wieder aufgesprungen, um mit ihm ins Hundezimmer zu gehen und ihm ihren kleinen Schatz vorzustellen. Sie hielt sich jedoch zurück, nicht zuletzt, um Piúpiú nicht zu überfordern.

Bernard war wie vom Erdboden verschluckt. Sie saßen zu dritt am Tisch und Luc berichtete von seiner Reise, da erschien Bernard in perfekt sitzendem Maßanzug mit akkurat gestärktem Hemdkragen und polierten Manschettenknöpfen. Er vergewisserte sich, dass alle mit Getränken versorgt waren und es ihnen an nichts fehlte, ehe er anhob:

»Bevor ich euch nun in aller Form begrüße, möchte ich einen weiteren Gast vorstellen, der eine recht beschwerliche Anreise hatte.« Er warf Luc einen verschwörerischen Blick zu und verschwand in Richtung des Flurs. Zahra wirkte ebenso ahnungslos wie Coco. Wenig später kehrte Bernard zu ihnen zurück, um sich an Coco zu wenden: »Coco, ich kann mir vorstellen, dass du dich vielleicht lieber dort drüben hinsetzen möchtest...« Er zeigte auf einen der beiden freien Plätze. Sie verstand nicht. Er nickte ihr aufmunternd zu und wartete, bis sie sich umgesetzt hatte. Dann drehte er sich um, als gäbe er jemandem ein Zeichen. Daraufhin erschien eine Frau in der Tür, die zögerlich den Raum betrat und, um ein Lächeln bemüht, den Gästen wortlos zunickte, während Bernard freudig verkündete:

»Darf ich vorstellen: Ella!« Ihre Blicke trafen sich und Coco realisierte, dass es sich um die Frau aus dem rumänischen Dorf handelte, die neben ihr auf der Mauer gesessen hatte. Bernard bot Ella an, neben Coco Platz zu nehmen, während Zahra, die nach wie vor nicht zu verstehen schien, was vor sich ging, die Szene aufmerksam verfolgte. Die Frau blieb neben Coco stehen und begann heftig zu weinen, während sie vor ihr auf die Knie sank. Coco war wie gelähmt und schaute sie eine Weile lang reglos an, ehe sie, wie in Trance, von ihrem Stuhl aufstand. Schluchzend und unter Tränen erhob sich Ella und hielt ihr einen Zettel hin, den Coco als eine abgegriffene Kopie der ihr bekannten Sterbeurkunde erkannte. Ihr wurde heiß und kalt, sie war vollkommen überfordert und sah sich nach den Anderen um, die die Szene stillschweigend verfolgten und ihr zulächelten.

»Mutter?«

Ella stand inzwischen mit ausgebreiteten Armen da und nickte. Es vergingen weitere Sekunden, ehe Coco sich aus ihrer Starre lösen konnte und in den Arm nehmen ließ. Jetzt kamen auch ihr die Tränen, alles lief wie in Zeitlupe ab. Später konnte sie sich nicht mehr erinnern, wie lange sie so dagestanden hatten. Ella und sie setzten sich schließlich hin und Coco zog, um sich das verweinte Gesicht zu trocknen, das Stofftaschentuch hervor, welches Ella lächelnd wiedererkannte.

Bernard erhob sich und alle Blicke waren auf ihn gerichtet. Ehe er seine Begrüßungsrede hielt, überreichte er Coco grinsend einen Briefumschlag: »Hier, das bin ich dir noch schuldig!« Sie fand darin das Radar-Foto, das sie rasch wieder in den Umschlag steckte – es musste nicht jeder sehen, wie schnell sie unterwegs waren! Dann straffte Bernard sein Jackett, hob ein Champagnerglas und schaute in die Runde: »Meine Lieben, es ist mir eine außerordentliche Freude, euch heute hier begrüßen zu dürfen! Ich kann gar nicht sagen, wie glücklich es mich macht, dieses Fest gemeinsam mit euch zu verbringen! Es ist lange her, dass ich Besuch hatte zu Weihnachten. Das lag nicht daran, dass ich es vorgezogen hätte, allein zu sein. Der Grund ist: Ihr habt einfach viel zu lange auf euch warten lassen!« Er warf Zahra einen unmissverständlichen Blick zu und fuhr fort: »Denn allein zu sein ist immer noch besser als in Gesellschaft der falschen Leute….« Coco bekam den Rest der Rede nicht mehr mit, sie war vollkommen überwältigt von dem Gefühlschaos. Alle prosteten sich zu und Bernard machte Ella und Zahra miteinander bekannt, die aufstanden und sich die Hand reichten.

Coco entschuldigte sich für einen Moment und ging ins Hundezimmer, wo sie sich auf den Boden setzte, um ihre Gedanken und Gefühle zu sortieren. Die Hunde schliefen und machten keinerlei Anstalten, sich zu ihr zu gesellen. Coco lehnte an der Wand und schloss die Augen. Sie dachte an ihre Notfallmeditation: *Ich spüre den Kontakt zum Boden. Ich spüre meine Wirbelsäule, mein Zentrum. Ich beobachte meinen Atem...*

Sie versuchte, sich an die neulich kennengelernten Übungen zur Parasympathikusstimulation zu erinnern: leichter rhythmischer Druck mit den Handballen auf die Augäpfel, rhythmischer Druck der Zunge gegen den Gaumen usw. Das ging ihr gerade alles zu schnell! Wie gerne hätte sie sich kurz mit Zahra... Es klopfte. Zahra steckte vorsichtig den Kopf zur Tür herein:

»Möchtest du allein sein?« Coco liefen die Tränen.

»Nein, du kommst gerade recht!« Zahra setzte sich zu ihr auf den Boden. Coco kannte sie nun schon so lange, Zahra brachte es aber immer noch fertig, sie zu beeindrucken, wenn sie sich zum Beispiel an Heiligabend in ihrem Festkleid nach einem vierundzwanzigstündigen Arbeitsmarathon mit ihren mindestens achtzig Jahren ohne Zögern neben ihr auf den Fußboden setzte. Coco lehnte den Kopf an ihre Schulter und schloss die Augen. Ein verrücktes Leben... Als wüsste Zahra, was in ihr vorging, sagte sie:

»Nimm dir deine Zeit, die Seele muss da erstmal hinterherkommen! Aber ich freue mich sehr für euch, deine Mutter wirkt sehr sympathisch!« Coco musste nun heftig weinen. Ihre ›Mutter‹... Wie das klang! Sie war erleichtert und froh über Zahras Worte – Zahra war demnach nicht eifersüchtig oder dergleichen. Wobei das absolut nicht zu ihr gepasst hätte! Zahras Segen hatte sie also... Piúpiú war aus ihrem Nest gekommen und kletterte Coco auf den Schoß. Coco musste lachen.

»Schau mal, meine empathische Gefährtin!«

»Ja, sie möchte ihr Frauchen aufmuntern. Piúpiú hat bestimmt Talent zum Therapiehund in deiner zukünftigen Praxis!«

»Meiner zukünftigen Praxis? Was du mir alles zutraust!« Coco wischte sich die Tränen ab und setzte Piúpiú zurück. Auch Zahra erhob sich und folgte Coco zu den anderen, die sich angeregt unterhielten und Ella, deren Französisch einen charmanten Akzent hatte, voll einbezogen.

Als Ella Coco erblickte, ließ sie die Gabel sinken und schaute sie liebevoll an. Auf Cocos Teller lag eine Halskette mit einem kleinen goldenen Kreuz. »Das gehörte meiner Mutter, deiner Großmutter. Und du hättest es zu deiner Taufe bekommen sollen. Aber ich denke, Weihnachten ist auch ein guter Anlass!« Coco betrachtete das Geschenk und ihr fiel auf, dass es sich um die Kette handelte, die Ella zuvor getragen hatte. Sie bedankte sich und wusste nicht recht, was sie sagen sollte. Zahra übernahm das Gespräch:

»Wissen Sie, dass Coco neulich in Rumänien war, um nach Ihnen zu suchen?« Coco und ihre Mutter lächelten sich zu.

»Ja, und ob!« Coco erzählte von ihrer Begegnung und Zahra war sprachlos. Schließlich berichtete Luc, wie er mit seinem schweren Koffer aus dem Taxi ausgestiegen war und Ella ihn angesprochen hatte, ob er eine Coco Fabron kenne, die unter dieser Adresse gemeldet sei.

Ella schilderte schließlich, wie die alte Frau sie im Dorf beim Einkaufen ansprach und ihr erzählte, eine junge Ausländerin habe nach Ellas Mutter gefragt. Weiter berichtete sie, wie sie die Frau nach Hause begleitete, um ihren Enkel zu sprechen. Dieser konnte sich an Details des französischen Studentenausweises erinnern, welcher Coco heruntergefallen war und auf dem er ihren Vornamen gelesen hatte. Als er Cocos Aussehen beschrieb, fiel es Ella wie Schuppen von den Augen... Die folgenden Wochen quälte sie sich mit schlaflosen Nächten, Grübeln und Selbstvorwürfen und verfluchte sich immer wieder dafür, Coco damals nicht angesprochen zu haben. Ihr direkt hinterherzureisen, konnte sie sich finanziell nicht leisten. Also schrieb sie E-Mails an die Uni in Paris und rief dort mehrmals an, um immer wieder die Auskunft zu erhalten, dass man aus Datenschutzgründen keine Informationen herausgeben könne. Sie hatte jeden verfügbaren Putz-Job angenommen und schließlich den Flug und ein kleines Zimmer in Uni-Nähe gebucht – für zehn Tage, für länger reichte das Geld nicht. Nachdem man ihr auch vor Ort in der Verwaltung keine Auskunft geben wollte, war sie schließlich tagelang auf dem Campus unterwegs gewesen und hatte vergeblich Studenten und Dozenten angesprochen und diese nach Coco gefragt. Am 23.12. unternahm sie einen letzten Versuch und begab sich erneut in das Büro, um der Sekretärin ihre Situation abermals zu erläutern und um ein weiteres Mal zu erfahren, sie würde ihr gerne helfen, dürfe es aber nicht. Die Frau hatte jedoch ein gutes Herz und ließ, vielleicht aus einer weihnachtlichen Laune heraus, Cocos aufgeschlagene Akte demonstrativ auf dem Tisch liegen und verschwand für ein paar Minuten, so dass Ella mit dem Handy ein Foto von der Anschrift machen konnte. Und so war es gekommen, dass sie am 24.12. vor dem Haus stand und jeden ansprach, der dort ein- oder ausging, bis Luc eintraf.

Coco entspannte sich inzwischen einigermaßen wieder und schaute mit Vergnügen dabei zu, wie ihre Mutter über das Dessert herfiel, als sei sie vollkommen ausgehungert. Bernard schenkte allen immer wieder zu Trinken nach und erneuerte von Zeit zu Zeit die Kerzen am Baum, bis er schließlich mit der Gabel an sein Weinglas tippte und vorschlug:

»Zahra, Coco, was haltet ihr von einer kleinen musikalischen Einlage? Ich habe den Flügel stimmen lassen und ein Notenbüchlein mit vierhändigen Weihnachtsliedern besorgt.« Die beiden ließen sich nicht lange bitten und nahmen die Noten in Augenschein. Diese waren anspruchsvoller als erwartet und definitiv nicht zum besinnlichen Mitsingen geeignet! Sie einigten sich auf ›Stille Nacht, heilige Nacht‹ und setzten sich ans Instrument. Nach ein paar zusätzlichen Kerzen, die Bernard rasch herbeigeschafft hatte, reichte die Beleuchtung aus und sie spielten das Stück – eine Aneinanderreihung teils sehr einfallsreicher Variationen zur Melodie des bekannten Weihnachtsliedes.

Als sie fertig waren, erhob sich Luc und bot an:

»Ich habe meine Geige mitgebracht. Wenn ihr mögt, spiele ich auch etwas für euch. Ich dachte, davon habt ihr mehr als von ein paar australischen Souvenirs.«

»Ganz genau, die Musik staubt wenigstens nicht ein!«, pflichtete Bernard ihm bei. Während Luc die Geige stimmte, setzte sich Zahra zurück auf ihren Platz und Coco spielte auf dem Flügel weitere Weihnachtslieder, die alle freudig mitsangen. Die Stimmung war prächtig und Coco meinte, vor Glück zu zerspringen. Das war alles wie im kitschigsten Hollywoodfilm! Apropos Film: Bernard hatte seinen traditionellen Weihnachtsfilm ›Der kleine Lord‹ vorbereitet und angeboten, diesen jederzeit vorzuführen. Coco kannte den Film und musste schmunzeln, als sie an die Szene mit der unerwartet auftauchenden Mutter an Heiligabend dachte... Luc spielte ein paar Stücke auf seiner Geige und setzte sich anschließend wieder zu Bernard, mit dem er sich bestens zu verstehen schien. Coco war eigentlich sehr erschöpft, an Schlaf war jedoch nicht zu denken, sie hätte kein Auge zugetan! Erst das Wiedersehen mit Luc, dann die Überraschung mit ihrer geliebten Piúpiú und als Krönung nun auch noch das Zusammentreffen mit ihrer totgeglaubten Mutter...

»Bernard, als du das fünfte Gedeck hast decken lassen, wusstest du da schon, dass meine Mutter kommen würde?«

Er lachte: »Ach woher? Du glaubst, es war ein Ablenkungsmanöver mit dem polnischen Sprichwort und der russischen Tradition? Das war mein voller Ernst! Und wie du siehst, hat dieser Brauch durchaus seine Berechtigung – wir haben nun Gott im Haus!« Er lachte und korrigierte sich: »Also eine Göttin, um genau zu sein!« Er prostete Ella zu und trank auf sie. Coco holte Piúpiú und zeigte sie ihrer Mutter, die ganz angetan von ihr war und sie auf ihrem Schoß einschlafen ließ, während sie auf Cocos Nachfrage hin erzählte, wie es passieren konnte, dass sie für so viele Jahre verschwunden war.

76

»Als junge Frau fand ich Arbeit als Haushaltshilfe und Altenpflegerin bei einer wohlhabenden Familie, hier in Paris. Zu dieser Zeit gingen öfter Bewohner meines Dorfes zum Arbeiten nach Paris, es gab ein paar Kontakte. Eines Tages kam dein Vater als Handwerker zu der besagten Familie und reparierte etwas am Haus. Er hatte mehrmals dort zu tun, begann mir den Hof zu machen und versprach mir ein wunderbares Leben an seiner Seite. Er konnte sehr überzeugend sein und hatte etwas markant Männliches, was mich damals anzog. Meine Zeit bei der Familie ging zu Ende und ich zog zu ihm. Immer wieder vertröstete er mich, er würde sich bald selbständig machen und mich einstellen, damit ich einen Arbeitsvertrag bekäme, um das Visum zu beantragen – damals brauchte man das noch. Bald wurde ich schwanger und nun zeigte dein Vater zunehmend eine andere, grobe und kalte Seite, die mir manchmal sogar Angst machte. Ich sagte mir, es sei seine Anspannung hinsichtlich der uns erwartenden neuen Herausforderung und redete mir ein, das würde sich wieder geben, wenn wir unseren Rhythmus zu dritt gefunden hätten. Phasenweise war ich sehr depressiv während der Schwangerschaft. Es kam vor, dass dein Vater tagelang nicht nach Hause kam oder kaum ein Wort mit mir sprach. Und so brachte ich dich schließlich, deutlich zu früh, im Krankenhaus zur Welt. Bald darauf, du warst noch auf der Intensivstation, rief meine Cousine an und sagte, dass es meiner Mutter sehr schlecht gehe und ich in der Heimat gebraucht würde. Dich mitzunehmen, wäre medizinisch gesehen keine Option gewesen. Im Krankenhaus versicherte man mir, dass ich ohnehin vorerst nicht viel für dich tun könne und dass du bestens versorgt seist. Schweren Herzens brach ich also auf und fand meine Mutter in einem katastrophalen Gesundheitszustand vor. Es waren vielleicht zwei Wochen vergangen, da erhielt ich Post aus Frankreich.« Sie deutete auf die Kopie der Sterbeurkunde. »Eine Welt brach für mich zusammen. Als wäre das nicht bereits schlimm genug, versagte mir dein Vater, dich noch einmal zu sehen oder dein Grab zu besuchen, indem er sich weigerte, mir zu dem nötigen Visum zu verhelfen. Er machte am Telefon eine unglaubliche Szene und warf mir vor, ihn im Stich gelassen und in meiner Heimat etwas mit anderen Männern angefangen zu haben.«

»Wie kam er denn darauf?«, wollte Coco wissen.

»Er rief einmal bei meiner Mutter an, da war ich jedoch in der Apotheke, um etwas zu besorgen. Der gerade anwesende Hausarzt hob das Telefon ab und daraus schloss dein Vater, ich würde ihn betrügen. Er war sehr eifersüchtig und konnte extrem jähzornig sein!« Oh ja, das wusste Coco nur allzu gut… »Er muss den Behörden irgendeine Geschichte erzählt haben, denn ich bekam keinerlei Auskunft mehr. Und im Laufe der Zeit begann ich zu glauben, du seist tatsächlich gestorben. Meine innere Stimme sagte mir anfangs, du seist noch am Leben, aber ich habe sie nach und nach verdrängt, um mir nichts vorzumachen und der Tatsache deines Todes ins Auge zu sehen.«

»Und so hast du unter dem Baum ein kleines Blumenbeet angelegt und dort um mich getrauert?« Ella nickte und wirkte etwas beschämt. »Nach unserer Begegnung war ich sehr traurig. Ich stellte mir vor, dass du etwa im Alter meiner Coco sein müsstest und wie es wäre, wenn sie an deiner Stelle neben mir auf der Mauer säße…«

»Aber warum hat die alte Frau gesagt, du seist längst tot?«

»Das war ein Missverständnis! Im Pass steht zwar mein offizieller Name Eleana, wie der meiner Mutter, aber ich wurde nie so genannt – vielleicht, um uns nicht zu verwechseln. Tatsache ist, man kennt mich nur als Ella!« Sie schwiegen… »Wie geht es deinem Vater?«, fragte sie schließlich mit gedämpfter Stimme.

»Ich habe vor ein paar Monaten von seinem Tod erfahren. Wir hatten seit Jahren keinen Kontakt mehr. In seinem Nachlass fand ich meine Sterbeurkunde – die Vorlage zu deiner Kopie. Da ahnte ich, dass etwas nicht stimmte und so kam es, dass ich mich auf die Suche nach dir machte.« Sie schwiegen erneut einen Moment lang. »Luc wurde übrigens eines Tages mein Vormund und Zahra tat alles, um mir in den vergangenen Jahren die Mutter zu ersetzen.« Zahra hatte ihnen interessiert zugehört und nickte lächelnd.

Sie saßen noch bis zum Morgengrauen beieinander und aßen nach und nach den Großteil von Odettes Köstlichkeiten auf, bis Bernard vorschlug:

»Wenn jemand müde ist, die Gästezimmer stehen bereit!« Ella schaute auf die Uhr:

»Ich muss langsam aufbrechen, der Bus fährt in knapp zwei Stunden.«

»Der Bus fährt?« Bernard schaute sie ungläubig an.

»Ja, ich fahre mit dem Bus zurück. Das war günstiger als der Flug.«

Coco war es, als krampfe sich ihr Magen zusammen. Alles wirkte plötzlich wieder ganz weit weg. Wie gelähmt warf sie Zahra einen Blick zu, die offenbar ähnlich überrascht war. Da hat man einander jahrzehntelang vermisst und trennt sich nach einem gemeinsamen Abendessen wieder?

»Haben Sie in der Heimat etwas Dringendes zu tun?«, wollte Bernard wissen. Ella schüttelte den Kopf.

»Gut, dann suchen Sie sich gleich erst einmal ein Zimmer aus und wir kümmern uns in den nächsten Tagen ganz in Ruhe um Ihre Rückreise, die auf meine Kosten geht!«

»Natürlich will ich nicht weg, aber…« Bernard unterbrach sie:

»Das können sie Coco doch nicht allen Ernstes antun!«

»Wie gesagt, wollen nicht… Ich möchte hier jedoch niemandem zur Last fallen.«

»Zur Last fallen?« Bernard hielt einen Moment lang inne und ein Lächeln huschte über sein Gesicht: »Dann machen Sie sich einfach nützlich! Odette geht im Januar in Rente, seit Monaten halte ich Ausschau nach einer neuen Haushälterin. Wäre das nicht etwas für Sie?« Ella schaute ihn ein paar Sekunden lang an, als suche sie nach den passenden Worten.

»Sie meinen…«

»Ich mag zwar etwas angetrunken sein, aber ich bin im vollen Besitz meiner geistigen Fähigkeiten, ich meine das vollkommen ernst! Sie würden eines meiner derzeit größten Probleme lösen, das wäre ein wunderbares Weihnachtsgeschenk! Schlafen Sie eine Nacht darüber, ich stehe zu meinem Wort.« Coco amüsierte sich insgeheim über die Reaktion ihrer Mutter, die ihr Glück nicht zu fassen schien.

»Sie kennen mich doch gar nicht! Vielleicht reichen meine Fähigkeiten gar nicht aus, um…«

»Moment!«, unterbrach Bernard sie. »Erstens haben Sie die wunderbarste junge Frau auf die Welt gebracht, die ich je kennenlernte, das muss Ihnen erst einmal jemand nachmachen! Und zweitens glaube ich daran, dass jeder Mensch lernfähig ist.«

»Und drittens backt sie tolle Blätterteigtaschen!«, mischte sich Coco lachend ein. Ella strahlte und bedankte sich schüchtern für sein Vertrauen und Cocos Kompliment.

»Außerdem hoffe ich, zugegebenermaßen ziemlich egoistisch, dass ich Coco dann noch häufiger hier sehen werde!«, fügte Bernard hinzu.

Bis auf Zahra entschieden sie sich, Bernards Angebot anzunehmen und zogen sich im Morgengrauen in die Gästezimmer zurück, nachdem sie vereinbart hatten, den Weihnachtsfilm zu vertagen. Coco konnte jedoch keinen Schlaf finden und setzte sich schließlich zu den Welpen. Im Handy entdeckte sie eine sehr liebe, außergewöhnlich lange Nachricht von Cécile, die ihr ein schönes Weihnachtsfest wünschte und sich für die Freundschaft und den ›absolut nicht nötigen‹ Weihnachtsgruß bedankte – Coco hatte ihr mit Zahras Einverständnis ein Paket mit selbstgemachten Spezialitäten zukommen lassen mit einem Dankesbrief für Céciles Unterstützung in den vergangenen Monaten. Sie fand, ihr nicht wirklich etwas zurückgegeben zu haben, was Cécile, ihrer Nachricht zufolge, jedoch erfreulicherweise selbst nicht so wahrnahm.

77

Aufgeregt öffnete Coco das Schreiben. Am Umschlag erkannte sie bereits, dass es sich um die Entscheidung zur Vergabe des Stipendiums handeln musste. Ihr Referat war recht gut verlaufen. Es gab jedoch einige Bewerber, die ihr wesentlich geeigneter und deren Präsentationen ihr deutlich vielversprechender erschienen waren, so dass sie sich fest vorgenommen hatte, nicht enttäuscht zu sein, wenn sie eine Absage erhielte.

Paris, den 31.01.2022

Betr.: Stipendium

Sehr geehrte Coco Fabron,

wir bedauern, dass sich die Bekanntgabe der Ergebnisse des Bewerbungsverfahrens aufgrund von Personalengpässen verzögert und bitten um etwas Geduld. Nach wie vor stehen Sie in der engeren Auswahl und werden informiert, sobald die endgültige Entscheidung getroffen ist.

Mit freundlichen Grüßen, G. Picard

Coco war enttäuscht und erleichtert zugleich. Sie würde sich also weiterhin gedulden müssen… Sie saß mit Zahra am großen Küchentisch und knackte Walnüsse, während Piúpiú und Salomé, unter ihrem Stuhl schlafend, die Wärme des knisternden Herdfeuers genossen. Die beiden hatten sich auf Anhieb zueinander hingezogen gefühlt – bei Salomé keine Spur von Eifersucht oder Reviergehabe. Zahra stand plötzlich auf, ihr schien etwas eingefallen zu sein. Kurz darauf kehrte sie mit einem Zettel zurück, den sie Coco hinlegte:

»Hier, ich habe einen heißen Tipp bekommen!« Coco betrachtete den Zettel, auf dem eine Kombination aus Zahlen und Buchstaben stand sowie der Name eines Friedhofs. Sie verstand nicht. »Falls du das Grab deines Vaters einmal aufsuchen möchtest!«

»Ich dachte, er habe eine anonyme Bestattung erhalten?« Zahra nahm ihre Arbeit wieder auf und lächelte:

»Anonym schon, aber offensichtlich nicht ganz geheim!« Coco verstaute den Zettel in ihrer Hosentasche. Sie war nicht sicher, ob sie jemals davon Gebrauch machen würde. Doch es war schön, zumindest die Möglichkeit zu haben.

Seit dem Schreiben bezüglich des Stipendiums war Coco angespannt und grübelte wieder viel. Sie hatte kaum noch Hoffnung, ausgewählt zu werden und sich bereits damit abgefunden, weiterhin in der WG zu wohnen. Die Option, jederzeit ihre Mutter sehen zu können, war nach wie vor ungewohnt und Coco hatte das Gefühl, nur langsam in die neue Situation hineinzuwachsen. Der ganzen Geschichte haftete etwas Unwirkliches an. Was das Grübeln betraf, kam Coco ein Satz von Luc in den Sinn: ›Denke am besten immer etwas Neues, dann wird es nicht so schnell langweilig. Richte deine Aufmerksamkeit stets auf das Hier und Jetzt und frage dich ehrlich: Welches Problem habe ich in diesem Moment wirklich? Denn meistens leiden wir in unserer Vorstellung viel mehr als in der Realität!‹ Ja, das war typisch Luc...

Durch Zahra ermutigt, hatte Coco sich in den vergangenen Tagen schließlich ein paar Wohnungen angeschaut. Zahra war, wie gewohnt, guter Dinge und fest davon überzeugt, Coco würde das Stipendium erhalten! ›Und wenn nicht, dann kreieren wir unser eigenes Stipendium für dich!‹, hatte sie versprochen und hinzugefügt: ›Was gibt es für eine bessere Investition als die Bildung?‹, worauf Coco einwandte, man könne sich auch, wie Tausende anderer Studenten, mit einer WG arrangieren und nebenbei kellnern. ›Wen interessiert denn, was *man* kann oder tut?‹, hatte Zahra die Diskussion schließlich beendet.

Seit Tagen ging Coco eine Frage durch den Kopf: »Zahra, wie kann es sein, dass eine Mutter, die ihr Kind verloren hat, nicht nach ihm sucht? Wie kann es sein, dass sie sich nicht einmal auf den Weg gemacht hat, um zumindest das Grab zu besuchen? Ich frage mich, ob ich mich einfach damit abgefunden hätte, dass meine Tochter tot ist, ohne der Sache näher auf den Grund zu gehen – insbesondere, wenn die Information von einem Menschen wie meinem Vater stammt!«

»Du meinst, dass dann alles aufgeflogen wäre?« Coco nickte. »Ich erinnere mich nur allzu gut daran, wie gebrochen ich war, als ich mein Kind verlor! Ich war nur noch ein Schatten meiner selbst – vollkommen antriebslos und wie erstarrt. Wenn ich mich in die Lage deiner Mutter versetze, kann ich mir vorstellen, dass sie sich in einem ähnlichen Zustand befand.«

»Aber solch ein Zustand hält doch nicht ewig an!«

»Fairerweise sollten wir vielleicht die Gesamtumstände berücksichtigen: Erstens war eine Reise nach Frankreich mit für deine Mutter nicht unerheblichen Kosten verbunden. Damals war das Reisen noch deutlich teurer als heutzutage. Zweitens bedurfte zu dieser Zeit die Einreise nach Frankreich aus einem Land wie Rumänien noch eines Visums, wenn ich es richtig verstanden habe. Und drittens kann ich mir vorstellen, dass deine Mutter Angst hatte vor deinem Vater. Ich weiß nicht viel über ihn. Aber ein Mensch, der zur Durchführung eines solchen Planes im Stande ist, dem traue ich auch anderes zu…« Zahra hielt inne und schaute Coco aufmerksam an. »Coco, bist du noch da?« Sie stellte die Schale mit den Nüssen beiseite und legte den Arm um Coco, der die Tränen in die Augen schossen.

»Ich schäme mich dafür, nicht einfach genießen zu können, dass ich meine Mutter wiederhabe! Und ich schäme mich dafür, dass ich in ihrer Gegenwart nicht genauso entspannt sein kann wie bei dir. Ich möchte sie weder verurteilen, noch soll sie das Gefühl haben, dass ich sie auf Abstand halte. Aber irgendwas sträubt sich da in mir, wenn ich mit ihr zusammen bin.« Zahra hielt Coco im Arm und schwieg. Schließlich sagte sie:

»Genau darin liegt die Herausforderung: das Wissen und die Logik des Verstandes mit den Erfahrungen und Erinnerungen des Körpers zusammenzubringen! Sei geduldig mit dir, das geht nicht von heute auf morgen. Und im Übrigen bin ich mir sicher, dass deine Mutter sehr viel Verständnis hat und keine hohen Erwartungen an dich stellt. Sie wirkt jedes Mal sehr glücklich, wenn ihr zusammen seid!«

»Auch, wenn ich mal nicht so nett zu ihr bin, wie ich es gerne wäre?«

»Auch dann!« Sie saßen eine Weile so da, als Coco plötzlich lachen musste. Piúpiú und Salomé waren aufgestanden, als wollten sie sie zu einer Unternehmung auffordern. Während sie die beiden betrachtete, dachte Coco: Warum tun wir Menschen uns nur dermaßen schwer damit, einfach zufrieden zu sein?

Dank

Ganz besonders danke ich meinen Patienten für ihr Vertrauen! Ohne die in der gemeinsamen Arbeit gesammelten Erfahrungen wäre es mir unmöglich gewesen, dieses Buch auf authentische Art und Weise zu schreiben.

Weiter gilt mein Dank den zahlreichen treuen Lesern der „Ordnung der Schmetterlinge“, die in unzähligen E-Mails, Textnachrichten über soziale Medien und auf dem Postweg bis heute ihre Dankbarkeit und Begeisterung zum Ausdruck bringen und mich durch ihr beständiges Nachfragen nach einer Fortsetzung schließlich zu dem vorliegenden Buch ermutigten!

Und schließlich danke ich allen, die konkret an der Umsetzung dieses Projektes mitgewirkt haben:

Liebe Korrektur- und Testleser, danke für euer stets ehrliches Feedback in sämtlichen Entwicklungsstadien des Buches! Ihr habt es mit jedem Korrekturdurchgang ein Stück besser gemacht!

Liebe Inge, danke für deine stets wohlwollende und humorvolle Unterstützung als Lektorin!

Liebes Universum, danke, dass du mir Eske als Korrektorin für die zweite Auflage geschickt hast! Danke, liebe Eske, dass du mir diesen Freundschaftsdienst erwiesen, die Herausforderung so engagiert und zuverlässig angenommen und mich dann noch beim Buchsatz unterstützt hast!

Mike, danke für das gelungene Covermotiv!

Liebe Familie, danke, dass ihr mir den Rücken freigehalten und zahlreiche konzentrierte Stunden am Schreibtisch ermöglicht habt!

Cocos erste Jahre bei Zahra und wie sie zu ihr fand:

Die Ordnung der Schmetterlinge

Alles Wichtige zum Thema Hochsensibilität.

Roman plus

David Usadel

ISBN: 978-3-7494-6582-8

FSC
www.fsc.org
MIX
Papier aus verantwortungsvollen Quellen
Paper from responsible sources
FSC® C105338